한국어 발화동사 연구

저자 이 설 연

중국 연변대학교 조문학부 졸업
중국 연변대학교 대학원 석사 졸업
서울 숭실대학교 대학원 석사 교환
서울 고려대학교 대학원 박사 졸업
현재 중국 절강 월수 외대 한국어학과 조교수

〈주요논문〉

「韓漢'問'類動詞語義分析對比研究」
「漢韓'接受'類動詞語義分析對比研究」
「韓國語'問'類動詞語義分析研究」
「韓國語'詞匯-句型'交叉敎育研究」

한국어 발화동사 연구

초판1쇄 인쇄 2016년 8월 22일
초판1쇄 발행 2016년 8월 31일

지은이 이설연
펴낸이 이대현

책임편집 이태곤
편　　집 권분옥 최용환 홍혜정 고나희 문선희 박지인
디 자 인 이홍주 안혜진
마 케 팅 박태훈 안현진

펴낸곳 도서출판 역락
　　　서울시 서초구 동광로 46길 6-6 문창빌딩 2층(우 06589)
　　　전화 02-3409-2058(영업부), 2060(편집부)
　　　팩시밀리 02-3409-2059
　　　이메일 youkrack@hanmail.net
　　　등록 1999년 4월 19일 제303-2002-000014호

ISBN 979-11-5686-349-6 93710
정 가 28,000원

＊이 도서의 국립중앙도서관 출판예정도서목록(CIP)은 서지정보유통지원시스템 홈페이지(http://seoji.nl.go.kr)와
　국가자료공동목록시스템(http://www.nl.go.kr/kolisnet)에서 이용하실 수 있습니다.(CIP제어번호: CIP2016020179)

한국어 발화동사 연구

이 설 연

역락

머리말

　이 책은 고려대학교 박사 학위 논문을 수정, 보완한 것인데 한국어 발화동사 구문 구조의 통사·의미특성을 연구하는 데에 목적을 두었다.

　발화동사는 [+유정성]을 갖는 인간이 발화행위 주체가 되어 구두를 수단으로 진행되는 다양한 발화상황을 언어화한 표현을 말한다. 이 책은 문의 구조에서 발화동사가 추상적인 '말'을 방식으로 하는 표현에 의해 수식가능한지의 여부, 음성언어인 '소리'의 높낮이를 나타내는 언어적 표현에 의해 수식 가능한지의 여부를 판단하는 기제 또는 발화상황에서 발화 객체를 듣는 주체로, 발화 주체를 듣는 객체로 설정하여 문의 구조를 만들어 보는 등 기제를 동원하여 286개의 발화동사를 선정하였다. 선정한 발화동사를 발화 주체가 전달하는 발화내용의 지향점을 기준으로 먼저 [무방향성], [일방향성], [쌍방형성] 자질을 갖는 것들로 크게 분류하였다. 다음 발화 주체가 나타내고자 하는 발화기능에 따라 하위분류를 하였다. 발화동사의 구문 구조는 발화동사의 의미특성을 근거로 하기 때문에 유사한 의미를 나타내는 발화동사들로 분류하면 그들의 통사행동의 공통점을 살펴볼 수 있을 뿐만 아니라 서로 다른 부류 발화동사 간의 통사행동의 차이점을 살펴볼 수 있었다는 데 근거를 제공해 주었다.

　3장은 주로 한자어 복합어와 고유어 복합어로 된 발화동사의 형태 내부 구조를 분석하였다. 한자어 복합어로 된 발화동사의 내부 구조를 분석하여 발화동사의 형태 내부 구조가 논항과 서술어 간의 관계와 실제로 어떤 관계를 가지고 있고, 또 실제로 어떻게 반영되었는지를 살펴볼 수 있었다. 고유어 복합어로 된 발화동사의 내부 구조는 논항구조가 선·후행동사에서 어떤 것의 의미특성에 의해 방출되었는지를 관찰할 수 있었다.

4장은 주로 발화동사의 논항구조를 유형화하는 작업을 하였는데 어떤 발화상황에 초점을 두고 언어화했느냐에 따라 발화동사의 자리수를 결정할 수 있었다. 다양한 발화상황을 언어화한 발화동사는 하나 또는 그 이상의 발화사태를 나타냄을 살펴볼 수 있었는데 이때 그 논항의 수의적인지 필수적인지의 문제에서 어떤 발화사태를 나타냈느냐에 따라 그 필수성이 결정됨을 관찰했다. 즉 언어적 행위의 초점을 어디에 두느냐에 따라 여러 가지 논항구조 유형이 결정된다고 볼 수 있다. 논항구조가 유형 분류되는 것은 반드시 발화가 전개되는 어떤 측면에 초점을 두고 언어적 행위를 함께 한다는 것이다. 본고에서는 논항구조 유형을 공통으로 갖는 발화동사들을 분류하고 기본 의미자질을 공통으로 갖는 발화동사들 간에 나타나는 통사·의미특성을 살펴보았다.

5장에서는 4장에서 설정한 발화동사의 기본 구문 구조를 근거로 하여 동일한 의미 구조를 갖는 것들을 유형 분류했다. 개별 발화동사들은 동일한 논항구조를 갖더라도 그 의미 구조는 각기 다른 유형으로 나뉠 수 있었다. 또한 동일한 발화동사가 여러 유형의 의미 구조에 해당될 수도 있음을 살펴보았다.

이 연구가 완성되기까지 많은 어려움을 겪어 왔던 것 같다. 처음 고려대에 박사과정으로 들어왔을 때 빡센 국어학 연구 분위기는 나한테 무형의 압력과 동력을 느끼게 했다. 선배님들 따라가기엔 어디까지나 능력이 달리긴 했으나 늘 노력의 속도를 늦추지는 않으려고 열심히 했었던 것 같다. 고려대에서 공부하는 동안 마음 편히 연구할 수 있게 정신적으로나, 학문적으로 도움을 주신 여러 교수님들과 선후배님들 덕분에 그런 분위기에 빨리 적응할 수 있었다. 학업에서나 생활에서나 늘 그렇듯 아낌없는 사랑으로 지지해 주시고 채워주신 지도교수님이신 홍종선 교수님의 제자 사랑은 말로는 이 마음을 다 표현 못하겠다. 오늘날 이런 머리글을 쓰고 있는 이 순간이 교수님께서 선물해 주신 은덕이 아닌가 싶어 만감이 교차한다.

그리고 심사에서 무게 있는 조언을 해 주신 최호철 교수님, 이론은 물론 오타까지 세심하게 지적해 주신 도원영 교수님과 정주리 교수님, 단국대에서 시원한 커피까지 타주시면서 소중한 자료를 서슴없이 제공해 주신 한정한 교수님께 감사의 말씀을 드리고 싶다. 그리고 한국에서 어려운 타향 생활을 걱정해 주시고, 끝까지 견지할 수 있도록 용기를 주셨던 성기철 교수님과 장경준 교수님께도 정말 감사드린다.

내 주위엔 늘 그림자처럼 붙어 다녔던 친구들과 선후배들이 있다. 함께 도서관에서 공부하고, 쉬는 타임이나 주말에 만나 서로 힘을 주고받았던 시간들이 나한테는 너무 소중하다. 무엇보다 다 큰 딸의 뒷바라지를 해 주시느라 고생하신 부모님, 공부만 하는 누나에게 오히려 용돈을 챙겨준 동생한테는 늘 고맙고 무거운 마음이다.

마지막으로 이 책의 출판을 흔쾌히 승낙하신 도서출판 역락의 이대현 대표님, 박태훈 본부장님 그리고 이 책이 출판되기까지 깔끔한 편집을 맡아주신 이태곤 본부장님께 감사의 경례를 올리고 싶다.

2016년 8월 9일
이설연

차 례

제 1 장 연구배경과 문제제기

1.1. 연구목적 _ 13
1.2. 선행연구 검토 _ 16
1.3. 연구방법 _ 24
1.4. 문제제기와 논의구성 _ 27

제 2 장 발화동사의 범주 및 그 특성

2.1. 발화동사의 개념 및 범위 _ 33
2.2. 발화동사의 특성 _ 46
2.3. 발화동사의 구문 특성 _ 47
2.4. 발화동사의 의미 유형 분류 _ 49

제 3 장 발화동사의 형태 구조 분석

3.1. 한자어 복합어 _ 101
3.2. 고유어 복합어 구조 _ 115

제 4 장 발화동사 구문 구조 분석

4.1. '화자' _ 159
4.2. '화자-화자' _ 201
4.3. '화자-청자' _ 209

제 5 장 발화동사의 의미 구조 분석

5.1. 의미역 설정 _ 323
5.2. 발화동사 의미역 설정 _ 331

제 6 장 마무리 _ 367

참고문헌 · 374

부록 · 382

제 1 장

연구배경과 문제제기

연구배경과 문제제기

1.1. 연구목적

이 책은 한국어 발화동사 구문 구조의 통사·의미특성을 연구하는 데
그 목적을 둔다. 인간은 주로 '말'이나 '말'을 부호화한 '글'을 주요 매체
로 하여 의사소통을 하게 된다. '말'은 발화를 통하여 표현되는 구두언어
를 말하고, '글'은 기록을 통하여 표현되는 문자언어를 말한다. '글'과
'말'은 모두 중요한 소통방식이지만 '말'은 인간이 동물과 근본적으로 구
별되는 고급적인 능력의 상징이다. 실제 생활에서 인간은 특정한 목적을
위해 '입'을 수단으로 메시지를 교환하는 발화행위를 하게 된다. 이런 발
화행위는 발화요소들의 관계에 따라 다양하게 나타나게 되는데 언어에
투사되어 표현되면 '말하다'를 근본으로 하는 '발화동사'류 체계를 이루
게 된다.[1] 이런 부류 동사의 특징은 실제 발화상황을 언어화한 것이라는

---

[1] 발화동사가 의사소통의 하위 개념임을 설명해주기도 한다. 정유남(2013)에서는 의사소통

점이다. 발화상황을 언어화한 발화동사가 중심이 되어 구성된 문장은 다양한 구문 구조로 표현된다.

'발화'는 형태 구조적으로 '술어-목적보어'의 통사관계로 결합된 구성이다. 즉 '發'은 '話'라는 명사 논항을 하위범주로 선택하여 재구조화된 구성이다. '發'은 인간이 '입'의 동작을 수반하면서 심리적인 언어를 입 밖으로 꺼내는 행위이고, 그 행위의 결과는 추상적인 '말'로 표현된다. 우리는 주로 '화'를 '발'하는 언어행위를 통하여 메시지를 주고받게 되는데 '발화'는 인간만이 가지고 있는 특수한 언어행위이다. 즉 '발화'는 말 그대로 화자가 '입'을 통해 특정 청자에게 어떤 메시지를 전하거나, 또는 스스로 발화를 하는 언어행위를 말한다. '발화'를 통한 언어행위는 발화 주체인 화자의 발화 의도에 따라 여러 가지 방식으로 실현된다.[2] 즉 화자가 의도적으로 어떤 행위를 하고자 하는 발화기능에 따라 동사가 선택되고 이 동사의 어휘의미특성이 구문을 결정하게 된다. 언어형식으로 표현된 발화요소들은 구문 구조에서 어떤 문법관계나 행위 요소들 간의 관계로 표현된다.

따라서 본고에서는 '발화'가 '소리를 내어 말을 하는 현실적인 언어행위'로서 대화상황과 밀접한 연관성을 가진다는 점을 전제로 하여 김광해 (2003) 「등급별 국어 교육용 어휘」에서 총 286개의 발화동사를 추출하여 그것이 이끄는 구문의 통사·의미특성을 살펴볼 것이다.

이 책은 우선 『표준국어대사전』을 기본 추출자료로 하고, 『고려대 한국

개념 체계를 일반 발화동사, 발화 양태 동사, 일반 청취 동사, 청취 양태 동사, 우편/문서 동사, 영상/음성 동사, 의견 대립 동사, 의견 반응 동사로 분류하고 있다.

2) 실제 언어생활에서 화자와 청자는 그 역할이 정해진 것이 아니라 소통자의 역할로 인지될 수도 있다. 이봉원·이동혁·도원영(2003)은 이 경우를 의사소통자(Communicator)라고 하며 어떤 화제에 대해 매체를 통해 메시지를 반복적으로 Giving하고 Getting하는 사람으로 규정한다고 언급했다.

어대사전』을 검토 자료로 하여 총 2,219개의 발화동사들을 추출한 다음 등급별 어휘 286개의 발화동사를 선정하여 연구범위로 정했다는 점은 선행연구들이 제한된 발화동사들을 연구하였다는 데에 대한 큰 도전이다. 또한 286개의 한국어 발화동사들을 발화의 목적에 따라 의미 유형 분류를 시도하였다는 점은 선행연구들에서 한 부류의 발화동사들만을 대상으로 유형 분류하였다는 데 대한 도전이기도 하다. 다음, 본고에서는 발화동사들을 그 짜임새에 따라 한자어 복합어와 고유어 복합어로 크게 나누고 그 형태 구조를 분석하였다는 점도 전례에는 없었던 작업이었다. 더욱이 발화동사들의 단어 결합 방식은 대부분 통사적인 관계이나 의미적인 관계로 결합된 구성이어서 논항구조의 형성과 관련이 있음이 관찰되었고 논항들이 서술어에 대해 갖는 의미선택제약 관계는 통사사적인 결합 방식에서도 드러남도 관찰되었다는 점도 이 책의 새로운 점이라 할 수 있다. 그다음, 발화상황을 언어화한 발화동사들의 특성에서 출발하여 발화의 기본 구문 구조를 설정하였다는 점도 새로울 뿐만 아니라 한국어 발화동사들이 가질 수 있는 논항구조 유형들을 정리하였다는 점도 이 책의 의의로 꼽을 수 있다. 뿐만 아니라 각 논항들이 문의 구조에서 구체적으로 실현 가능한 격조사를 고려하여 격틀구조를 추출했다는 점은 한국어를 목표어로 하는 학습자들에게 도움이 될 것이다. 발화동사의 기본 구문 구조, 발화동사의 논항구조 유형들, 발화동사의 격틀구조들을 추출한 다음 발화동사 구문에서 나타나는 통사·의미특징을 살폈다는 점은 선행연구들에서 제한된 발화동사의 구문 구조를 살폈다는 데 대한 보완 작업이기도 하다. 마지막으로 발화동사들이 비록 동일한 논항구조를 갖더라도 문의 구조에서 논항들이 서술어에 대해 갖는 선택제약 관계, 논항들이 구체적인 격조사 실현 양상 등 현상들이 작용하여 다양한 의미역 구조를 가짐도 살펴보았다.

이러한 작업은 이 책이 한국어 발화동사에 대해 형태, 의미, 통사 전반에 걸쳐 연구하였다는 데서 학문적 의의를 살 수 있다. 또한 발화동사들이 갖는 논항구조, 격틀구조, 용례 등은 『표준국어대사전』, 『고려대 한국어대사전』, 고려대 민족문화연구원에서 개발한 현대한국어 용례검색기(SJ-RIKS Corpus)와 21세기 세종 계획 말뭉치에서 충분한 용례를 검토하여 추출하였다는 데서 이 책의 객관성과 과학성이 돋보일 것이다.

1.2. 선행연구 검토

본고에서 다루고자 하는 발화동사 구문은 주로 인용문 연구나 보문 연구에서 중요한 연구대상이 되어 왔다. 인용문 연구에서는 주로 직접 인용절과 간접 인용절의 관계에 초점을 맞추어 다루어졌으며, '-고' 인용절을 기준으로 하여 인용문의 구성 성분, 의미 등 여러 특성이 논의되었다. 보문 연구에서도 발화동사는 '-고' 보문을 취하는 동사 부류로 파악되면서, '-고' 보문의 의미 및 통사적 지위에 대한 연구가 이루어졌고 또 '-에게' 명사구에 대한 연구나 보문소 설정 연구에서 보조적으로 이루어졌다. 발화동사 구문을 중심으로 한 연구는 아래에서 제시한 바와 같이 소논문 몇 편으로 많지 않은 실정이다.

발화동사와 관련한 선행연구를 검토하기 전에 먼저 발화동사가 어떤 동사 부류에 속하는지를 간략히 살펴보도록 한다. 이는 발화동사를 선정하는 작업과 밀접한 연관성이 있다.3) 본고는 천기석(1984)에 따라 동사를

---

3) 동사분류와 관련하여서 연구자들의 기준과 각도에 따라 형태적으로 접근하여 분류한 경우, 통사적으로 접근하여 분류한 고영근(2004), 의미적으로 접근하여 분류한 문용(1998), 통사·의미적으로 접근하여 분류한 홍재성(1987), 우형식(1991) 등 경우들을 살펴보면 동사

크게 동작동사와 상태동사로 분류하고 발화동사를 동작동사의 하위분류로 보겠다. 천기석(1984)에서 동작동사는 부정형식인 '무엇이 어찌하다', '누가 어찌하다'에 의해 확인되는데 발화동사는 '누가 어찌하다'의 부정형식에 의해 변별될 것이다. 발화행위와 관련하여 '누가'는 발화 주체로서 의지를 가진 인간임을 나타낸다. '어찌하다'는 인간의 신체 기관인 '입'을 주요 움직임의 대상으로 하여 '말하는 행위'을 나타내는 '말하다'류 동사 체계를 범주화하여 표현한 것임을 나타낸다. 본고에서는 '입'을 움직임의 대상으로 하는 발화동사를 연구대상으로 하여 발화동사 관련 선행연구로 범위를 좁혀 살펴볼 것이다.

1.2.1. 통사론적 관점

통사론적으로 접근한 연구는 발화동사가 자동사 성격으로서의 구문이나 발화동사가 타동사로서의 성격을 가진 구문을 연구한 우형식(1996)과 한송화(1998)이 있다. 우형식(1996)의 한국어 타동사 구문 연구 중에서 본고와 관련하여서는 태도동사 구문과 교호동사 구문 연구가 발화동사 구문과 연관성이 있을 것으로 보인다. 태도동사 구문과 교호동사 구문에서는 주로 이들 구문의 성립 조건, 구문의 명사성분에 부착 가능한 격조사들에 의해 나타나는 명사성분의 의미적인 특징, 대상을 나타내는 명사성분에 부착되던 '-에'나 '-에게' 등 격조사가 '-를' 격조사로 교체 가능하여 그 기능이 전이되어 새로이 형성된 타동 구문, 그리고 타동 구문에 쓰인 태도동사나 교호동사의 어휘의미특성에 따라 나타나는 격조사들의 선택적인 제약을 다루고 있다. 여기서 태도동사나 교호동사들 중에는 본고

의 분류는 어떤 측면으로 접근하던 그 경계가 모호하여 철두철미하게 분류되는 경우는 없다는 것이 실정이다.

에서 발화동사로 다루고자 하는 동사들도 포함되어 있다.[4)

한송화(1996)에서는 발화 보문 동사의 통사적 특성을 나열하고 있다. 한송화(1998)에서는 주로 한국어 자동사 구문을 다루고 있는데 격틀에 따라 동사들을 체계적으로 유형화하여 분류한 다음 그 유형별 자동사들의 통사·의미적 특성을 살피고 있다. 또한 통사적인 특징인 격틀을 적용하여 자동사, 타동사, 형용사 간의 범주 넘나듦의 이유를 설명하고 있다. 자동사를 주어에 행위성이 있는지의 여부에 따라 비행위동사와, 행위동사로 분류했다. 행위성 자동사 중에는 타동 구문으로도 쓰이는 경우를 대비하여 '필수 논항으로 행위주역의 명사구만이 나타나는 동사를 행위자동사'로 한다고 설정하였다. 이 중에는 본고와 관련하여 '중얼거리다, 떠들다' 등 동사들이 있는데 이들 동사 구문에 나타나는 인용 보문은 단지 '말하다'라는 의미 때문에 수의적으로 나타난 성분이라고 하면서 타동사로 쓰이는 '말하다, 묻다, 타이르다, 나무라다' 등 동사들과는 다르다고 했다. 이러한 발화동사와 관련한 행위성 자동사들은 '어떠어떠하게'라는 양태적인 의미를 가진다고 해서 이 부류의 동사를 발화 양태 자동사로 부르고 있다.

권재일(2000)에서는 '말하다, 묻다, 명령하다, 제안하다' 등의 의미특성을 가지는 동사들을 발화동사로 묶고 각 발화동사들의 구문 정보를 <하위범주>, <격틀>, <선택제약>, <의미역> 등 정보로 나누어 기술하고 있다. 발화동사 구문을 연구하는 방법을 제시하였다는 점에서 의의가

---

4) 태도동사란 '-에'격(또는 '-에게'격)이나 '-를'격)성분이 통합되는 구문을 형성하면서 '-가'격의 주어의 긍정 또는 부정의 내면적인 태도를 동작으로 표현하는 서술동사를 말하고, 교호동사란 서술동사가 교호성을 띠어 구문의 형성에서 '-와'격 성분의 통합이 필수적인 경우가 있는 이런 부류의 동사를 말한다고 한다. 이런 교호성은 서술동사가 갖는 의미적 속성에 따라 그 실현 양태가 달라져서 상태적 교호와 동작적 교호로 나뉜다고 한다. 이 부류 중에는 발화동사에 포함시켜 다룰 수 있는 동사를 언급하면 '맹세하다, 다투다' 등이 있다.

있다. 그러나 발화동사에 대한 정의가 뚜렷하지 않아 선정된 발화동사가 제한적이라는 점이 아쉽다. 따라서 본고에서는 발화동사의 정의를 내리고 그 선정범위를 넓혀 발화동사가 이끄는 구문의 통사·의미특성을 권재일 (2000)에서 제시한 구문 정보를 적용하여 살펴볼 것이다.

음두운(2005)에서는 발화동사의 정의문제와 관련하여 통사적으로 접근하고 있다. 즉 발화동사는 조사 '-에게'가 이끄는 여격보어와 연결어미 '-고'에 의해 만들어지는 보문을 논항으로 취하는 동사를 말한다고 한다. 그러나 '중얼거리다'와 같은 발화동사는 '-에게'가 결합된 논항을 필수 성분으로 하지 않는다는 것과 모순된다. 또한 발화동사가 이끄는 상위문은 절을 가질 수 있는데 '-고'에 이끌리는 보문뿐만 아니라 명사절 보문도 논항으로 나타날 수 있다. 따라서 본고는 발화동사의 정의를 통사론적으로 접근하면 발화동사의 범위를 한정시킬 수 있다는 점을 문제점으로 제기하고 의미론적으로 발화동사의 정의를 내릴 것이다. 다음 발화동사의 의미특성상 절을 성분으로 취할 경우에 절을 상위문에 이어주는 보문소가 '-고' 외에도 보문소 '-음', '-기', 불구 보문소 '-ㄴ/ㄹ'에 문법화 과정에 있는 보문명사 '-것'과의 결합에 의해서도 가능하며, 의문을 나타내는 보문소 '-는지/는가'에 의해서도 가능함을 4장에서 자세히 살펴볼 것이다.

발화의 기본 구성요소인 발화내용이 언어화되려면 인용이라는 문법수단을 동원하게 되는데 인용절에 관한 연구나 발화동사에 관한 연구와 서로 밀접한 관련이 있다. 김수태(1999)에서는 인용월과 발화동사의 기본적인 관계를 다음과 같이 제시하고 있다. 첫째, 인용월은 발화동사의 어휘의미특성에 따라 필수적인 성분이 될 수도 있고 수의적인 성분이 될 수도 있고 또 상황에 따라 생략될 경우도 있다. 둘째, 인용월은 '-라고', '-고', '-하고' 등 인용표지에 의해 이끌리는 하위문으로서 상위문의 주 성분들과 관계를 맺게 된다. 셋째, 화용론적으로 인용절이 표현하는 의미는 발

화동사가 나타내고자 하는 의미와 조응관계를 가진다. 이런 경우는 인용
절 끝부분이 나타내는 서법적인 의미가 그 관계를 설명해준다. 넷째, 발
화동사는 인용월의 발화 방법이나 기능에 따라 선택된다. 이와 관련하여
상당한 연구가 이루어졌지만 본고와 관련한 선행연구를 살펴보고자 한다.

김수태(1999)에서는 인용월을 안고 있는 상위문의 발화풀이씨에 대해
다음과 같이 정의하여 설명하고 있다. 발화풀이씨는 '인용월을 짜 이룰
때 상황요소의 하나인 발화행위를 언어화하여 풀이씨로 표현한 것이다.'
라고 하였다. 따라서 발화풀이씨는 [＋발화행위]라는 의미자질을 가진다고
보았다. 그러나 발화행위를 나타내면서 인용월의 풀이말로 쓰인 것을 발
화풀이씨라고 하는 점에서 본고와는 다르다. 왜냐하면 이 연구에서 인용
월은 인간의 말이나 생각까지를 포함하는 개념이기 때문이다. 즉 상황요
소 중의 하나인 '일'이 청자를 상대로 이루어진 것인가, 화자의 생각으로
이루어진 것인가에 따라 '말하다'류 풀이씨와 '생각하다'류 풀이씨를 포
함하는데 본고에서는 화자가 입을 수단으로 하는 발화행위를 나타내는
동사만으로 한정하기 때문에 본고에서는 화자가 입을 수단으로 하는 발
화행위를 나타내는 '말하다'류 만을 연구대상으로 하였다.5)

방성원(2000)에서는 발화동사가 취하는 다양한 구문 구조 유형을 검토
하고, 보문의 서법 의미 유형을 기준으로 하여 발화동사를 하위분류한 후,
각 '발화동사'류의 통사·의미적 특성을 살펴보고 있다. 여기서 보문의
서법 의미에 따라 통제의 양상과 보문의 시제 제약이 다양하게 나타남을
관찰할 수 있다. 발화동사의 구문 구조 유형을 나눔에 있어서 먼저 타동

---

5) 김수태(1999)에서 발화풀이씨를 대상에 따라 '말하다'류 와 '생각하다'류로 하위분류하였다.
'말하다'류 풀이씨들로는 다음과 같은 것을 들고 있는데 이들은 화자가 나타내고자 하는
발화기능에 따라 하위분류될 것이다.
말하다, 외치다, 감탄하다, 묻다, 질문하다, 명령하다, 시키다, 권하다, 촉구하다, 호소하다,
애원하다, 제안하다, 부추기다, 맹약하다, 지적하다, 서약하다, 빈정거리다 등.

사와 자동사로 구분한 후, 각 동사 부류에서 나타나는 구문 유형의 차이를 통사적 다의성의 양상과 '-에게' 논항의 실현 여부를 중심으로 살펴보고 있다. 방성원(2000)에서는 '기록되다, 적히다, 쓰이다' 등 기록동사들로 칭할 수 있는 것들도 넓은 의미에서 발화동사에 포함되어 다루고 있다. 그러나 본고에서는 이를 발화동사 범위에 포함하지 않는다. 이는 이 책을 진행하기 위해서는 반드시 발화동사의 정의문제를 다시 다룰 수밖에 없음을 설명한다.

조경순(2009)에서는 이전에 발화동사 관련 기존 연구들이 발화동사의 의미속성과 범주를 명확히 하지 않았다는 점을 제기하면서 발화동사의 의미속성과 심층구조를 살피고, 발화동사의 의미특성에 따라 발화동사의 구문 양상을 살피고 있다. 특히 대화상황 즉 화자와 청자의 관계를 고려하여 발화동사 구문의 통사적, 의미적 특징을 밝히는 데 목적을 두었다. 발화동사 구문을 발화상황을 기준으로 '청자-대상' 발화동사 구문, '내용-대상' 발화동사 구문, '수행-대상' 발화동사 구문으로 나누었지만 '-고'가 이끄는 보문 논항에 관한 언급은 없다. 또한 발화동사의 구문 구조를 살펴보기 위해 제시된 발화동사 목록이 제한적이어서 발화동사의 구문 구조에 대한 설명이 일괄적이지 않는 부분이 있을 것이다. 이런 점에서 본고에서는 더 보완하도록 한다.

1.2.2. 의미론적 관점

의미론적으로 접근한 논의는 주로 발화동사의 정의를 내리고 발화동사를 의미 분류하여 그 내용에 대해 연구한 것이 대부분이다. 정주리(1994), 방성원(2000), 김홍수(2002), 김응모(2000), 조경순(2013), 정유남(2013), Beth Levin(1993), 이설연(2014)가 있다.

정주리(1994)에서는 '발화'류 동사를 평가, 전달, 논의, 요청, 잡담 등 부류로 나누고 각 부류에 해당되는 동사들의 내용을 연구하고 있다. 그러나 정주리(1994)에서 '발화'류 동사 부류를 더 세분화 할 필요가 있다. 방성원(2000)에서는 발화동사가 호응의 제약을 갖는 보문 서법의 유형을 기준으로 하위 유형을 서술동사, 수행동사, 의문동사, 포괄동사로 분류하였다. 서술동사에는 '기록하다' 등의 동사들도 포함되어 있어 본고에서는 이렇게 설정하지 않기로 한다. 이러한 서술동사는 따로 하위분류할 수 있다. 수행동사는 화행론적인 입장에서 다루는 개념으로서 마찬가지로 명령, 청유, 약속 등 행동을 수반한다는 차원에서 하위분류할 수 있다. 포괄동사는 두루두루 다 포함하는 거라서 그들의 격틀을 관찰하는 데 제한점이 있다.

김응모(2000)는 낱말밭 이론을 적용하여 한국어 일상 언어 자동사 중 언표행위를 나타내는 동사들을 연구의 대상으로 낱말밭에서 그들의 위치를 고찰하고 개별 낱말의 의미 분절 특성들을 살폈다. 뿐만 아니라 그들의 의미관계, 또는 이런 의미 요소를 민족의 세계관과 관련하여 고찰하고 있다. 여기서 언표행위를 나타내는 표현수단으로는 언어뿐이 아닌 문자, 신호, 기호 등이 모두 포함되지만 본고에서는 언어표현을 수단으로 하는 언표행위만을 연구대상으로 한다.6)

김흥수(2002)에서는 소설의 인용 방식에서의 표현 양상을 발화동사 '말하다'를 중심으로 살폈다. 발화동사를 언표동사 '말하다'류, 화행동사 '묻다'류, 발화 행동양태 동사 '속삭이다, 재촉하다'류로 하위분류하였다. 세부적으로 '중얼거리다'는 발화 행동의 양태를 나타내고, '투덜거리다'는 발화행동에 참여하는 화자의 태도를 나타내고, '끼어들다'는 담화 흐름에

---

6) 김응모(2000)에서 언표행위는 '언어나 문자 및 기호나 부호를 가지고 자기의 생각과 느낌을 표현하고 주장하는 행위'를 말한다고 한다. 이런 언표행위에는 필담, 수화, 암호, 신호 등 의사표현이 포함된다고 한다.

관여하는 발화행위의 양상을 나타낸다고 하였다. 그러나 언표동사, 화행동사, 발화 행동 양태 동사 그 구분이 명확하지 않다.

조경순(2013)에서는 발화동사들의 통사구조, 논항구조, 의미역 구조를 분석하였을 뿐만 아니라 상호 대치 관계, 연어 관계를 살펴보는 작업을 통해 '보고, 청구, 명령, 질책, 비하' 등 발화행위를 대상으로 발화동사의 의미관계를 살펴보고 있다.

정유남(2013)에서는 발화행위의 주체인 화자가 발화행위의 방식을 보이거나 그 발화내용에 대한 어떤 태도가 드러날 경우 이를 발화 양태 동사로 보고 그 의미특성을 살피고 있다. 발화 양태 동사가 목소리의 높낮이, 분명한 태도, 격식적인 태도, 공손성 등 의미특질에서 일반 발화동사와 구분된다고 한다. 또 보문 구조와 접속구조의 교체가 가능한지의 여부, 상적 구성과의 결합양상을 살펴 그 차이를 구분하고 있다.

Beth Levin(1993)에서는 의사소통 관련 동사들은 메시지 전달동사, TELL 동사류, 말 방식동사, 의사소통 수단동사, TALK 동사류, CHITCHAT 동사류, SAY 동사류, COMPLAIN 동사류, ADVISE 동사류로 나누어 보고 있다.

이설연(2014)에서는 묻는 행위를 나타내는 발화동사들을 '질문'류 발화동사 또는 '질문동사'로 설정하고, 결합가 이론에 근거하여 두 자리 질문동사, 세 자리 질문동사로 분류하여 그 내용을 연구하였다.

이상과 같이 의미론적으로 접근한 논의들은 대부분 발화동사들을 유형분류하고 그 내용을 살펴보고 있으나 이런 유형 분류에 근거하여 나타나는 발화동사 구문의 특성에 관한 연구는 미흡하다. 본고에서는 발화동사들을 화자의 발화 목적에 근거하여 유형 분류를 하고 공통으로 갖는 의미자질 구조를 추출할 것이다. 이런 작업은 그들이 이끄는 구문의 통사·의미특성의 공통점과 차이점을 살펴보는 데 밑바탕이 될 것이다.

1.3. 연구방법

본고에서 발화동사는 먼저 『표준국어대사전』을 기본 추출자료로 하고 『고려대 한국어대사전』을 검토 자료로 하여 다음과 같은 방법으로 추출하였다.7)

1) 한 발화동사가 두 개 혹은 그 이상의 의미항목으로 등록된 경우, 발화동사의 정의에 맞는 의미항목만 선택하였다.

2) 사전에서 <옛말>이나 <방언>으로 표시된 발화동사는 추출하지 않았다.

3) 추상적인 [+말]의 의미자질을 갖는 어휘적 단어를 필수 논항으로 요구하는 것들도 발화동사로 추출하였다.

이런 방법으로 본고에서는 김광해(2003)에서 교육용 어휘로 선정한 1급부터 4급까지 동사에서 총 286개의 발화동사를 추출하여 연구대상으로 하였다.8) 김광해(2003)에서 제시된 어휘 중에 실생활에서 자주 사용할 법한 것들이 명사로의 용법만 제시되었을 경우 파생접사 '-하-'와 결합시켜 발화동사로 추출하였다. 예로 '헛소리'같은 것들이 있다. 또 김광해(2003)에서 제시된 동사들은 동음이의어를 구별하기 위한 어깨번호만 제시하였으나 본고에서는 동음이의어로만 표시된 동사의 한 의미항목이 발화의 의미를 가질 경우나, 동음이의어로 표시된 동사의 의미항목들이 모두 발

---

7) 국립국어원에서 편찬한 웹『표준국어대사전』을 기본 추출자료로 선정한 이유는 부단히 보완하고 수정하는 작업을 하고 있어 비교적 최신으로 갱신되는 내용이라 볼 수 있다.

8) 김광해(2003)에 수록된 국어 교육용 어휘들은 총 237,990개로서 『표준국어대사전』 등 14개의 자료들에서 한국어에서 실제로 사용되는 어휘에 가장 근접하는 어휘들을 선정한 것이다. 이들을 교육적 중요도에 따라 7등급으로 나눴는데 1-4등급의 어휘가 국어교육(1-4)과 한국어교육(1-6)에 공통되어 실제 활용성이 높다고 한다. 이밖에 『표준국어대사전』을 기본 추출자료로 하고 『고려대 한국어대사전』을 검토 자료로 하여 추출한 총 2,219개 발화동사를 부록으로 제시하였다.

화의 의미를 나타낼 경우가 있어 구체적인 의미항목까지 표시하였다. 왜
냐하면 발화동사의 중심의미에서 투사된 통사구조와, 중심의미에서 의미
의 유연성을 갖고 확장된 의미를 얻은 주변의미에서 투사된 통사구조는
다를 수도 있기 때문이다.

위 방법에 의해 선정된 발화동사들은 문장에서 핵심적인 역할을 한다.
핵심적인 역할을 하는 발화동사는 그 어휘의미특성에 따라 그 문장의 통
사구조나 의미 구조를 결정한다. 본고는 변형문법에서 논항구조 이론, 의
미역 이론, 통제이론을 바탕으로 발화동사 구문 구조의 통사·의미특성을
고찰할 것이다.

논항구조는 동사의 의미특성에 따라 결합 가능한 논항들의 결합구조를
말한다. 본고에서 논항구조는 필수적인 논항들의 집합을 말한다. 따라서
발화동사의 어휘 의미정보에 따라 방출된 논항들의 집합은 논항구조를
이루게 된다. 발화행위가 실현되려면 반드시 발화하는 주체가 있어야 하
므로 발화동사의 논항구조에서 발화 주체는 반드시 나타나야 하는 필수
성분이 된다. 논항구조에서 발화 주체를 제외한 나머지 필수 논항들은 보
충어로서 하위범주화 틀로 표현할 수도 있다. 발화동사의 하위범주화 틀
은 발화동사의 구조를 유형화하는 데 적용된다. 동사가 하위범주화하는
논항 간에는 일정한 계층이 존재하는데 이는 논항의 필수성에도 위계가
존재한다는 것과 관련된다.9) 이렇게 형성된 논항구조는 어휘통사표시의
역할을 한다는 측면에서 발화동사 통사구조의 기본적 틀을 제공하게 된
다.

발화동사의 어휘정보에 따라 하위범주로 선택된 범주들은 일정한 격조
사로 실현되는데 격조사가 실현된 성분과 동사와의 관계를 흔히 격틀로

---

9) 정태구(2001)에서는 논항구조를 이루고 있는 논항 간에는 위계가 있다는 논의와 관련하여
   거론된 상대계층이론과 절대계층이론으로 나누어 각각의 장단점을 언급하고 있다.

표시하게 된다. 격틀은 동사와 동사가 요구하는 논항으로 구성된다. 격틀에 반영되는 논항은 모두 동사의 어휘의미특성에 따라 방출된 논항들이다. 여기서 주의할 점은 동사의 어휘의미특성에 따라 방출된 논항들은 격틀에 반영될 수도 있고 그렇지 않을 수도 있다. 한송화(2000)에서는 격틀에 반영된 논항을 통사적 논항이라고 하였다. 본고에서 격틀은 동사가 요구하는 필수적인 논항으로 구성된 것인데 하나의 발화동사는 어휘의미특성상 하나 혹은 그 이상의 격틀로 표현된다. 이 경우를 전지은(2007)에서 격틀집합이론이라고 한다.10) 즉 하나의 동사가 지닐 수 있는 격틀의 집합을 말한다. 이런 격틀집합이론을 적용하여 하나의 격틀집합을 공통으로 갖는 발화동사들을 묶을 것인데 이는 그들의 통사·의미적인 특성에서 나타나는 공통점과 차이점을 살펴보는 데 작용할 수 있다.11)

정태구(2001)에서 논항은 의미내용이 없는 자리로서 동사의 의미특성에 따라 의미역이 할당된다고 하였다. 즉 논항구조를 이루는 논항들은 동사와 의미적 관계를 맺게 되는데 동사는 해당 의미역할을 논항에게 할당한다. 고영근(2008)에서 는 문의 구조에서 논항이 동사에 대해 갖는 의미역할을 의미역이라고 하였다. 이런 의미역은 의미 구조와 연결된다. 격틀을 구성하고 있는 논항들은 동사에 대해 갖는 역할에 따라 그 의미역이 달리 할당되는데 이는 동사의 어휘의미특성에 따라 하위범주로 선택된 성분들은 동사에 대해 선택제약 관계를 나타냄을 설명한다.

---

10) 유현경(1997)에서 복수격틀 개념을 적용하여 기본 격틀을 설정하고 격틀 사이의 변환 관계를 통사·의미적인 측면에서 살폈다. 한송화(2000)에서는 격틀의 변환관계를 두 가지 측면으로 보고 있다.

11) 격틀에 의한 유형분류는 동사나 형용사 분류에서 통사적으로 사용된 방법이다. 동사 분류와 관련하여서 한송화(2000)에서는 자동사 분류에서 적용했던 방법이고, 유현경(1997)에서 형용사를 분류하면서 적용했던 방법이다. 한송화(2000)에서 격틀이라는 개념을 '동사와 그 동사에 나타나는 명사구들의 격 형태를 나열하는 방식으로 표기한 것을 뜻한다'고 하였다.

본고에서 하위범주화이론, 선택제약이론을 적용하여 발화동사들의 의미 구조를 연구할 것인데 이는 가시적으로 동일한 논항구조이더라도 하위로 선택된 각 논항이 동사에 대한 선택제약이나, 의미역할에 따라 의미구조 실현 양상이 다르게 표현되기 때문이다. 발화 주체가 여럿인 발화상황을 언어화한 발화동사는 그 의미특성에 따라 문의 구조에서 발화 주체가 두 가지 언어 형식으로 표현된다. 발화 주체들이 접속조사 '-와/과'에 의해 표현될 경우 의미 구조 표시에서 '의미역 준거'가 작동하게 된다. 즉 Chomsky(1981)에서 'Each argument bears one and only one θ-role, and each -role is assigned to one and only one argument'라는 의미역 준거(Theta Criterion)가 두 발화 주체가 서로 같은 의미역을 할당받는 것을 허용하지 않는다. 그러나 본고에서는 같은 의미역을 할당받는 것으로 볼 것이다. 이런 문제와 관련하여 구체적인 발화상황에서 각 언어 요소들 간의 관계나 그들이 발화상화에서의 작용역을 관찰해보면 의미역 준거가 반드시 지켜지는 것만은 아님을 본고에서 살펴볼 것이다.

이와 같이 한 발화동사의 어휘의미특성에 따라 통사구조와 의미 구조가 만들어지는 과정에 적용되는 이론들은 발화동사 구문 구조 연구뿐만 아니라 다른 부류 동사 구문 구조 연구에서 필수적이다.

1.4. 문제제기와 논의구성

앞서 통사론적, 의미론적 관점에서 논의된 선행연구에서 검토한 바를 토대로 문제점을 간략히 제기한다. 하나는 발화동사의 정의와 범위에 관련한 문제이다. 통사론적으로 발화동사의 정의를 접근한 논의들은 발화동사의 선정범위를 제한하게 된다. 따라서 다양한 발화상황을 언어화할 수 있는 발화동사들은 다양한 의미 유형으로 분류될 수 있다는 데 제한을 준다. 또한 통사구조가 그 동사의 어휘의미특성에 의해 결정된다면 제한된 발화동사 범위는 화자 단독 장면을 언어화한 '중얼거리다'부류 등 다양한 발화상황을 언어화한 발화동사들의 구문 구조를 전반적으로 고찰하는 데 어려움이 있게 된다. 다른 하나는 발화동사 구문 구조에 관한 연구가 미미하게 이루어진 실정이다.

따라서 본고는 발화동사 구문 구조의 통사·의미특징을 전반적으로 연구하기 위해 각 장을 다음과 같이 구성하였다.

2장에서는 김광해(2003)에서 선정한 발화동사들을 먼저 메시지가 전달되는 방향에 따라 크게 세 가지로 분류한 다음 발화의 목적에 따라 의미 유형 분류를 할 것이다.

3장에서는 발화동사들을 형태 구조 분석하는 작업을 할 것이다. 발화동사는 대부분 단일 음절인 한자어와 한자어들로 결합된 구성으로서 내부 구조적으로 다양한 통사관계를 갖는데 이는 문의 구조에서 하위범주화되는 성분이나 부가어 성분이 서술어에 대해 갖는 선택제약 관계와 밀접한 연관성이 있다. 고유어 발화동사들은 합성구성이나 파생구성들로 형성되었는데 이는 문의 구조에서 선·후행성분에서 어떤 성분의 논항이 방출되어 이루어진 논항구조인지를 살펴볼 수 있다. 이 작업은 단어들의 내부 구조 형성 방식이 논항구조 형성과 어떤 연관성을 갖는지를 관찰하고 유형화하는 데 방편으로 작용될 수 있다.

4장에서는 본고에서 선정한 발화동사들의 논항구조 유형들을 추출하고 격틀구조들을 정리할 것이다. 주로 홍재성 외(1997) 『현대 한국어 동사 구문 사전』, 『표준국어대사전』, 『고려대 한국어대사전』, '21세기 세종계획 말뭉치'에 제시된 격틀구조를 검토하고, 고려대 민족문화연구원에서 개발한 'SJ-RISK CORPUS'에서 용례들을 검색하여 한 발화동사가 표현 가능한 기본 논항구조 유형들과 격틀들을 추출할 것이다. 발화동사는 발화상황을 전제로 한다는 특성 때문에 하위범주로 발화내용이 절의 형식으로 선택된다. 이 경우에 나타내는 통사·의미적인 특성은 발화동사 구문 구조를 연구하는 데에서 주된 내용이 될 것이다. 이 책에 제시한 용례들은 『현대 한국어 동사 구문 사전』, 『표준국어대사전』, 『고려대 한국어대사전』, '21세기 세종계획 말뭉치', 고려대 민족문화연구원에서 개발한 'SJ-RISK CORPUS'에서 인용하였다.12)

5장에서는 문의 구조에서 논항이 서술어에 대하여 갖는 의미역할을 관찰하여 발화동사의 의미 구조를 유형화하는 작업을 할 것이다.

---

12) 본고에서 언급된 용례들은 구체적으로 어디서 추출했는지는 표시는 하지 않을 것이다. 필요한 경우 원 용례들을 적절히 변형시킨 경우도 있음을 미리 밝힌다.

제 2 장

발화동사의 범주 및 그 특성

발화동사의 범주 및 그 특성

2.1. 발화동사 개념 및 범위

2.1.1. 발화동사 개념

실제적인 발화상황을 배경으로 한다는 특성 때문에 발화동사는 다른 부류의 동사보다 통사론, 의미론, 화용론에 두루 걸쳐 정의될 수 있다. 본고는 발화동사를 의미론적인 관점에서 정의할 것인데 실제로 선행연구에서 발화동사가 어떤 기준에 의해 어떻게 정의되고 그 범위가 어디까지인지를 먼저 살펴볼 것이다.

2.1.1.1. 통사론적 관점

발화동사가 어떤 발화상황을 언어화한 것이라면 발화동사가 중심이 되는 문장은 발화 주체인 화자, 발화 객체인 청자, 그리고 발화내용을 언어화하게 된다. 실제 발화상황에서 발화내용은 직접 인용절이나 간접 인용절의 형식으로 표현되기도 하는데 이 점을 두고 발화동사를 통사적인 측면에서 정의를 내리기도 한다.

조경순(2013)에서 '-고'가 이끄는 내포문이 간접 인용이나 직접 인용의 방식으로 어떤 발화내용을 언어로 표현하였을 경우는 담화상황이 전제되었는지를 살피지 않아도 발화동사로 볼 수 있다고 하였다.

박완규(1992)에서는 다음과 같이 형식적인 기준을 내세우며 발화행위 동사를 정의하고 있다.

N0 N2에게 P-고 V (P는 문장적 성분)

즉 발화행위 동사란 V의 자리에 나타날 수 있는 동사의 총체를 말한다고 한다.[13] 그러나 형식적인 기제로 발화동사를 정의하는 데는 발화상황을 충분히 표현하는 데 제한적인 면이 있다.

박완규(1992), 음두운(2005), 조경순(2013)에서 보여주듯 '-고' 절은 발화동사인지를 판정하는 기제로 볼 수는 있으나 발화상황에서 화자가 발화행위를 구성하는 청자, 발화내용 중에서 어떤 요소와의 관계에 초점을 두고 발화하느냐에 따라 다양한 발화동사로 언어화될 수 있다. 따라서 반드시 '-고'가 이끄는 보문이 나타나야만 발화동사인 것은 아니다.

위의 선행연구를 살펴보면 통사론적으로 접근하는 데는 다음과 같은 문제점이 있음을 관찰할 수 있다. 하나는 특정 표지가 부착된 특정 성분

---

13) 박완규(1992)에서 발화행위 동사로 선정할 수 있는 형식적인 장치에 해당되는 발화 행위 동사는 다음과 같다.
말하다, 자백하다, 경고하다, 귀띔하다, 묻다, 발표하다, 밝히다, 보고하다, 선전하다, 설명하다, 신고하다, 알리다, 요구하다, 전하다, 조언하다, 주장하다, 지시하다, 충고하다, 명령하다, 질문하다, 주장하다, 고백하다, 강조하다

이 나타나야 한다는 형식적인 기준에 부합시켜 발화동사인지를 판정하면 이와 다른 발화상황을 언어화할 수 있는 '중얼거리다' 등 개별 발화동사들이 배제될 수 있다. 다른 하나는 다양한 발화상황을 표현하고 언어화하는 만큼 발화동사는 그 의미적 특성에 따라 다양한 논항구조를 가지게 된다. 일부 발화동사들은 동일한 논항구조로 표현된다고 하더라도 구체적인 격 실현에서 다양하게 표시될 뿐만 아니라 절이 성분으로 나타날 경우는 '-고' 절뿐만이 아니라 명사절로 표현될 경우도 있다.

이처럼 동일한 발화동사가 여러 격틀구조로 표시될 수 있어 형식적인 기준을 내세워 발화동사를 정의하는 일은 일괄적인 설명을 하기 어렵다. 또한 '정의'라는 것이 공통점을 추출하여 범주화하는 작업이기 때문에 이에도 부합되지 않는다.

2.1.1.2. 의미론적 관점

본고에서는 의미론적인 관점에서 발화동사를 정의할 것인데 먼저 관련 선행연구들을 살펴보도록 한다.

김수태(1999)에서는 앞서 언급했듯이 발화풀이씨는 화자가 발화행위를 언어화한 것이라고 하였다.

조경순(2009)에서는 발화동사의 정의문제와 관련하여 통사적 특성은 부차적인 특성으로서 의미적 특성을 발화동사의 본질적인 특성으로 간주하고 다음과 같이 살피고 있다. 조경순(2005)에서는 "발화는 일반적으로 구두언어로 실현된 언어를 말하는데, 국어 문장에서 발화상황을 표현하는 어휘는 발화동사이다"라고 하였다. 이런 발화동사는 발화상황과 밀접한 관련을 맺기 때문에 발화동사란 주체가 발화행위를 한다는 것을 의미하며, 의미속성으로 [+언어표현], [+내용]을 포함하고, 발화동사 구문의 주어는 [+인간성] 자질을 지녀야 한다. 정리하면 주체가 의지를 가지고 발화해야 하고 발화의 수단이 구두언어여야 한다.[14]

음두운(2005)에서는 발화동사를 다음과 같이 정의하고 있다. '두 사람 사이에서 말 또는 메시지의 전달이 이루어지는 행위를 표현한다'고 하였다. 그러나 개별 발화동사는 두 사람 사이에서 메시지 전달이 쌍향적 또는 단향적으로 이루어질 수 있다.

발화동사의 개념을 통사적인 측면에서 정의하든, 의미론적 측면에서 정의하든 모두 발화상황을 배경으로 하기 때문에 발화를 곧 화행이라고 보는 화용론과도 밀접한 관련성을 갖는다. 발화의 개념과 관련하여 최호철(2011)에서는 문장단위에 상황적 맥락과 사회관계적 맥락이 결부된 것이라고 보면서 발화를 언어 단위에 따라 발화1과 발화2 두 유형으로 나누었다. 발화1은 문장단위의 것이고, 발화2는 단어, 구절, 문장, 이야기 등 단위에도 해당된다고 하였다. 본고에서는 문장단위만에 해당되는 발화1의 경우를 살펴볼 것이다.[15]

---

14) 조경순(2009)에서의 발화동사는 다음과 같은 것들이 해당된다.
　　간청하다, 강요하다, 강조하다, 건의하다, 경고하다, 고백하다, 권하다, 논하다, 단언하다, 답변하다, 대답하다, 대화하다, 명령하다, 명하다, 문의하다, 발언하다, 발표하다, 변명하다, 보고하다, 불평하다, 비난하다, 비판하다, 상의하다, 선언하다, 설명하다, 연설하다, 역설하다, 요구하다, 요청하다, 응답하다, 의논하다, 자백하다, 전하다, 전화하다, 제안하다, 주문하다, 주장하다, 증언하다, 지시하다, 질문하다, 질의하다, 청하다, 축하하다, 충고하다, 칭찬하다, 토론하다, 토의하다, 폭로하다, 합창하다, 항의하다, 해명하다, 호소하다, 거짓말하다, 꾸중하다, 꾸짖다, 나무라다, 노래하다, 놀리다, 늘어놓다, 당부하다, 대꾸하다, 되뇌다, 따지다, 떠들다, 말씀하다, 말하다, 묻다, 부탁하다, 부르다, 부르짖다, 불다, 빈정거리다, 설득하다, 소리치다, 속삭이다, 시키다, 알리다, 야단하다, 약속하다, 언급하다, 여쭈다, 외우다, 외치다, 욕하다, 이르다, 이야기하다, 인사하다, 읽다, 자랑하다, 잔소리하다, 장담하다, 조르다, 캐묻다, 털어놓다, 투덜거리다, 혼잣말하다, 중얼거리다
15) 발화의 정의와 관련하여 아래와 같은 논의들이 있다. Fries(1952)에서는 어떤 화자가 말을 시작해서 마칠 때까지의 연속을 발화라고 하고, Bright(1992)에서는 언어학적으로는 도출되지 않는 가설에 대한, 전형적으로 침묵에 의해서 또는 화자의 교대에 의해서 앞서거나 뒤서는 언어의 연속체를 말한다고 한다. '최호철(2011)에서 재인용.'

의미론적으로 발화동사를 정의하는 데는 형식적인 기제로 범위를 한정시켜 정의하는 것보다는 다양한 발화상황을 언어화할 수 있어 발화동사 선택 범위가 더 넓어진다.

따라서 본고에서는 조경순(2009)를 참고하여 발화동사들이 발화상황과 밀접한 관련이 있다는 특성을 고려하면서 의미적인 특성에서 출발하여 정의를 내릴 것이다. 최호철(2011)에서도 발화의 의미를 분석하기 위해서 첫째로 언표의 의미(축자적 의미, 결속적 의미)를 규명해야 하고 둘째로, 화자와 청자의 태도(배경, 의도)와 관계(지위, 나이, 친소)를 규명해야 하며 셋째로, 발화의 장면(시간, 공간, 사태)과 발화상의 지시를 나타내는 화시 등을 규명해야 한다는 데서 발화동사는 발화상황과 밀접한 관련이 있음을 살펴볼수 있다. 발화상황을 전제로 발화동사를 정의하면 다양한 담화장면을 언어화할 수 있고, 언어화된 발화동사가 근간이 되는 다양한 구문 구조를 관찰할 수 있다. 왜냐하면 발화동사의 다양한 구문 구조는 발화동사의 의미특성을 따지는 문제와 밀접한 관계를 갖기 때문이다.16)

본고에서는 발화상황을 표현하는 어휘를 광의 의미에서 발화동사로 정의할 것이다. 즉 [+유정성]을 가진 인간이 발화행위 주체가 되어 구두를 수단으로 진행되는 다양한 발화상황을 언어화한 표현을 말한다. 조경순(2009)에서는 발화를 더 넓은 의미에서 보고 '읽다'나 '부르다'와 같은 동사도 선정했다. 그러나 '발화'는 추상적인 '말'인 '話'를 '發'하는 것이므로 '읽다'나 '부르다'가 비록 [+구두언어]의 속성을 가지나 주로 심리적으로 생각하는 내용을 발화한다기보다는 기정된 도서의 내용을 읽거나, 이미 알고 있는 기정된 이름을 부르는 경우이므로, 어떤 내용을 발화하는 발화상황을 나타낸다고 보지는 않겠다.

---

16) 발화동사의 정의와 관련하여 본고에서는 주로 의미론적으로 접근하나 위에서 제시한 세 가지 경우가 밀접한 연관성이 있음을 부인하지 않는다.

2.1.2. 발화동사 범위

다음 발화동사인지를 판단하는 기제를 살펴볼 것인데 이는 발화동사의 정의가 포괄할 수 있는 범위를 살펴보는 작업이기도 하다. 발화동사인지를 판단하는 기제로 앞선 연구에서는 아래와 같은 형식적인 기준을 제시한 바가 있다.

NP1이 NP2에게 S-고 $\underline{V}$

이 구조에서 '-에게' 논항과 '-고' 보문 논항은 발화동사가 갖는 필수적인 논항으로서 이들이 나타나는 문장은 발화동사가 이끄는 문장임을 판단할 수 있다는 주장이다. 발화상황을 전제로 한다는 점에서 발화동사가 위와 같은 기본적인 구문 구조를 충분히 가질 수 있다. 그러나 다양한 발화행위를 포괄적으로 설명하기 어렵다는 단점이 있다.

(1) ㄱ. 그는 석방되어 나오면서 '그래도 지구는 돈다'고 중얼거렸다
한다.
ㄴ. 그는 동생의 잘못을 나무랐다.
ㄷ. 그는 어머니에게 반말했다.

(ㄱ)에서 발화 주체인 '그'가 '그래도 지구는 돈다'라고 혼잣말하는 발화상황에서 특정 청자를 나타내는 '-에게' 논항이 문의 구조에 나타나지 않아도 문장의 정보가 전달된다. (ㄴ)은 문의 구조에 '-고' 보문 논항과 '-에게' 명사 논항이 나타나지 않았고, (ㄷ)은 구체적인 발화내용이 나타나지 않았다. (ㄴ)과 (ㄷ)은 화자가 어떤 내용을 청자에게 발화하는 데 초점을 둔 것이 아니라, (ㄴ)은 청자의 잘못을 대상으로, (ㄷ)은 청자를 대상으로

발화하는 데 초점을 둔 발화행위이다. 따라서 형식적인 기준으로 발화동
사인지를 판단하는 것은 일부 발화동사에만 적용 가능하기 때문에 발화
동사의 범위를 한정할 수 있다.

따라서 본고는 [＋구두언어]로 표현되는 발화상황을 언어화한 것들을
발화동사로 볼 것이다. 그러나 발화동사인지 판단하기 애매한 개별 동사
들이 있어 기제 설정이 필요하다. 이 경우는 먼저 원형적인 발화동사 '말
하다'를 치환하여 검증하는 방법을 동원해 볼 수 있다.

> (2) ㄱ. 그는 나에게 시키는 대로 해 달라고 부탁했다./명령했다./말했
> 다.
> ㄴ. 사람들은 그를 나쁘다고 혹평했다./말했다.
> ㄷ. 형수는 형부가 돌아가셨다고 전했다./말했다.

(ㄱ, ㄴ, ㄷ)에서 '부탁하다, 명령하다, 혹평하다, 전하다'는 모두 '말하
다'와 치환 가능하다. 이는 원형적인 의미를 갖던 '말하다'가 의미의 유연
성을 가지면서 문맥에서 각각 '부탁하다', '명령하다', '혹평하다', '전하
다'의 의미로 확장된 경우로 볼 수 있다. 의미의 유연성은 원래의 중심의
미는 내포하고 있음을 말해주기 때문에 이들은 발화동사로 볼 수 있다고
판단할 수 있다.

그러나 아래와 같이 원형적인 발화동사 '말하다'와. 치환이 어색하거나
불가능한 것들이 있다.

> (3) ㄱ. 영수는 어머니한테 목마를 사달라고 졸랐다./?말했다.
> ㄴ. 그는 나를 바보라고 놀렸다./?말했다.
> ㄷ. 그는 나에게 시키는 대로 해 달라고 부탁했다./?말했다.

(ㄱ, ㄴ)에서 '조르다'와 '놀리다'는 '말하다'와 치환 가능하나 이 경우 '말하다'는 '조르다'나 '놀리다'가 갖는 의미는 잘 드러나지 않는다.

문의 구조에서 중심역할을 하는 동사가 구두언어인지를 판단할 수 있는 수단을 표현하는 어휘에 의해 수식이 가능하면 이 동사를 구두언어를 수단으로 하는 발화동사로 판정 가능하다. 조경순(2013)에서도 담화 상황이 전제되었을 경우 발화동사로 볼 수 있다는 점을 언급한 바 있다.

(4) ㄱ. 그는 나에게 시키는 대로 해 달라고 부탁했다.
ㄴ. 그는 나에게 시키는 대로 해 달라고 말로 /구두로 부탁했다.
ㄷ. 그는 나에게 시키는 대로 해 달라고 서면으로 부탁했다.

(ㄱ)에서 '부탁하다'는 부탁하는 수단이 구체적이지 않아 발화동사인지를 판정하기 어렵다. 그러나 (ㄴ)에서 추상적인 [+말]의 의미를 내포한 어휘적 단어와 방식을 나타내는 표지 '-로/으로'가 결합된 명사 논항이 문의 구조에 나타나 부탁하는 행위를 수식할 경우 '부탁하다'가 발화동사로 쓰였음을 판단할 수 있다. 따라서 본고에서는 (ㄴ)과 같은 경우에 방식이나 수단을 나타내는 '-로/으로' 명사 논항인 '구두'나 '말'이 동사를 수식하는 표현이 가능다면 발화동사로 볼 것이다.

(5) ㄱ. 그는 큰 소리로 떠들었다.
ㄴ. 낮은 소리로 속삭였다.

(ㄱ)과 (ㄴ)에서 음성언어임을 판단할 수 있는 기제로 목소리 높낮이를 표현하는 [+소리] 자질을 내포한 표현들이 문의 구조에 나타날 수도 있다. 이와 같이 본고에서는 소리 자질을 내포한 표현들에 의해 수식이 가

능하다면 마찬가지로 음성언어임을 판단하는 기제로 동원할 것이다. '목
소리의 높낮이'를 나타내는 단어들은 정유남(2013)에서 발화 양태 동사로
볼 수 있는 것들에 포함되고 있다.

발화동사가 발화상황을 언어화한 표현이라면 발화상황에서 화자와 청
자의 관계에서 그 기제를 찾아볼 수도 있다. 화자가 말하는 주체라면 청
자는 화자가 말한 내용을 듣는 객체가 된다. 따라서 발화상황을 청자를
듣는 주체로 설정하고 화자를 말하는 객체로 설정해 볼 수 있다.

> (6) ㄱ. 나는 그가 이 작품이 아주 나쁘다고 혹평하는 것을 들었다.
> ㄴ. 나는 그의 그 문제에 대한 보고를 들었다.

(ㄱ)에서 '나'는 듣는 주체이고 절 논항에서 '그'는 '이 작품이 나쁘다
고' 평가하는 주체가 된다. (ㄴ)에서 마찬가지로 '그의 보고'를 듣는 주체
가 '나'가 된다. (ㄴ)에서 어떤 행위를 나타내는 술어명사가 자주 온다. 발
화상황에서 듣는 주체의 존재는 발화 주체를 상대적으로 하여 존재한다.
정유남(2013)에서 제시한 의사소통의 체계를 이루는 낱말밭에는 발화동사
부류와 청취동사가 제시된 것은 이런 상대성 때문이다. 이는 발화동사가
갖는 특성이기도 하다. 때문에 청취동사 '듣다'가 이끄는 문장으로 변형
가능할 경우도 발화동사로 볼 수 있다.

다음과 같이 연어 관계로 표현되어 발화동사로 볼 수 있는 것들이 있
다.

> (7) ㄱ. 동생은 나에게 막말을 씹어뱉었다./했다.
> ㄴ. 그는 나에게 욕설을 퍼부었다./했다.
> ㄷ. 그는 나에게 말을 건넸다./?했다.

(7)에서 보듯 '쏟아붓다[2]「2」, 씹어뱉다, 퍼붓다, 건네다[1]「2」, 걸다, 꺼내다「2」'[17])의 주변의미는 추상적인 [+말] 의미자질을 내포하는 추상적인 단어들과 자주 어울려 쓰이는 것들이 있다. 김진해(2000)의 논의를 따르면 이들 구성을 어휘적 연어로 볼 수 있다.[18] 의미가 확장된 이들 동사의 개념에 추상적인 '말'이 내재되어 있어 명사 논항과 선택제약 관계를 갖고 있다는 점에서 전제적 연어로 볼 수도 있다. 예에서 보듯 이들은 '하다'와 치환 가능하기도 하다. 홍재성(1996)에서 기능동사 '하다'가 술어 명사와 제한적인 공기관계 양상을 살펴보면서 '-하다'와 치환 가능한 단어들도 기능동사로 보고 있는데 이런 점에서 본고에서는 이들을 기능동사의 성격을 갖는 발화동사로 볼 것이다.

이처럼 본고에서는 발화동사인지를 판단하는 기제를 다음과 같이 정리할 수 있다. 원형적인 발화동사 '말하다'를 치환하여 검증, 문의 구조에서 '구두'를 수단으로 하는 표현에 의해 수식 가능한지를 검증, 목소리의 높낮이를 표현하는 [+소리] 자질을 내포한 표현들에 의해 수식 가능한지를 검증, 발화상황에서 화자와 청자의 관계 설정에 의해 검증하는 방법들이 있다.

발화동사의 정의와 발화동사 판별 기제에 근거하여 김광해(2003) 「등급별 교육용 어휘」에서 286개의 발화동사를 선정하였다. 다음 고려대 민족문화연구원에서 개발한 **SJ-RIKS** Corpus(Sejong-Research Institute of Korean

---

17) 김광해(2003)에는 '쏟아붓다[2]「2」, 씹어뱉다, 덧붙이다「3」' 등이 등급별 어휘에 제시되지 않았지만 연어 관계로 표현되는 발화동사도 본고의 발화동사 범위에 해당됨을 보여주기 위해 언급하였다.

18) 김진해(2000:66)에서 어휘적 연어는 그 연어 구성의 구성요소의 통사적 특성에 따라 명사, 동사, 형용사, 관형사, 부사와 같은 내용어끼리의 결합을 말한다. 본고에서 어휘적 연어는 명사와 동사가 결합한 연어 구성이다. 어휘적 연어는 또 선택어의 의미적 성격에 따라 '전제적 연어'와 '관습적 연어'로 하위분류 할 수 있다. '전제적 연어'는 선택어의 어휘개념 속에 결합하는 어휘가 개념적으로 내재되어 있는 구성을 말한다고 한다.

Studies)[19])에서 얻은 빈도수 범위에 따라 아래와 같이 표로 정리하였다.[20]

〈표 1〉 발화동사 및 그 빈도수[21]

빈도범위	발화동사
38790	말하다
x>8500	묻다03
x>4500	전하다[3], 주장하다(主張) 「1」, 「3」
x>3500	설명하다(說明)
x>3000	걸다02, 드리다01「2」, 요구하다「1」(要求)
x>2500	가르치다01[2]「1」, 대답하다(對答), 발표하다(發表), 시키다01「1」, 제시하다(提示) 「1」, 지적하다[1]「2」(指摘)
x>2000	따지다01[1], 표현하다(表現)
x>1500	이야기하다, 얘기하다, 평가하다(評價) 「2」
x>1000	비판하다(批判) 「1」, 중얼거리다
x>950	논의하다(論議), 요청하다(要請)
x>900	건네다[1]「2」, 쏘다01[1]「2」
x>850	약속하다, 이르다02, 해석하다(解釋) 「1」
x>800	권하다, 떠들다01, 부탁하다(付託)
x>750	말씀하다, 자랑하다01
x>700	다투다[1], 달래다01「3」, 떠들썩하다02[Ⅰ], 비난하다「1」(非難), 선언하다(宣言) 「1」「3」, 언급하다(言及)
x>650	늘어놓다[3], 되풀이하다01, 보고하다(報告), 씹다01「2」, 주고받다, 지시하다(指示) 「2」

---

19) SJ-RIKS Corpus(Sejong-Research Institute of Korean Studies)는 21세기 세종계획에 의해 구축된 <세종형태의미 분석 코퍼스>를 수정, 보완하여 현재는 14,708,028 어절을 가지고 있는 방대한 코퍼스이다.

20) 김광해(2003)에는 발화 명사로 볼 수 있는 것들이 제시되었는데 아래는 그 목록이다. 독백, 헛소리, 귓속말, 긴말, 뒷말, 이러쿵저러쿵, 표현, 혼잣말, 담화, 약속, 반말, 지시 위의 발화 명사들은 실생활에서 기능동사 '하다'나 접미사 '-하'와 결합하여 동사로서의 쓰임으로 나타난다. 김광해(2003)에서 제시한 'x<30'의 발화동사들보다는 빈도수가 높다. 따라서 본고에서는 이들도 기능동사 '하다'나 접미사 '-하'와 결합시켜 발화동사로 선택하였다. 그리고 김광해(2003)에는 없지만 최근에 '회화하다'라는 단어도 자주 쓰여 상관 통사·의미 현상을 설명할 때 언급할 것이다.

x>550	공격하다「2」, 일컫다[2]
x>500	청하다[1](請), 털어놓다, 퍼붓다[2]「2」
x>450	설득하다(說得), 속삭이다, 위협하다(威脅), 응하다(應)
x>400	논하다, 답하다, 당부하다(當付)
x>350	거론하다(擧論), 경고하다(警告), 고발하다(告發), 고백하다(告白), 나무라다, 서술하다(敍述), 위로하다(慰勞), 제의하다(提議), 주문하다(注文)「2」, 항의하다(抗議)「1」, 해명하다(解明), 호소하다02(號召)
x>300	되묻다03「1」「2」, 재촉하다, 전화하다(電話), 축하하다(祝賀), 칭찬하다(稱讚), 협의하다(協議)
x>250	건의하다(建議), 꺼내다「2」, 꾸짖다, 놀리다01, 명령하다(命令), 반박하다(反駁), 부르짖다「2」, 응답하다(應答), 인사하다「2」, 의논하다(議論), 조르다02
x>200	권유하다02(勸誘), 답변하다(答辯), 말씀드리다, 반문하다(反問)「1」「2」, 상의하다(相議/商議), 사과하다(謝過), 선고하다(宣告)「1」, 장담하다(壯談), 진술하다(陳述)「1」「2」, 토론하다(討論), 투덜거리다
x>150	강의하다(講義), 고하다(告), 변명하다(辨明)「1」, 얼버무리다「1」, 욕하다, 증언하다(證言)「2」, 질문하다(質問), 타이르다, 충고하다(忠告), 추궁하다(追窮)
x>100	권고하다(勸告), 규탄하다(糾彈), 되뇌다, 둘러대다「2」, 단언하다(斷言), 대화하다(對話), 맹세하다, 명하다(命)「1」, 사정하다(事情), 야단치다, 여쭈다, 예언하다(豫言)「1」, 통화하다(通話), 평하다(評), 피력하다(披瀝), 하소연하다
x>90	불평하다(不平)[Ⅰ], 빈정거리다, 쏘아붙이다, 으르렁거리다「2」, 조언하다(助言), 호응하다(呼應)「1」
x>80	문의하다(問議), 비아냥거리다, 조롱하다(嘲弄), 흥얼거리다「2」
x>70	고문하다(拷問), 비꼬다「3」, 상담하다(相談), 수군거리다, 풍자하다(諷刺)「1」, 형언하다(形言)
x>60	면담하다(面談), 몰아세우다[1], 발언하다(發言), 사죄하다(謝罪), 실토하다(實吐), 토의하다(討議), 호령하다(號令)「1」「2」「3」
x>50	간청하다(懇請), 뇌까리다「1」「2」, 되씹다「3」, 비방하다(誹謗), 소곤거리다, 심의하다(審議), 연설하다(演說), 자백하다(自白), 자칭하다(自稱), 재잘거리다[1]「1」, 칭송하다(稱頌), 헐뜯다
x>40	거짓말하다, 논평하다(論評), 문책하다(問責), 발설하다(發說), 설교하다(說敎)「1」「2」, 쏟다[1]「3」, 심문하다(審問)「1」, 재평가하다(再評價), 질책하다(叱責), 칭얼거리다, 협상하다(協商)「1」, 회의하다(會議)

x>30	공박하다(攻駁), 노닥거리다, 누설하다(縷說), 밀고하다(密告), 일러바치다, 재론하다(再論), 책망하다(責望), 추론하다(推論)「1」, 통고하다(通告), 혹평하다(酷評), 흥정하다[2]「1」
x>20	강연하다(講演), 꾸중하다, 극찬하다(極讚), 농담하다(弄談), 뇌다03, 답례하다(答禮), 비평하다(批評)「1」「2」, 상고하다(上告), 신신당부하다(申申當付), 야유하다(揶揄), 옥신각신하다, 자책하다(自責), 종알거리다
x>10	검문하다(檢問), 고자질하다, 담소하다(談笑), 담화하다, 발의하다(發議), 변론하다(辯論)「1」「2」, 부언하다(附言), 실랑이하다「2」, 쑥덕거리다, 여쭙다, 와글거리다「1」, 잔소리하다, 잡담하다(雜談), 중얼중얼하다, 질의하다(質疑), 찬탄하다(讚歎/贊嘆), 통역하다(通譯), 티격태격하다, 혼잣말하다, 확언하다(確言), 훈계하다(訓戒), 힐책하다(詰責)
x<10	격찬하다(激讚), 개시하다(開示)「2」, 개의하다(開議), 구술하다(口述), 군소리하다, 귓속말하다, 긴말하다, 담판하다(談判), 닦아세우다, 대변하다(代辯)03「1」, 되받아치다, 뒷말하다01, 땍땍거리다, 땍땍대다, 떽떽거리다, 떽떽대다, 만평하다(漫評)「1」(0), 말놀이하다02, 말다툼하다, 말대답하다「1」「2」, 말대꾸하다, 말다툼질하다, 말장난하다「2」, 말싸움하다, 말참견하다, 문답하다(問答), 문안드리다, 문안하다(問安), 반론하다(反論)「1」, 반말하다, 법석거리다, 법석대다, 분부하다(分付/吩咐), 빈정빈정하다, 사례하다(謝禮), 선서하다(宣誓)「1」, 소담하다(笑談), 속닥거리다, 숙덕거리다, 신신부탁하다(申申付託), 실언하다(失言), 악담하다(惡談), 야단하다, 언약하다(言約), 언쟁하다(言爭), 옹알거리다, 왁자글왁자글하다, 왁자글하다, 을러메다, 이러쿵저러쿵하다, 종잘거리다, 지절거리다「1」, 추어올리다「2」, 코대답하다, 핀잔주다, 핑계하다「2」, 헛소리하다, 환담하다(歡談), 회답하다(回答), 훈시하다(訓示)「2」

위 표에서 빈도수 범위에 해당되는 발화동사들을 살펴보면 '말하다'가 가장 원형적인 발화동사임을 보여준다. 빈도수가 낮은 데로 갈수록 실생활에서의 사용 빈도가 아주 낮음을 보여주는데 'x<30'의 발화동사들은

---

21) 'x'는 기준치로 제시한 빈도수보다 높은 발화동사들을 말한다. 발화동사 빈도수 도표는 빈도수가 높은 데서 낮은 데로의 순서로 관찰한다. 위아래로 인접한 것들에서 위의 빈도수 기준치와 바로 인접한 아래 빈도수 기준치 간에는 중간 빈도수 범위를 갖는다. 따라서 두 빈도수 기준치 사이에 있는 'x'는 그 중간 범위의 빈도수에 해당되는 발화동사들이다. 예로 위 빈도수 범위가 'x>2000'이고 아래 빈도수 범위가 'x<1500'일 경우 두 기준치 사이에 있는 'x'는 '2000>x>1500'의 빈도수를 갖는다.

김광해(2003)에서 제시한 4급에 해당되는 단어들이다.

　빈도수에 따라 발화동사들을 정리한 작업은 의미 유형을 분류함에 있어서 각 의미 유형에서 상위 기본 동사를 설정하는 데 객관적인 근거를 제공한다. 뿐만 아니라 한국어를 목표어로 하는 학습자들의 등급에 맞는 어휘들을 적절히 선택하여 가르칠 수 있다는 데 도움이 된다. 실제적으로 한국어 발화동사 관련 등급별 사전을 만드는 데 기초 자료가 될 것이다.

2.2. 발화동사의 특성

　발화동사의 특성을 발화동사의 개념과 관련하여 세 가지로 정리해 볼 수 있다.

　하나는 발화동사는 어떤 사태의 변화나 속성을 묘사하는 것이 아니라 어떤 동작을 묘사하는데 반드시 '입'의 움직임을 동반하는 언어행위를 언어화한 것이어야 한다.

　다른 하나는 발화동사가 발화상황과 밀접한 관련을 가지고 있다는 점에서 우선 화자는 반드시 [+유정성]을 갖는 인간이어야 한다. 그러나 발화 주체와 관련하여 반드시 인간자질을 가져야 하는지 애매한 경우가 있다. 문의 구조에서 화자가 구체적인 인간이 아닌 인간이 속하는 단체나 기관을 표시하는 것들이 주어 자리에 출현할 경우 또는 추상적인 '정책', '商表法' 등과 같은 개념이나 사물이 주어 자리에 출현할 경우에 [+인간 자질]을 논할 수 있느냐는 문제이다. 그러나 이러한 것들은 따지고 보면 역시 인간이 주체가 되어 결정하는 것들이고 또 구두언어를 상정할 수 있어 문제가 될 바는 아니다.

　또 다른 하나는 [+유정성]을 갖는 인간의 발화는 어떤 의도를 갖고 있다. 왜냐하면 발화 주체가 어떤 발화를 하는지는 발화행위의 성격을 결정하기 때문이다. 뿐만 아니라 그 의도에 따라 다양한 발화행위로 실현될 수도 있기 때문이다. 따라서 발화행위의 양상은 발화 주체의 통제를 받는다. 이는 직접적으로 구문 구조의 유형 및 그 통사·의미특성의 연구와도 관련된다.

2.3. 발화동사의 구문 특성

본고에서 발화상황을 전제로 하여 언어화한 '발화동사'류 체계는 '말하다'를 중심으로 이루어졌다. 화자는 나타내고자 하는 발화기능에 초점을 두고 '발화동사'류 체계에서 발화동사를 선택한다. 선택된 발화동사의 의미특성은 발화동사 구문을 결정하기도 한다. 화자가 나타내고자 하는 발화기능의 다양성은 발화동사 구문의 다양성으로 표현된다. 이런 발화동사 구문은 반드시 하나의 발화행위를 나타낸다.

일반적으로 실제 발화상황에서 화자, 청자 그리고 전달되는 발화내용 등 기본 요소들이 언어화되어 통사구조를 결정한다. 그러나 실제 발화상황이 다양하다보니 이 세 요소들이 반드시 다 언어화되지 않는 경우도 더러 있다. 변하지 않는 것이라면 발화상황에서 발화 주체로 작용하는 성분이 어떤 경우에든 항상 언어화된다는 것이다. 이 주체와 관련하여 우리는 [+유정성], [+인간자질을 부여한다. [+유정성]을 갖는 발화 주체는 일반적으로 내용을 전달하는 발화행위를 주도한다. 그러나 개별적인 발화동사는 반드시 어떤 언어내용이 표현되어야 하는 것만은 아니다. 즉 주체를 제외한 기타 성분은 발화동사의 의미특성에 따른 변수로서 통사구조와 필수적으로 연결될 필요가 없다.

따라서 발화동사 구문은 세 자리 서술어, 두 자리 서술어, 한 자리 서술어로서의 의미특성에 따라 방출된 논항들로 이루어져 다양한 유형으로 표현된다. 구체적으로 기본 언어요소 중에서 '화자' 요소만을 필수적으로 요구하는 구문, '화자'와 '청자'를 필수적으로 요구하는 구문, '화자'와 '발화내용'을 필수적으로 요구하는 구문, '화자', '청자', '발화내용'을 필수적으로 요구하는 구문들이 있다. 발화동사의 의미특성상 하위범주화하는 보충어에서 발화내용으로 선택된 성분은 명사구 또는 절인지에 따라 두 가지 유형의 구문으로 나뉘기도 한다. 개별 발화동사는 발화내용이 명사구와 절을 동시에 발화내용으로 선택하는데 이때 명사구와 절은 내용상 추상과 구체라는 관계를 갖는다. 동시에 발화동사 구문 구조의 통사·의미적 특성은 하위범주화로 선택된 발화내용이 절일 경우에 주로 관찰된다. 절도 자체로 하나의 구문을 이루므로 절과 절을 안은 상위문 간에는 서법소 결합 양상, 시제소 결합 양상, 보문소 결합 양상, 통제 양상 등 통사적인 행동들을 관찰할 수 있다. 하위범주로 선택된 발화내용이 명사구일 경우는 주로 서술어에 대해 갖는 의미 선택제약 관계에 따라 대상격조사 '-을/를', 복합표지 '-에 대해'와의 결합 양상을 관찰할 수 있다. 개별 발화동사는 의미특성상 주어 위치에 여럿을 나타내는 말이 올 수도 있어 문의 구조에서 발화 주체는 두 가지 언어형식으로 표현된다.

발화동사는 논항구조를 가질 뿐만 아니라 논항구조를 이루는 논항들이 발화동사에 대해 갖는 의미역할에 따라 다양한 의미역 구조를 갖는다. 발화동사가 발화상황을 언어화한 것이라는 점에서 발화동사의 의미역 구조는 문의 중심이 되는 서술어가 해당 의미역할을 할당하여 이루어지기도 하지만 발화상황에서 각 언어요소들 간의 작용역들도 관여한다. 이는 발화동사가 갖는 의미역 구조가 다른 부류의 동사들보다 다양하다는 데서 표현된다.

2.4. 발화동사의 의미 유형 분류

발화동사는 어떤 기준에 의해 어떻게 정의하였는지에 따라 다르게 분류된다. 아래 발화동사와 관련한 연구에서 제시한 하위 유형들을 살펴보도록 한다.

김수태(1999)에서 발화는 발화자가 나타내고자 하는 발화기능이 있는데 이런 발화기능에 따라 발화풀이씨는 유형화된다고 하면서 발화풀이씨를 대상에 따라 '말하다'류 와 '생각하다'류로 하위분류하였다.[22]

'말하다'류에 해당되는 풀이씨들은 화자가 나타내고자 하는 발화기능에 따라 하위분류될 뿐만 아니라 일차로 하위분류된 것들은 또 이차로 발화상황에서 요소들이 가지고 있는 작용력, 또는 요소들 간의 관계에 따라 하위분류될 수 있다. 예로 김수태(1999)에서 발화동사로 선정된 것 중 '명령하다, 권하다, 부추기다'나, '묻다'나 '말하다' 등 또는 '빈정거리다' 등은 발화상황 요소들의 작용영역에 따라 하위분류될 수도 있다. 이런 부분과 관련하여 본고에서는 발화자의 발화목적에 따라 분류할 것이다.

방성원(2000)에서는 '기록되다, 적히다, 쓰이다' 등 기록동사들도 발화동사 범위에 포함하고 있다. 보문 서법의 유형을 기준으로 하여 발화동사를 서술동사, 수행동사, 의문동사, 포괄동사로 하위분류하였다.[23] 서술동

---

22) 김수태(1999)에서 '말하다'류 풀이씨들로는 다음과 같은 것들이 해당된다.
　　말하다, 외치다, 감탄하다, 묻다, 질문하다, 명령하다, 시키다, 권하다, 촉구하다, 호소하다, 애원하다, 제안하다, 부추기다, 맹약하다, 지적하다, 서약하다, 빈정거리다 등.
23) 방성원(2000)에서 발화동사들은 다음과 같이 분류된다.
　　서술동사 : 기록하다, 설명하다, 발표하다, 보고하다, 알리다, 밝히다, 자백하다, 고백하다, 털어놓다, 해명하다, 폭로하다, 자랑하다
　　수행동사 : 제안하다, 조르다, 청하다, 간청하다, 설득하다, 부탁하다, 권하다, 요구하다, 강요하다, 재촉하다, 명령하다, 주문하다, 시키다, 지시하다, 경고하다, 허락하다, 승낙하다, 충고하다, 약속하다
　　의문동사 : 묻다, 캐묻다, 질문하다

사는 주로 보문의 서법이 평서형으로 제한되는 유형의 발화동사이고, 수
행동사는 보문의 서법이 명령형, 청유형, 약속형으로 제한되는 유형의 발
화동사이고, 의문동사는 보문의 서법이 의문법으로 제한되는 유형의 발화
동사이고, 포괄동사는 다양한 서법의 보문을 취할 수 있는데 주로 서술동
사와 수행동사의 성격을 가질 수 있는 것들, 서술동사, 수행동사, 의문동
사의 성격을 함께 갖는 것들이 있다고 한다. 그러나 보문의 서법의 유형
으로 발화동사를 하위분류함은 어느 정도 의의가 있겠으나 다양한 상황
을 일괄적으로 다룰 수 있는지의 측면에서는 통사론적으로 발화동사를
하위분류한다는 것의 타당성에 의문점을 갖게 된다. 또한 포괄동사들이
다른 하위분류들의 성격을 두루 갖는다고 분류한 것은 통사적인 기준에
의해 발화동사를 체계적으로 분류하기란 타당하지 못한 부분이 있음을
설명한다. 보문을 갖지 않는 발화동사도 사실상 발화동사 범위에 포함될
수 있기 때문이다.

방성원(2000)에서는 발화동사와 발화 양태 동사를 달리 보고 있다. 그러
나 본고에서는 방성원(2000)에서 발화 양태 부류에 속하는 것들이 발화상
황에서 마찬가지로 어떤 발화행위를 언어화하고 있다는 측면에서 발화동
사 선정 범위에 포함시켰다.[24]

박완규(1992)에서 발화행위 동사로 선정할 수 있는 형식적인 장치에 해
당되는 발화행위 동사와는 달리 통사적인 차이를 보인다는 이유에서 '설
득하다, 격려하다, 유혹하다, 거절하다' 등은 다른 유형으로 분류된다고

포괄동사: 이르다, 대답하다, 이야기하다, 전하다, 주장하다, 항의하다, 빌다, 속삭이다, 지
껄이다, 전화하다, 소리치다, 적다, 적히다, 덧붙이다, 강조하다, 말씀하다, 말하
다, 외치다
전자의 경우는 서술동사와 수행동사의 성격을 가질 수 있는 것들이고 후자는 서술동사,
수행동사, 의문동사의 성격을 함께 갖는 것들이라고 한다.
24) 한송화(2000)에서는 발화동사와 관련한 행위성 자동사들은 '어떠어떠하게'라는 양태적인
의미를 가진다고 해서 이 부류의 동사를 발화 양태 자동사로 부르고 있다.

한다.

정주리(1994:131)에서는 '발화'류 동사를 '평가, 전달, 논의, 요청, 잡담' 부류로 분류하였음을 앞서 제시하였다. <평가>류에는 '평하다, 칭송하다, 힐책하다' 등, <알림>류에는 '보도하다, 설명하다, 발표하다' 등, <논의>류에는 '의논하다, 상담하다' 등, <요청>류에는 '하소연하다, 간청하다' 등, <잡담>류에는 '수다떨다, 시설거리다' 등이 포함된다고 한다.

도원영(1995)에서는 현대 한국어 <알림> 타동사에 대한 분절구조를 연구하였다. 먼저 의사전달 동사인 <알림> 타동사를 누구에게 알리느냐를 <대상>으로, 무엇을 알리느냐를 <내용>으로, 어떤 태도로 알리느냐를 <태도>로, 어떤 방법으로 알리느냐를 <방법>으로 크게 상위 의미 분절을 한 다음 각각의 하위 의미 분절 양상을 살펴보고 있다.

정유남(2013:254)에서는 의사소통을 상위개념으로 상정하고 하위분류로 발화동사를 설정하고 있는데 '목소리의 높낮이, 분명한 태도, 격식적인 태도, 공손성의 측면'을 기준으로 일반 발화동사와 발화 양태 동사로 구분하였다. 그러나 정유남(2013)에서 제시된 통신동사에서 음성을 수단으로 하는 동사와, 논의동사로 제시된 의견 대립 동사와 의견 반응 동사는 모두 인간의 '입'을 수단으로 하는 행위를 나타내는 동사이기 때문에 본고에서는 발화동사로 보고 선정범위에 포함시켰다.

위 선행연구에서 살펴봤듯이 발화동사들을 통사적인 특성에 근거하여 분류한 점과 제한된 범위의 발화동사를 대상으로 의미 유형 분류를 하였다는 점은 다양한 발화상황을 언어화한 '발화동사'류 체계를 체계적으로 의미 유형 분류함의 필요성을 말해준다. 의미 유형 분류는 유사한 발화상황을 언어화한 발화동사들이 이끄는 구문 구조 간의 통사·의미적인 공통점과 차이점을 도출할 수 있다는 데 필요한 절차이다.

2.4.1. 의미 유형 분류 기준

본 절에서 발화동사들을 의미 유형 분류함은 목적의 유사성에 따라 묶이는 유형들 간 또는 한 유형에서 발화동사들이 갖는 격틀집합들을 유형별로 관찰하기 위해서다. 뿐만 아니라 발화동사가 이끄는 구문이 보여주는 통사·의미특성의 공통점과 차이점을 관찰하기 위해서다.

의미 유형 분류와 관련하여 여러 가지 기제가 있을 수 있으나 통사적인 기제에 의해 분류하는 것은 결국 의미적인 특성을 근거로 하기 때문에 본고는 다양한 발화상황을 표현한 발화동사를 그 연구대상으로 한 만큼 그 기준을 발화상황을 이루는 기본 요소 간의 관계에서 출발할 것이다. 이봉원·이동혁·도원영(2003)에서는 <의사소통> 온톨로지는 미디어, 방향, 목적 등 기준에 따라 구분되며 미디어에 따라 '음성언어, 문자언어, 수화' 등으로, 방향에 따라 '일방향, 쌍방향', 목적에 따라 '토의, 토론, 회의, 인터뷰, 담화, 질의, 응답' 등으로 분류 가능하다고 했다. 본고에서는 먼저 메시지가 전달되는 방향을 기준으로 크게 분류한다. 다음 발화 주체인 화자의 구체적인 목적을 기준으로 의미 유형을 하위분류한다. 그다음 의미의 유사성과 시차성을 따져 발화동사들을 해당되는 의미 유형에 묶는다.

1) 메시지 전달되는 방향

발화상황은 두 사람 또는 그 이상의 사람이 등장하여 기본 대화를 이끌어 나가는 의사소통의 한 장면이다. 이런 발화상황이 언어화되어 발화동사를 중심으로 하는 구문이 이루어진다. 이는 기본 대화가 이루어지려면 발화상황에 반드시 두 사람 또는 그 이상의 사람이 중심으로 등장되어야 함을 말한다. 더러는 개별 발화동사의 의미특성에 따라 화자만 등장하는 경우도 있다. 그러나 대화라는 것이 어떤 내용을 주고받는 속성의 것이기 때문에 어떤 내용을 주고받는다는 것은 방향을 기준으로 하위분류될 수 있음을 말해준다.

따라서 본고에서는 발화상황을 이루는 기본 요소들 간의 관계를 처리하는 데서 출발한다. 주로 화자와 청자 요소가 대화에 참여하는 작용범위 즉 두 요소 간의 역할 관계, 발화내용까지 따지지 않는 전제 하에서 메시지가 전달되는 방향을 기준으로 하위분류할 것이다. 왜냐하면 먼저 발화 주체의 발화 목적에 근거하여 분류하게 되면 '중얼거리다'류가 따로 분류되어 나오기 어렵다. 발화 주체의 발화에는 거의 발화 목적이 깔려 있기 때문이다. 따라서 메시지가 전달되는 방향에 따라 먼저 분류하면 화자 단독 장면을 표현한 '중얼거리다'류가 따로 분류되어 나올 수 있다. '중얼거리다'류는 화자의 발화 목적이 뚜렷이 드러나지 않는다. 따라서 특정 청자를 상정하지 않는다는 유일한 특징 때문에 메시지가 전달되는 방향에 따라 분류하면 '혼잣말하다'류가 한 유형으로 쉽게 분류될 수 있다. 또한 발화상황에서 발화 주체가 하나를 나타내는가, 여럿을 나타내는가에 따라 언어형식에 의한 표현형태가 두 가지 부류로 나뉠 수 있다.

메시지가 전달되는 방향의 기준은 어떤 방식으로 [+방향성] 자질을 내포하고 있는지에 둔다. [+방향성] 자질은 발화내용이 전달되는 방향에 초점을 둔 것인데 '중얼거리다'처럼 방식이나 태도를 나타내는 데 초점을 두었는지, 화자가 단지 청자에게 발화하는 장면에 초점을 두었는지, 화자와 청자가 함께 발화에 참여하여 어떤 내용을 주고받는 장면에 초점을 두었는지에 따라 [무방향성] 자질을 내포한 부류, [일방향성] 자질을 내포한 부류, [+쌍방향성] 자질을 내포한 부류로 나뉘게 된다.

2) 목적의 유사성

실제 발화상황에서 기본 요소들 간의 관계는 의미 구조나 통사구조를 이루는 성분들 간의 관계로 언어화된다. 발화상황을 이루는 요소들 간의 관계를 어디에 먼저 초점을 두느냐에 따라 그 유형 분류가 달라질 수도 있다. 그러나 본고에서는 발화가 [+유정성]의 자질을 갖는 인간이 주체가 되어 이루어지는 발화행위라는 데서 출발하여 발화 주체의 목적에 따라 하위분류를 할 것이다. 왜냐하면 인간이 구두를 움직이는 데는 항상 어떤 목적이나 의도가 깔려있기 때문이다.

김수태(1999)에서는 '발화가 발화자가 나타내고자 하는 발화기능에 따라 발화풀이씨가 유형화 된다'고 언급한 바에 따르면 발화자가 나타내고자 하는 발화기능의 유사성에 의해 발화동사들이 분류될 것이다. 발화기능은 발화 주체의 발화 목적과 상통한다. 따라서 화자가 나타내고자 하는 발화기능의 유사성 즉 발화 목적의 유사성에 따라 발화동사들이 유형 분류될 수 있다. 예로 발화 주체의 발화가 명령의 기능을 나타내면 명령의 발화기능을 나타내는 발화동사들은 한 의미 유형으로 묶인다.

최호철(2011)에서 '발화'는 화맥과 밀접한 관련을 가지고 있으므로 어떤 발화상황을 나타내느냐가 첫 번째 분류 기준이 된다고 하는 것은 다양한 발화상황은 발화 주체의 다양한 발화 목적과 연관됨을 설명하기도 한다.

따라서 목적의 양상은 화자를 중심으로 다양하게 드러날 것이다. 또 목적의 구체적인 양상은 발화동사를 세분화하는 데 근거를 제공할 것이다. 목적이 서로 다른 양상을 나타낸다는 것은 결국 다양한 발화상황을 언어화한 발화동사의 의미특성과도 연결시킬 수 있다. 목적의 유사성에 따라 다양한 의미 유형으로 분류될 것인데 구문 구조에서 목적이나 의도는 일반적으로 화자의 발화내용에 의해 다양하게 표현되며 이는 다양한 언어

형식으로 표시된다.

이처럼 본고에서는 발화동사들을 먼저 메시지가 전달되는 방향에 따라 크게 세 가지로 분류한 다음 하위로 발화 주체의 발화 목적에 따라 구체적으로 분류 할 것이다.

2.4.2. 의미 유형 분류

본고에서 설정한 기준에 따라 발화동사를 의미 유형 분류하기 전에 먼저 최기선 등(2005)『한국어 어휘의미망』에서 정리한 '言動'의 어휘의미망에서 '言'의 하위분류들을 표로 정리하여 보도록 한다.

〈표 2〉 '言'의 어휘의미망

			표현	말하다, 표하다, 사정하다, 형언하다
언(言)	진술	표현	서술	논증하다, 논술하다, 상술하다, 약술하다
			번역	통역하다
		발언/침묵	개진	건네다, 꺼내다, 끄집어내다
			발화 <발언>	하다, 부르다, 되뇌다, 말하다, 나불거리다, 엮다, 드리다, 투덜거리다, 씹다, 뇌까리다, 떼다, 더듬거리다, 쓰다, 짜다, 들먹거리다, 여쭙다, 늘어놓다, 이르다, 찌르다, 퍼붓다, 불리다, 더듬다, 되씹다, 나불거리다, 들먹이다, 들먹거리다
			역설	큰소리치다, 속삭이다, 수군거리다, 중얼거리다, 흥얼거리다, 지저귀다, 속삭이다, 외치다, 얼버무리다.
			언급	대다, 튀어나오다, 내비치다, 뱉다, 내던지다, 비치다, 내뱉다
		신호	부름	

			담화	대화	환담, 한화, 선문답, 지껄이다, 소곤거리다, 회화하다, 대화하다, 접어하다, 소곤거리다, 답변하다, 면담하다, 두덜거리다, 노닥거리다, 대담하다, 상담하다
				강화	강연, 강의, 설교
			문답	질문	질의, 문의, 질의 되묻다, 따지다, 사문, 차문 신문, 여쭈다, 캐묻다, 문초, 문책, 심문, 자문, 탐문, 검문, 고문, 자문, 파묻다, 시문
				응답	문답, 자문자답
			상담	회담	회담, 상담
				회의	회의
				제안	제의, 건의
		이야기	토의/언쟁	토의	정담, 쟁의, 논의, 의론, 회의, 열변, 논하다, 담론, 상의, 반론, 의논, 밀의, 숙의
				언쟁	말다툼, 시비, 논쟁, 논박, 분쟁, 다투다, 반박, 격론, 공박
			비평/변명	비판	비평, 만평, 혹평, 논평, 악평, 평가, 때리다, 비판
				비난	흉보다, 쏘아붙이다, 항의, 풍자, 견책, 규탄, 냉어, 나무라다, 빗대다, 이죽거리다, 욕하다, 비난하다, 추궁, 논박, 쏘다, 공격, 문책, 까다, 욕먹다, 빈정거리다, 지척, 꼬다, 불평, 힐난, 중책, 탄핵, 타박, 추궁
				변명	변명, 해명, 강변, 빗대다
			언론	연설	연설, 변론, 대변, 강변
				제창	제기, 선창
			설명		해석, 설명, 해설, 해명, 부연

			보고	상보, 통보, 비보, 회보, 첩보
		보고/ 진언	진언	진언	고하다, 주문, 진정, 상신, 봉고, 청하다, 항소, 상소, 간소
				선고	선고
				고백	고백, 토로, 털어놓다, 실토, 자백, 피력
			호소	하소, 하소연, 수속, 애원, 외침
			증언	증언, 난초
보 도	통신	전화	통화
	전달/ 알림	전달	전언, 하달, 전달, 말하다, 면전, 구전, 전하다, 일러주다, 전의
		통지	고자질, 일러주다, 알리다, 아뢰다, 상보, 통보, 급보, 밝히다, 통고, 예고, 비보,
	발표/ 선언	발표	내놓다 발표, 표명, 역설, 공포, 선포, 대변, 발포
		선언	선언, 선고, 성명

이상과 같이 '言動'의 어휘의미망은 언동행위의 목적에서 출발한 것이라면 본고에서 한 의미 유형 분류는 먼저 메시지가 전달되는 방향에 따라 크게 분류한 다음 발화 목적에 따라 하위분류하였다는 점에서 다르다. 또한 '言動'의 어휘의미망에서 '言'을 나타내는 동사 목록이 비교적 제한적임을 살펴볼 수도 있었다.

다음 캡처한 내용은 「한국어 어휘의미망」에서 '言動'의 하위 유형인 '발화<발언>'의 어휘의미망을 보여준 것이다.25)

---

25) '발화' 어휘의미망을 캡처한 그림에서 녹색으로 표시된 '언급', '개진', '역설'은 '발화'의 하위 유형인데 각각을 클릭하면 해당되는 어휘의미망을 볼 수 있다. 이런 방법으로 위에

〈그림 1〉 발화〈발언〉의 어휘의미망

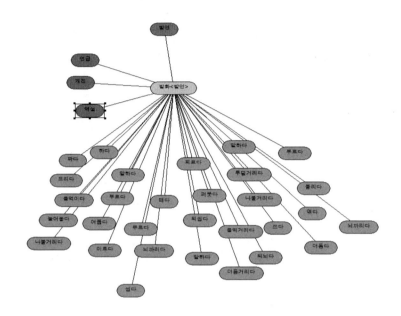

따라서 본고에서는 2.3.1에서 제시한 분류 기준에 따라 먼저 메시지가 전달되는 방향을 고려하여 발화동사를 [무방향성]발화동사, [일방향성] 발화동사, [쌍방향성] 발화동사로 분류한 다음 목적의 유사성에 따라 하위분류를 할 것이다. 그다음 발화동사의 개념을 분석하여 공통되는 의미자질 구조를 추출할 것이다. 이는 의미 유형 분류와 구문 구조 간의 관계를 파악하는데 유리하다. 왜냐하면 하나의 의미 유형으로 분류되는 것들은 공통되는 의미자질 구조를 갖는다. 의미자질 구조는 발화동사 간의 의미특성의 공통성과 시차성을 파악할 수 있는 장치가 된다. 의미특성의 공통성

서 보여준 '언동'의 어휘의미망들은 하위로 여러 어휘의미망으로 구성되었다. '발화'의 어휘의미망에서 보듯이 발화의 의미를 나타내는 동사가 제한적임을 관찰할 수 있다. 이런 부분에서 보완해준다면 아주 유용하게 사용할 수 있는 어휘의미망이 될 것이다.

과 시차성은 구문 구조 간의 공통점과 차이점을 관찰하는 데 근거를 제공한다. 왜냐하면 의미특성은 통사구조를 만드는데 틀을 제공하기 때문이다. 의미자질 구조는 또 구문 구조에서 논항 간의 관계 또는 논항이 서술어에 대해 갖는 선택제약 관계를 보여준다.

2.4.2.1. [무방향성] 발화동사

본고에서 [무방향성] 발화동사는 발화상황에서 특정 청자를 상정할 수 없고, 발화내용이 전달되는 방향이 없는 경우를 두고 설정한 것이다. 이런 특징을 나타내는 발화동사는 화자가 혼잣말로 발화하는 상황을 언어화한 '중얼거리다'류가 해당된다. '중얼거리다'는 화자가 남이 알아듣지 못할 정도의 작고 낮은 목소리로 혼잣말을 자꾸 하는 발화상황을 언어화한 것이다. 그 기본 의미자질 구조를 다음과 같이 설정한다.

기본 의미자질 구조	[+화자, +낮은 목소리, +혼잣말로 말하다]
발화동사	독백하다, 옹알거리다「1」, 종알거리다, 종잘거리다, 중얼거리다, 중얼중얼하다, 혼잣말하다, 흥얼거리다「2」

2.4.2.2. [일방향성] 발화동사

[일방향성] 자질을 갖는 발화동사는 주로 발화상황에서 화자가 특정 청자에게 발화내용을 전달하는 상황을 언어화한 것들인데 화자는 정보를 전달하는 자, 청자는 정보를 전달받는 자로서 정보가 청자를 지향점으로 하여 전달된다고 볼 수 있다. 이 관계는 문의 구조에서 청자가 목표격조사 '-에게'와의 결합으로 나타나는 데서 표현되기도 한다. 경우에 따라 대격의 표지를 나타내는 '-을'도 발화동사의 어휘의미특성에 따라 목표격

표지의 쓰이므로 나타날 수도 있다.

[일방향성] 자질을 갖는 발화동사들은 화자의 발화 목적의 구체적인 내용에 따라 다양하게 하위분류될 수 있다. 목적의 구체적인 내용은 주로 화자의 발화내용에서 표현된다. 여기서 발화내용은 절, [±유정성] 자질을 갖는 구체적 대상, [+말] 자질을 갖는 추상적인 대상으로 나타날 수 있다. 이런 발화내용은 결국 발화동사의 의미특성에서 비롯된 것이기 때문에 목적의 특성은 발화동사의 의미특성에서 관찰할 수 있다. 따라서 발화내용이 절의 형식으로 출현하지 않았다고 해서 목적의 성질이 나타나지 않는 것은 아니고 단지 덜 명확할 뿐이다.

[일방향성] 자질을 갖는 발화동사들을 먼저 화자의 발화 목적이 유사한 것들, 즉 유사한 발화사태를 나타내는 것들을 한 부류로 묶는다. 목적이 유사하다는 것은 발화동사의 의미특성이 유사함을 말해준다. 이런 목적의 유사성은 발화동사의 개념에서 드러나기도 한다. 따라서 본고에서는 공통으로 갖는 의미자질 구조를 설정하여 하나의 부류로 묶을 것이다. 여기서 하나의 부류는 하나의 낱말밭을 이룬다는 말이다.

이처럼 본고는 하나의 발화사태가 화자의 의도와 연관된다는 점에서 출발하여 발화사태를 기준으로 하여 발화동사들을 하위분류할 것이다. 발화동사는 화자 발화의 구체적인 목적에 따라 다음과 같이 16가지 부류로 하위분류된다. 16가지 부류는 '발화'류 동사의 낱말밭을 이루게 된다. 하나의 밭을 이루는 낱말들은 내용적으로 서로 연관성이 있으면서 또 인접한 낱말들은 서로 현저한 차이를 보이기도 한다. '발화'류 낱말밭은 그 낱말밭의 원형적인 의미를 나타내는 기본 발화동사가 있을 것인데 이를 중심으로 그 부류의 낱말밭을 명명하고, 그 동사의 개념에서 기본 의미자질 구조를 설정할 것이다. 기본 의미자질 구조는 각 부류 발화동사들 간의 통사·의미상의 공통점과 차이점을 드러낸다.

먼저 화자의 구체적인 발화 목적에 따라 살펴볼 것이다. 결국 발화사태를 첫째 기준으로 하여 분류하게 되는데 이는 하나의 발화사태가 화자의 어떤 목적에서 발생된 것인지와 연관된다.

1) <일반>류: 화자는 자기 생각이나 느낌 따위를 말로 나타내기 위하여 발화한다. '발화'류 동사에서 원형 '말하다'를 중심으로 하는 가장 일반적인 것들이 해당된다.

2) <알림>류: 화자는 청자에게 어떤 정보나 사실 등을 알려주기 위한 목적에서 발화한다. 이런 발화사태를 언어화한 동사들은 [사실성]이라는 의미자질을 갖고 있다.

3) <고백>류: 화자는 청자에게 어떤 사실이나 내용, 속마음 등을 털어놓기 위해 발화한다.

4) <설명>류: 화자는 청자에게 어떤 내용에 대해 잘 알게 하기 위하여 밝혀 발화한다.

5) <변명>류: 화자가 청자에게 자신, 또는 자신과 관련된 일을 변명하기 위해 구실을 대며 까닭을 밝혀 발화한다.

6) <질문>류: 화자가 청자에게서 무엇에 관해 밝히고 알아내기 위한 목적에서 발화한다.

7) <응답>류: 화자가 상대방이 묻거나 요구하는 것에 대해 해답하기 위한 목적에서 발화한다.

8) <주장>류: 화자가 상대방의 의견이나 주장을 받아드리지 않고 그에 반대되는 의견이나 주장을 내세우기 위한 목적, 또는 대립되는 뜻이 없이 자기 의견이나 주장을 내세우기 위해 발화한다.

9) <수행>류: 화자가 청자에게 명령, 약속, 권유의 의미를 내포한 내용에 대해 발화하고 발화한 내용에 대해 청자가 수행하기를 원하는 목적에서 발화한다.

10) <훈계>류: 화자가 청자에게 어떤 일의 이치나 도리를 말하여 주의를 주기 위한 목적에서 발화한다.

11) <위로>류: 화자가 청자의 슬픔이나 흥분을 가라앉히기 위한 목적에서 발화한다.

12) <평가>류: 화자가 청자에게 청자와 관련한 일 또는 그 외의 어떤 사물에 대해 어떤 평가를 하기 위한 목적에서 발화한다.

13) <치의(致意)>류: 화자가 청자에게 청자와 관련한 어떤 일, 화자와 청자 간에 발생한 어떤 일에 관해 화자의 뜻을 전하기 위해 발화한다.

14) <말참견>류: 화자가 다른 사람들이 말하는 데 끼어들어 발화한다.

15) <비난>류: 화자가 청자나 그 밖의 사람의 잘못이나 약점을 두고 부정적인 태도를 가지고 발화한다.

16) <맹약>류: 화자가 청자에게 앞으로 어떤 일을 꼭 지키거나 어떤 약속이나 목표를 꼭 실천하겠다고 다짐하기 위해 발화한다.

이상과 같이 발화 주체의 구체적인 발화 목적에 따라 <일반>류, <알림>류, <고백>류, <설명>류, <변명>류, <질문>류, <응답>류, <주장>류, <수행>류, <훈계>류, <위로>류, <평가>류, <치의>류, <말참견>류, <비난>류, <맹약>류 등 낱말밭으로 구성된다. 각 낱말밭은 내부적으로 또 하위분류될 수 있다. 이런 현상을 노대규(1988)에서는 계층구조를 이루게 된다고 하였다. 위에서 제시한 각 낱말밭 부류에서 사용빈도수가 가장 많은 발화동사를 기본 동사로 선정한다.26) 다음 그 발화동사의 개념에서 기본 의미자질 구조를 설정하고 본고에서 선정한 발화동사들을 해당되는 각 의미 유형에 묶을 것이다.27)

---

26) 각 부류에서 선택된 기본 발화동사들은 『고려대 한국어대사전』에 제시한 개념을 참고로 하여 어떤 발화상황을 언어화한 것인지를 설명할 것이다.

2.4.2.2.1. <일반>류

'일반'류 발화동사는 가장 원형적인 발화사태를 나타내는 '말하다'를 중심으로 묶어졌는데 발화동사 중에서 가장 일반적인 부류들이다. 특별한 목적보다는 청자한테 어떤 내용을 말하는 가장 일반 발화상황을 언어화했다는 점에 초점을 두고 '일반'이라고 명명한 것이다. 따라서 <일반>류 발화동사들은 '말하다'의 기본 의미자질 구조를 공통으로 갖는다. 그러나 발화내용의 부정적인 표현, 소리의 높낮이 양상, 말하는 방식, 말의 양의 정도성 등을 변별의 기제로 하여 하위분류될 수도 있다. 주로 기본 '말하다'류, '이야기하다'류, '서술하다'류, '속삭이다'류, '떠들다'류, '헛소리하다'류, '늘어놓다'류, '되풀이하다'류, '꺼내다'류, '걸다'류로 하위분류할 수 있다.

기본 '말하다'류에서 '말하다[1]「1」'은 화자가 청자에게 자기의 생각이 느낌 따위를 말하는 가장 기본적인 발화상황을 언어화한 것이다. 그 기본 의미자질 구조를 다음과 같이 설정한다.

기본 의미자질 구조	[+화자, +생각이나 느낌 따위, +말하다]
발화동사	논하다「2」, 드리다01「2」, 말하다[1]「1」, 말씀하다, 발설하다(發說), 발언하다(發言), 선언하다(宣言) 「1」, 이르다02[1]「1」, 지껄이다「2」

개별 발화동사들은 '말하다'류에 해당될 수도 있으나 하위로 선택하는 발화내용이 발화동사에 대해 갖는 선택제약 관계에 따라 해당되는 수식

---

27) 기본 발화동사들의 개념에 근거하여 기본 의미자질 구조를 설정할 때 청자 논항은 표시하지 않을 것이다. 왜냐하면 개별 발화동사의 의미특성에 따라 청자가 필수적인 성분으로 나타날 수도 있고 수의적인 성분으로 나타날 수 있기 때문이다.

어 표현에 의해 수식 가능하다는 특징을 보여준다. 이런 특징을 보이는 발화동사는 한자어 합성어들이 대부분인데 형태-구조적으로 '수식어-술어'의 통사관계로 결합되었다. 이 밖에도 고유어 합성어 발화동사도 일부 있는데 발화하는 양상을 나타내는 표현에 의해 수식이 가능하다. 이런 부류는 '말하다'류의 기본 의미자질 구조보다 수식을 나타내는 '어떻게' 또는 '어떤' 등 표현이 더 첨가된다.

기본 의미자질 구조	[+화자, +어떻게/+어떤 말을 하다]
발화동사	농담하다(弄談), 뇌까리다「1」, 단언하다(斷言), 뒷말하다01「2」, 반말하다, 부언하다(附言), 소담하다(笑談), 실언하다(失言), 악담하다(惡談), 얼버무리다「1」, 역설하다(逆說)「1」, 예언하다(豫言)「1」, 장담하다(壯談), 제시하다(提示)「1」, 조언하다01(助言), 형언하다(形言), 확언하다(確言), 부르짖다「2」

'이야기하다'류에서 '이야기하다'는 화자가 어떤 사물이나 사실, 현상에 초점을 두고 일정한 줄거리를 가지고 발화하는 상황을 언어화한 것이다. 그 기본 의미자질 구조를 다음과 같이 설정한다.

기본 의미자질 구조	[+화자, +어떤 일에 대해, +말하다]
발화동사	거론하다(擧論), 언급하다(言及), 이야기하다[1]「1」, 얘기하다[1]「1」

'서술하다'류에서 '서술하다'는 화자가 어떤 사건이나 생각 따위를 차례대로 말하는 발화상황을 언어화한 것이다. 그 기본 의미자질 구조를 다음과 같이 설정한다.

기본 의미자질 구조	[+화자, +사건·생각 따위, +서술하여 말하다]
발화동사	구술하다(口述), 변론하다(辯論)「1」「2」, 서술하다(敍述), 연설하다(演說), 증언하다(證言)「2」, 진술하다(陳述)「1」「2」

다음은 화자의 발화 방식을 나타내는 것인데 주로 목소리의 높낮이에 따라 '속삭이다'류와 '떠들다'류로 나뉘는데 정유남(2013)에서 발화 양태 동사로 보는 것들이다.[28)]

'속삭이다'류에서 '속삭이다「1」'은 화자가 청자에게 낮은 목소리로 이야기하는 발화상황을 언어화한 것이다. 그 기본 의미자질 구조를 다음과 같이 설정한다.

기본 의미자질 구조	[+화자, +낮은 소리로 말하다]
발화동사	지절거리다01「1」[29)], 재잘거리다[1]「1」

---

28) 정유남(2013:262)에서는 발화양태 동사의 의미특질인 목소리의 높낮이, 발화자의 태도, 공손성에 따라 범위를 잡고 발화양태로 볼 수 있는 특징들을 다음과 같이 기술하고 있다. 첫째, 대다수의 발화 양태 동사들은 작고 낮은 소리로 은밀하게 이루어지는 상황에서 나타난다고 했다. 둘째, 화자가 발화 대상이나 발화상황에 대해 부정적이거나 못마땅할 경우에 발화 양태 동사가 쓰인다고 했다. 셋째, 화자가 청자를 대우하지 않거나 화자의 발화행위를 낮잡는 경우에 나타난다고 했다. 발화 양태 동사의 특징은 문의 구조에서 주어의 역할을 하는 화자가 문장에서 목표어의 역할을 하는 청자에 대한 발화 태도를 나타낸다. 즉 '화자가 청자에 대해 V'라는 형식기준에 부합되어야 한다. 앞서 선행연구에서 방성원(2000)에서는 발화 양태 동사가 발화와 양태가 분리된 접속구조 해석이 가능한지의 여부, 절의 주어와 상위문 '-을'논항의 교체가 수의적인 가의 여부에 따라 일반 발화동사와 구별하고 있다.

29) '지절거리다'는 주어 자리에 단수 혹은 복수를 나타내는 말이 올 수도 있으나 [쌍향성] 자질을 갖는 발화동사는 아니다.
예 : 사람이 많은 지하철 안에서 한 무리의 학생들이 지절거렸다.
위의 예에서 하나의 발화상황을 설명하는 것이 아니라 한 무리 학생들이 모여서 지절거

'떠들다'류에서 '떠들다01[1]「1」'은 화자가 큰 소리로 말을 하는 발화 상황을 언어화한 것이다. 그 기본 의미자질 구조를 다음과 같이 설정한다.

기본 의미자질 구조	[+화자, +큰소리로 말하다]
발화동사	떠들다01[1]「1」, 떠들다01[2], 땍땍거리다, 땍땍대다, 떽떽거리다, 떽떽대다, 지껄이다「1」

'되풀이하다'류도 발화 방식을 나타낸다고 볼 수 있다. '되풀이하다'는 화자가 발화상황에서 같은 말을 자꾸 반복하는 발화상황을 언어화한 것이다. 그 기본 의미자질 구조를 다음과 같이 설정한다.

기본 의미자질 구조	[+화자, + 같은 말을 반복하여 거듭 말하다]
발화동사	뇌다03, 뇌까리다「2」, 되뇌다, 되씹다「3」, 되풀이하다01

'헛소리하다'류에서 '헛소리하다'는 화자가 청자에게 실속이 없고 미덥지 못한 쓸데없는 말을 하는 발화상황을 언어화한 것이다. 이 부류에 속하는 발화동사들이 하위로 선택하는 발화내용은 부정적인 관형 표현에 의해 수식이 가능하다. 이런 수식의 관계는 발화내용이 발화동사에 대해 갖는 선택제약 관계에 의해 한정된다. 기본 의미자질 구조를 다음과 같이 설정한다.

기본 의미자질 구조	[+화자, + 거짓을 말하다]
발화동사	거짓말하다, 군소리하다「1」, 헛소리하다「1」

린다는 그 과정을 하나의 상태로 인지하여 묘사한 것이므로 [쌍향성] 자질을 가질 수 없다.

다음은 발화상황에서 발화 주체의 말하는 양의 정도에 따라 하위분류 된다. '늘어놓다'류에서 '늘어놓다[3]'은 화자가 말을 많이 하는 발화상황 을 언어화한 것이다. 그 기본 의미자질 구조를 다음과 같이 설정한다.

기본 의미자질 구조	[+화자, +쓸데없이 말을 많이 하다]
발화동사	긴말하다, 늘어놓다[3], 말장난하다「2」, 이러쿵저러쿵하다, 잔소리하다「1」

다음은 추상적인 [+말] 자질을 갖는 단어와 연어 관계로 표현되어 발화 동사로 선정된 것들인데 <걸다>류와 <꺼내다>류가 있다.

'걸다'류에서 '건네다[1]「2」'는 화자가 상대방에게 무엇을 묻고자 하거 나 지껄이기 위해 말을 거는 발화상황을 언어화한 것이다. 그 기본 의미 자질 구조를 다음과 같이 설정한다.

기본 의미자질 구조	[+화자, +말을 붙이다]
발화동사	건네다[1]「2」, 걸다30)

<꺼내다>류에서 '꺼내다「2」'는 어휘상을 갖는 단어로서 [+기동성] 속 성을 갖는데 화자가 마음속의 말을 말로 드러내놓기 시작하는 발화상황 을 언어화한 것이다. 기본 의미자질 구조는 다음과 같이 설정한다.

기본 의미자질 구조	[+화자, +생각 따위, +말하기 시작하다]
발화동사	꺼내다「2」

---

30) '걸다'는 『표준국어대사전』에서는 말을 '건네다'의 의미로 해석된 의미 항목이 없다.

2.4.2.2.2. <알림>류

<알림>류는 화자가 청자에게 어떤 정보나 사실을 알려주기 위한 목적에서 발화하는 상황을 언어화한 것들인데 목적의 유사성에 따라 '알리다'류, '고발하다'류로 나누어 볼 수 있다.

'알리다'류에서 '알리다'는 화자가 청자에게 어떤 것을 소개하여 알게 하는 목적을 가지고 발화하는 상황을 언어화한 것이다. 그 기본 의미자질 구조를 다음과 같이 설정한다.

기본 의미자질 구조	[+화자, +어떤 사실, 소식, 정보 따위, +말로 알리다]
발화동사	고하다01(告--) 「1」, 말하다[1]「2」, 발표하다(發表), 보고하다(報告), 상고하다(上告), 이르다02[1]「3」, 이야기하다[1]「2」, 얘기하다[1]「2」, 전하다[3], 통고하다(通告)

'고발하다'류에서 '고발하다「1」'은 화자가 청자에게 세상에 잘 알려지지 않은 잘못이나 비리 따위를 드러내어 발화하는 상황을 언어화한 것이다. 그 기본 의미자질 구조를 다음과 같이 설정한다.

기본 의미자질 구조	[+화자, +어떤 사실, 소식, 정보 따위, +말로 고자질하다]
발화동사	고발하다「1」, 고자질하다, 밀고하다(密告), 이르다02[1]「4」, 일러바치다

2.4.2.2.3. <설명>류

<설명>류는 화자가 청자에게 어떤 내용에 관해 말하면서 청자를 알 수 있도록 하기 위한 목적에서 발화하는 상황을 언어화한 것들이며 '설명하다'류, '가르치다'류가 이에 해당된다.

'설명하다'부류에서 '설명하다'는 화자가 청자에게 어떤 일이나 대상의

내용에 대하여 알 수 있도록 말해주는 발화상황을 언어화한 것이다. 그 기본 의미자질 구조를 다음과 같이 설정한다.

기본 의미자질 구조	[+화자, +어떤 일이나 대상의 내용, +밝혀 말하다]
발화동사	설명하다(說明), 설교하다(說敎)「1」, 해명하다(解明), 해석하다(解釋)「1」

'가르치다' 부류에서 '가르치다'는 화자가 청자로 하여금 어떤 내용에 관해 깨닫게 하거나 알게 하기 위해 발화하는 상황을 언어화한 것이다. 그 기본 의미자질 구조를 다음과 같이 설정한다.

기본 의미자질 구조	[+화자, +지식과 관련한 내용, +밝혀 말하다]
발화동사	가르치다01[2]「1」, 강의하다(講義), 강연하다(講演)

2.4.2.2.4. <변명>류

'변명하다' 류에서 '변명하다01(辨明)「1」'은 화자가 어떤 잘못이나 실수에 대하여 구실을 대며 그 까닭을 말하는 발화상황을 언어화한 것이다. 그 기본 의미자질 구조는 '설명하다' 부류와 유사하나 발화내용에서 차이점을 드러낸다.

기본 의미자질 구조	[+화자, +잘못이나 실수에 대해, +밝혀 말하다]
발화동사	둘러대다「2」, 변명하다「1」(辨明), 핑계하다「2」

'거짓말하다' 부류와 다른 점은 '거짓말하다' 부류는 처음부터 사실이 아닌 것을 허위적인 사실로 꾸며서 대는 반면 '변명하다'는 어떤 잘못이나

실수와 같은 사실에 대해 허위적인 사실을 꾸며 까닭을 밝히는 경우이다.

2.4.2.2.5. <고백>류

<고백>류는 화자가 청자에게 화자의 속마음이나 사정을 털어놓아 알려주기 위한 목적에서 발화하는 상황을 언어화한 것들인데 주로 '고백하다'류, '하소연하다'류가 이에 해당된다.

'고백하다' 부류에서 '고백하다'는 화자가 청자에게 마음속에 숨긴 일이나 생각한 바를 사실대로 솔직하게 말하는 상황을 언어화한 것이다. 그 기본 의미자질 구조는 다음과 같이 설정한다.

기본 의미자질 구조	[+화자, +감정이나 생각 따위 또는 어떤 사실, +사실대로 말하다]
발화동사	고백하다(告白), 실토하다(實吐), 쏟다「3」, 자백하다(自白), 털어놓다「2」, 피력하다(披瀝)

'하소연하다' 부류[31]에서 '하소연하다'는 화자가 억울하고 딱한 사정을 털어놓고 말하거나 간곡히 호소하는 발화상황을 언어화한 것들이다. 그 기본 의미자질 구조를 다음과 같이 설정한다.

기본 의미자질 구조	[+화자, +억울한 일이나 잘못된 일 또는 딱한 사정, 불만, +털어놓고 말하다]
발화동사	하소연하다

---

31) 한 낱말밭을 이루려면 적어도 5개의 단어가 있어야 되지만 '하소연하다' 부류를 보면 '하소연하다'만 제시되었다. 그러나 2,219개의 발화동사 중에는 '넋두리하다「1」' 등 발화동사도 '하소연하다' 부류에 속한다. 다만 김광해(2003)에서 등급별 어휘에 포함되지 않을 뿐이다. '축하하다'류, '경고하다'류, '설득하다'류, '말참견하다'류 등도 마찬가지로 비록 하나의 발화동사만 제시되어 있지만 그 밖에 또 있음을 언급한다.

'고백하다'부류와 '하소연하다'부류의 기본 의미자질 구조를 통해 발화내용에서 드러나는 의미자질의 시차성을 관찰할 수 있다. '고백하다'류의 발화동사는 발화내용이 긍정적인 것들이 대부분인 반면에 '하소연하다'부류의 발화동사의 의미특성에 따라 발화내용은 '억울한, 딱한, 잘못된' 등 부정적인 의미자질을 갖는 것들이 대부분 어휘로 범주화하여 표현할 수 있다. 이런 시차성을 보여주기 위해 본고에서 발화동사들이 공통으로 갖는 기본 의미자질 구조를 설정하였다. 이런 시차성은 기본 의미자질 구조 설정의 필요성을 말해준다.

2.4.2.2.6. <질문>류[32]

<질문>류는 화자가 청자에게서 무엇에 관해 밝히고 알아내기 위한 목적에서 발화한다. '질문'류에서 '묻다'는 화자가 청자에게 어떤 사실에 대해 알고자 물어보는 발화상황을 언어화한 것이다. 그 기본 의미자질 구조는 다음과 같이 설정한다.

기본 의미자질 구조	[+화자, +어떤 사실에 대해여 알고자, +묻다]
발화동사	검문하다(檢問), 고문하다(拷問), 되묻다03「1」「2」, 문답하다(問答), 문안드리다, 문안하다(問安), 문의하다(問議), 문책하다(問責), 묻다03, 반문하다(反問)「1」「2」, 심문하다(審問)「1」「2」, 여쭈다, 여쭙다, 질문하다(質問), 질의하다(質疑), 추궁하다(追窮)

2.4.2.2.7. <응답>류

<응답>류는 화자가 상대방의 물음이나 의견 따위에 답하기 위한 목적에서 발화하는 것들이다. <응답>류에서 '대답하다'는 화자가 청자에게 청자의 물음이나 의견 따위에 대해 응하여 말하는 발화상황을 언어화

---

32) 이설연(2014)에서는 '질문'류에 해당되는 발화동사들을 질문동사라고 설정하였다.

한 것이다. 그 기본 의미자질 구조를 두 가지로 나누어 설정할 수 있다.

기본 의미자질 구조	[+화자, 물음이나 의견 따위에/청자의 부름에 + 응하여 말하다]
발화동사	답하다「1」「2」, 답례하다(答禮), 답변하다(答辯), 대답하다(對答)「1」, 대답하다(對答)「2」, 말대답하다「2」, 응하다(應), 응답하다(應答), 코대답하다, 회답하다(回答), 호응하다(呼應)「1」

2.4.2.2.8. <주장>류

<주장>류는 화자가 상대방의 의견이나 주장을 받아들이지 않고 그에 반대되는 의견이나 주장을 내세우기 위한 목적에서 발화한다. 이봉원·이동혁·도원영(2003)은 의사소통의 개념체계의 하위분류인 <논의>류 동사에서 '의견 대립 동사'로 분류하고 있으나 본고는 이것들이 공통으로 어떤 주장이나 의견을 내세우는 행위를 나타낸다는 측면에서 <주장>류로 묶었다. '대꾸하다'류, '반박하다'류, '주장하다'류 등이 해당된다.

'대꾸하다'류에서 '말대꾸하다'는 화자가 남의 말을 듣고 그대로 받아들이지 아니하고 그 자리에서 제 의사를 나타내는 발화상황을 언어화한 것이다. '말대꾸하다'부류도 '화자가 청자가 한 말에 응하다'라는 의미로 풀이 가능하다. 그 기본 의미자질 구조는 다음과 같이 설정한다.

기본 의미자질 구조	[+화자, +청자의 의견이나 주장에 반대하여, + 대립적인 말로 말하다]
발화동사	대꾸하다, 되받아치다, 말대답하다「1」, 말대꾸하다

'반박하다'부류에서 '반박하다'는 화자가 청자의 의견, 주장 논설 따위에 대해 응하여 반대하는 말을 하는 발화상황을 언어화한 것들이다. 기본

의미자질 구조를 다음과 같이 설정한다.

기본 의미자질 구조	[+화자, +청자의 주장이나 의견에 반대하여, +말로 응하다]
발화동사	공격하다(攻擊)「2」, 공박하다(攻駁), 반론하다(反論)「1」, 반박하다(反駁), 쏘아붙이다, 항의하다(抗議)「1」

'주장하다'부류에서 '주장하다「1」'은 화자가 자기의 의견이나 주의를 굳게 내세우는 발화상황을 언어화한 것이다. '대꾸하다'나 '반박하다'와 마찬가지로 모두 자기 의견을 내세우는 발화상황을 언어화한 것이지만 다른 점은 '대꾸하다'와 '반박하다'는 모두 상대방인 청자의 주장에 반대하여 자기 의견을 내세운다. 그러나 '주장하다'는 특정 상대를 상정하지 않고 자기 의견을 세우는 경우이다.

기본 의미자질 구조	[+화자, +의견, +말하다]
발화동사	대변하다(代辯)02「1」, 주장하다(主張)01「1」

2.4.2.2.9. <수행>류

<수행>류는 화자가 청자에게 요청, 권유, 시킴, 경고, 설득, 제의의 의미를 내포한 내용에 대해 발화하고 청자가 화자의 발화한 내용에 대해 수행하기를 원하는 목적에서 발화한다. '요청하다'류, '권하다'류, '시키다'류, '경고하다'류, '설득하다'류, '제의하다'류로 나눌 수 있다. <수행>류에 해당되는 발화동사들의 의미자질 구조를 살펴보면 공통으로 '어찌하도록'이라는 의미특성이 내포되어 있다. 이는 이 유형에 묶인 발화동사들이 이끄는 구문 구조에서 유사한 통제양상을 관찰할 수 있다.

'요청하다'류에서 '요청하다'는 화자가 청자에게 어떤 일에 대해 어찌

해 달라고 청하는 발화상황을 나타내는 부류를 언어화한 것이다.

기본 의미자질 구조	[+화자, +어떤 일에 대해, +청하여 말하다]
발화동사	간청하다(懇請), 당부하다(當付), 말하다[1]「3」, 부탁하다(付託), 사정하다02(事情), 신신당부하다(申申當付), 신신부탁하다(申申付託), 요구하다「1」, 요청하다(要請), 조르다02, 주문하다(注文)「2」, 재촉하다, 청하다[1](請)

'권하다'류에서 '권하다「1」'은 화자가 청자로 하여금 어떤 일을 하도록 말하는 발화상황을 언어화한 경우이다. 기본 의미자질 구조를 다음과 같이 설정할 수 있다.

기본 의미자질 구조	[+화자, +어찌하도록, +부치기며 말하다]
발화동사	권고하다(勸告), 권유하다02(勸誘), 권하다「1」「2」

'시키다'류에서 '시키다01「1」'은 화자가 청자로 하여금 어떤 일을 하게 하기 위해 말하는 발화상황을 언어화한 경우이다.

기본 의미자질 구조	[+화자, +청자에게 어찌하도록, +명하여 말하다]
발화동사	구령하다01(口令), 명령하다「1」(命令), 명하다02(命)「1」, 분부하다01(分付/吩咐), 시키다01「1」, 지시하다(指示)「2」, 호령하다(號令)「1」「3」

'경고하다'류에서 '경고하다(警告)'는 화자가 청자에게 어떤 일에 관해 조심하도록 말하는 발화상황을 언어화한 것이다.

기본 의미자질 구조	[+화자, +청자에게 어찌하도록, +주의를 주며 말하다]
발화동사	경고하다(警告)

'설득하다'류에서 '설득하다'는 화자가 청자로 하여금 화자의 의견이나 주장에 따르도록 말하는 발화상황을 언어화한 것이다.

기본 의미자질 구조	[+화자, +청자에게 어찌하도록, +깨우쳐 말하다]
발화동사	설득하다(說得)

'제의하다'류에서 '제의하다'는 화자가 청자에게 어찌하도록 의견을 말하는 발화상황을 언어화한 것이다. 그 기본 의미자질 구조는 다음과 같이 설정한다.

기본 의미자질 구조	[+화자, +청자에게 어찌하도록 의견을 말하다]
발화동사	건의하다, 발의하다(發議), 제의하다(提議)

2.4.2.2.10. <훈계>류

<훈계>류는 화자가 청자에게 어떤 일의 이치나 도리를 말하여 주의를 주기 위해 발화하는 상황을 언어화한 것이다.

'타이르다'류에서 '타이르다'는 화자가 청자로 하여금 깨닫게 하기 위해서 잘 말해주는 발화상황을 언어화한 것이다. 그 기본 의미자질 구조는 다음과 같이 설정한다.

기본 의미자질 구조	[+화자, +청자에게, +깨닫도록 말해주다]
발화동사	교훈하다(敎訓), 말하다「4」, 설교하다(說敎)「2」, 이르다[1]「2」, 조언하다01(助言), 충고하다(忠告), 타이르다, 훈계하다(訓戒), 훈시하다(訓示)「2」

2.4.2.2.11. <위로>류

<훈계>류와 <위로>는 유사하지만 <위로>는 타이름을 방식으로 한다. '달래다'는 화자가 청자의 괴로움이나 슬픔을 달래주기 위해 따뜻한 말을 하는 발화상황을 언어화한 것이다.

기본 의미자질 구조	[+화자, +청자를, +따뜻한 말로 달래다]
발화동사	달래다01「1」, 위로하다(慰勞)

2.4.2.2.12. <평가>류

<평가>류[33)는 화자가 청자에게 청자와 관련한 일 또는 그 외의 어떤 사물에 대해 평가를 하는 발화상황을 언어화한 것들인데 '평가하다'류, '칭찬하다'류, '나무라다'류, '비판하다'류 등이 이에 해당된다.

발화상황에서 화자는 먼저 청자와 관련한 어떤 일 또는 다른 구체적인 사물에 대해 자기 판단을 가지게 되는 과정을 겪는다. 다음 화자는 자기 판단을 언어적인 표현에 의해 평가를 하게 된다. 화자 자신의 판단의 근거가 되는 사태가 긍정적인가 또는 부정적인가에 따라 평가의 결과도 두 가지 양상으로 나뉘게 된다. 긍정적인 경우는 주로 화자가 자신이나 청자 또는 화자나 청자와 관련한 모든 것에 대해 칭찬하는 상황을 말하고, 부

---

33) 방성원(2000)에서는 <평가>류에서 <평가하다>부류를 제외한 것들을 발화 양태 동사로 보고 있다.

정적인 경우는 청자 또는 청자와 관련한 모든 것에 대해 나무라거나 비판하는 상황을 말한다. 또한 청자와 관련한 행위에 관해 긍정적 또는 부정적인 태도로 평가하는 상황도 있어 긍정적 평가와 부정적 평가로 나뉘게 된다.

'평가하다'류에서 '평가하다「2」'는 화자가 청자나 청자와 관련한 행위나 일, 또는 어떤 대상에 대해 그 가치나 수준을 판단하여 평하는 발화상황을 언어화한 것이다. 그 기본 의미자질 구조를 다음과 같이 설정한다.

기본 의미자질 구조	[+화자, +무엇에 대해, +말로 평가하다]
발화동사	논평하다(論評), 말하다[2], 비평하다(批評)「1」, 재평가하다(再評價), 평가하다「2」(評價), 평하다(評), 혹평하다(酷評)

'칭찬하다'류에서 '칭찬하다'는 화자가 청자의 훌륭한 점을 들어 높이 평가하는 발화상황을 언어화한 것이다. '칭찬하다'류는 주로 [+긍정적]인 평가의 의미자질을 갖는다. 그 기본 의미자질 구조를 다음과 같이 설정한다.

기본 의미자질 구조	[+화자, +무엇을, +높이 평가하여 말하다]
발화동사	격찬하다(激讚), 극찬하다(極讚), 일컫다[2]「2」, 자칭하다01「1」(自稱), 찬탄하다(讚歎/贊嘆), 추어올리다「2」, 칭송하다(稱頌), 칭찬하다(稱讚)

'나무라다'류에서 '나무라다「1」'은 화자가 청자에게 청자와 관련한 잘못된 점에 대해 꾸짖어 말하는 발화상황을 언어화한 것이다. 그러나 화자가 발화 대상인 청자에 초점을 두었느냐, 청자에 대한 어떤 평가를 나타내는 발화내용에 초점을 두었느냐에 따라 의미자질 구조가 달리 나타날

수도 있어 '나무라다'류를 두 가지로 나누어 볼 수 있다. 이 부분은 4장에서 구체적으로 다룬다. '화자가 다른 사람의 잘못을 꾸짖다'는 다른 사람의 잘못된 점에 대해 부정적인 평가를 내린다는 의미로서 '평가하다'류에 포함된다. 그 기본 의미자질 구조는 다음과 같이 설정한다.

기본 의미자질 구조	[+화자, +청자나 청자의 잘못된 점에 대해, +꾸짖어 말하다]
발화동사	규탄하다(糾彈), 꾸중하다, 꾸짖다, 나무라다「1」, 닦아세우다, 몰아세우다[1], 야단치다(惹端), 야단하다(惹端)이「2」, 자책하다(自責), 잔소리하다「2」, 질책하다(叱責), 책망하다(責望), 핀잔주다, 호령하다(號令)「2」, 힐책하다(詰責)

'비판하다'류에서 '비판하다「1」'은 화자가 청자나 청자와 관련한 어떤 일이나 다른 어떤 대상에 대해 판단하여 밝히어 말하는 발화상황을 언어화한 것이다. 그 기본 의미자질 구조를 다음과 같이 설정한다.

기본 의미자질 구조	[+화자, +판단하여 드러내어 말하다]
발화동사	비판하다「1」, 지적하다「2」(指摘)

2.4.2.2.13. <치의>류

<치의>류는 화자가 청자와 관련한 어떤 일에 대해 화자의 축하, 사과, 인사, 욕 등 뜻을 전하기 위한 목적에서 발화하는 것들이다. 남에게 알리는 '자신의 뜻'은 또 두 가지 양상으로 표현될 수 있다. 하나는 감사의 뜻, 사과의 뜻, 축하의 뜻 등 긍정적인 양태의 의미를 표현하고, 후자는 '욕하다'의 뜻으로 부정적인 양태의 의미를 표현한다. '축하하다'류, '사과하다'류, '인사하다'류, '욕하다'류 등이 이에 해당된다.

'축하하다'류에서 '축하하다'는 화자가 상대방의 어떤 행위나 일에 대

해 기뻐한다는 뜻으로 말을 하는 발화상황을 언어화한 것이다. 그 기본 의미자질 구조를 다음과 같이 설정한다.

기본 의미자질 구조	[+화자, +축하하는 말을 하다]
발화동사	축하하다

'인사하다'류는 세 가지 발화상황으로 나누어 볼 수 있다. 화자가 상대방을 마주 대하거나 헤어질 때 언행으로 인사를 표현하는 상황, 화자가 청자에게 고마운 뜻을 언행으로 표현하는 상황, 처음 만나는 사람끼리 서로 이름을 통하여 자기를 말로 소개하는 상황 등이 있다. <치의>의 뜻으로는 두 번째 부류가 이에 속한다.

그 기본 의미자질 구조를 다음과 같이 설정한다.

기본 의미자질 구조	[+화자, +고마운 뜻을 말로 표현하다]
발화동사	사례하다(謝禮), 인사하다「2」

'사과하다'류에서 '사과하다'는 화자가 청자에게 자기의 잘못한 행위나 일에 대해 용서를 언행을 수단으로 비는 발화상황을 언어화한 것이다.

기본 의미자질 구조	[+화자, +용서를 말로 빌다]
발화동사	사과하다02(謝過), 사죄하다02(謝罪)

'욕하다'류에서 '욕하다'는 화자가 청자에게 모욕적인 말이나 저주하는 말을 하는 발화상황을 언어화한 것이다. 개념에서 '모욕적인 말, 남을 저주하는 말'은 청자에게 부정적인 뜻을 알리는 경우어서 <치의>류의 하

위분류가 된다. 기본 의미자질 구조를 다음과 같이 설정한다.

기본 의미자질 구조	[+화자, +모욕적 또는 저주하는 말로 말하다]
발화동사	욕하다(辱--), 퍼붓다[2]「2」

'퍼붓다[2]「2」'는 문의 구조에서 주로 '저주, 욕설, 비난'의 의미를 내포하는 추상저인 [+말]과 자주 결합하여 씌어 연어적인 관계로 발화동사 부류에 포함됨을 앞에서 살펴보았다.

2.4.2.2.14. <비난>류

<비난>류는 화자가 청자나 그 밖의 사람의 약점이나 잘못을 잡아 비난이나 놀림조의 태도로 청자에게 발화하는 상황을 언어화한 것이다. 청자가 화자의 이런 언행으로 인해 상처를 받는다는 점에서 모두 부정적인 양상으로 나타난다. 이 부류에는 '놀리다'류, '헐뜯다'류 등이 해당된다.

'놀리다'류에서 '놀리다「2」'는 화자가 청자를 짓궂게 굴면서 그를 무엇이라고 말로 흉을 보거나 비꼬는 발화상황을 언어화한 것이다. 그 기본 의미자질 구조를 다음과 같이 설정한다.

기본 의미자질 구조	[+화자, +흉을 보며 말하다]
발화동사	놀리다01「2」, 비아냥거리다, 비꼬다「3」, 빈정거리다, 빈정빈정하다, 야유하다(揶揄), 조롱하다(嘲弄), 풍자하다「1」(諷刺)

'헐뜯다'류에서 '헐뜯다'는 화자가 청자나 그 밖의 사람을 해치려고 흉을 들추어내어 말하는 발화상황을 언어화한 것이다. 기본 의미자질 구조를 설정하면 다음과 같다.

기본 의미자질 구조	[+화자, +흠을 들추어내어 말하다]
발화동사	비난하다(非難) 「1」, 비방하다(誹謗), 비평하다「2」, 헐뜯다

2.4.2.2.15. <말참견>류

<말참견>류는 화자가 다른 사람이 말하는 데 끼어들어 말하는 발화 행위를 나타낸다. '말참견하다'류에서 '말참견하다'는 화자가 다른 사람이 말하는 도중에 끼어들어 말하는 발화상황을 언어화한 것이다. 그 기본 의미자질 구조를 다음과 같이 설정한다.

기본 의미자질 구조	[+화자, +끼어들어 말하다]
발화동사	말참견하다

2.4.2.2.16. <맹약>류

<맹약>류는 화자가 앞으로 어떤 일을 어떻게 할 것인가, 또는 어떻게 하겠다고 발화하는 언어적 행위로서 '약속하다'류, '맹세하다'류가 이에 해당된다.

'약속하다'류에서 '언약하다'는 화자가 청자에게 또는 청자와 앞으로의 일을 어떻게 하겠다고 말로 정하여 두는 발화상황을 언어화한 것이라고 볼 수도 있다.

기본 의미자질 구조	[+화자, 어찌할 것이라고, +미리 말하다]
발화동사	언약하다(言約), 약속하다

'맹세하다'류에서 '맹세하다'는 화자가 청자에게 어떤 일에 대해 어찌

하겠다고 말로 맹세하는 발화상황을 언어화한 것이라고 볼 수 있다.

기본 의미자질 구조	[+화자, +어찌하겠다고, +다짐하여 말하다]
발화동사	맹세하다(盟誓)

2.4.2.2 절에서는 [일방향성] 자질을 갖는 발화동사들을 목적의 유사성에 따라 <일반>류, <알림>류, <설명>류, <변명>류, <질문>류, <응답>류, <주장>류, <수행>류, <훈계>류, <위로>류, <평가>류, <치의(致意)>류, <말참견>류, <비난>류, <맹약>류 등 16가지 유형으로 분류하였다. 각 부류는 하나의 낱말밭을 이루는데 각 낱말밭은 아래와 같이 하위분류를 이루게 된다. <일반>류 낱말밭은 하위로 기본 '말하다'류, '이야기하다'류, '서술하다'류, '속삭이다'류, '떠들다'류, '되풀이하다'류, '헛소리하다'류, '늘어놓다'류, '걸다'류, '꺼내다'류 등으로 하위분류된다. <알림>류 낱말밭은 '알리다'류, '고발하다'류로 하위분류된다. <설명>류 낱말밭은 '설명하다'류, '가르치다'류로 하위분류된다. <고백>류 낱말밭은 '고백하다', '하소연하다'류로 분류되고 <주장>류 낱말밭은 '대꾸하다'류, '반박하다'류, '주장하다'류로 하위분류된다. <수행>류는 하위로 '요청하다'류, 사정하다'류, '권하다'류, '시키다'류, '경고하다'류, '설득하다'류, '제의하다'류로 분류되고, <맹약>류는 '약속하다'류, '맹세하다'류로 분류된다. <평가>류는 하위로 '평가하다'류, '칭찬하다'류, '나무라다'류, '비판하다'류 등으로 하위분류되고, <치의>류 낱말밭은 '축하하다'류, '사과하다'류, '인사하다'류, '욕하다'류로 하위분류된다. <비난>류 낱말밭은 '놀리다'류, '헐뜯다'류로 하위분류된다. 이 밖에 <변명>류, <질문>류, <응답>류, <훈계>류, <위로>류, <말참견>류는 하위로 따로 분류되지 않는 것들이다.

이와 같이 목적의 유사성에 따라 분류한 유형들은 공통으로 갖는 기본 의미자질 구조를 가지고 있음을 살펴보았다. 이런 기본 의미자질 구조는 유사한 발화상황을 언어화한 발화동사들 간의 의미자질의 유사성과 시차성을 관찰할 수 있을 뿐만 아니라, 이런 발화동사들이 이끄는 구문 구조의 통사·의미특성의 공통점과 차이점을 살펴보는 데 바탕이 된다.

2.4.2.3. [+쌍방향성] 발화동사

[+쌍방향성] 발화동사는 발화상황에서 화자와 청자가 의사소통자로서 대화장면이 이루어지는 부류들이 언어화된 것들이다. [+쌍방향성] 자질을 내포하고 있는 발화동사는 발화상황에서 화자와 청자가 동시에 발화 주체가 되는데 그들 간에는 특정한 목표나 목적을 위해 의견이나 일반 내용을 주고받는 발화행위를 표현한다는 점에서 [+일방향성] 자질을 갖는 발화동사와 구별이 된다.

발화 주체와 관련하여 [+쌍방향성] 자질을 갖는 발화동사들은 일반적으로 발화상황에서 A와 B가 함께 발화상황에 참여하여 의사소통이 이루어지는 장면을 언어화한 것이다. A와 B는 발화상황에서 화자가 될 수도 있고, 청자가 될 수도 있다. 그러나 이 두 요소가 언어화되면 A는 화자, B는 청자로 문 구조에서 문법적인 위치를 갖는다. A와 B는 일반적으로 접속표지 '-와/과'에 의해 지표 된다. 언어화된 A와 B는 또 복수를 나타내는 언어형식이나 전형적인 대용어에 의해 대용되어 주어 성분이 될 수도 있다. 이런 통사적인 특성은 다른 부류와의 구별점이다. A와 B는 또 단수가 될 수도 있고 여럿을 나타내는 복수일 수도 있다. 이 부류에 해당되는 것들은 또 구체적인 의미자질의 공통성과 시차성에 따라 하위분류될 것이다. 그 기본 의미자질 구조를 다음과 같이 설정한다.

　　[+어떤 사람이 다른 사람과/둘 이상의 사람이, +어떤 내용을 두고,
　　+서로 말하다]

　　[+쌍방향성]자질을 갖는 발화동사들은 이런 의미자질 구조를 공통으로
가지면서 발화 목적의 유사성에 따라 다음과 같이 하위분류될 수 있다.
　　1) <대화>류: 의사 소통자들이 마주 대하여 이야기를 주고받기 위해
발화한다.
　　2) <논의>류: 의사 소통자들이 어떤 일에 관해 의견을 주고받고 일정
한 목적에 도달하기 위해 발화한다.
　　3) <언쟁>류: 의사 소통자들이 의견이나 이해의 대립으로 서로 따져
자기의 주장을 증명하기 위해 말로 싸우며 발화한다.
　　4) <약속>류: 의사 소통자들이 앞으로 어떻게 할 것인가를 서로 약속
하기 위해 발화한다.

2.4.2.3.1. <대화>류

　　<대화>류에서 '대화하다'는 어떤 사람이 다른 사람과, 또는 여러 사
람이 서로 상대하여 이야기를 주고받고 있는 발화상황을 언어화한 것들
이다. 기본 의미자질 공유 구조를 다음과 같이 설정한다.

기본 의미자질 구조	[+어떤 사람이 다른 사람과 또는 여러 사람이, +이야기, +서로 주고받다]
발화동사	귓속말하다, 노닥거리다, 담소하다(談笑), 담화하다(談話), 대화하다(對話), 면담하다(面談), 이야기하다[2], 얘기하다[2], 잡담하다(雜談), 전화하다02(電話), 주고받다34), 통화하다02(通話), 환담하다(歡談)

---

34) 『표준국어대사전』에서는 '주고받다'가 '서로 주기도 하고 받기도 하다'라는 의미로만 기

<대화>류에서 발화 방식, 발화 수단, 발화내용의 유사성과 시차성에 따라 하위분류 할 수도 있다. 예로 목소리의 높낮이에 따라 '귓속말하다'는 발화자들의 낮은 목소리로 이야기를 주고받는 상황을 언어화한 것이다. '화자가 청자에게 어떤 사실이나 내용에 대해 알리기 위해 어떤 통신 수단을 동원하여 발화하는 사태를 언어화한 '통화하다'와 '전화하다'는 정유남(2013)에서 <통신>류 동사로 분류하고 있다.

이밖에 <대화>류에 속하는 개별 발화동사는 [±쌍방향성] 자질을 갖는 경우도 있다. 주로 화자와 청자가 함께 발화상황에 참여하는 발화상황 또는 화자가 청자에게 발화내용을 전달하는 발화상황을 모두 언어화하여 표현할 수 있다. 문의 구조에서 개별 발화동사들의 의미특성에 따라 주어 위치에 여럿을 나타내는 말이 올 수도 있고, 청자가 여격을 나타내는 표지 '-에게'가 올 수도 있다. 전자의 경우는 [+쌍방향성] 자질을, 후자의 경우는 [일방향성] 자질을 갖는다. [±쌍방향성]자질을 내포하는 발화동사는 또 하위 의미자질의 공통성과 시차성에 따라 2차로 하위분류될 것이다. '속삭이다'류가 이에 해당된다.[35] 그 기본 의미자질 구조를 다음과 같이 설정한다.

기본 의미자질 구조	[+화자가 청자에게 / +어떤 사람이 다른 사람과 또는 여러 사람이, + 말하다]
발화동사	귓속말하다, 소곤거리다, 소곤소곤하다, 속닥거리다, 속삭이다「1」, 수군거리다, 숙덕거리다, 쑥덕거리다

술되어있지 구체적으로 중심의미와 주변의미를 나누어서 설명하지 않았다. 그러나 '주고받다'는 '의견, 말' 등과 자주 결합하여 쓰이기 때문에 연어 관계에 의해 발화동사로 보겠다.

35) 김광해(2003)에는 없지만 '맞대꾸하다'도 어떤 사람이 다른 사람에게, 또는 둘 이상의 사람이 대항하여 상대의 말을 받아서 자기의사를 밝히거나 나타내는 발화상황을 언어화한 것이어서 [일방향성]과 [쌍방향성] 자질을 모두 갖는다.

'속삭이다'류는 화자가 청자에게 또는 화자가 청자와 함께 낮은 목소리로 말하는 발화상황을 언어화한 것들로서 [+일방향성], [+쌍방형] 두 의미자질을 모두 갖는 부류들이다.

(8) ㄱ. 그러더니 뒷자리에 앉은 남자에게 가서 뭐라고 소곤거리는 것 같았다.

ㄴ. 보아하니 중산층 아파트의 주방쯤 되는 그곳, 식탁에 모여 앉은 네댓 명의 여자들은 서로 소곤거리며 가전제품들을 살펴보기 시작한다.

ㄷ. 복도 끝 비상계단 쪽에서 경비원 한 명과 관리실 여직원 한 명이 볼을 맞대고 소곤거리고 있었다.

(ㄱ)은 [+일방향성]자질을 갖는 발화동사의 용법을 갖는 경우이고 (ㄴ)과 (ㄷ)은 [+쌍방향성]자질을 갖는 발화동사의 용법을 표현한 경우이다. [+쌍방향성]자질을 갖는 발화동사는 (ㄴ)과 같이 복수의 의미를 나타내는 '네댓'에 의해 표현될 수도 있고, (ㄷ)과 같이 접속조사 '-와/과'에 의해 발화 주체가 여럿임을 표현할 수도 있다.

2.4.2.3.2. <논의>류

<논의>류에서 '논의하다'는 둘 이상의 사람이 또는 어떤 사람이 다른 사람과 문제를 해결하기 위한 의견을 서로 주고받는 발화상황을 언어화한 것들이다. 기본 의미자질 구조를 다음과 같이 설정한다.

기본 의미자질 구조	[+어떤 사람이 다른 사람과 또는 여러 사람이, +의견을, +서로 주고받다]
발화동사	논의하다(論議), 논하다「1」, 담판하다(談判), 상담하다(相談), 상의하다(相議/商議), 심의하다(審議), 의논하다(議論), 재론하

	다(再論), 추론하다(推論)「1」, 토론하다(討論), 토의하다(討議), 협의하다(協議), 협상하다「1」(協商), 흥정하다[2]「1」, 회의하다 (會議)

2.4.2.3.3. <언쟁>류

<언쟁>류에서 '다투다[1]'은 어떤 사람이 다른 사람과, 또는 둘 이상의 사람이 의견이나 이해의 대립으로 서로 맞서 옥신각신 말로 따지며 싸우는 발화상황을 언어화한 것들이다. 기본 의미자질 구조는 다음과 같이 설정한다.

기본 의미자질 구조	[+어떤 사람이 다른 사람과/여러 사람이, +말로 다투다]
발화동사	다투다[1], 말다툼질하다, 말다툼하다, 말싸움하다, 분쟁하다 (紛爭), 실랑이하다「2」, 언쟁하다(言爭), 옥신각신하다, 으르렁 거리다「2」, 을러메다, 티격태격하다

2.4.2.3.4. <약속>류

<약속>류에서 '약속하다'는 어떤 사람이 다른 사람과 또는 둘 이상의 사람이 어찌하기로 또는 일을 말로써 약속하는 발화상황을 언어화한 것이다. 그러나 '약속하다'는 [일방향성] 자질을 갖기도 하는데 이 경우는 화자가 청자에게 어떤 내용에 대해 약속을 함을 앞에서 살펴보았다. 그 기본 의미자질 구조를 다음과 같이 설정한다.

기본 의미자질 구조	[+어떤 사람이 다른 사람과 /여러 사람이,+말로 약속하다]
발화동사	약속하다, 언약하다(言約)

(9) ㄱ. 그는 그녀와 다시 만날 것을 언약하고 차에 올랐다.

　ㄴ. 그 커플은 저녁에 친구들을 모아 놓고 변치 않겠다고 언약하기
　　로 했다.

(9)에서 [+쌍방향성] 발화동사는 발화 주체가 문의 구조에서 두 가지 형식으로 실현됨을 관찰할 수 있다. (ㄱ)은 발화 주체가 '그'와 '그녀'가 되고, (ㄱ)에서 접속조사 '-와/과'에 의해 표현된 발화 주체는 (ㄴ)에서는 복수를 나타내는 어휘적 단어 '커플'에 의해 대용되는 특징을 갖는다.

　이와 같이 본고에서는 먼저 발화동사들을 일차적으로 방향에 따라 분류한 다음 목적의 유사성에 따라 하위분류를 하였는데 이를 다음과 같이 표로 정리한다.

〈표 3〉 발화동사 의미 유형 분류

방향	목적		발화동사
[무방향성] 발화동사	〈중얼거리다〉류		독백하다, 옹알거리다「1」, 중얼거리다, 중얼중얼하다, 종알거리다, 종잘거리다, 투덜거리다, 혼잣말하다, 흥얼거리다「2」
[일방향성] 발화동사	〈일반〉류	'말하다'류	논하다「2」,뇌까리다「1」, 드리다01「2」, 말하다[1]「1」, 말씀하다, 발설하다(發說), 발언하다(發言), 이르다02[1]「1」, 지껄이다「2」 농담하다(弄談), 단언하다(斷言), 뒷말하다01「2」, 반말하다, 부르짖다「2」,부언하다(附言), 소담하다(笑談), 실언하다(失言), 악담하다(惡談), 얼버무리다「1」, 예언하다(豫言) 「1」, 장담하다(壯談), 제시하다(提示) 「1」, 조언하다01(助言), 형언하다(形言), 확언하다(確言),
		'이야기하다'류	거론하다(擧論), 언급하다(言及), 이야기하다[1]「1」, 얘기하다[1]「1」
		'서술하다'류	구술하다(口述), 변론하다(辯論) 「1」,「2」, 서술하다(敍述), 연설하다(演說), 증언하다(證言)「2」, 진술하다(陳述) 「1」,「2」
		'속삭이다'류	지절거리다01「1」, 재잘거리다[1]「1」

			귓속말하다, 소곤거리다, 속닥거리다, 속삭이다「1」, 수군거리다, 숙덕거리다, 쑥덕거리다
		'떠들다'류	떠들다01[1]「1」, 떠들다01[2], 땍땍거리다, 땍땍대다, 떽떽거리다, 떽떽대다, 지껄이다「1」
		'헛소리하다'류	거짓말하다, 군소리하다「1」, 헛소리하다「1」
		'늘어놓다'류	긴말하다, 늘어놓다[3], 말장난하다「2」, 이러쿵저러쿵하다, 잔소리하다「1」
		'되풀이하다'류	뇌다03, 뇌까리다「2」, 되뇌다, 되씹다「3」, 되풀이하다01
		'걸다'류	건네다[1]「2」, 걸다
		'꺼내다'류	꺼내다「2」
	<알림>류	'알리다'류	고하다01(告) 「1」, 말하다[1]「2」, 발표하다(發表), 보고하다(報告), 상고하다(上告), 이르다02[1]「3」, 이야기하다[1]「2」, 얘기하다[1]「2」, 전하다[3], 통고하다(通告)
		'고발하다'류	고발하다, 고자질하다, 밀고하다(密告), 이르다02[1]「4」, 일러바치다
	<고백>류	'고백하다'류	고백하다(告白), 실토하다(實吐), 쏟다「3」, 자백하다(自白), 털어놓다「2」, 피력하다(披瀝)
		'하소연하다'류	하소연하다
	<설명>류	'설명하다'류	설명하다(說明), 설교하다(說敎) 「1」, 해명하다(解明), 해석하다(解釋)「1」
		'가르치다'류	가르치다01[2]「1」, 강의하다(講義), 강연하다(講演)
	<변명>류		둘러대다「2」, 변명하다「1」(辨明), 핑계하다「2」
	<질문>류		검문하다(檢問), 고문하다(拷問), 되묻다03「1」「2」, 문답하다(問答), 문안드리다, 문안하다(問安), 문의하다(問議), 문책하다(問責), 묻다03, 반문하다(反問) 「1」「2」, 심문하다(審問) 「1」「2」, 여쭈다, 여쭙다, 질문하다(質問), 질의하다(質疑), 추궁하다(追窮)
	<응답>류		답하다「1」「2」, 답례하다(答禮), 답변하다(答辯), 대답하다(對答) 「1」, 대답하다(對答)「2」, 말대답하다「2」, 응하다(應), 응답하다(應答), 코대답하다, 회답하다(回答), 호응하다(呼應)「1」

	<주장>류	'대꾸하다'류	대꾸하다, 되받아치다, 말대답하다「1」, 말대꾸하다
		'반박하다'류	공격하다(攻擊)「2」, 공박하다(攻駁), 반론하다(反論)「1」, 반박하다(反駁), 쏘다01[1]「2」, 쏘아붙이다, 항의하다(抗議)「1」
		'주장하다'류	대변하다(代辯)02「1」, 주장하다(主張)01「1」
	<수행>류	'요청하다'류	간청하다(懇請), 당부하다(當付), 말하다[1]「3」, 부탁하다(付託), 사정하다02(事情), 신신당부하다(申申當付), 신신부탁하다(申申付託), 요구하다「1」, 요청하다(要請), 조르다02, 주문하다(注文)「2」, 재촉하다, 청하다[1](請)
		'권하다'류	권유하다02(勸誘), 권하다「1」「2」
		'시키다'류	명령하다「1」(命令), 명하다02(命)「1」, 분부하다01(分付/吩咐), 시키다01「1」, 지시하다(指示)「2」, 호령하다(號令)「1」「3」
		'경고하다'류	경고하다(警告)
		'설득하다'류	설득하다(說得)
		'제의하다'류	건의하다, 발의하다(發議), 제의하다(提議)
	<훈계>류	'타이르다'류	교훈하다(敎訓), 말하다「4」, 설교하다(說敎)「2」, 이르다[1]「2」, 조언하다01(助言), 충고하다(忠告), 타이르다, 훈계하다(訓戒), 훈시하다(訓示)「2」
	<위로>류		위로하다(慰勞), 달래다01「1」
	<평가>류	'평가하다'류	논평하다(論評), 말하다[2], 비평하다(批評)「1」, 재평가하다(再評價), 평가하다「2」(評價), 평하다(評), 혹평하다(酷評)
		'칭찬하다'류	격찬하다(激讚), 극찬하다(極讚), 일컫다[2]「2」, 자칭하다01「1」(自稱), 찬탄하다(讚歎/贊嘆), 추어올리다「2」, 칭송하다(稱頌), 칭찬하다(稱讚)
		'나무라다'류	규탄하다(糾彈), 꾸중하다, 꾸짖다, 나무라다「1」, 닦아세우다, 몰아세우다[1], 야단치다(惹端), 야단하다(惹端)01「2」, 자책하다(自責), 잔소리하다「2」, 질책하다(叱責), 책망하다(責望), 핀잔주다, 호령하다(號令)「2」, 힐책하다(詰責)
		'비판하다'류	비판하다「1」, 지적하다「2」(指摘)
	<치의>류	'축하하다'류	축하하다
		'인사하다'류	사례하다(謝禮), 인사하다「2」
		'사과하다'류	사과하다02(謝過), 사죄하다02(謝罪)
		'욕하다'류	욕하다(辱--), 퍼붓다[2]「2」

	<비난>류	'놀리다'류	놀리다01「2」, 비아냥거리다, 비꼬다「3」, 빈정거리다, 빈정빈정하다, 야유하다(揶揄), 조롱하다(嘲弄), 풍자하다「1」(諷刺)
		'헐뜯다'류	비난하다(非難)「1」, 비방하다(誹謗), 비평하다「2」, 헐뜯다
	<맹약>류	'맹세하다'류	맹세하다(盟誓)
		'약속하다'류	언약하다(言約), 약속하다
	<말참견>류		말참견하다
[쌍방향성] 발화동사	<대화>류		귓속말하다, 노닥거리다, 담소하다(談笑), 담화하다(談話), 대화하다(對話), 면담하다(面談), 이야기하다2, 얘기하다2, 잡담하다(雜談), 전화하다02(電話), 정담하다(政談), 주고받다36), 통화하다02(通話), 환담하다(歡談)
			귓속말하다, 소곤거리다, 속닥거리다, 속삭이다「1」, 수군거리다, 숙덕거리다, 쑥덕거리다
	<논의>류		논의하다(論議), 논하다「1」, 담판하다(談判), 상담하다(相談), 상의하다(相議/商議), 심의하다(審議), 의논하다(議論), 재론하다(再論), 추론하다(推論)「1」, 토론하다(討論), 토의하다(討議), 협의하다(協議), 협상하다「1」(協商), 흥정하다2「1」, 회의하다(會議)
	<언쟁>류		다투다[1], 말다툼질하다, 말다툼하다, 말싸움하다, 실랑이하다「2」, 언쟁하다(言爭), 옥신각신하다, 으르렁거리다「2」, 울러메다, 티격태격하다
	<약속>류		언약하다(言約), 약속하다

　　개별 발화동사들을 목적의 유사성에 의해 한 부류로 묶어보는 작업은 한 부류로 묶인 발화동사들의 통사행동을 살펴보는 데 어떤 경향성을 제시할 수 있다.37) 아울러 부류 사이의 통사·의미적인 특성의 공통점과 차

---

36) 『표준국어대사전』에서는 '주고받다'가 '서로 주기도 하고 받기도 하다'라는 의미로만 기술되어있지 구체적으로 중심의미와 주변의미를 나누어서 설명하지 않았다. 그러나 '주고받다'는 '의견, 말' 등과 자주 결합하여 쓰이기 때문에 연어 관계에 의해 발화동사로 보겠다.

37) 발화동사가 기본적으로 이 세 요소를 필요한 정보로 가지는 것이 원칙이나 그렇지 않을

이점을 관찰하여 유형화하고 귀납하는 데도 근거를 제공할 것이며 더 나아가 발화동사가 근간이 되어 이루어진 구문을 전체적으로 살펴보고 전산처리하여 데이터화하는 데도 의의가 있을 것이다.

수도 있다는 것과 연결된다. 이 점은 통사론적으로 정의를 접근하는 것의 문제점을 지적해 준다. 조경순(2009)에서 발화동사의 논항은 화자만 발화하는 상황과, 화자가 청자에게 발화하는 상황에서 달리 나타난다고 언급했다.

제 3 장

발화동사의 형태 구조 분석

발화동사의 형태 구조 분석

　발화동사의 형태를 구조 분석하는 작업은 발화동사를 구성하고 있는 요소들 사이의 통사적인 관계가 논항구조 형성과 어떤 관련을 갖는지, 논항구조를 구성하고 있는 논항 간의 관계와 어떤 관련을 갖는지, 필수적인 논항 또는 수의적인 논항이 서술어에 대해 어떤 제약관계를 갖는지를 살펴볼 수 있다.

　구체적으로 어떤 관련을 갖는지를 관찰하기 위한 방편으로 발화동사로 선정된 단어들을 그 짜임새에 따라 단일어와 복합어로 나누고, 복합어는 또 합성어와 파생어로 나누어서 살펴볼 것이다. 그러나 발화동사 중에 한자어 합성어나 파생어에 '하다'가 결합된 단어가 대부분을 차지하기 때문에 우선 해결되어야 할 문제가 바로 '하다'의 성격을 명확히 하는 것이다. 왜냐하면 '하다'를 하나의 본동사로 볼 것이냐, 기능동사로 볼 것이냐, '-하다'에서 '-하'를 접미사로 볼 것이냐에 따라 단어 짜임새에 따른 분류가 달라지기 때문이고 또 세 가지 중에서 한 경우만 고집한다면 일괄적으로 모든 '하다'가 들어간 단어 짜임새를 설명할 수 없게 되기 때문이다. 따라서 본고에서는 발화동사와 관련하여 '하다'를 두 가지 경우로 나누어 볼 것이다.38)

발화동사 중에는 '하다'와 결합 가능한 한자어 합성어들이 술어의 성격을 갖고 있어 그 특성에 의해 논항구조를 만드는 고유의 기능이 있기 때문에 '하다'를 본동사로 보기 어렵다. 즉 한자어 합성어가 문의 구조에서 의미 핵을 이룬다. 그러나 한자어 합성어만으로는 활용이 불가능하여 어떤 문법범주도 실현하기 어렵다는 문제점이 있어 반드시 여러 문법범주 표지가 실현 가능하게 할 수 있는 요소가 필요하다. 한국어에서 이 기능을 '하다'가 담당하고 있는데 이 경우의 '하다'를 기능동사로 보겠다.39) 한정한(1993)에서도 '하-'의 선행사가 [−상태성] 자질을 갖는 명사일 경우 '하-'는 그와 문맥조응되어 [−상태성] 자질을 갖게 된다고 하였다. 이때 기능동사는 의미적으로 비어있어 격배당을 하지 않고, 의미역도 없고, 논항구조도 가지지 않고 단지 선행 술어의 시제, 상, 서법 등 문법범주만 실현시켜 준다고 하였다.40)

---

38) 김창섭(1995)에서는 '하다'동사란 'X하다'형의 파생어와 합성어를 말하면서 종속 접속절에서 접미사 '-하-'는 생략 가능하지만 본동사 '-하-'는 생략될 수 없는 차이는 이들의 문법적 구조의 차이에서 비롯된다고 한다. 왜냐하면 접미사 '-하-'는 어휘적 의미가 비어 있기 때문에 생략이 가능하고, 본동사 '하-'는 어휘적 의미가 차 있기 때문에 생략될 수 없다고 한다. 예로 '나무하다', '머리하다'에서 '나무를 하다', '머리를 하다'로 목적어와 본동사 '하다'로 된 구성이 어떤 통사적 관계를 가지고 어휘화된 것이므로 '-하-'가 생략할 수 있는 'X하다'구조와는 내부적으로 다르다고 본다. 그러나 발화동사와 관련하여서는 '하-'가 본동사의 기능을 하는 경우가 없다. 왜냐하면 '나무하다'에서 '하다'는 부사의 수식을 받을 수 있으면서 본동사로서 '나무'를 통사적 논항으로 가질 수 있기 때문이다. 그러나 발화동사 중에 '말다툼하다', '말하다'와 같은 경우도 '말을 많이 하다', '말다툼을 많이 하다'로 부사의 수식을 받을 수 있다. 이 밖에도 '한자어+하다'도 부사의 수식이 대부분 가능하다.

39) 이와 관련하여 홍재성(1996)에서는 '-하다'가 통사적 논항 주어, 보어에 대한 선택제약관계를 나타내지 않고, 또 통사적 논항을 하위 범주화하는 어휘적 동사가 아니라 필수적인 통사적 술어위치를 채우는 일종의 기능동사라고 보는 데 이것과 통한다.

한자어 합성어 이외에 발화동사 중에는 일반 명사, 명사화소에 의해 파생된 명사, 일반부사, 의성의태어 부사, 한자어 단일어 등이 '하다'와 결합한 단어들이 있는데 이 경우 '-하-'는 접미사의 기능을 하는 경우이다. 왜냐하면 발화동사 중에서 '-하다'와 결합한 '명사, 일반부사, 의성의태어 부사, 한자어 단일어' 등은 술어의 성격을 갖지 않기 때문에 고유의 논항구조를 만들 수도 없고 그에 대응되는 통사구조도 만들 수 없기 때문이다. 이들은 접미사 기능을 하는 '-하-'와 결합하여 동사를 파생하여야 만이 고유의 논항구조를 가질 수 있다. 따라서 이 경우는 '-하-'를 접미사로 봄이 타당하다.[41]

발화동사 중 에는 '하소연하다', '말하다', '말다툼하다'와 같은 경우에 '하다'를 본동사로 볼 가능성도 있는 경우가 있다.

(10) ㄱ. 영수는 영희에게 하소연을 했다.

ㄴ. 영수는 영희에게 말을 했다.

ㄷ. 영수는 영희에게 '야, 내일 가자'고 했다./말했다.

ㄹ. 나는 영수와 어제 말다툼을 했다.

(ㄷ)에서 '했다'는 '말했다'로 치환이 가능한 것으로 봐서 '하다'는 본동사로서 '말하다'는 뜻을 갖는 경우이다. 이렇게 (ㄱ, ㄴ, ㄹ)에서 '하다'를 본동사로 본다면 '말하다'로 치환할 수 있어야 하고 문장의 의미가 변

---

40) 한정한(1993)에서는 서술성 명사와 결합하는 '하-'를 기능동사로 보고, 이때 기능동사는 격배당을 하지 못한다고 하면서 서술성 명사의 격배당 원리를 다음과 같이 제시하였다. [-상태성]의 자질을 가지는 서술성 명사가 기능동사 '하-'와 결합하면 [-상태성]의 자질을 가지는 서술성명사는 N -movement에 의하여 스스로에게 목적격을 배당할 수 있다.

41) 고영근(2008) <우리말 문법론>에서는 '-하다'의 앞에 오는 어근이 상태성을 나타내는지, 동작성을 타나내는지에 따라 형용사도 되고, 동사도 될 수 있다는 점에서 '-하-'가 접미사의 기능을 하는 것으로 보고 있다. 임홍빈(1989:180)에서도 마찬가지 주장을 하고 있다. 심재기(1982)에서는 접미사 '-하-'의 기능을 서술기능완결이라고 보고 있다.

함이 없어야 한다. 그러나 아래 예를 보도록 한다.

(11) ㄱ. *영수는 영희에게 하소연을 말했다.
　　 ㄱ´. *영수는 영희에게 했다.
　　 ㄱ″. *영수는 영희에게 하소연.
　　 ㄴ. ?영희에게 말을 말했다.
　　 ㄴ´. *영수는 영희에게 말.
　　 ㄷ. *나는 영수와 말다툼을 말했다.
　　 ㄷ´.*나는 영수와 했다.
　　 ㄷ″. *나는 영수와 말다툼.

(11)에서 '하다'를 '말하다'로 치환하면 발화의 의미를 나타내지 못하여 어색한 문장이 된다. 왜냐하면 문장에서 서술의 중심이 되는 '말하다'는 '하소연', '말', '말다툼'을 논항으로 취할 수 없기 때문이다. 또한 (ㄱ´)에서 '하다'가 본동사로 쓰일 경우 문법적이지 않다. '하다'가 본동사로서 발화동사부류에 속할 경우 반드시 '-고'가 이끄는 보문이 발화내용으로 문의 구조에 나나나야할 때만이 가능하다. (ㄱ″, ㄴ´, ㄷ″)에서 '하소연', '말', '말다툼'은 서술성 명사가 아니기 때문에 비문이 됨을 관찰할 수 있다. 이들이 문법적인 문장이 되려면 반드시 논항구조를 만들어 주는 기능을 할 수 있도록 접미사 '-하'의 기능을 빌어 파생된 하나의 동사로 만들어야 한다. 한정한(1993)에서의 논의대로라면 '말을 하다'에서 '하다'를 '내뱉다' 등 동사로 치환 가능한 것으로 보아 상맥조응한다고 볼 수도 있다. 즉 한정한(1993)에서는 선행명사구가 [±상태성]의 자질을 가지지 않을 때 화자나 청자가 공유하고 있는 지각환경에 존재하는 대상을 선행사로 상맥조응한다고 하였다. 이는 이 경우의 '하-'는 적어도 문맥조응을 하는 기능동사는 아님을 설명해준다.

(12) ㄱ. 그는 나에게 칭찬했다.

　　　ㄴ. 그는 나에게 칭찬을 했다.

　　　ㄷ. ?그는 나에게 했다.

　　　ㄹ. 그는 나를 칭찬.

　　　ㅁ. ?그는 나에게 칭찬.

　술어명사인 한자어와 '하다'가 결합할 경우 '하다'의 성격을 관찰해보 도록 한다. (ㄴ)을 보면 '했다'가 본동사로서 세 자리 서술어인 것처럼 보 인다. 그러나 (ㄴ)에서 목적어 논항으로 나타난 '칭찬'이 생략된 (ㄷ)이 문 법적이지 않다. 그러나 '했다'가 생략된 (ㄹ)이나 (ㅁ)은 (ㄷ)에 비해 문법 적이다. 한정한(1993)의 논의대로라면 '칭찬'이 [−상태성]의 자질을 가지 며 이와 결합하는 '하−'의 [−상태성]의 자질과 조응된다고 볼 수 있다. 즉 문맥조응되는 경우로서 '했다'가 본동사로서가 아니라 기능동사로서의 성 격을 가짐을 설명해준다.

　발화동사로 선정된 것 중에서 한자어로 표현된 발화동사는 한자어 합 성어에 기능동사 '하다'가 결합된 구조가 대부분을 차지하고, 한자어 단 일어에 접미사 '−하−'가 결합된 구조도 더러 있다. 고유어로 표현된 발화 동사는 고유어 합성어, 고유어에 접미사 '−거리다'나 '−대다', '−하−', '−이−' 가 결합된 파생어 구성으로 표현된다. 이밖에도 혼합어의 형식으로 표현 된 발화동사도 더러 있는데 이 부분에서는 주로 한자어 합성어나, 한자어 파생어, 고유어 합성어, 고유어 파생어를 구성하고 있는 성분들의 결합방 식을 관찰할 것이다.42) 여기서 결합방식은 구성 성분 사이에 통사적인 결

---

42) 단어를 그 기원에 따라 일반적으로 고유어, 한자어, 외래어, 혼합어로 나눌 수 있다. 고유 어는 순수한 국어 낱말을 말하고, 한자어는 한국어 가운데 한자로 표기가 가능한 모든 낱 말을 말하고, 외래어는 외국어에서 들어온 말로써 한국어처럼 쓰는 낱말을 말한다. 혼합어 는 앞 세 유형의 혼합 형식으로 이루어진 낱말의 구성을 말한다. 여기서 한자어의 정의와

합관계나 의미적인 관계를 맺고 있는 방식을 말한다. 단어 구성의 결합방식을 관찰하는 작업은 단어 형성의 원리를 밝히는 데 방편이 될 뿐만 아니라 결합된 구성이 나타내는 의미특성에 따라 투사된 통사구조를 연구하는 데 방편이 될 수도 있다. 4장에서 살펴보게 될 발화동사의 의미특성에 따라 투사된 논항들로 이루어진 논항구조와 어떤 관련성을 찾기 위한 작업임을 먼저 언급한다.

고유어는 주로 합성어 구성과, 파생어 구성, 보조동사 구성으로 나뉘게 되는데, 합성어 구성은 형태적으로 '동사활용형+연결어미 -아/어+동사' 구성, '동사어간+동사어간' 구성이고, 더러는 보조동사 구성의 결합관계를 갖고 있는 것들도 관찰된다. 이들의 결합방식이 합성동사의 논항구조 형성과 어떤 관련을 맺는지를 관찰할 것이다. 즉 논항 투사에 있어서 선·후행 동사에서 어떤 것의 논항이 방출되어 이루어진 논항구조인지, 선·후행동사가 제삼의 의미를 가지면서 방출된 구조인지를 관찰할 것이다.[43] 파생어는 형태적으로 주로 접미사 '-거리다', '-대다', '-하-', '-이-'가 명사, 명사화어미에 의해 파생된 명사, 의성의태어로 표현된 부사와 결합한 구성이 대부분이다.[44]

관련하여 여러 관점을 살펴보고 싶으면 김규철(1997)을 참고로 하면 되겠다.

43) 이관규(1996)에서는 '본동사 + 보조동사'로 결합된 구성의 논항구조는 선행하는 본동사에 따르고 후행 보조 동사는 문장의 논항구조에 일정한 역할을 하지 못한다고 한다. 그러나 예외적인 경우도 있음을 관찰할 수 있다.

44) 또는 '고유어+하다'나 기능동사로 볼 수 있는 '걸다', '건네다', '퍼붓다' 등 동사는 추상적인 '말'의 의미를 내포하는 것들과 결합할 경우 발화동사로의 쓰임이 가능하여 이경우도 관찰의 대상이 될 것이다.

3.1. 한자어 복합어

3.1.1. 한자어 합성어 구조45)

발화동사로 선정된 단어들 중에서 구성 요소들의 결합방식이 논항구조를 이루는 논항들이 서술어에 대해 갖는 선택제약 관계가 어떻게 표현되는지를 보이는 구조는 주로 한자 합성어에서 반영된다. 발화동사로 선정된 '한자 합성어+하다'는 주로 '어근+어근+하다'로 결합된 구조이다. '어근+어근'으로 결합된 구성인 한자 합성어는 주로 술어명사의 기능을 한다. 술어명사의 기능을 한다는 것은 통사적인 논항을 가질 수 있다는 말이다. 그러나 이것이 기능동사 '하다'와 결합을 해야만 다양한 문법범주 실현을 나타낼 수 있다는 특징을 가지고 있다.

한자 합성어는 내부 구조적으로 어떤 통사·의미적인 관계를 맺게 되는데 이는 한자가 표의문자로서 갖는 특성과 밀접한 관련을 갖는다. 한자어는 하나의 한자가 여러 개의 뜻을 나타내거나 문의 구조에서 하나의 한자가 다양한 통사기능을 갖는다는 것은 한자 합성어가 내부적으로 구성 요소들 사이에 다양한 통사적 관계를 맺게 된다는 것과 직결된다. 예로 한자어 합성어 '國定'과 '定法'에서 전자의 '定'은 서술어로서의 기능을, 후자의 '定'은 관형어로서의 기능을 한다는 것은 이들 합성어가 내부적으로 각각 '주어-술어'관계, '수식어-피수식어'관계로 표현된다는 것을 설

---

45) 한자어 합성어인 발화동사와 고유어 합성어 발화동사는 형태-구조적으로 어떤 통사관계로 결합된다. 그 통사관계가 문의 구조에서는 논항이 서술어에 대해 갖는 선택제약관계로 표현되는데 고유어 파생어 발화동사에서 단어 형성 요소인 접두사도 선택제약관계를 보인다. 이런 현상을 설명하기 위하여 필요한 경우에는 김광해(2003)에 제시되지 않은 발화동사는 2,219개에서 선택하여 언급하였음을 밝힌다.

고사하다(苦詞), 딴말하다「1」, 딴소리하다「1」, 맞대답하다, 면소하다(面訴), 설궁하다(窮), 언명하다(言明), 언상하다(言上), 정담하다(政談), 파묻다, 품평하다(品評), 하문하다(下問), 허튼수작하다(酬酌), 확답하다(確答), 흠뜯다 등

명한다. 한자어 합성어의 내부 구조를 관찰하는 작업은 한자 합성어의 형성원리를 관찰할 수 있다는 데 도움이 되지만 본고에서는 문법적인 관계를 가지고 구성된 한자어 합성어의 내부 구조가 '한자어 합성어＋하다' 결합으로 된 발화동사의 의미적인 특성에 따라 투사된 논항구조와 어떤 연관성이 있는지를 관찰하고 그 단어가 근간으로 이루어진 문의 구조에서 통사·의미적으로 어떤 특성을 보이는지를 관찰하는 데 주안점을 둘 것이다. 구조 내적인 문제를 형태론적으로 접근함은 통사적인 특성을 살펴보는 데 의의가 있을 것이다.

한자 합성어의 내부 구조를 분석하는 데는 여러 가지 접근방식이 있다. 본고에서는 정민영(1994)에서 분류한 방법에 의거하여 먼저 두 구성 요소 사이의 통사·의미관계를 기준으로 하여 한자 합성어의 유형을 4가지로 나누되 내부 구성은 한국어 문법이나 중국어 문법에 의거하여 제시할 것이다. 왜냐하면 한자어 합성어 내부 구조를 문법적인 관계로 파악하고 문법적인 기능으로 표기함은 논항구조와의 관계를 파악하는 데 도움이 된다.46) 구체적인 품사의 성격에 따라 표시할 경우 예로 'V＋N'은 서술구성으로 볼 수도 있고, 관형구성으로 볼 수도 있는데 이런 표기방법은 단

---

46) 한자어 합성어의 내부 구조의 분석방법과 관련하여 선행 관점들을 간략히 종합한 연구인 김규철(1997)을 참고로 하면 되겠다. 가장 대표적인 것만 간략히 언급하면 중국어 문법이나 한국어 문법에 의거하여 분석하는 방법인데 심재기(1987)에서 주술구성, 수식구성, 병렬구성, 한정구성, 보충구성, 접미구성, 피동구성, 목적구성, 부정구성, 생략구성 등 10가지로 다양하게 분류하고 있다. 송기중(1992)에서는 한자어 형태소의 문법기능을 고려하여 명사성 형태소, 서술 명사성 형태소, 수식사성 형태소로 나누고 각 결합구성을 나열하고 있다. 정원수(1991)에서는 어근의 자격을 가지고 있다는 한자어의 문법기능을 고려하여 명사적 어근, 동사적 어근, 관형사적 어근, 부사적 어근 4가지로 분류하고 병렬구성의 복합어, 관형구성의 복합어, 서술구성의 복합어로 나누고 있다. 이상규(1997)에서는 한자 어근이 복합어에 참여하는 통사적 기능에 따라 명사성 어근, 서술 명사성 어근, 수식사성 어근으로 나누고 있는데 수식사성 어근은 정원수(1991)에서 제시한 관형사형 어근과 부사형 어근과 맞물린다. 정민영(1994)에서도 정원수(1991)와 비슷한 분류방법을 택했으나 내부 구성이 더 세분화되어 있다.

지 그 품사 구성을 얘기하지 어떤 관계가 되는지를 구체적으로 표시한다
고 보기 어렵다.

본고에서 '한자어 합성어+하다'로 결합된 발화동사의 구성 방식은 크
게 병렬구성의 합성어, 종속구성의 합성어, 서술구성의 합성어로 분류한
는 주로 '수식어-술어' 또는 '술어-수식어', '술어-술어'의 관계로, 서술
구성의 합성어는 주로 '술어-목적보어', '목적보어-술어', '여격보어-술
어', '술어-여격보어', '주어-술어' 등 문법적인 관계로 결합된 구성이
다.47) 여기서 '술어-목적어', '술어-수식어'는 중국어 문법적 특징을 나타
낸다. 한자어 합성어 구성은 발화동사에서 대부분을 차지하는데 더러는
'한자어+하다'로 결합된 구성도 존재한다. 여기서 '하다'의 기능을 어떻
게 분석하느냐에 따라 '한자어 단일어+하다'의 구성 원리가 다를 수 있
는데 본고에서는 파생어 구성으로 본다고 위에서 이미 언급을 했다.

3.1.1.1. 병렬구성의 한자어 합성어

정민영(1994)에서 병렬구성은 대등한 두 요소 간의 결합이라고 한다. 발
화동사와 관련한 병렬구성에는 반의관계, 유의관계 등등이 있을 수 있다.
한자어 합성어에서 병렬구성의 합성어는 주로 '술어-술어'의 관계를 갖는
것들이다. 한자어 합성어 병렬구성에서는 선·후행동사에서 어떤 동사의
논항구조인지는 설명하기 어렵고 선·후행동사가 결합하여 투사된 논항
구조로 거의 나타난다.

　'가르치다'류 : 강연하다(講演)
　'고백하다'류 : 고백하다(告白)

---

47) 홍재성(1996)에서 여격보어, 목적보어라는 개념을 제시하고 있는데 본고에서도 이를 적용
　　한다.

'이야기하다'류 : 거론하다(擧論)

'놀리다'류 : 조롱하다(嘲弄)

'대화하다'류 : 담소하다(談笑)

'반박하다'류 : 공격하다(攻擊) 「2」, 공박하다(攻駁), 반론하다(反論) 「1」,

　　　　　　　반박하다(反駁)

'서술하다'류 : 진술하다(陳述) 「1」「2」

'알리다'류 : 고하다(通告)

'논의하다'류 : 논의하다(論議), 담판하다(談判) 심의하다(審議), 의논하

　　　　　　　다(議論), 토론하다(討論), 토의하다(討議)

'헐뜯다'류 : 비방하다(誹謗)

3.1.1.2. 종속구성의 한자어 합성어

종속구성의 한자어 합성어는 한 요소가 다른 한 요소를 수식해 주는 구성으로서 주로 '수식어-술어'관계로 결합된 구성과 '술어-수식어'관계로 결합된 구성, 더러는 '술어-술어'관계로 결합된 구성도 있다. '수식어-술어' 결합 구성을 심재기(1987)에서는 한정구성이라고도 한다.[48] '술어-수식어'관계는 중국어의 문법적인 특징을 나타내며 극소수의 발화동사가 이 부류에 속한다. '술어-술어'구성에서 선행 술어가 후행 술어를 수식하거나 후행 술어가 선행 술어를 수식할 수도 있다.

1) '수식어-술어'관계

'수식어-술어'관계는 수식어가 방식, 수단, 장소를 나타내는 부정사에서 어떤 것에 해당되는 표현인지에 따라 분류될 수 있는데 이런 통사적인

---

48) 심재기(1987)에서 한정구성이란 '앞의 성분이 부사의 구실을 하고 뒤의 성분이 서술동사의 구실을 하는 동사부류들을 말한다'고 한다.

관계가 수식어의 구체적인 특성에 따라 하위분류될 수도 있음을 설명한다. 또한 문의 구조에서 수식어가 서술어와 맺는 다양한 선택제약 관계의 하위분류를 나타낸다고 볼 수도 있을 뿐만 아니라 발화내용으로 나타나는 성분의 의미성격도 판단할 수 있다. '수식어-술어'관계는 문의 구조에서 발화동사의 필수적인 논항의 투사인지와는 큰 관계가 없지만 일부 수식어가 발화동사와 맺는 선택제약 관계는 나타낸다는 점에서 통사적인 현상과 관계가 있음을 설명해준다.

㈎ 양태나 정도를 나타내는 부정사 '어떻게'로 표현되는 수식어와 결합된 구성인 발화동사.

'고백하다'류 : 실토하다(實吐), 자백하다(自白)

'나무라다'류 : 호령하다(號令)「2」, 자책하다(自責)

'대답하다'류 : 대답하다(對答), 답변하다(答辯), 응답하다(應答), 호응하다(呼應)「1」, 회답하다(回答)

'대화하다'류 : 대화하다(對話), 면담하다(面談), 소담하다(笑談), 잡담하다(雜談), 환담하다(歡談)

'말하다'류 : 단언하다(斷言), 부언하다(附言), 악담하다(惡談), 장담하다(壯談), 조언하다01(助言)

'시키다'류 : 호령하다(號令)「1」

'묻다'류 : 반문하다(反問)「1」「2」

'반박하다'류 : 반론하다(反論)「1」, 반박하다(反駁)

'변명하다'류 : 변명하다(辨明)「1」, 해명하다

'논의하다'류 : 상담하다(相談), 상의하다(相議/商議), 재론하다(再論), 협상하다(協商)「1」, 협의하다(協議)

'칭찬하다'류 : 자칭하다(自稱)

'타이르다'류 : 충고하다(忠告)

'평가하다'류 : 비평하다(批評)「1」「2」, 혹평하다(酷評)

'하소연하다'류 : 피력하다(披瀝)
'헐뜯다'류 : 비난하다(非難) 「1」

'대답하다'류에서 발화동사 '확답하다'가 그 어휘의미특성상 방출한 논항과 형태 내부 구조 관계가 어떤 연관성이 있는지를 간략히 살펴보도록 한다.

(13) ㄱ. 그는 친구에게 내일이면 꼭 입금될 것이라고 확답했다.
　　　ㄴ. *그는 친구에게 내일이면 아마 입금될 것이라고 확답했다.

(ㄱ)이 문법적이고 (ㄴ)이 비문이 되는 원인은 (ㄴ)에서 발화내용으로 나타난 성분을 수식하는 수식성분이 [-긍정적]인 의미자질을 내포하는 '아마'와 결합관계를 맺었기 때문이다. 이는 '확답하다'가 형태 구조 상 '수식어-술어'의 의미관계로 [+긍정적]인 의미자질을 갖는 수식어인 '確'이 술어를 수식하기 때문이다. 이런 의미관계로 결합된 발화동사가 문의 구조에서도 반영된 것이 (ㄱ)과 (ㄴ)의 경우이다.

이런 의미관계는 또 '확답하다'가 필수적으로 요구하는 발화내용이 절의 형식으로 나타날 경우 절의 서법소와의 결합에서 제약현상을 보이는 동시에 발화내용의 의미성격과도 연관이 있음을 다음 예에서 살펴보도록 한다.

(14) ㄱ. 그는 어제 영희가 분명히 왔다 갔다고 확답했다.
　　　ㄴ. ?그는 어제 영희가 왔다 갔을 것이라고 확답했다.

(ㄴ)이 어색한 것은 '확답하다'가 이끄는 문의 구조에서 절의 서술어가 추정을 나타내는 '-ㄹ 것'과 결합했기 때문이다. '확답하다'의 의미특성이

발화내용으로 나타난 성분과 의미적으로 호응하지 않고 배척되기 때문에
어색한 문장이 된다.

'주어-술어'관계는 한국어의 문법적 특징을 나타내는 구성이다. 이런
관계는 발화내용이 화자와 직접적인 관련이 있음을 설명해주므로 절의
성분과 상위문의 주어 성분의 통제관계를 맺게 될 것을 설명해준다.

(15) ㄱ. 그는 이번 일이 자기 잘못이라고 자책했다.
　　　ㄴ. *그는 이번 일이 영수의 잘못이라고 자책했다.

(ㄴ)이 비문이 된 이유는 절의 주어가 상위문의 주어와 동일 지시 관계
를 갖지 않기 때문이다. 반면 (ㄱ)이 정문이 될 수 있었던 것은 '자책하다'
의 의미특성에 따라 방출된 절의 주어와 상위문의 주어가 동일 지시 관계
를 갖기 때문인데 이는 '자책하다'의 의미특성과 밀접한 관련을 가진다.
이런 의미특성은 '자책하다'의 형태 구조에 '自'를 '責하다'의 통사관계로
결합된 데서 관찰된다.

㈏ 부정사 '무엇'에 수단이나 방식을 나타내는 표지 '-로/으로'의 결합
으로 표현된 수식어와 결합된 구성인 발화동사.

　'서술하다'류 : 구술하다(口述)
　'다투다'류 : 언쟁하다(言爭)

(16) ㄱ. 그는 어제 영화관에서 있었던 일을 구술했다.
　　　ㄴ. *그는 어제 영화관에서 있었던 일을 서면으로 구술했다.

(ㄴ)이 비문법적인 문장이 된 것은 '구술하다'가 형태 구조상 '수식어-

술어'의 결합관계로 '述'하는 방식이 '口'로 한정되어야 한다. 또는 [＋귀의 의미자질을 갖는 부사어 성분을 요구한다. 따라서 '서면으로'가 '구술하다'의 의미와 호응되지 않기 때문이다.

㈐ 장소를 나태는 부정사 '어디'로 표현된 수식어와 결합된 구성인 발화동사.49)

> (17) ㄱ. ?그는 선생님 면전에서 억울한 사연을 면소하였다.
> ㄴ. * 그는 억울한 사연을 황제 뒷전에서 면소하였다.

(ㄱ)은 '하소연하다'류에 해당되는 '면소하다(面訴)'의 결합 방식에서 이미 '선생님의 앞'이라는 의미가 표현되어 있다. 문의 구조에 '면전'이라는 장소부사를 넣으면 약간 어색하긴 하나 (ㄴ)과 같이 장소부사 '뒷전'을 추가하면 비문법적인 문장이 된다. 이는 '면소하다'의 형태 구조가 문의 구조에서 수식 성분을 결정하기도 함을 보여준다. 이밖에도 '면술하다(面述)', '면욕하다(面辱)'도 이런 유형에 속한다.

2) '술어-수식어'관계

'술어-수식어'관계는 일반적으로 중국어 문법 특징을 나타낸다. 여기서 수식어는 선행동사의 정도성을 나타낸다. '밝히다'류에서 '언명하다(言明)'는 중국어 통사관계를 보이는 발화동사인데 '술어-수식어'의 결합관계로

---

49) 김광해(2003)에서 기본 동사로 제시된 단어 중에는 이 경우를 나타내는 발화동사는 없다. 이런 경우도 설명하기 위해 『표준국어대사전』에서 선정된 것 중에 몇 개를 언급하도록 한다. 이 밖에도 다양한 형태 구조를 분석하고 형태 구조와 논항구조 간의 관계를 적절히 설명하기 위해 '고사하다', '설궁하다', '언상하다', '파묻다', '품평하다' '한풀이하다' 등은 2,291개의 단어에서 선택하였음을 밝힌다.

구성되었다. '말하기는 말하는데 어떻게 말했느냐'를 표현하기 위해 술어 '언'을 보충 설명해주는 역할을 '명'이 한다. 중국어에서는 '명'은 '언'을 보충 설명해주는 정도보어의 역할을 한다고 설명한다. 따라서 '언명'은 '밝히어 말하다'라는 의미를 나타내고 문의 구조에서 '명'과 배태적인 수식어 성분을 한정하는 작용을 한다.

3.1.1.3. 서술구성의 한자어 합성어

서술구성의 합성어를 정민영(1994)에서는 두 요소 중에 서술의 기능을 하는 성분이 들어있는 구성을 말한다. 발화동사 중에서 서술구성의 합성어는 주로 '술어-목적보어', '목적보어-술어', '여격보어-술어', '술어-여격보어' 등 통사적 관계를 나타내는 것들인데 이것들은 기능동사 '하다'와 결합하여 어휘화된 것이다.

1) '술어-목적보어' 관계

'술어-목적보어' 관계는 주로 중국어 어순에서 나타나는 문법 특징을 보여주는 구성인데 목적보어는 술어와 맺는 선택제약 관계에 따라 두 가지 경우로 나누어 볼 수 있다. 하나는 목적보어가 [+유정성] 자질을 갖는 인간명사일 경우와 다른 하나는 [-유정성] 자질을 갖는 일반적인 대상을 나타내는 명사일 경우이다. 먼저 '술어-대상'의 관계로 구성된 합성어일 경우 논항구조를 이루는 논항들 간의 관계나, 논항이 서술어에 대해 어떤 관계가 있는지를 간략히 살펴본다.

'술어-목적보어' 관계에서 목적보어와 술어가 맺는 관계는 '술어-목적보어' 관계로 결합된 발화동사의 의미특성에 따라 방출된 발화내용의 의미적인 특성을 표현해준다. 즉 발화내용이 발화동사에 대해 갖는 선택제약

관계를 '술어-목적보어'관계가 이를 한정해준다. 여기서 발화내용은 제4장에서 상세히 다루겠지만 발화동사의 내용으로 나타나는 성분이 구체적이거나 또는 추상적인 개체명사로 나타나던, [+유정성] 자질을 갖는 인간명사로 나타나던, 절의 형식으로 나타나던 모두 발화내용으로 볼 것이다.

> '대화하다'류 : 담화하다(談話)
> '묻다'류 : 문안하다(問安), 질의하다(質疑)
> '말하다'류 : 발언하다(發言), 언급하다(言及)
> '평가하다'류 : 평가하다(評價)

> (18) ㄱ. 홍부는 놀부네 댁에 가서 풀칠할 밥알조차 없다고 설궁했다.
> ㄴ. 홍부는 놀부네 댁에 가서 먹을 밥이 조금 있다고 설궁했다.
> ㄷ. *홍부는 놀부네 댁에 가서 먹을 쌀이 많다고 설궁했다.

(ㄱ)과 (ㄴ)에 반해 (ㄷ)이 비문이 된다. 그 이유를 우선 '설궁하다'의 형태 구조 분석을 통해 관찰할 수 있다. '窮'을 '說하다'로 서술어인 '說'은 '窮'과 의미 선택제약 관계를 가짐을 설명하며 '술어-목적어'의 통사로 결합된 '설궁하다'는 의미특성상 '궁'이 갖는 의미자질을 표현할 수 있는 단어나 문장을 요구한다. (ㄱ)에서 발화내용으로 나타난 절은 의미성격상 '궁'의 의미자질을 가지며, (ㄴ)에서는 단어 '조금'에 의해 '궁'이 갖는 의미자질과 호응된다. 그러나 (ㄷ)에서는 절로 나타난 문장에서 '궁'이 갖는 의미자질과 호응되는 의미자질이 표현되지 않아서 비문이 된 경우이다.

2) '목적보어-술어'관계

'목적보어-술어'관계는 한국어 문법 특징을 나타내는 구성으로서 문의 구조에서 대상으로 나타나는 발화내용이 발화동사와 선택제약 관계를 나타냄을 설명해준다.

'정담하다(政談)'의 형태 구조는 '목적보어-술어'의 결합관계로 문의 구조에서 발화내용이 정치와 관련한 내용이어야 하고, '품평하다(品評)'의 형태 구조도 '목적보어-술어'의 결합관계로 문의 구조에서 평가하는 대상이 '물건'이나 '작품'과 관련한 것이어야 한다는 제약성을 보여준다.

3) '여격보어-술어'관계

'여격보어-술어'관계에서 '여격보어'는 청자가 [＋유정성] 자질을 갖는 인간일 경우를 표현하며 문의 구조에서 정보를 전달받는 대상이다. 여기서 '上'이 여격성분으로 나타날 경우는 '윗사람이 아랫사람에게 메시지를 전달하는 경우'를, '下'가 구성 성분으로 나타날 경우는 '윗사람이 아랫사람에게 메시지를 전달하는 경우'를 나타낸다. 따라서 이런 관계는 문의 구조에서 [＋유정성] 자질을 갖는 화자와 청자가 발화동사와 맺는 선택제약 관계를 나타낼 뿐만 아니라 화자와 청자의 관계도 드러낸다. 뿐만 아니라 화자와 청자가 반드시 필수 성분으로 문의 구조에 나타남을 설명하기도 한다.

예로 '하문하다(下問)'는 윗사람이 아랫사람에게 묻는 언어적 행위를 언어화한 것이다. '하문하다'는 형태 구조적으로 '여격보어-술어'의 결합관계를 갖고 있다. 즉 '下'는 질문을 받는 이인 아랫사람을 가리킨다. 이는 또 문의 구조에서 청자 성분인 아랫사람이 반드시 나타나야 함을 말해주고, 질문하는 이와 질문을 받는 이 간에는 사회적인 신분관계가 존재함을 말해주는데 이는 문의 구조에서 이들의 서술어에 대한 선택제약 관계를 보여주기도 한다. 이밖에도 '하달하다(下達)', '상달하다(上達)'도 이런 부류에 속한다.

4) '술어-여격보어'관계

'술어-여격보어'는 중국어 문법 특징을 나타내지만 여격어로 나타나는 성분 '上' 역시 문의 구조에서 화자와 청자의 관계, 및 이 둘이 서술어와 맺는 관계를 나타낸다.

예로 '언상하다(言上)'는 형태 구조적으로 '하문하다'와는 달리 '술어-여격보어'의 결합관계를 가지나 문의 구조에서 화자와 청자 간의 사회적인 관계를 제약하거나, 청자 성분이 반드시 나타나야 함은 유사하다.

5) '수식어-명사'의 관계

'늘어놓다'류에서 '고사하다(苦詞)'는 '괴로운 말'로 '관형형＋명사'로 구성된 특수한 구조이다. '고사'는 명사이지 술어명사는 아니기 때문에 통사적인 논항을 가질 수 없어 어휘적 의미가 빈 접미사 '-하-'와 결합을 해야 만이 통사적인 논항을 가질 수 있는 경우이다. '고사'가 갖는 통사적인 결합관계는 문의 구조에서 발화내용이 나타내는 의미는 '괴롭다'가 갖는 부정적인 의미와 호응되어야 하는데 이는 서술어와의 선택제약 관계를 나타낸다.

3.1.2. 한자어 파생어 구조

한자어 파생어는 주로 단일어 한자어에 접미사 '-하-'가 결합된 구성인데 단 음절 한자어 단독으로는 고유의 논항구조를 가질 수 없기 때문에 접미사 '-하-'와 결합된 파생어가 되어야 만이 논항구조를 가질 수 있다.

1) 한자어 어근 + 접미사 '-하-'

'알리다'류: 고하다(告) 「1」「3」
'논하다'류: 논하다
'대답하다'류: 답하다
'전하다'류: 전하다

(19) ㄱ. 영수는 선생님께 이 사실을 고했다.
　　 ㄴ. *영수는 선생님께 이 사실을 고를 했다.
　　 ㄴ´. *영수는 선생님께 이 사실을 고.
　　 ㄹ. 영수는 선생님께 이 사실을 보고를 했다.
　　 ㄹ´. 영수는 선생님께 이 사실을 보고.

(ㄴ´)와 (ㄹ´)를 비교하여 관찰해보면 (ㄹ´)에서 '보고'는 술어명사로서 고유논항구조를 가질 수 있으나 (ㄴ´)에서 보듯 '고'는 술어명사로 보기 어려워 고유논항구조를 갖기 어렵다. 이는 (ㄴ´)가 비문이 되는 것과도 관련이 있으며 (ㄴ)과 (ㄹ)에서 '하다'는 다른 성격의 것임을 말해주기도 한다. (ㄴ)에서 '-하-'는 접미사의 기능을 하는 형태소이고, (ㄹ)에서 '하다'는 기능동사로서의 쓰임을 보인 것이다.

따라서 이 부류에 속하는 발화동사는 반드시 접미사 '-하-'와 결합하여 새로운 단어를 형성하여야 만이 논항구조를 가질 수 있다는 특징을 갖고 있다.

2) 명사 + 접미사 '-하-'

'욕하다'류 : 욕하다

'욕하다'는 위의 경우와 조금 다르게 볼 수도 있다. 왜냐하면 '하다'는 추상적인 [＋말]의 자질을 갖는 '욕'이나 '농담' 등과 자주 결합하여 쓰여 전제적 연어 관계로 발화동사 부류에 묶을 수도 있기 때문이다. 그러나 '욕'이 술어명사가 아니기 때문에 '욕'과 결합한 '하다'는 본동사가 아닌 접미사 기능을 하는 형태소로 볼 수 있다.

(20) ㄱ. 영수는 봉철에게 욕을 했다.
　　 ㄴ. ?영수는 봉철에게 했다.
　　 ㄴ´. 봉철한테는 얘기했어?
　　　　 응, 영수가 봉철에게 했어.
　　 ㄷ. 영수는 욕을 했다.
　　 ㄹ. *영수는 봉철에게 욕.

(ㄴ)이 비문이 되는 것은 '했다'가 본동사의 기능을 하지 못하기 때문이며 (ㄷ)이 문법적인 문장이 되는 것은 '했다'가 '욕'을 떠나서는 정문이 되기 어려움을 설명한다. 그러나 (ㄴ)을 (ㄴ´)와 같이 어떤 발화상황을 부여하면 가능할 수도 있으나 별개의 것이다. (ㄹ)에서 '욕'이 술어명사가 아니기 때문에 비문이 되며, '욕'이 술어명사가 되어 고유 논항구조를 갖기 위해서는 반드시 접미사 '-하'의 힘을 빌어야 한다.[50]

이로써 3.1에서는 한자어 복합어의 내부 구조가 보여주는 결합관계가

---

50) 본고에서는 '욕하다'와 '전하다'에서 '-하'를 모두 접미사의 기능을 갖는 것으로 보았다. 주의할 점은 '욕하다'는 '욕을 하다'로 분리 가능하고, '전하다'는 '전을 하다'로 분리 불가능한 경우인데도 모두 접미사로 보아야 하느냐는 의문점을 가질 수 있다. 그러나 '욕하다'에서 '욕'은 [±상태성]의 자질을 갖지 않는 비서술성 명사이기 때문에 논항구조를 가질 수 없다. 따라서 이 경우 '-하'는 '전하다'의 '-하'와 마찬가지로 접미사로 봄이 타당하다. 한정한(1993)에 따라 '욕을 하다'에서 '하다'을 '퍼붓다' 등 동사로 대신할 수도 있다는 상맥조응 현상을 생각할 수도 있어 '하다'를 추상동사로 볼 수도 있으나 본고에서는 접미사의 기능을 하는 것과는 별개의 문제라고 판단한다.

논항구조를 이루는 논항들 간의 관계나 논항이 서술어에 대해 갖는 선택 제약 관계를 간접적으로 보여주는 작용을 함을 살펴볼 수 있었다. 특히 한자어 합성어는 주로 기능동사 '하다'와 결합함을 살펴본 다음 형태 구조적으로 통사적인 관계를 맺고 있음을 살펴보았다. 이런 결합방식은 문의 구조에 투사된 논항과 그 논항이 서술어에 대해 갖는 선택제약 관계를 제시해주었다. 즉 이는 문이 구조에 어떤 성격의 논항이 나타내야 함을 한정해 주는 작용을 함을 관찰할 수 있었다. 한자어 파생어 결합관계는 주로 단음절 한자어가 접미사 '-하-'와 결합하여야 만이 논항구조가 만들어짐을 살펴보았다.

3.2. 고유어 복합어 구조

고유어 발화동사는 주로 복합어 형식으로 나타난 것들인데 고유어 합성어 구조와 고유어 파생어 구조로 나누어 볼 수 있다. 고유어 합성어 구조는 한자어 합성어 구조와는 달리 그 결합관계가 문의 구조에서 논항들의 관계나 논항들이 서술어와 맺는 선택제약 관계를 잘 드러내지 않는다. 고유어 합성어는 주로 결합된 선·후행동사의 의미특성에서 투사된 논항이 선·후행동사 중의 한 동사에서 투사되었지, 두 동사에서 각각 투사되었는지, 선·후행동사가 결합하여 제삼의 의미를 얻었을 경우에 투사되었는지를 관찰하게 될 것이다. 특히 고유어 파생어 구조는 더욱 그러하다. 실제로 이러한 측면에서 고유어 합성어로 표현된 발화동사 중에 그런 부류의 동사들이 있는지를 살펴보는 작업도 의의가 있을 것으로 본다.

3.2.1. 고유어 합성어 구조

합성동사가 통사구조를 이루고 있는 논항들이 선·후행동사에서 어떤 동사의 것인지를 따지는 문제에서 먼저 해결해야 될 것이 합성동사를 의미적인 기준에서 어떻게 바라볼 것인가 하는 것이다. 고유어 합성어의 결합방식을 어떤 기준에 의해 분류하는가에 따라 여러 유형으로 나타난다. 고유어 합성어 구조로 결합된 발화동사는 주로 구성 요소의 품사 성격에 따라 '명사+동사어간', '부사+동사어간', '동사 연결형(-아/어)+동사어간' 등 통사적 구성을 이루는 것들, '동사어간+동사어간'의 비통사적 구성을 이루고 있는 것들로 분류할 수 있다. 고유어 합성어는 또 구성 요소들 간의 결합관계 즉 의미관계에 따라 종속적인 관계로 결합된 구성과, 병렬적인 관계로 결합된 구성, 융합합성어 구성으로 나누어 볼 수도 있다. 본고에서는 후자의 방식에 따라 선·후행동사의 의미관계 특성을 살펴보아 선·후행동사에서 어떤 동사의 논항이 방출되어 구성된 논항구조인지, 문의 구조에서 논항들이 어떤 동사와 더 밀접한 관계를 맺는지를 관찰하는데 목적을 둔다. 합성동사 형식으로 이루어진 발화동사는 대부분이 종속관계로 결합된 것들이 대부분이다.[51]

---

51) 고유어 합성동사를 의미적인 측면에서 그 구성 요소 간의 의미관계를 어떤 기준에 따라 다양하게 분류할 수 있다. 최현배(1999)에서는 선·후행요소 간의 의미관계에 따라 '녹은 겹씨', '가진 겹씨', '빌린 겹씨'로 나누고 있다. '녹은 겹씨'는 선·후행요소가 본래의 뜻을 잃고 두 요소의 결합으로 새로운 뜻을 나타내는 것이고, '가진 겹씨'는 하나는 딸림이 되고 다른 하나는 주장을 나타내며 딸림이 주장을 규정하는 관계로 구성된 것인데 풀이씨에서는 딸림이 되는 앞 요소에 따라서 주장이 되는 뒤 요소의 의미가 달라진다고 한다. (정동환(1991)에서 옮김), '빌린 겹씨'는 앞 뒤 성분이 각각 독립적인 뜻을 가지고 있으면서 결합된 구성이다. 이희승(1995)에서는 이를 '혼일'관계, '주종'관계, '병립'관계로 분류하고 있고 '결합의 긴밀성'에 따라 '소원', '보통', '긴밀'로 나누고 있는데 정동환(1993)에서도 대등관계, 종속관계, 융합관계로 분류하고 있고 선행동사의 의미가 다름에 따라 합성동사의 의미가 큰 변화를 갖거나, 덜 갖거나, 갖지 않을 수도 있다고 한다.

3.2.1.1. 병렬구성의 고유어 합성어

병렬의 의미관계로 결합된 발화동사는 선·후행동사가 독립된 의미로 분석이 되는데 선행동사와 후행동사 간의 관계가 서로 대립되거나 배타적인 경우이다. 이런 경우를 Nida(1949)에서는 상보적관계라고도 한다.

'대화하다'류 : 주고받다「2」

병렬구성의 발화동사는 문의 구조에서 화자와 청자 간에 정보를 주고받는 동작임을 나타낼 수 있고 이들의 관계는 부사어 '상호'나 '서로'가 서술어와 선택제약 관계를 맺는 특징을 설명해 줄 수 있다.

> (21) ㄱ. 영수와 영희는 가로수아래에서 사랑 이야기를 주고받고 있다.
> ㄴ. *영수는 영희에게 사랑 이야기를 주었다
> ㄷ. *영수는 영희에게 사랑이 야기를 받았다.

(ㄴ)과 (ㄷ)이 비문이 되는 이유는 '주다'와 '받다'의 의미특성상 추상적인 [+말]의 의미자질을 내포한 '이야기'와 의미선택 관계에서 배제되기 때문이다. 따라서 추상 명사 '이야기'는 '주다'와 '받다'가 병렬관계로 결합된 '주고받다'가 하나로 융합되어 얻은 확장된 의미특성과만이 선택제약 관계를 가질 수 있음을 관찰할 수 있다.

3.2.1.2. 종속구성의 고유어 합성어

종속의 의미관계로 이루어진 합성동사는 선·후행동사 중에서 한 동사가 다른 한 동사를 수식하는 관계로 나타난다.52) 일반적으로 합성동사는 후행동사가 의미의 중심이 되는 경향을 갖고 있다는 점에서 미루어 보아

문의 구조의 논항은 후행동사의 것일 가능성이 많다고 볼 수도 있다.53) 그러나 종속구성 합성동사의 논항구조는 일반적으로 후행동사의 의미특성에서 투사된 것이긴 하나 이밖에도 선행동사에서 투사되는 경우도 있다.54) 즉 선·후행동사에서 어떤 동사가 의미의 중심이 되는지에 따라 수식의 방향이 다르게 된다. 또한 '동사 어간+동사 어간'의 종속 합성동사는 통사적 구성으로 볼 수 없는 특징도 이를 설명해준다.

1) 선행동사가 의미중심이 되는 경우

이 경우는 의미중심이 선행동사에 있는 경우이다. 의미중심이 선행동사에 있다는 것은 통사적 논항이 선행동사에서 방출되고 논항구조가 선행동사의 것이라는 것이다. 최미경(2002)에서는 후행동사는 선행동사를 보조하는 역할을 한다고 한다. 이 경우는 주로 '동사어간+(-아/어)+동사어간' 구성의 합성동사가 해당된다.

　　'고발하다'류 : 일러바치다

---

52) 김기혁(1994)에서도 합성동사가 의미적 수식 관계에 따라 순행수식의 관계, 역행수식의 관계로 분류하고 있다. 여기에 녹은 의미 관계도 같이 하위분류로 다루고 있으나 그 분류 기준이 순행수식의 관계와, 역행수식의 관계와는 달리 적용된다. 이런 점을 두고 최미경 (2002)에서 4가지로 달리 분류하고 있다. 여기서 순행수식의 관계를 동시적 행위의 의미, 계기적 행위의 의미, 동시적·계기적 행위로 하위분류하고 있다.

53) 이관규(1996)에서 합성동사의 논항구조는 일반적으로 후생 성분에 따른다고 한다. 김기혁 (1994)에서는 합성동사의 빈도를 선·후행동사별로 나누어 그 분포를 조사한 결과 의미중심이 선행동사에 있는 경우는 10여 개, 후행동사에 있는 경우는 50여 개에 달한다고 한다. 이는 선·후행동사를 연결해주는 연결어미 '-아/어'가 선행동사가 후행동사를 수식하는 의미관계를 만들어주기 때문이라고 한다.

54) 최미경(2002)에서는 구성 요소 간의 의미관계를 상보관계, 연접관계, 포섭관계, 융합관계로 분류하고 있다. 본고에서 분류한 종속의 의미관계로 구성된 발화동사에서 선행동사가 후행동사를 수식하는 구성이라는 점, 후행동사가 선행동사를 수식하는 구성이라는 점에서 전자는 최미경(2002)에서 제시한 연접관계와 유사하고, 후자는 포섭관계와 유사하다.

'반박하다'류: 쏘아붙이다

(22) ㄱ. 영수는 선생님께 출처에 대해 일러바쳤다.
ㄴ. 영수는 성생님께 출처에 대해 일렀다.
ㄷ. *영수는 선생님께 이 내용의 출처에 대해 바쳤다.

(ㄱ)은 '일러바치다'가 합성동사로서 문의 구조의 중심이 되는 경우이다. (ㄴ)은 '일러바치다'에서 선행동사 '이르다'가 문의 구조에서 중심이될 경우 정문이 됨을 보여준다. 그러나 (ㄷ)에서 '일러바치다'에서 후행동사 '바치다'가 문의 구조에서 중심이 될 경우 비문이 됨을 보여주는데 이는 '일러바치다'의 논항구조를 방출하는 의미 중심이 선행동사인 '이르다'에 있으며 '바치다'는 '알려주다'라는 의미만을 보태주는 역할만 함을 보여준다.

2) 후행동사가 의미중심이 되는 경우

후행동사가 의미중심이 되는 경우는 주로 '동사 어간+동사 어간' 구성의 결합구조를 갖는다.

'묻다'류: 파묻다

(23) ㄱ. 영수는 선생님께 이 문제를 파물었다.
ㄴ. *영수는 선생님께 이 문제를 팠다.
ㄷ. 영수는 선생님께 이 문제를 물었다.

(ㄴ)이 비문이 되고 (ㄷ)이 정문인 것은 확장된 의미를 갖는 '파묻다'에서 후행동사인 '묻다'가 의미중심이 되어 문장을 이끌 수 있기 때문이다.

3.2.1.3. 융합구성의 고유어 합성어

합성동사의 의미는 구성 요소의 의미의 합이 아니라 제삼의 의미를 얻은 것들도 있어 이를 융합합성동사라고 하는데 즉 선·후행동사에서 의미중심이 어디에도 오지 않는 경우이다. 이런 경우는 융합된 합성동사에서 투사된 논항구조이다.[55] 이관규(1996)에서도 융합합성동사일 경우는 융합되어 나온 합성동사의 논항구조에 따른다고 언급한 바가 있다. 주로 두 가지 결합방식으로 표현되는데 하나는 통사적인 결합방식과 비 통사적인 결합방식이다. 통사적인 결합방식은 주로 '동사활용형+연결어미(-아/어)+동사어간'구성, 비 통사적인 결합방식은 주로 '동사 어간+동사 어간'구성을 보여준다. 아래는 통사적인 결합방식을 보이는 것들인데 어휘적 연어로 선정된 발화동사들과는 달리 추상적인 [+말]의 자질을 갖는 단어들과 잘 결합하지 않는다.

> '나무라다'류 : 닦아세우다, 몰아세우다[1]
> '털어놓다'류 : 털어놓다「2」
> '늘어놓다'류 : 늘어놓다

> (24) ㄱ. *그는 영수는 왜 그랬냐고 몰았다.
> ㄴ. *그는 영수를 왜 그리 했냐고 세웠다.
> ㄷ. 그는 영수는 왜 그랬냐고 몰아세웠다.

(ㄱ)과 (ㄴ)이 모두 비문이 되는 것은 '몰아세우다'에서 '몰다'와 '세우다'가 발화내용으로 나타난 요소를 논항으로서 가질 수 없기 때문이다.

---

55) 고영근·구본관(2008;235)에서 융합합성어란 '구성 요소 각각이 원래 의미를 잃어버리는 것으로서 합성어 전체의 의미는 구성 요소들의 의미를 벗어나 새로운 의미를 획득한 것이다.'라고 한다.

(ㄷ)과 같이 '몰다'와 '세우다'가 하나의 합성어로 융합되어 새로운 의미를 획득하였을 경우 발화내용을 논항으로 취할 수 있음을 설명한다. 비통사적 결합을 나타내는 발화동사로는 '헐뜯다'류에서 '헐뜯다'가 해당된다.

3.2.1.4. 서술구성의 고유어 합성어

서술구성의 합성어 내부 구조는 말 그대로 두 구성 요소 간에 후행 성분이 서술어일 경우로서 한자어 합성어의 서술구성보다는 범위가 좁다. 주로 '목적보어-술어'의 관계로 결합된 구성, '수식어-술어'의 관계로 결합된 구성이 있다. 이들을 김기혁(1994)에서는 합성동사들이 통사적 구성이 굳어지면서 형성된 것으로 보고 있다. 즉 이들 구성은 통사적 구성으로 볼 수 있는 특징을 가지고 있다.[56] 통사적인지 아닌지는 그 구성이 환원 가능하냐의 여부에 따라 분류된다. 이 점은 문의 구조에서 발화내용이 발화동사와 맺는 선택제약 관계를 나타낸다고 볼 수도 있으나 한자어 합성어보다는 그 제약관계가 덜하다. 주로 문의 구조에서 발화내용으로 나타나는 성분의 의미가 '목적보어'로 나타나는 요소가 갖는 의미자질과 호응관계를 갖는 것으로 관찰된다. 주로 '목적보어＋술어'구성의 결합관계를 갖는 것들이다.

'나무라다'류 : 핀잔주다

---

56) 합성동사와 통사적 구성은 분명히 구별이 있다. 이들을 분별하는 기제에 관해 다양하게 연구되었는데 김기혁(1994)에서 종합적으로 다루어져 있다. 주로 단일 서술성 여부, 의미의 활용에서 주체높임의 방법, 분리성 여부, 구성원의 생략 가능 여부, 동사의 연속성 연구, 대용여부, 자리바꿈의 가능성 여부, 반복성, 부사와 부정의 수식범위, 피동과 사동의 가능성 여부, 생산성 등 기제들이다.

'핀잔을 주다', '흠을 뜯다'는 내부적으로 통사적 관계를 맺고 있음을 관찰할 수 있다.

(25) ㄱ. 영수는 철수가 손버릇이 좋지 않다고 흠뜯었다.
ㄴ. *영수는 철수가 손버릇이 좋다고 흠뜯었다.

(ㄴ)이 비문법적인 문장이 되는 것은 '흠뜯었다'의 발화내용으로 나타난 성분이 긍정적인 의미를 나타내 '흠뜯었다'에서 '흠'이 갖는 의미자질과 호응되지 않기 때문이다. (ㄱ)에서 '철수'가 도둑질 하는 나쁜 손버릇을 갖고 있는 것은 '철수'의 '흠'이 되므로 '손버릇이 좋지 않다'는 '흠'과 의미자질 상 호응관계를 맺는다.

3.2.2. 고유어 파생어 구조

고유어 파생어에는 주로 접두 파생어, 의성의태어에 접미사 '-거리다', '-대다', '-하-', '-이-'가 결합된 구성이 대부분을 차지한다. 접두사의 의미특성이나 접미사에 선행하는 의성의태어 어근은 문의 구조에서 수식어의 범위를 한정하는 경우를 설명할 수 있다. 이밖에도 '접두사+고유어+접미사'가 결합되어 구성된 경우도 더러 있다.

1) 접두파생어

'묻다'류 : 되묻다01「1」「2」

2) 접미파생어

㈎ '명사+접미사'

‘다투다’류 : 실랑이하다, 시비하다02(是非)

‘대화하다’류 : 얘기하다[2]

‘나무라다’류 : 꾸중하다, 야단치다(惹端)

‘대꾸하다’류 : 대꾸하다

(26) ㄱ. 그는 나에게 이 일에 대해 시비를 하였다/시비했다.

　　ㄴ. *그는 나에게 이 일에 대해 시비.

　　ㄴ´. 그의 나에게의 이 일에 대한 시비.

　　ㄷ. *그는 나에게 이 일에 대해 하였다.

　(ㄴ)과 (ㄷ)이 비문이 된다. (ㄴ)에서 ‘시비「2」’의 『표준국어대사전』에서의 정의를 보면 ‘옳고 그름을 따지는 말다툼’로서 술어명사가 아니다. 때문에 고유 논항구조를 가질 수 없어 비문이 된 경우이다. (ㄷ)에서 ‘하였다’는 ‘-에 대해’를 ‘-을’ 논항으로 치환하였을 경우 ‘이 일’을 논항으로 가질 수 있으나 이때 ‘하다’는 ‘말하다’는 의미를 갖지는 않는다. ‘하다’가 ‘말하다’의 의미를 갖는다고 하더라도 ‘시비하다’의 의미로는 표현되기 어렵다. 또한 ‘-에게’ 성분으로 논항으로 가질 수도 없다. 따라서 이 문장이 ‘시비하다’라는 의미를 나타내려면 최선의 방법은 (ㄴ)에서 ‘시비’가 고유 논항구조를 갖는 방법을 찾아보는 것이다. 그래서 선택된 것이 한자어 ‘시비’에 접미사 ‘-하-’를 부착하여 동사로 만들어 주는 방법이다.

　따라서 이 부류에 속하는 발화동사들은 술어명사의 기능을 갖지 않는 명사와 접미사 ‘-하-’가 결합하여 발화동사가 된 경우이다.

　(나) ‘명사＋명사＋접미사’

　‘거짓말하다’류 : 거짓말하다

‘늘어놓다’류 : 말장난하다「2」
‘대꾸하다’류 : 말대꾸하다

㈐ ‘명사＋동사의 명사화＋접미사’

‘다투다’류 : 말다툼하다, 말싸움하다
‘하소연하다’류 : 한풀이하다

㈏와 ㈐는 ㈎와 유사하게 설명이 되긴 하나 아래와 같은 다른 점이 있는데 이는 이들 단어 형성의 차이에서도 관찰할 수 있는 부분이다. ㈏와 ㈐에서 첫 번째 단어 형성 단계에서 선행 성분은 이들 발화동사가 이끄는 문장을 이루는 성분 중에서 발화내용으로 나타나는 성분의 의미나 발화 방식을 결정하기도 한다. ㈐에서 ‘거짓말하다’를 보도록 한다.

(27) ㄱ. 옆집 아줌마는 항상 우리 엄마한테 우리 아들이 속을 썩인다
고 한풀이하곤 한다.
ㄴ. *옆집 아줌마는 우리 엄마한테 우리 아들이 훌륭하다고 한풀
이한다.

(ㄴ)이 비문이 되는 것은 ‘한풀이하다’의 단어형성에서 관찰할 수 있다. ‘한풀이하다’의 첫 번째 단어 형성의 단계에서 ‘한’을 ‘풀다’에서 ‘풀다’가 명사화소 ‘-이-’에 의해 명사화되면서 ‘한’과 ‘명사＋명사’ 통사적인 구성을 맺고 다음 단어 형성의 단계에서 ‘한풀이’가 술어명사가 되기 위해 접미사 ‘-하-’와 결합하게 된다. 첫 번째 단계에서 ‘한’이 갖는 의미자질은 최종 형상된 단어가 이끄는 문장에서 발화내용으로 나타난 성분을 의미선택제약하게 된다. 따라서 ‘한’의 의미자질과 호응되는 발화내용을

갖는 (ㄱ)은 정문이 되고, 반면 호응되지 않는 (ㄴ)은 비문이 된다.

(3)에서 '다투다'부류에서 '말다툼하다'는 먼저 '다투다'가 명사화소 '-ㅁ-'에 의해 명사 '다툼'이 되고, 다투는 방식을 나타내는 '말'과 결합한다. 서술성 명사가 되기 위해 접미사 '-하-'의 기능을 빌어 결국 '말다툼하다'가 형성된 것이다. '말씨름하다'가 발화동사가 될 수 있는 결정적인 요소가 바로 첫 번째 단어 형성 단계에서 방식의 의미로 결합된 추상적인 '말'이다. 따라서 문의 구조에서 다툼하는 방식을 나타내는 다른 부류의 단어가 올 경우 비문이 될 것이다.

(라) '명사＋접미사＋접미사'

'욕하다'류에 속하는 '욕질하다(辱-)'[57]에서 '-질-'은 비하하는 뜻을 더해주는 접미사이므로 문의 구조에서 발화내용으로 비하의 의미를 나타내는 내용으로 한정되기도 한다.

(마) '명사＋한자어＋접미사'

'대꾸하다'류 : 말대답하다「1」

(바) '불완전어근＋접미사'

'놀리다류' : 빈정거리다
'말하다'류 : 지껄이다「1」
'중얼거리다'류 : 중얼거리다, 투덜거리다, 홍얼거리다「2」

---

57) '욕하다'를 낮잡아 이르는 말이다.

'속삭이다'류 : 속닥거리다「1」, 속삭이다「1」, 숙덕거리다, 지절거리다01
　　　　　　「1」, 재잘거리다[1]「1」

㈐ '부사+ 접미사'

'놀리다'류 : 빈정빈정하다
'다투다'류 : 으르렁거리다「2」, 옥신각신하다, 티격태격하다
'떠들다'류 : 땍땍거리다, 땍땍대다, 떽떽거리다, 떽떽대다
'말하다'류 : 이러쿵저러쿵하다
'속삭이다'류 : 소곤거리다, 수군거리다, 쑥덕거리다

㈐과 ㈐에서 반복의 의미를 나타내는 접미사 '-거리다', '-대다' 또는
의성의태어의 중복 현상, 의성의태어가 갖는 의미는 문의 구조에서 발화
내용을 한정하는 특정한 수식성분을 선택하기도 한다. 즉 이 부류들은 거
의 화자의 발화 방식이나 발화내용에 대한 태도를 드러낸다. 발화 방식은
주로 화자의 목소리의 높낮이를 나타내는 수식 성분을 한정한다.

(28) ㄱ. *그는 높은 소리로 철수와 소곤거렸다.
　　　ㄴ. 그는 낮은 소리로 철수와 소곤거렸다.

의성의태어의 중복은 발화하는 모양을 나타낸다. '티격태격'은 '서로
뜻이 맞지 아니하여 이러니저러니 시비를 따지며 가리는 모양'을 말한다.
반복의 의미를 나태는 부사어와 결합 가능하다는 제약을 나타낸다. '-대
다'가 반복의 의미를 나타냄으로 문의 구조에서 '자꾸'와 결합관계를 나
타내기도 한다.

㈐ '부사＋명사＋접미사'

'중얼거리다'류 : 혼잣말하다

'중얼거리다'류에서 '혼잣말하다'의 단어 형성 구조는 다음과 같은 통사적인 특징과 관련이 된다.

(29) ㄱ. 그는 자꾸 나한테만 뭐라고 한다고 혼잣말했다.
　　　ㄴ. *그는 어머니에게 자꾸 자기한테만 뭐라고 한다고 혼잣말했다.

(ㄴ)이 비문이 되는 이유를 '혼잣말하다'의 단어 내부 구조와 연결시켜 설명할 수도 있는데 '혼잣말'은 '혼자서 말하다'의 의미를 가짐으로 제2의 인간 명사를 배제하게 된다. 따라서 (ㄴ)과 같이 문의 구조에서 제2의 인간명사인 '-에게'성분이 나타나면 비문이 되기 마련이다.

㈐ '관형사＋명사＋접미사'

'말하다'류에 속하는 '딴말하다「1」, 딴소리하다「1」'에서 '딴'은 '아무런 관계가 없이 다른.'의 의미를 갖고, '허튼수작하다(酬酌)'에서 '허튼'은 '쓸데없이 헤프거나 막된'의 의미를 갖는데 이는 문의 구조에서 발화내용을 한정하기도 한다.

3) 접두사＋고유어＋접미사

'말하다'류 : 반말하다, 헛소리하다, 잔소리하다「1」「2」[58]

접두사 '잔'은 '자질구레한'의 뜻을 더하는 접두사이고, '헛'은 '이유 없는', '보람 없는'의 뜻을 더하는 접두사인데 이들은 문의 구조에서 발화내용이 '쓸데없는' 등의 관형사의 수식을 받게끔 한정해주는 역할을 한다.

4) 접두사+한자어+접미사

'대답하다'류에 속하는 '맞대답하다'에서 접두사 '맞'은 '마주 대하여 하는' 또는 '서로 엇비슷한'의 뜻을 더하는 접두사이다. 문의 구조에서 '서로', '상호'의 의미자질을 갖는 것들로 한정하기도 한다.

따라서 접두사가 갖는 의미자질은 문의 구조에서 발화내용의 의미를 결정하기도 하는데 이는 주로 접두사와의 의미와 호응되는 수식어를 선택하여 발화내용을 수식하므로써 그 의미가 결정된다는 말이다.

3.2에서는 주로 고유어 복합어의 결합구조에서 고유어 합성어일 경우는 선·후행동사에서 어떤 것의 의미특성에 따라 논항구조가 만들어졌는지를 관찰할 수 있었다. 먼저 고유어 합성어를 병렬구성의 합성어, 종속구성의 합성어, 융합구성의 합성어, 서술구성의 합성어로 나누어 보았다. 병렬구성의 합성어 내부 구조를 갖는 발화동사는 주로 선·후행동사들의 의미특성에서 논항구조가 만들어졌다. 종속구성의 합성일 경우는 선행동사가 의미중심이 되어 논항구조가 선행동사에서 만들어지는 경우와, 후행동사가 의미중심이 되어 논항구조가 만들어지는 경우를 살펴볼 수 있었다. 융합합성어일 경우는 의미중심이 선·후행동사 어디에도 오지 않는 경우로 결합된 의미로 논항구조를 만드는 경우임을 살펴보았다. 서술구성

---

58) 『표준국어대사전』에서는 '잔소리하다「1」'이 '쓸데없이 자질구레한 말을 늘어놓다.'로 의미기술 되어있고, '잔소리하다「2」'는 '필요 이상으로 듣기 싫게 꾸짖거나 참견하다.'로 의미기술 되어있다. 그러나 『고려대 한국어대사전』에는 이 두 의미항목에서 '잔소리하다「2」'가 기본 의미항목으로 되어 있다. 『표준국어대사전』에서 이 부분과 관련하여 수정할 필요가 있다.

의 합성일 경우는 발화내용이 서술구성이 보여주는 통사적인 관계를 문의 구조에서도 살펴볼 수 있었다. 고유어 파생어 내부 구조를 갖는 발화동사들은 주로 접두사, 접미사가 갖는 의미가 문의 구조에서 한 성분이 서술어에 대한 선택제약 관계를 보여주기도 했다. 이밖에도 혼합어의 내부 구조를 갖는 발화동사는 '고유어＋한자어＋접미사'의 결합방식으로 표현되는데 '말참견하다'류에서 '말참견하다', '대답하다'류에서 '말대답하다(對答)「1」'과 '코대답하다(對答)'가 해당된다. 이들 결합방식에서 문의 구조에서 참견하거나 대답하는 방식을 한정하는 역할을 함을 살펴볼 수 있다. 고유어 단일어도 있긴 하나 결합방식을 논하기 어렵기 때문에 그 전체가 논항구조를 결정한다.

이처럼 3장에서는 주로 발화동사의 다양한 결합관계에 따라 논항구조 형성과 직접적인 관련을 갖기도 함을 관찰할 수 있었고, 경우에 따라 문의 구조에서 필수적인 성분이나 또는 서술어를 수식하는 성분이 서술어에 대해 갖는 의미선택제약 관계도 보여줌을 관찰할 수 있었다. 총적으로 발화동사들이 형태 구조적으로 갖는 결합관계들은 문장의 문법성 보장에 어느 정도 영향을 미침을 살펴볼 수 있다.

제 4 장

발화동사 구문 구조 분석

발화동사 구문 구조 분석

　한 단어의 정보를 안다는 것은 그 단어가 근간이 되어 이루어진 문장이나 그 문의 구조를 안다는 것이다. 발화상황을 언어화한 발화동사가 갖고 있는 정보에 대해 익숙하다면 일정한 발화상황에서 언어 사용자들이 단어 의미차이를 쉽게 변별하여 알맞은 단어를 선택하는데 도움이 된다. 또 정확한 언어를 사용하여 원활한 의사소통으로 이어질 수 있다는 근거이기도 하다.

　따라서 본 장에서는 발화상황을 전제로 하는 발화동사의 어휘정보 즉 논항구조 정보, 범주선택, 의미선택에 관해 살펴볼 것이다. 이 세 정보는 밀접한 관련성을 갖는다.[59] 어휘의 이러한 정보는 그 어휘가 문장의 근간이 되는 문의 구조를 만든다. 따라서 한 어휘의 정보를 안다는 것은 그

---

[59] 정태구(2001)에서는 한 어휘의 정보는 의미선택, 범주선택, 논항구조 정보 등 세 가지로 분류할 수 있다고 하는데 본고에서도 이런 어휘 정보의 내항들에 관하여 발화동사 구문의 통사·의미적인 특성을 유형화하여 살펴볼 것이다.

어휘가 나타나는 문장이나 문의 구조를 안다는 것과 마찬가지라고 정태구(2001)에서 제기한 바가 있다. 그러나 한 어휘의 의미특성이 그 문 구조를 결정하지만 구문의 특이성을 보이는 예외적인 용법을 그 어휘 의미만으로는 보여주지 못하는 경우도 있다. 본고와 관련하여 발화동사의 개념 구조만으로는 일부 개별 발화상황을 구문 구조로 표현하지 못하는 경우도 있다.60) 그러나 발화동사가 갖고 있는 정보에 대한 고찰은 좁게는 발화동사를 통사·의미적인 특성의 공통점과 차이점에 따라 유형 분류할수 있다는 점과, 발화동사 구문의 갖고 있는 제반 통사·의미현상을 관찰할 수도 있다는 점, 넓게는 실생활에서 일정한 사용빈도를 차지하고 있는 발화동사의 정보를 명세화하므로써 사전 편찬이나 언어 학습자들의 언어 습득이나 언어사용에 도움이 될 것이다.

문장에서 핵심 역할을 하는 서술어는 그 통사·의미적 특성에 따라 논항을 결정하게 된다. 이때 논항은 문장의 필수적인 성분을 말하는데 개별 동사에 따라 하나의 논항을 필요로 하는 술어는 한 자리 서술어, 두 개의 논항을 필요로 하는 술어는 두 자리 서술어, 세 개의 논항을 필요로 하는 술어는 세 자리 서술어라고 한다. 서술어가 필요로 하는 논항들은 서술어에 대해 일정한 의미관계를 갖게 되며 그에 해당되는 의미역할을 할당받게 된다. 이런 의미적인 관계를 갖고 구성된 논항들의 집합을 논항구조라고 한다.61) 이런 논항구조는 통사구조를 이루는 기본적인 틀이 된다. 논항구조를 이루고 있는 논항들 간에는 계층이 있다.62) 이는 논항의 필수성

---

60) 본고에서 개념구조는 어휘개념구조와는 조금 다르다. 주로 『고려대 한국어대사전에서 한 동사의 개념을 구조로 분석하는 식으로 설명되어 있어 이를 참고로 명명한 것임을 밝혀 둔다.

61) 시정곤(2000)에서 논항구조란 서술어에 대하여 논항이 가지는 의미관계를 소수의 보편적 집합으로 구성한 것이라고 한다.

62) 정태구(2001)에서는 논항구조를 이루고 있는 논항들 간에는 계층이 있다고 한다. 이와 관련하여 상대적 계층이론, 절대적 계층이론을 들고 있다. 전자는 논항의 지위가 상대적으로

에는 계층이 있다는 것과 상통한다. 따라서 서술어의 통사·의미특성에 따라 구성된 논항구조는 통사적 정보와 의미적 정보를 가지고 있다고 볼 수 있다. 이 책에서는 논항구조가 갖고 있는 이런 정보를 4장과 5장으로 나누어서 살펴볼 것이다. 4장은 주로 논항구조가 갖는 통사정보를 살펴보고 5장은 주로 그 의미역 구조를 살펴볼 것이다.

범주선택은 각 술어가 자기가 취하는 논항의 범주에 대하여 갖는 선택인데 하위범주화라고도 한다. 하위범주화는 주로 서술어가 취하는 보어를 대상으로 그의 범주를 선택한다는 말이다. 개별 발화동사는 그 의미정보에 따라 발화내용으로 명사구나 절을 하위 범주로 선택하는데 발화동사는 발화상황을 언어화한 것이라는 특성에서 이 두 범주를 모두 하위 범주화할 수 있는 특징을 가지고 있다.

의미선택은 각 술어가 자기가 취하는 논항에 대한 의미선택제약이다. 즉 선택된 범주가 서술어에 대해 가지는 선택제약 관계를 나타낸다. 이는 의미역 정보로 표시되기도 하는데 발화동사와 관련하여 다양한 발화상황을 언어화한 만큼 의미역 구조도 다양하게 표시될 것이다.

한 단어가 갖고 있는 언어 정보들은 상호 밀접한 연관성을 갖는다. 이런 정보들은 한 단어가 그 의미특성에 따라 만들어진 논항구조가 갖는 정보이기도 하는데 이는 논항구조를 유형 분류는 데 도움이 될 뿐만 아니라 그런 논항구조에 관한 정보를 갖고 있는 동사들을 유형 분류하는 데도 도움이 된다. 그러나 다양한 발화상황을 언어화한 발화동사의 중심의미만으로는 발화구문의 특이성을 보이는 예외적인 용법을 배제할 수 있기 때문에 본고에서는 한 단어의 어휘정보 뿐만 아니라 어떤 발화상황에 초점을

결정된다는 이론이고, 후자는 각 논항이 자기 자신의 고유한 지위를 가지고 있다는 이론이다. 이런 이론은 논항구조를 설정함에 있어서 논항들이 문의 구조에서의 위치와 필수성의 정도를 정하는 문제와 관련된다.

두었는지도 고려하여 논항구조를 추출할 것이다. 다음 발화동사가 가질 수 있는 논항구조들을 유형 분류할 것인데 먼저 그 논항구조를 이루고 있는 요소들의 필수성을 판단하는 기제에 대해 간략히 살펴볼 것이다. 왜냐하면 논항구조를 이루고 있는 요소들이 필수적인지 아닌지의 판단은 객관적이긴 보다는 개인의 직관에 따라 결정되는 부분이 많아서 그를 판단하는 기준이나 기제가 명확하지 않다.63) 또한 어떤 발화상황에 초점을 두고 언어화했던 간에 논항의 필수성 문제는 언급되어야 한다. 왜냐하면 하나의 사태를 표현하는 발화동사는 그 사태를 발생하게 하는 발화자가 반드시 있을 것이고, 이때 화자는 하나의 발화사태를 결정하는 필수적인 요소이기 때문이다.

따라서 논항이 필수적인지를 알자면 먼저 논항이란 무엇인지를 밝혀야 한다. 논항의 개념과 관련하여 통사론적으로 접근한 논의, 의미론적으로 접근한 논의로 나누어 볼 수 있는데 본고에서는 통사, 의미적 양 측면으로 접근한 이선웅(2005)에서 정의한 논항의 개념을 따를 것이다.64)

> 논항은 1차적으로 술어의 의미적 구현에 개념적으로 꼭 필요한 요소이고 2차적으로 술어의 통사적 구현에 꼭 필요한 통사적 요소이다.

이 개념은 논항이 필수적인지 수의적인지의 성격 차이를 잘 설명해 줄

---

63) Riemsdiji & Williams(1986:240)에서는 '논항구조에 관한 우리의 이론은 대체로 무엇이 무엇의 논항이고 아닌지에 대한 분석되지 않은 직관에 상당히 의존하고 있다'고 한다. (이선웅(2005)에서 옮겨옴)

64) 이선웅(2005)에서는 논항들의 개념과 관련하여 선행연구에서의 여러 관점을 언급하고 그들이 그렇게 정의함의 이로운 점과 문제점을 지적하고 있다. 이선웅(2005)에서는 의존명사 '것', '척', '때문' 등이 어떤 논항을 요구한다고 할 경우 의미론적인 것보다는 통사론적으로 파악하는 것이 더 타당하고 합리하다고 한다. 술어는 모든 어휘범주가 될 수 있다는 정태구(2001)에 따르면 의존명사도 그 의미특성에 따라 선행성분을 논항으로 요구할 수 있다.

수 있다는 이점이 있다. 논항이 필수적인 논항일 경우는 1차적인 경우와 2차적인 경우를 모두 반영해야 하지만 수의적인 논항일 경우는 1차적인 경우를 만족시키지만 2차적으로는 술어의 통사적 구현에 꼭 나타나지 않아도 되고 어휘의미구조에 따라 회복 가능한 요소를 말한다.65) 박철우 (2002)에서는 의미론적으로 접근하여 필수적 성분의 판별을 지시성에 기준을 두고 있다. 즉 필수적 논항인 보충어는 서술어에 의해 어휘부에서 선택되고 그것과 결합하여 새로운 의미를 창출하는 반면, 수의적인 논항인 부가어는 서술어의 외연 범위를 제한해 준다고 했다.

논항이 문의 구조에 필수적으로 나타나야 하는 논항인지 아닌지는 서술어의 의미특성에 따라 방출 가능한 논항들이 단독으로 그 서술어를 근간으로 하는 문의 구조에 나타날 경우 그 문장이 문법적이면 그 논항이 그 문장에서 필수적인 논항의 역할을 하고 그렇지 않은 경우는 필수적이지 않은 논항이라고 판단하는 기제를 생각해 볼 수도 있다.66) 박철우 (2002)에서 필수적 논항인지를 확인하는 방법은 통사적으로 접근하여 관계절의 머리어가 될 수 있는지를 통해 판단하는 것이었다. 즉 필수적 논항은 관계절의 관계명사가 될 수 있고, 수의적 성분은 관계절의 관계명사가 될 수 없다는 것이다.

그러나 실제로 어떤 경우의 발화동사들은 그 개념구조와 그 개념구조

---

65) 논항이 필수적인지 수의적인지와 관련하여 다음과 같은 논의들이 있다. 정태구(2001)에서는 의미적으로는 필수적이지만 통사적으로는 생략이 가능한 논항을 수의 논항이라 하고, 언제나 필수적으로 출현하는 논항을 필수 논항이라고 한다. 여기서 수의적 논항을 Puste-jovsky(1995)에서는 default argument라 하고, 필수적인 논항은 true arguments라 하였다. 박철우(2002)에서는 전자를 당연 논항으로, 후자를 참논항으로 번역하였다. 또한 박철우 (2002)에서는 머리어에 대해 보어 또는 보충어는 통사론적인 개념이고, 서술어에 대해 논항은 의미론적이라고 하였다.

66) 정주리(2005)에서도 이런 기제로 필수 논항을 판단하였고 조경순(2009)도 개념 분석을 통해 구문의 필수적인 성분인지를 판단하였다.

에서 투사되어 만들어진 논항구조를 구성하고 있는 성분들은 일대일의 관계를 맺지 않는 경우가 더러 있다. 즉 개념구조에서는 분명히 나타나는 성분이 논항구조에는 필수적인 성분으로 나타나지 않을 경우, 개념구조에는 분명히 없는 성분인데 논항구조에 나타나는 경우가 있다. 후자를 예를 들면 사전에서 '반말하다'는 '다른 사람이 다른 사람에게 반말의 말투를 써서 말하다'로 기술되어 있는데 실제 발화상황을 상정해보면 '다른 사람이 다른 사람에게 무엇이라고 반말의 말투를 써서 말하다'로도 기술 가능하다는 데서 살펴볼 수 있다.

본고에서 발화동사는 [+사태성]의 자질을 갖고 있는데 이는 하나의 발화동사가 갖는 어휘적 의미는 하나의 사태를 표상하게 됨을 말해준다. 즉 발화동사의 개념의미 속에 하나의 발화행위를 나타내는 사태가 함의되어 있다. 다양한 발화상황을 언어화한 발화동사는 발화 주체와 발화 객체 그리고 발화내용 간에 나타날 수 있는 다양한 의미관계를 나타낼 수 있어 본고에서는 논항의 필수성 여부의 판단은 개념구조에만 의거하지 않고 발화동사가 표현할 수 있는 사태도 충분히 고려할 것이다. 즉 어떤 발화상황에 초점을 두었느냐에 따라 논항들을 정할 것이다. 또한 용례들을 충분히 검토하고 문 구조에서 성분 생략, 관계화 등 통사기제를 동원하여 개념의 성분들이 논항구조에 전부 투사되지 않아도 그 문 구조의 문법성을 판단하여 적격한 문장인지 아닌지를 결정할 것이다. 만약에 개념에서 투사된 논항들로 충분히 문의 문법성을 가늠할 수 있다면 이런 논항들을 필수적인 논항이라 보고, 이런 논항들로 구성된 논항구조를 한 유형으로 정할 것이다.

박철우(2002)에서는 용언은 그 어휘 의미로 '사태'를 표상하기 때문에 용언 자체만으로는 자립성을 가질 수 없다고 하면서 사태가 일어나는 데에는 반드시 참여자가 있어야 하는데 이것들이 용언의 보충어가 된다고 하였다. 이런 논의대로 본고에서 발화동사도 하나의 발화사태를 나타내는 데 발화동사 자체로는 문장을 이룰 수 없다. 따라서 어떤 사태를 표현하기 위해서는 이 사태를 완성할 수 있는 것들이 발화동사의 논항으로 선택되게 되는데 이는 초점과 논항출현의 관계를 설명해주기도 한다. 즉 어떤 발화사태를 언어화했느냐에 초점을 둔다면 그 발화사태를 완성할 수 있는 성분들이 선택되어야 한다. 이 발화사태를 완성하기 위해 선택된 성분들은 하나의 발화사태를 함의하는 발화동사와 하나의 구문 구조를 이루게 된다. 발화동사 '알리다'는 그 동사 자체만으로는 하나의 문의 구조를 만들 수 없다. 예로 '알리다'라는 발화사태를 완성하려면 반드시 알리는 참여자가 있어야 되고, 그 알림을 전달받는 참여 대상이 있어야 되며 알리는 내용이 있어야 한다. 이런 참여 성분들은 내용을 전달하는 자, 내용을 전달받는 자로 의미적인 관계를 가지면서 '알리다'라는 발화사태를 완성하게 된다.

그러나 어떤 발화상황을 기술하느냐에 따라 발화동사가 이끄는 문의 구조에서 발화의 주체인 화자를 제외하고 청자와 발화내용이 필수 논항으로 출현할 수도 그렇지 않을 수도 있다. 이런 경우를 두고 조경순(2009)에서는 발화상황을 전제로 화자 단독 장면과 비 단독 장면으로 분류하여 그 구문 구조를 살펴보고 있다.

본고는 이 부분에서 먼저 개별 동사들이 취하는 논항들이 결합가능한 격조사를 고려하지 않은 전제하에서 논항구조를 공통으로 갖는 것들을 유형화한다.67) 격조사가 부착되지 않은 논항구조는 발화동사들의 의미특

---

67) 논항구조 표시에는 논항들만 변항으로 제시하는 방법, 논항의 의미역을 제시하는 방법, 어휘적 표시방법인 하위범주화 틀에 근거하여 표시하는 방법 등이 있다. 본고에는 전자의 경우를 택한다. 왜냐하면 개별동사의 의미적 특성에 따라 투사된 논항들은 서술어에 대해 갖는 의미 역할에 따라 하나 혹은 그 이상의 격조사로 표현될 수 있다. 하나의 개별동사가 하나 이상의 격틀로 나타날 수 있어 전반 발화동사를 대상으로 모두 격틀로 표시하기

성에 따라 구체적인 실현 양상으로 나타나 다양한 격틀로 실현될 것이고 이는 또 격틀을 공통으로 갖는 것들로 묶이게 될 것이다.[68]즉 논항구조를 공통으로 갖는 것들로 분류된 발화동사들은 구체적인 격조사의 실현에 따라 묶일 수도 있다.[69] 격틀을 공통적으로 갖는다는 것은 발화동사들의 통사, 의미적 특성의 공통점과 차이점을 살펴보는 데 유리하다. 이 부분과 관련하여서는 표로 정리하여 제시할 것이다.

논항구조를 유형화하는 과정에 부딪힐 수 있는 경우들과 본고의 입장을 제시할 것이다.

첫째, 한 동사가 통사·의미적인 특성에 따라 즉 한 동사의 한 의미항목이 두 가지 부동한 유형의 논항구조를 갖는 경우가 있다. 주로 문의 구조에서 기타 논항은 동일하게 출현하나 발화내용으로 나타나는 하위범주를 절 또는 명사구의 형식으로 모두 선택할 수 있을 경우이다. 절의 형식으로 출현한 성분은 명사구의 형식으로 출현한 성분과 내용적으로 변환관계에 있는 것으로 보인다. 즉 발화내용이 인용표지 '-고'에 의해 나타나거나, 인용표지 '-고'에 의해 나타난 내용을 하나의 개체명사로 범주화되어 나타나는 경우를 말한다.

둘째, 의미 전이관계가 없는 전제하에서 개별 발화동사는 상위문의 주어가 복수를 나타내느냐의 여부에 따라 문의 구조에서 주어 위치에 필수

에는 기술이 번잡해질 우려가 있다. 논항구조의 표시방법과 관련하여 시정곤(2000)을 참고하시길 바란다.

68) 개별동사의 의미특성에 따라 하나의 논항구조가 복수의 격틀을 가질 경우가 있는데 방성원(2000)에서는 개별 동사가 다양한 구문 구조로 표현될 수 있는 것은 통사적 다의성에 기인한 것이라고 본다. 유현경(1998)에서는 개별 어휘의 의미가 다의성이 있는 것처럼 통사구조도 다원성을 가진다고 보고 기본격틀을 정하고 나머지 격틀은 변환관계에 있는 것으로 다루고 있다.

69) 개별동사의 의미자질들의 차이점으로 인해 문장의 통사구조는 약간 다른 양상으로 나타난다.

적인 논항이 하나 나타나거나 또는 두 개 나타난다. 주로 '대화'류, '논의' 류 등이 이에 해당된다. 주어 위치에 복수를 나타내는 단어가 올 경우는 주어 성분을 'NP1'로 표현하고, 주어 위치에 접속조사 '-와/과'에 의해 나타나는 경우는 'NP1-와/과 NP2'표현된다. 이런 경우는 통사적 다원성 과는 별개의 문제로 두 가지 격틀을 모두 인정한다.[70]

셋째, 개별 발화동사의 한 의미항목이 그 의미적 특성에 따라 둘째 경 우를 제외하고는 두 자리 서술어임과 동시에 세 자리 서술어일 경우로 격 틀구조가 제시되는 경우가 있다. 이런 경우는 어떤 발화상황을 기술했느 냐와 관련되는 문제이다. 즉 발화상황에서 화자가 발화상황이 전개되는 과정에 어떤 구간에 초점을 두고 기술했느냐에 따른 문제이다. 예로 '나 무라다'류에서 '나무라다「1」'은 발화상황에서 화자가 청자를 나무라는 데 초점을 두고 언어화하여 두 자리 서술어가 되는 경우, 발화상황에서 화자 가 청자를 무엇이라고 나무라는 데 초점을 두고 언어화하여 세 자리 서술 어가 되는 경우가 있다. 따라서 본고에서는 사전에서 제시한 개념구조뿐 만 아니라 어떤 발화상황을 기술했는지도 관찰하여 논항구조를 설정할 것이다.

넷째, 발화상황을 언어화한 발화동사지만 '주장하다'와 같은 개별 발화 동사들은 그 의미특성에 따라 지정 청자가 반드시 나타나지 않는 경우이 며, '심문하다'와 같은 개별 발화동사들은 그 의미특성에 따라 발화내용 이 반드시 나타나지 않는 경우이다. 이 부분도 어떤 발화상황을 기술했느 냐의 문제와 관련되는 부분이다.

---

70) 유현경(1998)에서 대칭형용사의 격틀을 제시하면서 주어가 복수이냐의 여부에 따라 두개 의 격틀을 모두 인정하면서 이런 경우를 서술어의 자릿수가 둘에서 하나로 줄어들기 때문 에 변환관계로 설명할 수 없다고 한다. 실제로 동일한 의미를 나타내는 서술어가 의미의 전이관계가 없이 두 가지 경우의 자릿수를 가진다고 보기 어렵다.

다섯째, 본고에서 선정한 발화동사는 문자, 행위 등 매체를 방식으로 의사소통하는 단독적인 장면을 전제로 한 것이 아니라, 발화상황에서 화자와 청자의 말을 주고받는 방식으로 의사소통을 하는 상관적인 장면을 전제로 한 것이다.71) 따라서 발화동사들의 단독적인 장면에서의 쓰임을 상정할 수 있어도 본고의 연구대상은 아님을 제시하여 둔다. 예로 '서술하다'는 지문의 공간을 통하여 작자와 독자 간에 소통이 이루어 질 수도 있지만 본고에서는 이런 용법은 배제한다.

위와 같은 경우들을 고려하면서 발화동사들의 논항구조 유형을 다음과 같은 방법으로 추출했다.

먼저, 발화동사들이 그 의미적 특성에 따라 표현 가능한 논항구조들을 『표준국어대사전』, 『고려대 한국어대사전』, SJ-RIKS CORPUS, 세종계획 말뭉치 등에서 격틀 및 용례들을 검토하여 추출하고, 논항구조를 이루고 있는 요소들이 필수적인 지를 판단하였다. 발화의 주체는 항상 필수적인 요소이고, 어떤 발화상황을 기술하느냐에 따라 청자 성분이나, 발화내용은 필수적으로 나타날 수도 그렇지 않을 수도 있었다. 다음과 같이 다양한 발화상황을 언어화한 발화동사의 어휘적 특성에 따라 기본적으로 나타날 수 있는 논항구조 유형들을 추출할 수 있었다.72)

---

71) 고영근(2008)에서 의사소통이 성립하는 상황을 크게 대화의 공간과 지문의 공간으로 나누고 전자의 경우를 상관적 장면, 후자의 경우를 단독적 장면이라고 했다.

72) 문의 구조에서 일반 경우에 'NP1'은 주어 성분, 'NP2'는 청자 성분을 나타낸다. 만약 발화동사의 의미특성에 따라 주어 성분이 여럿을 나타내면 'NP1'은 여럿을 나타내는 말을 표현하고, 'NP2'는 청자 성분으로 나타난다. 그러나 주어 성분으로 나타나는 논항이 접속조사 '-와/과'에 의해 연결된 구성일 경우는 'NP1 -와/과 NP2'는 모두 주어 성분이다. 'NP3'은 [±유정성]인 개체를 나타낸다. 경우에 따라 'NP3'은 'S'로 나타나는 구체적인 발화내용을 구두언어인 '말'의 자질을 갖는 개체로 추상화한 성분이어서 'NP3'과 'S'는 밀접한 관계를 갖는다. '[V-]'는 상위문 동사를 나타낸다.

(1) [NP1 [NP2 [S [V-]]]] 형

(2) [NP1 [NP2 [NP3/S [V-]]]] 형[73]

   (a) [NP1 [NP2 [S [V-]]]] 형

   (b) [NP1 [NP2 [NP3 [V-]]]] 형

(3) [NP1 [NP2 [NP3 [V-]]]] 형

(4) [NP1 [NP3/NP2 [V-]]] 형

(5) [NP1 [NP3/S [V-]]] 형

   (a) [NP1 [NP3 [V-]]] 형

   (b) [NP1 [S [V-]]] 형

(6) [NP1 [V-]] 형

(7) [NP1 [(NP2)[NP3 [V-]]]] 형

   (a) [NP1 [NP3 [V-]]] 형

   (b) [[NP1 NP2] [NP3 [V-]] 형

(8) [[NP1 (NP2)] [V-]] 형

   (a) [NP1 [V-]] 형

   (b) [[NP1 NP2] [V-]] 형

(9) [NP1 [NP2 [V-]]] 형

(10) [NP1 [NP2 [(-S) [V-]]]] 형

   (a) [NP1 [NP2 [V-]]] 형

   (b) [NP1 [NP2 [S [V-]]]] 형

위에서 추출한 논항구조 유형들은 본고에서 선택한 발화동사들이 그 의미특성과 어떤 발화상황에서 초점을 두고 언어화했는지에 따라 가질

---

73) 'NP3/S'은 발화동사가 의미특성상 발화내용으로 나타나는 성분이 동시에 두 가지 범주를 모두 취할 수 있음을 나타낸다.

수 있는 논항구조들이다. 개별 발화동사들은 그 의미특성에 따라 동시에 두 가지 유형의 논항구조를 가질 수도 있음을 살펴볼 수 있다.74)

다음 위에서 정리한 논항구조 유형들에서 발화동사가 갖는 기본적인 구문 구조를 주로 발화상황에서 [+유정성]의 자질을 갖는 화자와 청자를 중심으로 설정할 것이다.

인간은 기본적으로 의사소통 장면을 화자가 청자에게 어떤 내용을 발화하는 과정이라고 인지한다. 담화 맥락을 고려하는 전제에서 문장의 구조가 일반적으로 동사의 의미 구조에서 투사된 논항들로 만들어진 것이라면 발화동사의 의미 구조를 구성하는 화자, 청자, 발화내용 등 세 가지 기본적인 요소는 발화동사의 기본적인 문의 구조를 정한다고 추리할 수 있다. 그러나 발화는 항상 발화 주체를 중심으로 이루어지기 때문에 화자는 항상 존재하는 요소이지만 청자와 발화내용은 어떤 발화상황을 기술하였느냐에 따라 필수적인 논항으로 나타날 수도 그렇지 않을 수도 있음을 위에서 살펴볼 수 있었다.

따라서 본고에서는 발화동사가 먼저 인간이 '입'을 수단으로 말하는 동작을 언어화한 것이라는 점에 초점을 두고 먼저 '화자'를 중심으로 '화자' 구조와 '화자-발화내용' 구조를 설정한다. '화자' 구조는 발화상황에서 발화 주체의 발화에만 초점을 두고 설정한 것이다. '화자-발화내용' 구조는 발화상황에서 발화 주체가 어떤 내용을 발화했는지에 초점을 두고 설정한 것이다. 다음, 발화상황에서 발화 주체가 하나 이상일 경우가 있는데 '화자-화자'를 중심으로 '화자-화자' 구조와 '화자-화자-발화내용' 구조를 설정할 수 있다.

---

74) (7)과 (8)은 주어 성분을 나타내는 두 가지 방법에 의해 분류된 유형이다. 주어 성분을 여럿을 나타내는 말로 표현할 경우와 주어 성분을 접속조사 '-와/과'에 의해 표현할 경우이다.

　마지막으로, 발화상황에서 [+유정성]을 갖는 화자와 청자를 중심으로 '화자-청자' 구조와 '화자-청자-발화내용' 구조를 설정할 것이다. '화자'와 '청자'를 중심으로 하는 구조도 두 가지 하위유형으로 나누어 볼 수 있다. 하나는 발화상황에서 화자가 청자에게 발화하는 데만 초점을 둔 경우로 '화자-청자' 구조를 갖는다. 이 경우는 청자 성분이 문의 구조에서 '-을' 성분으로 나타나느냐, '-에게' 성분으로 나타나느냐에 따라 나누어 볼 수 있다. 전자의 경우는 화자의 발화에 의해 직접적인 영향을 받는 경우이고, 후자의 경우는 화자가 단지 발화하는 목표 대상일 경우이다. 이 구조는 또 화자가 청자에게 또는 화자가 청자를 어떤 내용으로 발화를 했느냐에 초점을 둔다면 하위로 '화자-청자-발화내용' 구조를 갖게 되는데 이 부분은 세 자리 발화동사에 묶어 살펴볼 것이다. 다른 하나는 화자, 청자, 발화내용 등 기본적인 언어요소가 모두 나타나는 발화상황에 초점을 둔다면 '화자-청자-발화내용' 구조를 갖게 된다. 여기서 발화내용은 개별 발화동사의 의미특성에 따라 명사구 또는 절이 하위범주로 선택될 수 있다. 개별 발화동사는 동시에 두 가지 범주를 발화내용으로 선택할 수 있다는 특징도 갖는다.

　위에서 정리한 발화동사의 논항구조 유형들에서 발화동사의 기본 구문 구조를 추출하면 다음과 같다.

⑴. [NP1 [V-]] 형

　(1-1). [NP1 [NP3 [V-]]] 형

　(1-2). [NP1 [S [V-]]] 형

⑵. [[NP1 NP2] [V-]] 형

　(2-1). [[NP1 NP2] [NP3 [V-]]] 형

　(2-2). [[NP1 NP2] [S [V-]]] 형

(3). [NP1 [NP2 [V-]]] 형

  (3-1). [NP1 [NP2 [NP3 [V-]]]] 형

  (3-2). [NP1 [NP2 [S [V-]]]] 형

(4). [NP1 [NP3 [V-]]] 형

(1)-(4)까지는 발화동사의 기본 발화 구조들이다. (1)은 발화 주체의 발화에 초점을 두고 언어화한 발화동사가 갖는 기본 발화구조이다. (1)은 발화상황에서 발화 주체가 어떤 발화내용을 발화하였는지에 초점을 둔다면 하위로 (1-1)과, (1-2) 논항구조 유형을 가질 수 있다. (1-1)과 (1-2)는 발화 주체가 발화한 내용을 명사구로 선택되었느냐, 절로 선택되었느냐에 따라 두 유형으로 분류된다. (1-1)은 발화상황에서 청자를 상정하지 않고 발화내용이 개체명사로 표현되는 경우를 표현한 유형이다. (1-1)에서 여럿을 나타내는 말이 주어로 올 경우 (2-1)의 유형으로 표현되기도 한다. (1-2)는 발화상황에서 청자를 상정하지 않는 화자 단독 장면인 경우를 표현한 유형인데 이 경우를 언어화한 발화동사는 (2-1)유형을 동시에 갖는 부류들이다. 따라서 (2-1)과 (1-2)는 발화동사가 그 어휘의미특성에 의해 발화내용을 개체명사나 절을 동시에 하위범주화할 수 있다는 특징을 갖는다. (2)는 발화상황에서 하나 이상의 발화 주체의 발화에 초점을 두고 언어화한 발화동사가 갖는 발화구조이다. 화자와 청자가 어떤 화제를 공유하고 함께 발화에 참여하여 주체가 되는 경우로서 접속조사 '-와/과'에 의해 표현되는 경우이다. (1)과 마찬가지로 발화상황에서 발화 주체들이 어떤 발화내용을 발화하였는지에 초점을 둔다면 하위로 (2-1), (2-2) 논항구조 유형을 가질 수 있다. 발화 주체들이 발화한 내용들이 명사구로 선택되었느냐, 절로 선택되었느냐에 따라 (2-1)과 (2-2)로 하위분류된 것이다. (1)과 (2)는 화자의 말하는 방법이나 모양, 태도를 강조하여 언어화한

발화동사들의 논항구조 유형을 표현한 것인데 (2)는 주어가 여럿을 나타
내는 말이 올 경우 (1)유형으로 표현되고 여럿을 접속조사 '-와/과'에 의
해 표현될 경우가 (2)이다. (3)은 발화 주체와 발화 객체를 중심으로 된 구
조인데 발화상황에서 발화 주체가 발화 객체에게 발화를 한 데 초점을 두
고 언어화한 발화동사들이 갖는 구조이다. (3)은 또 하위로 발화 주체가
발화 객체에게 어떤 내용을 발화하였는지에 초점을 두고 언어화한 발화
동사들이 의미특성상 발화내용이 명사구로 선택되었느냐, 절로 선택되었
느냐에 따라 (3-1), (3-2)유형의 논항구조를 갖는다. (3-1)은 발화상황에서
화자가 특정 청자에게 어떤 대상에 대해 발화하는 장면을 언어화한 발화
동사가 갖는 논항구조 유형이다. 어떤 개별 발화동사는 그 어휘적 특성에
따라 (3-1)과 (3-2)유형의 논항구조로 동시에 표현되는 경우가 있다. 개별
발화동사들은 (2-1)과 (3)유형을 모두 갖기도 하나 그 영향을 주는 정도성
에서 차이가 있다. 또 어떤 개별동사들은 (3-2)와 (3)유형을 동시에 갖기도
한다. (4)도 (3)과 같이 발화 주체와 발화 객체를 중심으로 하는 구조이지
만 발화상황에서 발화 주체가 발화 객체를 대상으로 하여 발화하느냐, 발
화 목표로 하여 발화하느냐의 차이이다. (3)은 후자의 경우이고, (4)는 전
자의 경우에 해당된다. (4)는 (1-1)과는 다르다. (4)에서 'NP3'은 발화상황
에서 발화 주체의 발화 대상을 나타낸다면 (1-1)에서 'NP3'은 개체화된
발화내용을 나타낸다.

　김광해(2003) 「등급별 국어교육용 어휘」에서 추출한 발화동사들이 갖는
논항구조 및 논항들이 구체적으로 실현 가능한 격조사를 고려하여 격틀
구조를 정리하고 그에 해당되는 발화동사들을 아래와 같이 표로 제시하
였다.

〈표 4〉 발화동사의 격틀구조

논항구조	격틀구조	
[NP1 [V-]]	[NP1가/이 [V-]]	①
[NP1 [NP3 [V-]]]	[NP1가/이 [NP3을/를 [V-]]]	②
	[NP1가/이 [NP3에 대해 [V-]]]	③
[NP1 [S [V-]]]	[NP1가/이 [S 음을 [V-]]]	④
	[NP1가/이 [S 음에 대해 [V-]]]	⑤
	[NP1가/이 [S 기를 [V-]]]	⑥
	[NP1가/이 [S ㄴ것을 [V-]]]	⑦
	[NP1가/이 [S ㄴ것에 대해 [V-]]]	⑧
	[NP1가/이 [S ㄹ것을 [V-]]]	⑨
	[NP1가/이 [S ㄹ것에 대해 [V-]]]	⑩
	[NP1가/이 [S ㄴ지를 [V-]]]	⑪
	[NP1가/이 [S ㄴ지에 대해 [V-]]]	⑫
	[NP1가/이 [S ㄴ가를 [V-]]]	⑬
	[NP1가/이 [S ㄴ가에 대해 [V-]]]	⑭
	[NP1가/이 [S ㄴ냐를 [V-]]]	⑮
	[NP1가/이 [S ㄴ냐고 [V-]]]	⑯
	[NP1가/이 [S 고 [V-]]]	⑰
[[NP1 NP2] [V-]]	[[NP1와/과 NP2가/이] [V-]]	⑱
[[NP1 NP2] [NP3 [V-]]]	[[NP1와/과 NP2가/이] [NP3을/를 [V-]]]	⑲
	[[NP1와/과 NP2가/이] [NP3에 대해 [V-]]]	⑳
	[[NP1와/과 NP2가/이] [NP3로/으로 [V-]]]	㉑
[[NP1 NP2] [S [V-]]]	[NP1와/과 NP2가/이] [S 기로 [V-]]]	㉒
	[NP1와/과 NP2가/이] [S 고 [V-]]]	㉓
[NP1 [NP2 [V-]]]	[[NP1가/이 [NP2에게 [V-]]]	㉔
	[[NP1가/이 [NP2을/를 [V-]]]	㉕
	[[NP1가/이 [NP2와/과 [V-]]]	㉖
[NP1 [NP2 [NP3 [V-]]]]	[NP1가/이 [NP2에게 [NP3을/를 [V-]]]]	㉗
	[NP1가/이 [NP2에게 [NP3에 대해 [V-]]]]	㉘
	[NP1가/이 [NP2와/과 [NP3을/를 [V-]]]]	㉙
	[NP1가/이 [NP2와/과 [NP3에 대해 [V-]]]]	㉚
	[NP1가/이 [NP2와/과 [NP3로/으로 [V-]]]]	㉛
	[NP1가/이 [NP2을/를 [NP3로/으로 [V-]]]]	㉜

[NP1 [NP2 [S [V-]]]]	[NP1가/이 [NP2에/에게 [S 음을 [V-]]]]	㉝
	[NP1가/이 [NP2에/에게 [S음에 대해 [V-]]]]	㉞
	[NP1가/이 [NP2에/에게 [S 기를 [V-]]]]	㉟
	[NP1가/이 [NP2에/에게 [S 기로 [V-]]]]	㊱
	[NP1가/이 [NP2에/에게 [S ㄴ것을 [V-]]]]	㊲
	[NP1가/이[NP2에/에게[Sㄴ것에 대해 [V-]]]]	㊳
	[NP1가/이[NP2에/에게 [S ㄹ것을 [V-]]]]	㊴
	[NP1가/이[NP2에/에게[Sㄹ것에 대해 [V-]]]]	㊵
	[NP1가/이[NP2에/에게 [S ㄴ지를 [V-]]]]	㊶
	[NP1가/이[NP2에/에게[Sㄴ지에 대해 [V-]]]]	㊷
	[NP1가/이[NP2에/에게[Sㄴ가를 [V-]]]]	㊸
	[NP1가/이[NP2에/에게[Sㄴ가에 대해 [V-]]]]	㊹
	[NP1가/이 [NP2에/에게 [S ㄴ가고 [V-]]]]	㊺
	[NP1가/이 [NP2에/에게 [S ㄴ냐를 [V-]]]]	㊻
	[NP1가/이 [NP2에/에게 [S ㄴ냐고 [V-]]]]	㊼
	[NP1가/이 [NP2에/에게 [S 고 [V-]]]]	㊽
	[NP1가/이 [NP2을/를 [S 느냐고 [V-]]]]	㊾
	[NP1가/이 [NP2을/를 [S 고 [V-]]]]	㊿
	[NP1가/이 [NP2와/과 [S 기로 [V-]]]]	(51)
	[NP1가/이 [NP2와/과 [S 고 [V-]]]]	(52)

다음 위의 격틀구조에 해당되는 발화동사들을 의미 유형에 따라 다음 표로 정리하였다.

〈표 5〉 각 격틀구조에 해당되는 발화동사

격틀구조	의미유형	발화동사
①	'말참견하다'류	말참견하다
②	'고백하다'류	피력하다(披瀝)
	'나무라다'류	규탄하다(糾彈), 닦아세우다, 몰아세우다[1], 질책하다01(叱責), 책망하다(責望), 문책하다(問責)
	'묻다'류	심문하다02(審問)「1」

	'말하다'류	뇌까리다「1」, 뇌까리다「2」
	'중얼거리다'류	종알거리다, 중얼거리다, 투덜거리다
②, ③	'나무라다'류	나무라다「2」, 자책하다(自責)
	'놀리다'류	비꼬다「3」
	'대꾸하다'류	되받아치다
	'말하다'류	구술하다01(口述), 논하다(論--)「1」, 서술하다(敍述), 뇌다03, 발언하다02(發言), 언급하다(言及)
	'반박하다'류	공격하다(攻擊)「2」, 박론하다(駁論)
	'논의하다'류	거론하다(擧論), 논하다(論)「2」, 재론하다(再論), 논의하다(論議), 상담하다01(相談), 상의하다03(相議/商議), 토론하다(討論), 토의하다(討議), 협의하다01(協議)
	'주장하다'류	주장하다01(主張)「3」
	'헐뜯다'류	비방하다03(誹謗), 헐뜯다, 비평하다(批評)「2」
④, ⑤	'나무라다'류	자책하다(自責)
	'말하다'류	뇌까리다「1」, 뇌까리다「2」, 뇌다03, 발언하다02(發言), 언급하다(言及)
	'주장하다'류	주장하다01(主張)「3」
	'칭찬하다'류	격찬하다(激讚), 극찬하다(極讚), 칭찬하다(稱讚)
	'평가하다'류	비평하다(批評)「1」
	'헐뜯다'류	헐뜯다, 비평하다(批評)「2」
	'중얼거리다'류	중얼거리다, 종알거리다, 혼잣말하다
⑥	'주장하다'류	주장하다01(主張)「3」
⑦, ⑧	'나무라다'류	자책하다(自責)
	'대꾸하다'류	되받아치다
	'반박하다'류	공격하다(攻擊)「2」
	'말하다'류	뇌까리다「1」, 뇌까리다「2」, 뇌다03, 발언하다02(發言), 언급하다(言及)
	'주장하다'류	주장하다01(主張)「3」
	'칭찬하다'류	격찬하다(激讚), 극착하다(極讚), 칭송하다(稱頌)
	'평가하다'류	비평하다(批評)「1」
	'헐뜯다'류	헐뜯다, 비평하다(批評)「2」
	'중얼거리다'류	중얼거리다, 종알거리다, 혼잣말하다
⑨, ⑩	'주장하다'류	주장하다01(主張)「3」
⑪, ⑫, ⑬, ⑭, ⑰	'말하다'류	뇌까리다「1」, 뇌까리다「2」, 뇌다03, 언급하다, 발언하다02(發言)

⑮	'말하다'류	발언하다02(發言)
⑮, ⑯	'말하다'류	뇌까리다「1」, 뇌까리다「2」
⑯	'나무라다'류	자책하다(自責)
⑱	'다투다'류	다투다[1], 말싸움하다, 실랑이하다「2」, 언쟁하다(言爭), 으르렁거리다「2」, 옥신각신하다「3」, 티격태격하다
	'대화하다'류	담소하다02(談笑), 대화하다02(對話), 면담하다(面談), 잡담하다(雜談), 통화하다02(通話), 환담하다(歡談)
⑲,⑳	'논의하다'류	논의하다(論議), 상담하다01(相談), 상의하다03(相議/商議), 토론하다(討論), 토의하다(討議), 협의하다01(協議)
㉑	'대화하다'류	회화하다(會話)
㉒,㉓	'약속하다'류	언약하다(言約), 약속하다(約束)
㉔	'대답하다'류	코대답하다(對答)
	'말하다'류	반말하다(半---)
	'묻다'류	문안드리다, 문안하다(問安)
㉕	'나무라다'류	꾸짖다, 꾸중하다, 나무라다「1」, 호령하다(號令)「2」, 핀잔주다
	'놀리다'류	비꼬다「3」, 조롱하다01(嘲弄)
	'묻다'류	심문하다(審問)
	'비판하다'류	지적하다[1]「2」(指摘)
	'칭찬하다'류	자칭하다01(自稱)「2」, 칭송하다(稱頌)
	'타이르다'류	말하다「4」, 이르다0[2]「1」
㉖	'다투다'류	실랑이하다「2」
㉗	'감사하다'류	드리다01[Ⅰ]「2」
	'고백하다'류	쏟다[1]「3」
	'반박하다'류	쏘다01[1]「2」, 쏘아붙이다
	'욕하다'류	퍼붓다[2]「2」
㉗,㉘	'가르치다'류	가르치다01[2]「1」, 강의하다02(講義)
	'경고하다'류	경고하다(警告)
	'고백하다'류	고백하다(告白)「1」, 실토하다(實吐)
	'권하다'류	권하다「1」
	'대답하다'류	대답하다(對答)「2」
	'말하다'류	말하다[1]「1」, 말씀하다, 발설하다(發說), 선언하다(宣言)「1」「3」
	'묻다'류	되묻다03, 묻다03「1」, 물어보다, 반문하다(反問)「1」「2」, 여쭈다「1」, 여쭙다「1」, 질문하다(質問)「1」, 질의하다(質疑)「1」
	'변명하다'류	변명하다01(辨明)「1」

	'요청하다'류	간청하다, 말하다[1]「3」, 부탁하다, 사정하다02(事情), 조르다02
	'사과하다'류	사과하다02(謝過)
	'서술하다'류	진술하다(陳述)「1」
	'설명하다'류	설명하다(說明), 설교하다(說敎)「1」, 해명하다(解明)
	'알리다'류	고하다(告--), 상고하다01(上告)「1」, 말하다[1]「2」, 보고하다02(報告), 이르다02「4」, 전하다[3], 통고하다(通告)
	'고발하다'류	고발하다, 고자질하다, 일러바치다
	'논의하다'류	의논하다(議論)
	'반박하다'류	항의하다(抗議)「1」
	'칭찬하다'류	자랑하다01
	'타이르다'류	권유하다03(勸誘), 훈계하다(訓戒)
	'하소연하다'류	털어놓다「2」, 호소하다01(呼訴)
㉙, ㉚	'논의하다'류	의논하다(議論), 논의하다(論議), 상담하다01(相談), 상의하다03(相議/商議), 토론하다(討論), 토의하다(討議), 협의하다01(協議)
㉛	'대화하다'류	회화하다
㉜	'칭찬하다'류	칭송하다
㉝, ㉞	'고발하다'류	고발하다, 고자질하다, 일러바치다
	'말하다'류	거짓말하다, 말하다[1]「1」, 말씀하다, 발설하다(發說), 선언하다(宣言)「1」「3」
	'알리다'류	말하다[1]「2」, 보고하다02(報告), 이르다02「4」, 전하다[3], 통고하다(通告)
	'설명하다'류	설명하다(說明), 설교하다(說敎)「1」, 해명하다(解明)
	'설득하다'류	설득하다
	'변명하다'류	변명하다01「1」
	'고백하다'류	고백하다(告白)「1」, 실토하다(實吐)
	'하소연하다'류	털어놓다「2」(4급), 호소하다01(呼訴)(3급)
	'묻다'류	되묻다03, 묻다03「1」, 반문하다(反問)「1」「2」, 여쭈다「1」, 여쭙다「1」, 질문하다(質問)「1」, 질의하다(質疑)「1」
	'나무라다'류	꾸짖다, 꾸중하다, 나무라다「1」, 호령하다(號令)「2」, 핀잔주다
	'지적하다'류	지적하다(指摘)[1]「2」
	'칭찬하다'류	자랑하다01
	'평가하다'류	혹평하다(酷評)
㉟	'제의하다'류	건의하다(建議), 제의하다(提議)
	'경고하다'류	경고하다(警告)

	'권하다'류	권하다「1」
	'시키다'류	명령하다
	'요청하다'류	간청하다, 말하다[1]「3」, 부탁하다, 사정하다02(事情), 조르다02
㉟, ㊱	'약속하다'류	언약하다
㊲, ㊳	'고발하다'류	고발하다, 고자질하다, 일러바치다
	'말하다'류	말하다[1]「1」, 말씀하다, 발설하다(發說), 선언하다(宣言)「1」「3」,거짓말하다
	'알리다'류	말하다[1]「2」, 보고하다02(報告), 이르다02「4」, 전하다[3], 통고하다(通告)
	'설명하다'류	설명하다(說明), 설교하다(說敎)「1」, 해명하다(解明)
	'변명하다'류	변명하다01(辨明)「1」
	'고백하다'류	고백하다(告白)「1」, 실토하다(實吐)
	'하소연하다'류	털어놓다「2」, 호소하다01(呼訴)
	'묻다'류	되묻다03, 묻다03「1」, 반문하다(反問)「1」「2」, 여쭈다「1」, 여쭙다「1」, 질문하다(質問)「1」, 질의하다(質疑)「1」
	'나무라다'류	꾸짖다, 꾸중하다, 나무라다「1」, 호령하다(號令)「2」, 핀잔주다
	'비판하다'류	지적하다(指摘)[1]「2」
	'칭찬하다'류	자랑하다01
	'평가하다'류	혹평하다(酷評)
㊴, ㊵	'말하다'류	선언하다(宣言)「1」「3」
	'알리다'류	통고하다(通告)
	'제의하다'류	건의하다(建議), 제의하다(提議)
	'경고하다'류	경고하다(警告)
	'권하다'류	권하다「1」
	'시키다'류	명령하다(命令), 시키다, 지시하다(指示)
	'요청하다'류	간청하다, 말하다[1]「3」, 부탁하다, 사정하다02(事情)
	'타이르다'류	말하다「4」, 이르다0[2]「1」, 충고하다(忠告), 훈시하다(訓示)「2」
㊶, ㊷	'말하다'류	말하다[1]「1」, 말씀하다, 발설하다(發說), 거짓말하다
	'묻다'류	되묻다03, 묻다03「1」, 반문하다(反問)「1」「2」, 여쭈다「1」, 여쭙다「1」, 질문하다(質問)「1」, 질의하다(質疑)「1」
	'대답하다'류	답하다(答--)「1」, 코대답하다(-對答), 대답하다「2」, 말대답하다(-對答)
	'타이르다'류	말하다「4」, 이르다0[2]「1」, 충고하다(忠告), 훈시하다(訓示)「2」
	'나무라다'류	꾸짖다, 꾸중하다, 나무라다「1」, 호령하다(號令)「2」, 핀잔주다

	'비판하다'류	지적하다(指摘)[1]「2」
	'칭찬하다'류	자랑하다01
	'평가하다'류	혹평하다(酷評)
㊸,㊹,㊽	'고발하다'류	고발하다, 고자질하다, 일러바치다
	'말하다'류	말하다[1]「1」, 말씀하다, 발설하다(發說), 거짓말하다
	'알리다'류	말하다[1]「2」, 보고하다02(報告), 일러바치다, 이르다02「4」, 전하다[3], 통고하다(通告)
	'설명하다'류	설명하다(說明), 설교하다(說敎)「1」, 해명하다(解明)
	'변명하다'류	변명하다01(辨明)「1」
	'고백하다'류	고백하다(告白)「1」, 실토하다(實吐)
	'하소연하다'류	털어놓다「2」, 호소하다01(呼訴)
	'묻다'류	되묻다03, 묻다03「1」, 반문하다(反問)「1」,「2」, 여쭈다「1」, 여쭙다「1」, 질문하다(質問)「1」, 질의하다(質疑)「1」
	'대답하다'류	답하다(答--)「1」, 코대답하다(-對答), 대답하다「2」, 말대답하다(-對答)
	'대꾸하다'류	말대답하다(-對答)「1」
	'반박하다'류	쏘다01[1]「2」, 쏘아붙이다, 항의하다(抗議)「1」
	'타이르다'류	말하다「4」, 이르다0[2]「1」, 충고하다(忠告), 훈시하다(訓示)「2」
	'나무라다'류	꾸짖다, 꾸중하다, 나무라다「1」, 호령하다(號令)「2」, 핀잔주다
	'비판하다'류	지적하다(指摘)[1]「2」
	'칭찬하다'류	자랑하다01
	'평가하다'류	혹평하다(酷評)
㊺	'놀리다'류	놀리다01「2」, 조롱하다(嘲弄)
㊻	'대답하다'류	답하다(答--)「1」, 코대답하다(-對答), 대답하다「2」, 말대답하다(-對答)
㊼	'하소연하다'류	하소연하다
	'대꾸하다'류	말대답하다(-對答)「1」(3급)
	'반박하다'류	쏘다01[1]「2」, 쏘아붙이다, 항의하다(抗議)「1」
	'타이르다'류	말하다「4」, 이르다0[2]「1」, 충고하다(忠告), 훈시하다(訓示)「2」
	'나무라다'류	꾸짖다, 꾸중하다, 나무라다「1」, 호령하다(號令)「2」, 핀잔주다
	'비판하다'류	지적하다(指摘)[1]「2」
	'칭찬하다'류	자랑하다01
	'평가하다'류	혹평하다(酷評)
	'놀리다'류	놀리다01「2」, 조롱하다(嘲弄)

㉖, ㉗	'묻다'류	되묻다03, 묻다03「1」, 반문하다(反問) 「1」「2」, 여쭈다「1」, 여쭙다「1」, 질문하다(質問) 「1」, 질의하다(質疑) 「1」
㉘	'제의하다'류	건의하다(建議), 제의하다(提議)
	'경고하다'류	경고하다(警告)
	'권하다'류	권하다「1」
	'시키다'류	명령하다(命令), 시키다, 지시하다(指示)
	'요청하다'류	간청하다(懇請), 말하다[1]「3」, 부탁하다, 사정하다02(事情), 조르다02
	'놀리다'류	놀리다01「2」, 조롱하다(嘲弄)
㉙	'나무라다'류	꾸짖다, 꾸중하다, 나무라다「1」, 호령하다(號令) 「2」, 핀잔주다
㉚	'칭찬하다'류	자칭하다01(自稱) 「2」, 칭송하다(稱頌)
㉚,㉜○	'약속하다'류	언약하다(言約), 약속하다(約束)

이상과 같이 정리하면 하나의 개별 발화동사들이 그 의미적 특성에 따라 두 가지 혹은 그 이상의 기본 논항구조 유형에 해당됨을 관찰할 수 있다. 뿐만 아니라 정리된 기본 논항구조들은 절을 발화동사에 연결해주는 보문소와 그에 결합되는 격조사, 그리고 청자 성분이 취할 수 있는 격조사의 다양한 실현에 따라 격틀집합을 이루게 됨을 관찰할 수 있었다. 또한 공통으로 갖는 격틀에 해당되는 발화동사들을 의미 유형 별로 묶어서 제시한 점은 발화동사의 의미특성, 통사특성에서 나타나는 공통점과 차이점을 분석하는 데 이롭다.

<표4>에서 발화동사의 의미특성에 따라 하위범주화되는 발화내용이 절의 형식으로 문의 구조에 나타나 상위문 발화동사의 한 성분으로 기능함을 관찰할 수 있다. 이 경우 절은 어떤 보문소와 결합 가능한가에 따라 다양한 형식으로 상위문의 한 성분으로 기능하게 된다.[75]

아래 발화동사가 하위범주로 선택하는 절과 결합할 수 있는 보문소의

---

75) 유승섭(1997)에서는 '보문이 상위문에 내포될 때 내포문의 연결 요소로서 보문 구성을 이루게 하는 문법적 표지를 보문소(complementizer)'라고 한다.

기본 유형들을 설정할 것인데 선행연구들에서 보문소로 인정하기에 논란이 되었던 부분과 더불어 간략히 살펴보도록 한다.[76]

발화상황을 언어화한 발화동사가 절을 한 성분으로 가졌을 경우 가장 기본적으로 선택되는 보문소가 완형보문일 경우 '-고'이다. 이창덕(1994)에서는 '-고'는 일반적으로 간접 인용문을 상위문에 연결해주는 간접 인용조사라고도 하는데 이를 인용보문소라 보고 있다. 보문소가 절을 상위문에 연결해주는 문법적 표지라면 '-고'를 보문소로 보는데 문제가 없다.[77] 문제는 보문소 '-고'가 문의 구조에서 기본 서법을 나타내는 문법표지들과 자주 결합하여 '-다고', '-라고', '-자고', '-냐고'로 나타나는 경우에 두 가지 관점으로 나뉜다. 하나는 박상수(2012)에서 서법을 나타내는 문법표지들은 보문소로 보고 '-고'는 인용격 조사로 보는 경우, 다른 하나는 이필영(1993)에서 이들 결합을 함께 보문소로 보는 경우이다. 그러나 본고에서는 서법의 문법표지들은 화자의 심리적인 태도를 나타내는 서술의 양식으로서 보문소로는 보기 어렵다고 판단한다. 발화상황에서 화자와 청자 사이에는 질문을 주고받는 식의 대화내용을 간접 의문문의 형식으로 상위문의 한 성분으로 내포시키는 보문소로는 '-(느)냐고, -ㄴ가/ -ㄴ지, -ㄹ까/ -ㄹ지'가 있다. 오현숙(1989)에서는 이들을 간접 의문문을 절의 한 성분으로 이어주는 보문소로 보고 있다. 본고에서도 이들을 보문소로 볼 것이다.

발화동사는 그 어휘의미특성에 따라 발화내용으로 선택된 하위범주는

---

76) 박상수(2012)은 보문소에 관한 선행연구들을 정리한 최근 연구이다. 명제동사가 선택하는 절이 취할 수 있는 보문소를 정형 완형보문의 종결어미 표지와 비정형 비완형보문의 비종결어미 표지로 나누어 보고 있다. 전자는 '-다, -니/-냐, -라, -자, -마' 등 보문소에 의해 실현되고, 후자는 '-음', '-기', (-ㄴ)것, (-ㄹ)것, (-다는)것, '-지' 등 보문소에 실현된다고 본다.

77) 남기심(1973), 서정수(1996), 김형희(2005), 최재희(2006), 고영근(2008) 등에서 '-고'를 인용절을 안은 보문소로 보고 있다.

명사절의 형식으로 내포될 경우가 있는데 명사절을 상위문의 한 성분으로 내포시키는 보문소로는 주로 '-음', '-기'가 있다. 홍종선(1986a), 이익섭·임홍빈(1983) 등에서는 '-음'과 '-기'는 명사구 보문을 이끄는 보문소가 아니라 명사화소일 뿐이라고 주장하고 있다. 그러나 한 동사가 그 의미특성상 절을 가질 경우, 절의 서술어는 '-음'이나 '-기'와 결합하여 그 절을 하나의 사건으로 개념화 시켜 명사로서의 기능을 하게 한다. 다음 개념화된 절은 격조사와 결합하여 상위문의 한 성분으로 기능하게 된다. 따라서 '-음'과 '-기'는 보문소와 명사화소 두 가지 기능을 모두 가질 수 있다. 전자는 내포문의 서술어에 붙어 그 문장을 명사로서의 기능으로 상위문의 성분으로 만드는 기능, 후자는 파생접사로서의 동사를 명사로 만드는 기능을 하는 경우로서 본고에서는 전자의 경우 '-음'과 '-기'를 보문소로 볼 것이다.

또 서술 명사절을 상위문의 한 성분으로 내포시키는 경우 '(-ㄴ)것, (-ㄹ)것, (-다는)것' 등 표지가 있는데 이들을 보문소로 볼 것인가에 대한 의문이 제기된다. 서정수(1996), 김형희(2005), 최재희(2006), 고영근(2008), 유승섭(1997) 등에서는 관형절을 안은 문장의 '-는, -(으)ㄴ, -(으)ㄹ'만을 불구 보문소로 보는 입장과, 이맹성(1968), 이홍배(1970), 양인석(1972), 김남길(1979), 박상수(2012)에서는 이들 결합을 명사구 보문의 보문소로 보고 있다. 전자의 견해에 따르면 '-것' 보문명사와 치환 가능한 보문명사들도 보문소로 보아야 하는 문제가 발생하기 때문에 '-것'은 보문명사로서 보문소로 보기 어렵다고 주장한다. 본고에서는 명사구 내포문을 이끄는 관형사형 어미들은 불구 보문소로 볼 것이다. 왜냐하면 '-음'과 '-기'를 보문소로 본다면 '-는, -(으)ㄴ, -(으)ㄹ'도 보문소로 보지 않을 이유가 없기 때문이다. '-것'과 관련하여서 본고에서는 '-것'을 보문명사에서 보문소로 문법화되는 과정에 있는 것으로 볼 것이다. 왜냐하면 한 동사가 의미특성상 절을 하나의 논항으로 가질 경우 그 절이 관형절을 안은 문장의 '-는, -(으)ㄴ, -(으)ㄹ'과만 결합하여서는 상위문에 결합될 수 없고 보문명사 '-것'과의 결합에 의해서만 상위문의 성분으로 결합될 수 있기 때문이다.

이들 보문소는 어떤 발화동사든 다 결합할 수 있는 것이 아니라 상위문 발화동사의 어휘적 특성에 따라 선택되고 결정되어 분포적 특성을 보인다. 이런 분포적 특성은 발화동사의 어휘적 특성과 관련되고 또 절의 서술어의 특성과도 관련된다.[78] 발화상황을 배경으로 하는 발화동사는 여러 발화상황을 언어화한 것이므로 그 의미특성에 따라 발화내용이 절의 형식으로 하위범주 선택되었을 경우에 다양한 형태의 서법으로 표현되는데 이는 절의 서법 실현 양상을 제약하게 된다. 서법의 제약은 절의 주어 성분과 상위문 성분 간의 통제양상으로도 나타날 것이다. 또 다양한 발화상황을 언어화한 발화동사의 의미특성에 따라 절의 보문소 실현 형태도 제약받게 된다. 뿐만 아니라 발화상황에서 화자의 발화내용을 사건시 혹은 발화시 중에서 어느 시점에 기준을 두고 발화했느냐에 따라 절의 시제소도 결합제약을 받게 된다.

마지막으로 한 발화동사의 동일한 의미항목이 한 가지 이상의 유형의 논항구조를 갖는 것들은 그 유형의 논항구조 간에 통사적으로 또는 내용

---

78) 보문소들이 문의 구조에 나타나는 방법과 관련하여 두 가지 견해로 나뉜다. 하나는 변형 문법의 관점에서 보문소가 변형에 의해 삽입된다는 견해와, 다른 하나는 전통문법의 관점에서 구절 구조 규칙에 의해 기저에서 본래부터 생성된다는 견해이다. 전자의 경우는 일반적으로 상위문의 어휘의미특성에 의해 보문소가 선택되어 삽입된다는 견해인데 주로 이홍배(1971) 등 연구의 주장이다. 후자는 보문소들이 상위문의 동사를 선택하고 결정한다는 견해인데 주로 유승섭(1997), 남기심(1973) 연구의 주장이다. 이창덕(1994)에서는 이홍배(1971)과 남기심(1973) 두 견해가 모두 문제점이 있음을 밝히면서 인용발화의 구성 규칙은 원 발화의 형식적 조건만으로 결정되는 것이 아니라 담화상의 개념인 만큼 사용 기능과 언어 전달자의 주관적인 태도에 따라 형식이 선택되기도 한다고 한다.

적으로 어떤 관계가 있는지도 살펴볼 것이다. 이런 관계를 갖고 있는 발화동사들은 주로 발화동사가 선택할 수 있는 하위범주 간의 관계를 말하는데 이는 또 이들 발화동사들의 특징이기도 하다.

이런 작업은 선행연구에서 발화동사들의 통사·의미적 특성을 제한된 연구 대상을 범위로 다룬 데서 나타나는 문제점들을 극복할 수 있다. 뿐만 아니라 발화동사의 구문 구조에서 나타나는 각종 통사현상들을 여러 기제를 동원하여 살펴봄으로써 발화동사들의 통사·의미특성의 공통점과 차이점을 묶어보는 데 의의가 있을 것이다. 이런 결과는 실제적으로 전자사전이나 말뭉치프로그램을 계획하는 데 접목할 수 있는 자료가 될 것이고 직접적으로 실생활에서 정확하고 고급스러운 의사소통에 영향을 미칠 것으로 기대한다.

4.1. '화자'

본고에서 '발화'류 동사 체계는 반드시 화자의 '입'을 필수 수단으로 하는 동작을 언어화한 것들이어서 발화상황에서 화자는 반드시 나타나야 하는 발화 주체이다. 따라서 본고는 먼저 '화자'를 중심으로 하여 발화동사 기본 구문 구조를 설정하였다. 다음 화자가 어떤 내용을 발화하였는지에 초점을 두고 '화자-발화내용' 구조를 설정하였다.

4.1.1. '화자' 구조

'화자' 구조를 갖는 발화동사들은 의미특성상 화자만을 필수 논항으로 요구하는 한 자리 서술어다. 이에 해당되는 발화동사들의 개념구조에는 청자 성분이나 발화내용이 언급되어 있지 않아 통사구조에 구현되지 않아도 되는 성분들로서 '화자'를 중심으로 하는 기본구조는 '[NP1 [V-]]' 유형의 논항구조로 표현된다.

다음은 의미특성상 화자만을 필수 논항으로 갖는 발화동사들이다.

> '늘어놓다'류79) : 야스락거리다
> '말참견하다'류 : 말참견하다
> '지껄이다'류 : 야기죽거리다

이 유형의 논항구조를 갖는 발화동사들은 '-거리다'나 '-대다'와 같은 반복의 양상을 나타내는 접미사와 결합한 것들이 대부분이다. '-거리다' 와 '-대다'는 의성의태어를 만들어 주는 기능을 하는데 어떤 모양이나 양태를 나타내는 의미를 내포하고 있어 이들과 결합된 동사들의 의미특성은 화자의 어떤 발화 양태를 나타낸다.

'늘어놓다'류에서 '야스락거리다'는 화자가 입담 좋게 자꾸 말을 늘어놓는 언어적 행위로서 주로 화자의 발화방식 즉 화자의 발화하는 모양을 언어화한 것이므로 한 자리 서술어이다.

> (30) ㄱ. 그가 야스락거리자 금세 사람들이 몰려들었다.
> ㄴ. 민영이가 군중 앞에서 야스락대자 많은 사람들이 민영이의
> 말에 집중하기 시작했다.
> ㄴ´. *민영이가 군중들에게 야스락대자 많은 사람들이 민영이의
> 말에 집중하기 시작했다.

---

79) '늘어놓다'류에서 '야스락거리다'와 '지껄이다'류에서 '야기죽거리다'는 김광해(2003)에서는 기본 동사로 제시되지 않은 것들이긴 하나 화자의 말하는 방식이나 모양에 초점을 두는 것들이므로 몇 개만 제시했다.

(ㄴ´)에서 청자를 나타내는 '-에게'논항이 나타날 경우 비문이 됨을 관찰할 수 있다. 이는 화자의 야스락대는 발화행위가 군중들에게 어떠한 영향을 미치지는 않음을 설명한다. 단지 그 발화행위의 모양이나 방식은 화자가 갖고 있는 특징임을 나타낸다.

(31) ㄱ. 내가 그를 때린 이유는 그가 계속해서 야기죽거리며 약을 올렸기 때문이다.

ㄴ. 그는 자기와 상관없는 일이라는 듯이 질겅질겅 껌을 씹으면서 계속 야기죽거렸다.

(31)에서 '야기죽거리다'는 화자가 얄미울 정도로 짓궂게 자꾸 비웃으며 이야기하는 언어적 행위로서 화자의 발화, 그리고 발화하는 그 모양을 강조하기 때문에 한 자리 서술어이다. '야기죽거리다'는 화자를 중심으로 발화되는 행위이지 청자에게는 영향을 미치지 않는다.

'말참견하다'류에서 '말참견하다'는 화자가 다른 사람이 말하는 데 끼어들어 말하는 언어행위로서 화자의 '다른 사람이 말하는 도중에 끼어들어 말하는 짓'에 초점이 맞추어져 있으므로 한 자리 서술어이다.

(32) ㄱ. 이야기 도중 정호가 말참견을 하려고 입을 쭈뼛거렸으나 의철이는 그를 무시하고 계속 말하였다.

ㄴ. 밖에서 가만히 그들의 이야기를 듣고만 있던 영건은 말참견하였다.

ㄴ´. *밖에서 가만히 이야기를 듣고 있던 영건은 그들에게 말참견을 하였다.

(ㄴ´)에서 청자 성분인 '그들에게'가 나타난 문장은 비문법적임을 관찰

할 수 있다. 화자가 다른 사람들의 대화에 끼어드는 그 발화행위에 초점을 두었다는 측면에서 청자 성분은 '말참견하다'의 개념구조에 존재하지 않고 문의 구조에 나타나지도 않는다. 또한 화자가 어떤 내용을 발화했는지 보다는 끼어드는 그 발화행위를 강조하므로 '말참견하다'의 의미특성상 존재하지 않는 성분이다.

이처럼 '화자' 구조 즉 '[NP1 [V-]]' 논항구조를 갖는 발화동사들은 발화상황을 전제로 하면 주로 화자의 발화 방식이나, 모양을 표현하는 데 초점을 두는 부류들이다. 이는 단어 내부 구조에서도 드러나기도 하는데 형태 구조적으로 고유어 어근에 어떤 행위의 반복 양상을 나타내는 '-거리다, -대다' 등 접미사와의 결합, '말'의 양태를 나타내는 접두사와 결합된 구성들임을 관찰할 수 있었다.

4.1.2. '화자-발화내용' 구조

'화자-발화내용' 구조를 갖는 발화동사는 화자가 어떤 발화를 했느냐에 초점을 두고 언어화한 발화동사들이 갖는 구조로서 의미특성상 두 자리 서술어이다. 청자는 통사 구조에 필수적으로 나타나지 않아도 문의 문법성에 영향을 미치지 않는다. '화자-발화내용' 구조는 하위범주인 발화내용이 명사구로 선택되었느냐, 절로 선택되었느냐에 따라 '[NP1 [NP3 [V-]]]'과 '[NP1 [S [V-]]]' 두 가지 논항구조로 분류된다.

개별 발화동사들은 동일한 의미 구조를 가지면서 발화내용의 구체적인 범주에 따라 두 가지 유형의 논항구조로 동시에 표현되기도 한다.

(a) [NP1 [NP3 [V-]]] 형
(b) [NP1 [S [V-]]] 형

(b)는 서술어의 의미특성에 따라 하위범주인 발화내용으로 절을 선택한 경우이고, (a)는 (b)의 경우에 나타난 절의 내용을 추상적인 개체로 범주화한 명사구들이 하위범주로 선택된 경우이다. (a)와 (b)에서 발화내용은 내용적으로 밀접한 관련성을 갖는다. 유현경(1998)에서 하나의 형용사가 같은 통사, 의미 구조를 유지하면서 두 개 이상의 격틀을 가질 때, 이를 각각의 다른 격틀로 보지 않고 격틀 변환관계에 있는 것으로 보고 그중 하나를 기본 격틀로 보고 있다. 그러나 본고에서는 논항구조가 같으나 격이 다른 경우를 말하는 것이 아니라 개별 발화동사가 동일한 의미 구조를 유지하면서 통사구조가 다른 두 개 격틀을 갖는 경우를 말한다.

이처럼 의미특성상 명사구와 절을 동시에 발화내용으로 선택할 수 있는 발화동사들은 4.1.2.1과 4.1.2.2에 각각 포함시켜 연구할 것이다. 4.1.2.1에서는 화자 단독 장면일 경우를 언어화한 발화동사들이 명사구를 하위범주로 선택하였을 경우에 어떤 구문 유형들로 표현될 수 있는지와 해당되는 발화동사들의 통사·의미특성을 살펴볼 것이다. 4.1.2.2에서는 발화동사가 의미특성상 절을 하위범주로 선택할 경우에 어떤 구문 유형들로 표현될 수 있는지와 해당되는 발화동사들이 이끄는 구문의 통사·의미특성을 살펴볼 것이다. 절을 상위문의 한 논항으로 갖는다는 것은 절과 상위문 간에 나타날 수 있는 통사현상들이 다양함을 말해주는데 주로 보문소 결합 양상, 서법소 결합 양상, 시제소 결합 양상, 절의 주어와 상위문 주어와의 통제관계를 살펴볼 것이다.

4.1.2.1. [NP1 [NP3 [V-]]]

이 유형의 논항구조는 발화동사의 의미특성에 따라 하위범주인 발화내용을 명사구로 선택한다. 개념구조에 근거하여 청자가 상정되더라도 필수적인 요소가 아님으로 논항구조에 나타나지 않아도 된다.[80) 즉 문 구조 속에 청자가 명시적으로 나타나지 않아도 문의 완정한 정보가 보장된다.

이 논항구조를 갖는 발화동사들을 세 부류로 나누어 볼 수 있다.

첫 번째 부류는 개별 발화동사들이 전형적으로 이 유형의 논항구조만을 갖는 발화동사들이다.

두 번째 부류는 어휘의미특성에 따라 절과 명사구를 동시에 발화내용으로 범주 선택하는 발화동사들이다. 절을 발화내용으로 범주 선택한 경우는 4.1.2.2에서 살펴볼 것이다. 본 절에서는 명사구를 발화내용으로 한 범주를 선택할 경우를 살펴볼 것인데 'NP3' 명사구로 나타난 성분은 '-고'가 이끄는 절 성분으로 더 풀어 설명할 수 있어 그 내용적인 변환관계도 살펴볼 것이다.

세 번째 부류는 발화상황에서 발화 주체가 여럿일 경우를 언어화한 개별 발화동사가 해당되는데 그 의미특성에 따라 발화 주체들을 여럿을 나타내는 어휘적 단어로 표현하거나, 접속조사 '-와/과'로 형식화하여 표현한다. 전자의 경우는 문의 구조에서 주어가 '화자'로 표현되어 두 자리 서술어가 되고, 후자의 경우는 문의 구조에서 주어가 '화자-화자'로 표현되어 세 자리 서술어가 된다. '화자-화자' 구조로 주어가 표현될 경우는 4.2절에서 살펴볼 것이다. 이런 경우를 두고 유현경(1997)에서는 어떤 통사적인 변환관계에 있는 것이 아니라 서로 다른 특성을 갖는다고 한다. 따라서 본고에서는 동일한 의미항목의 특성에 따라 투사되었긴 하나 서로 다른 통사구조로 볼 것이다. '화자'가 수적인 자질에서 단수를 나타내던 복수를 나타내던 '화자'는 하나의 개체로 인식되므로 본고에서는 세 번째와

---

80) 정주리(2004)에서는 'Jackendoff(1990)의 의미 구조에 관한 논의에 의하면 동사의 개념은 통사적인 하위범주화 자질뿐만 아니라 추론적 의미에서 나타낼 수 있는 자질까지도 포함시킨다.'고 한다

같은 경우를 본 절에 포함시켜 다룰 것이다.

1) 첫 번째 부류

첫 번째 부류는 전형적으로 이 유형의 논항구조만을 갖는 발화동사들이 해당된다. 여러 부류의 의미 유형에 걸쳐 수적으로 더 많으나 본고에서는 등급용 어휘에서 선택한 것들만으로 유형 분류했기 때문에 아래와 같은 것들로 제한하여 연구한다.

> '나무라다'류 : 규탄하다(糾彈), 나무라다「2」, 닦아세우다,
>   몰아세우다[1], 질책하다01(叱責), 책망하다(責望)
> '놀리다'류 : 비꼬다「3」)
> '말하다'류 : 꺼내다, 논하다(論--)「1」
> '묻다'류 : 심문하다02(審問)「1」
> '서술하다'류 : 구술하다01(口述), 서술하다(敍述)
> '이야기하다'류 : 거론하다(擧論), 논하다(論)「2」
> '헐뜯다'류 : 비방하다03(誹謗)

이 논항구조 유형을 갖는 발화동사는 어떤 대상 또는 그 대상에 관해 발화하는 데 목적을 두는 언어적 행위를 언어화한 두 자리 서술어이다. 따라서 [+유정성]을 갖는 성분이 'NP3' 위치에 나타나더라도 이는 청자 성분의 성격으로 나타난 것이 아니라 서술어가 언급하고자 하는 대상이라는 성격만을 나타낸다. 즉 'NP3'은 여격을 나타내는 표지 '-에게'와 결합하지 않는다. 서술어가 미치는 대상이라는 점은 복합표지 '-에 대해'나 '-에 관해'로 치환해 보는 기제를 동원하여 설명가능하다. 이 경우 [+유정성]자질을 갖는 논항은 심리적으로 어떤 영향을 받는 개체가 아니라는 점에서 '[NP1 [NP2 [V-]]]' 유형과 다르다.

'서술하다(敍述)'는 화자가 사건이나 생각 따위를 차례대로 말하거나 적는 언어적 행위로서 두 자리 서술이다. '서술하다'도 의미특성상 화자가 누구에게 어떤 내용을 발화하여 누구로 하여금 어떤 사건을 알게 하거나, 누구로 하여금 어떤 행위를 수행하게 하는 데 초점을 두는 것이 아니다. 단지 화자가 어떤 내용을 발화했는지 즉 '서술하다'라는 발화 동작이 미치는 직접적인 대상에 초점을 둔다. 따라서 청자는 필수적인 요소로 문의 구조에 나타나지 않는다. 개념적으로 '서술하다' 류에 속하는 일부 발화동사들은 동일한 어떤 내용에 대해 두 가지 수단으로 기술할 수 있다. 하나는 서면 형식으로 다른 하나는 구두를 수단으로 '서술하다'가 나타내는 행위를 완성할 수 있다. 『고려대 한국어대사전』에서는 '서술하다'가 '어떤 사실을 기술하다'로 '적다'라는 측면만 강조하여 그 의미를 서술하고 있다. 『고려대 한국어대사전』에서 '서술하다'의 개념구조로는 발화동사로 보기 어렵다.

(33) ㄱ. 철수는 답안지에 요점만 간단히 서술했다.
　　　ㄴ. 여행을 다녀온 소감을 서술할 때는 시간적 순서에 따라 쓰는 것이 바람직하다.

『고려대 한국어대사전』에서의 기술을 참고로 한다면 (ㄱ)과 (ㄴ)에서 '서술하다'가 구두언어라는 의미자질을 갖는 발화동사로 보기 어려운 증거는 '서술하다'가 이끄는 문장 구조 속에 '답안지에'라는 성분이 나타나 있다는 것이다. 이 문장 구조에서 '답안지'가 필수적인 성분이든 수의적인 성분이든 간에 '적다'라는 행위가 발생함을 설명해주지 '말하다'라는 행위는 설명해주지 못한다. 따라서 『고려대 한국어대사전』에서 '서술하다'의 의미로는 발화동사로 보기 어렵다. 물론 '-에게' 논항도 상정하기 어렵다. 그러나『표준국어대사전』에서는 '서술하다'는 '사건이나 생각 따위를 차례대로 말하거나 적음'의 의미로 해석되어 있어 구두언어라는 의미자질을 가지고 있음을 관찰할 수 있다. 따라서 본고에서는 '서술하다'의 개념에서 '사건이나 생각 따위를 차례대로 말하다'의 의미가 본고의 발화동사 정의에 일부 부합되는 것으로 보고 발화동사 범위에 넣었다. 그러나 청자 성분이 '서술하다'의 필수적인 논항이 아님은 아래의 예로 살펴보겠다.

(34) ㄱ. 그는 본 것을 서술했다.
　　 ㄴ. 그는 선생님께 본 것을 서술했다.
　　 ㄷ. ?그는 선생님께 서술했다.
　　 ㄹ. 그는 영화 스토리에 대해/관해 서술했다.

(ㄷ)에서 발화내용이 생략되고 청자만 나타난 문장은 적격하지 않다. 그러나 (ㄱ)에서 청자가 출현하지 않은 문장은 (ㄷ)에 비해 더 자연스럽다. 서술어와의 의미관계에서 발화내용과 청자 성분이 어느 성분이 더 필수적이고 덜 필수적인지를 판단하는 기제에는 문의 문법성이 보장되는가 하는 것이다. 이는 논항 간의 필수성에도 계층이 있음을 설명해준다. 상정 가능한 청자 성분은 한 사람 또는 여러 명이 될 수도 있어 문의 구조에 필수적으로 나타나지 않아도 적격한 문장이 된다. 즉 청자 성분은 수의적인 논항이다. (ㄹ)과 같이 복합표지 '-에 대해'나 '-에 관해'와도 결합 가능하다.

'말하다'에서 '구술하다01(口述)'는 화자가 입으로 말하는 언어적 행위이다.

(35) ㄱ. 목격자는 침착하게 사건의 경이를/에 대해 구술하였다.

ㄴ. 목격자는 침착하게 사건의 경이를 경찰에게 구술하였다.

ㄷ. ?목격자는 경찰에게 구술하였다.

(ㄷ)과 같이 청자 성분이 문의 구조에 나타났을 경우 문장의 완결성을 보장해 주지 못한다. 그러나 (ㄱ)에서 청자 성분이 나타나지 않고 발화내용만이 나타나도 문장의 완결성을 보장해 준다. 따라서 청자 성분이 필수적인 요소로 문 구조에 등장하지 않음을 설명해준다.

'꺼내다「2」'는 화자가 마음속의 말이나 생각을 말로 드러내기 시작하는 언어행위로서 두 자리 서술어이다. 'SJ'에서도 타동사 용법으로 제시되어 있다.

(36) ㄱ. 영신은 입술만 떨며 얼른 말을 꺼내지 못하고 서 있었다.

ㄴ. 그에게 단도직입적으로 「법무관을 만났으며 그가 서울방송의 증언을 정면으로 부인하고 있다」고 말을 꺼냈다/ 있다는 말을 꺼냈다.

ㄴ´. 그에게 단도직입적으로 말을 꺼냈다.

ㄴ″. *그에게 법무관에서 그 사실을 부인하고 있다고 꺼냈다.

(ㄴ)에서 '꺼내다'가 문의 구조에서 '-고'가 이끄는 성분과 '-을' 성분이 동시에 나타나 '꺼내다'의 논항처럼 보일 수도 있다. 그러나 (ㄴ″)에서 대상 논항을 생략하면 비문법적인 문장이 된다. 반면 '-고'가 이끄는 성분을 생략한 (ㄴ´)는 긍정적인 문장이 된다. 문장의 분열문 구조로 변형시키는 기제로도 대상 논항이 필수적인 논항임을 설명할 수 있다. 이는 '-고' 성분은 대상 논항을 보충 설명해주는 작용을 한다고 볼 수 있다.

'나무라다「2」'는 화자가 흠을 지적하여 말하는 언어적 행위로서 두 자리 서술어인데 나무라는 대상은 주로 [+유정성]을 갖는 인간의 잘못이나 흠을 말한다.

(37) 사부님은 나의 잘못을/잘못에 대해 나무랐다.

(37)에서 나무라는 행위가 미치는 대상이 [-유정성]자질을 가지기 때문에 '-에 대해'와 잘 결합함을 관찰할 수 있다.

<질문>류에서 '심문하다02(審問) 「1」'은 화자가 자세히 따져서 묻는 언어적 행위이다.

(38) ㄱ. 정씨를 홍검사가 "박피고인과 홍여인과의 관계를 구체적으로 말해달라"고 심문했다.
　　 ㄴ. 형사는 우리 두 사람의 관계를 심문하였다.
　　 ㄷ. 상사는 부하 직원을 불러 이번 일에 대하여 심문하기 시작했다.
　　 ㄹ. 한동안 웃으시던 선생님께서 개똥이를/*에 대해 심문하기 시작했다.

(38)에서 '심문하다'는 [+유정성]을 갖는 인간이나 구체적인 어떤 개체를 그 심문의 대상으로 하여 그 행위를 실행할 수 있다. (ㄷ)은 [-유정성] 대상이므로 '-을'과 '-에 대해'와 자연스럽게 결합할 수 있다. (ㄹ)은 [+유정성] 청자의 성격을 어느 정도 가짐으로 '-에 대해'와 결합하지 않는다. 여기서 (ㄱ)과 같이 절을 그 논항으로 가질 수 있음을 관찰할 수 있는데 이 부분과 관련하여 『표준국어대사전』이나 『고려대 한국어대사전』에서 수정할 필요가 있다.

'거론하다(擧論)'는 화자가 어떤 사항을 논제로 삼아 제기하거나 논의하

는 언어적 행위이나 아래 (ㄴ)과 같이 어떤 사람을 논제로 삼아 논의할
수도 있어 개념을 수정할 필요가 있다.

(39) ㄱ. 애커맨 의원은 북미회담 문제를/에 대해 거론했다.
ㄴ. 그런데도 주위에서는 몇몇 사람들을/에 대해 거론하고 있다.
ㄷ. 장르의 매체화란, 창작의 현장성화와 맞물려 있음을 먼저 거
론해야 할 것이다.

'거론하다'도 마찬가지로 (ㄴ)에서 [+유정성]을 가진 성분은 청자 성분
이 아니라 청자와 관련한 어떤 대상을 말한다. 따라서 '-에 대해'로 치환
가능하다. '심문하다'와 마찬가지로 (ㄷ)에서 절을 논항으로 취할 수도 있
음을 관찰할 수 있어 이 부분도 수정할 필요가 있다.

이 유형의 논항구조를 갖는 발화동사들이 의미특성상 나타나는 통사현
상을 표로 정리하여 살펴보도록 한다.

〈표 6〉[81]

발화동사	발화내용인 명사구			
	[-유정성]		[+유정성]	
	-을/-를	-에 대해	-을/-를	-에 대해
꺼내다「2」	○	×	×	×
규탄하다	○	○	○	○
나무라다「2」	○	○	×	×
닦아세우다	×	×	○	×
몰아세우다[1]	×	×	○	×
질책하다01	○	○	○	○
책망하다	○	○	○	○

---

81) 4장은 발화동사의 통사현상, 2장에서는 각 의미 유형에 해당되는 발화동사들을 일목 요연
하게 정리하자는 차원에서 만든 '표'여서 '표 목차'에는 따로 표시하지 않았음을 밝힌다.

구술하다01	○	○	×	×
논하다「1」	○	○	○	○
심문하다02	○	○	○	○
서술하다	○	○	×	×
비꼬다「3」	○	○	○	○
거론하다	○	○	○	○
논하다「2」	○	○	○	○
비방하다03	○	○	○	○

　이 유형의 논항구조를 공유하는 발화동사들은 두 가지 논항을 필수 요소로 하는 두 자리 서술어들이다. 발화상황에서 주체는 문의 구조에서 항상 필수적인 논항으로 언어화된다. 두 번째 필수적인 논항은 이 유형에 속하는 발화동사들의 의미적 특성에 따라 [+유정성]을 가진 대상 논항일 수도 있고 [+유정성]을 가진 대상 논항과 속격의 관계를 맺는 추상적인 대상들이 논항이 될 수도 있다. 따라서 이 부류는 개체로 범주화된 발화내용 또는 [+유정성]을 가진 인간논항이 발화내용이 되어 필수적인 논항으로 나타난다.

　그러나 주의할 점은 [+유정성]을 가졌다고 해서 청자 성분으로 나타난 성분은 아니다. 이는 복합표지 '-에 대해'를 치환하므로써 그 차이를 설명할 수 있다. 서술어가 직접적으로 영향을 미치는 대상은 [+유정성]을 갖는 성분으로서 발화상황을 상정하면 또 청자 겸 대상이 되기도 하지만 이 부류 발화동사의 특징은 그 서술어가 미치는 대상에만 초점을 둔다. 따라서 청자 성분이 필수적인 논항으로 나타나지 않은 상황에서는 담화 맥락에서 상정 가능한 요소들이다. 그러나 문의 구조에는 필수적인 논항으로 나타나지 않아도 문의 적격성에는 문제가 없다. 위의 발화동사들은 또 그 의미자질의 유사성에 따라 한 부류로 묶이기도 한다. 이는 통사적인 행동을 같이 할 것이라는 데 전제가 된다.

2) 두 번째 부류

두 번째 부류에 해당되는 발화동사들은 4.1.2.2에서 제시된 유형의 논항구조를 동시에 가질 수 있는 것들인데 명사구를 범주로 선택할 수도 있다. 본 절에서는 절을 하위범주로 선택할 경우와 명사구를 하위범주로 선택하였을 경우 내용적으로 어떤 관련성을 갖고 있는지도 함께 살펴볼 것이다.

> '고백하다'류 : 피력하다(披瀝)
> '나무라다'류 : 문책하다(問責), 자책하다(自責)
> '대꾸하다'류 : 되받아치다
> '말하다'류 : 뇌까리다「1」, 뇌까리다「2」, 뇌다03, 발언하다02(發言),
>   언급하다(言及)
> '반박하다'류 : 공격하다(攻擊)「2」
> '주장하다'류 : 주장하다01(主張)「3」
> '중얼거리다'류 : 종알거리다, 중얼거리다, 혼잣말하다
> '칭찬하다'류 : 칭찬하다
> '평가하다'류 : 비평하다(批評)「1」
> '헐뜯다'류 : 헐뜯다, 비평하다(批評)「2」

'말하다'류에서 '언급하다(言及)'는 화자가 어떤 문제에 대하여 말하는 언어적 행위로서 두 자리 서술어이다. 이 유형의 논항구조를 갖는 '언급하다'는 발화내용으로 명사구를 하위범주로 선택하였다.

> (40) ㄱ. 대변인은 유족들의 보상 문제가 꼭 해결되어야 한다고 언급했다.
>   ㄱ′. 대변인은 오늘 기자 회견에서 유족들의 보상 문제를/에 대해/

에 관해 언급했다.

ㄱ″. 대변인 오늘 기자 회견에서 기자들에게 유족들의 보상 문제
를 언급했다.

ㄱ‴. ?대변인이 기자들에게 언급했다.

(ㄱ)은 '언급하다'가 절을 성분으로 내포했을 경우이고 (ㄱ´)는 개체명
사를 한 성분으로 선택했을 경우인데 이 둘은 내용적으로 어떤 밀접한 관
련성을 가지고 있음을 관찰할 수 있다. (ㄱ´)에서 대격조사 '-를'은 어떤
문제에 대해 언급하는 언어행위이므로 복합표지 '-에 대해'나 '-에 관해'
에 의해 치환 가능하다. '기자회견에서'라는 말은 '언급하다'라는 언어행
위가 발생할 수 있는 발화상황을 상상케 하며 청자는 그 장면에 있는 기
자들임을 간접적으로 제시한다. (ㄱ″)는 발화내용이 출현하지 않고 청자
성분을 제시한 경우인데 부자연스러운 문장이 된다. 이는 청자 성분이 필
수적인 성분이 아닌 수의적인 성분임을 설명한다. '언급하다'는 [+ 유정
성]을 갖는 인간 논항이나 다른 개체 논항이 나타날 수도 있다.

(41) ㄱ. 그녀는 일기를 훑어보고는 나를/에 대해 언급하며 종례 시간
에 울어 본 적은 정말 없었노라고 말했다.

ㄴ. 그때 나의 형부는 출세한 그의 친구의 이름을/친구를 언급하
면서 이렇게 말했다.

(41)에서 (ㄱ)에서 [+유정성]을 갖는 성분은 4.2에서 다루게 될 [+ 유정
성]을 갖는 청자 성분과는 서술어와의 관계가 달리 표현된다. 4.2에서는
청자 성분이 서술어로부터 직접적인 영향을 받아 심리적으로 어떤 변화
를 일으킬 수 있으나 여기서는 그렇지 않다. 이는 '-에 대해'와 결합 가
능한지의 여부에 따라 판별할 수 있다. 4.2에서는 복합표지 '-에 대해'와

결합하지 않는다.

'발언하다'는 화자가 자기의 의견이나 생각을 말하는 언어행위로서 개체명사를 발화내용으로 하위범주화한 경우이다.

> (42) ㄱ. 그는 국회에서 국민의 기본권에 대하여 발언할 기회를 얻었다.
>
> ㄴ. ?그는 국회의원들에게 발언했다.

(ㄱ)에서 '발언하다'의 의미특성상 청자 성분은 필수적인 논항으로 나타나지 않았다. '국회에서'라는 장소를 나타내는 성분에 의해 청중들을 상정할 수도 있다. 그러나 논항의 필수성 여부를 따지는 수단으로 (ㄴ)과 같이 청자 성분만 나타날 경우는 발화내용이 나타날 경우보다 자연스럽지 못하다. 따라서 논항 필수성 여부에도 계층이 존재하는 것은 서술어의 의미특성에 근거한다고 볼 수도 있겠다. 또한 '발언하다'가 이 행위를 하는 목적이 어떤 대상에 대해 언급하는 것이기 때문에 대상표지로 나타난 '-을' 논항이 '-에 대하여'로 교체되어 나타날 수도 있는 것이다. 논항 필수성 계층은 서술어가 하위범주화하는 성분들이 계층과도 관련이 있는 것으로 보인다. 직접논항, 간접논항이라는 개념이 나올 수 있는 것도 사실은 논항 간의 위계를 나타내 보이는 것이므로 이는 그들의 문의 구조에 필수적으로 나타나는 성분인가의 문제와도 직결된다. 직접논항은 간접논항보다 그 위계가 더 높은 것으로 보이기 때문에 발화내용이 직접논항으로, 청자 성분이 간접논항이 된다. 따라서 발화내용만이 나타날 경우가 청자 성분이 나타나는 경우보다 더 자연스럽다.

'고백하다'류에서 '피력하다'(披瀝)'는 『표준국어대사전』에서는 '-을' 논항만이 제시되어 있으나 '-고'가 이끄는 절을 하위범주로 선택할 수도 있음을 SJ에서 제시된 (ㄱ)에서 찾아볼 수 있었다.

> (43) ㄱ. 그는 복구에 어려움을 겪었던 사례에서 토빈세의 필요성을 절
> 감했다고 피력했다.
> ㄴ. 사람은 신탁통치를 후견으로 이해하고 수용하지 않을 수 없음
> 을 피력했다.

'자책하다'는 화자가 자신의 결함이나 잘못에 대하여 스스로 꾸짖고 나
무라는 언어적 행위로서 이 경우는 개체명사를 하위범주로 선택하였을
경우이다.

> (44) ㄱ. 비록 협박 때문이었지만 어쩔 수 없이 동료들의 신뢰를 배신
> 한 그녀는 자신을 자책하지 않을 수 없었다.
> ㄴ. 현감은 조식(粗食)으로 감선(減膳)을 하고 거친 목침을 베고
> 누더기 이불을 덮고 잠으로써 하느님에게 부덕을 자책했던
> 것이다.

(ㄱ)에서 자책하는 대상인 자신이 그 발화내용 성분으로 문의 구조에
나타날 수 있다. 즉 자책의 대상이 [＋유정성]을 갖는 '자신'으로 표현된
경우이다. (ㄴ)은 화자가 자신과 관련한 어떤 행위를 대상 성분으로 표현
한 경우이다. 따라 『고려대 한국어대사전』에서 타동사 용법으로 '(사람이
자신의 잘못을) 스스로 꾸짖고 나무라다'고 기술한 부분에서 '(사람이 자
신이나 자신의 잘못을)스스로 꾸짖고 나무라다'로 수정함이 더 타당하다.
'뇌까리다'의 의미항목 설정을 검토하는 차원에서 명사구와 선택제약
현상을 살펴보도록 한다.

(45) 그는 뚱딴지같은 소리를/욕설을/허언을 뇌까렸다.

(45)에서 부정적인 의미를 내포한 '뚱딴지같은'이라는 관형형 형식의 수식어는 '뇌까리다「1」'가 '함부로 되는대로 지껄이다'라는 의미항목 설정이 타당함을 말해준다.

(46) ㄱ. 철수는 불평을 간간이 뇌까렸다.
　　　ㄴ. 그는 만나는 사람마다 불평을 늘어놓았고 심지어는 혼잣말로
　　　　　똑같은 말을 뇌까리기도 했다.

(ㄱ)에서 '뇌까리다「2」'의 개념을 설명해주고, (ㄴ)은 '뇌까리다「3」' 이 혼잣말로 되풀어하여 '중얼거리다'는 의미로 제시된 예이다.
'비평하다(批評)「1」'은 화자가 사물의 옳고 그름, 아름다움과 추함 따위를 분석하여 가치를 논하는 언어적 행위이다.

(47) ㄱ. 선생님은 나를/?나에 대해/*나에 관해 호되게 비평한다.
　　　ㄴ. 평위원들은 나의 작품을/에 대해/에 관해 호되게 비평했다.

(ㄱ)에서 선생님이 [＋유정성]인 '나'를 두고 직접적으로 비평했을 경우는 '-에 대해'와의 결합이 어색하나, (ㄴ)에서 '나'와 관련한 어떤 사건에 대해 비평할 경우는 '-에 대해'와 결합이 가능하다. 그러나 '-에 관해'와의 결합은 어색하다. 그러나 [-유정성]일 경우는 복합표지와의 제약을 받지 않는다.
'중얼거리다'는 낮은 소리로 혼잣말을 하는 언어적 행위로 발화내용이 명사구로 선택되었을 경우 추상적인 '말'의 의미를 내포한 어휘적 단어로 한정한다는 특징이 있다.

(48) ㄱ. 그는 지둥 복도까지 쫓아가서 수고했다는 상투적이고도 경박
　　　한 인사말을 중얼거렸다.

　　ㄴ. 침착을 읽지 않으려 같은 소리를/*에 대해 계속 중얼거렸다.

　　ㄷ. 계획에도 없는 말을/*에 대해 중얼거렸다.

　　ㄹ. 저기서 그는 혼잣말을/*에 대해 중얼거리고 있었다.

　(48)에서 '인사말', '소리', '혼잣말'은 모두 [＋구두언에]의 의미자질을 갖는 '말'의 속성을 나타내는 것들이어서 '－에 대해'와의 결합은 불가능함을 관찰할 수 있다. 표로 정리하여 보면 다음과 같다.

〈표 7〉

발화동사	발화내용인 명사구			
	[−유정성]		[＋유정성]	
	−을/−를	−에 대해	−을/−를	−에 대해
피력하다	○	○	×	×
문책하다	○	○	○	○
자책하다	○	○	○	○
언급하다	○	○	○	○
발언하다	○	○	×	×
뇌까리다「1」	○	×	×	×
뇌까리다「2」	○	×	×	×
뇌다03	○	○	×	×
공격하다「2」	○	○	×	×
달래다「1」	×	×	○	×
위로하다(慰勞)	×	×	○	×
자문하다	○	○	×	×
되받아치다	○	○	×	×
주장하다01	○	○	×	×
비평하다「1」	○	○	○	○
종알거리다	○	×	×	×
중얼거리다	○	×	×	×
혼잣말하다	○	×	×	×
칭찬하다	○	○	○	○
헐뜯다	○	○	○	○
비평하다「2」	○	○	○	○

이 유형의 논항구조를 갖는 발화동사들은 발화내용으로 [+유정성]을 갖는 논항이 나타날 수 있어 'NP2'로 표시되거나 인간과 관련되는 어떤 것이 논항으로 나타날 수도 있어 이 경우는 'NP3'으로 표시될 수도 있다는 점이 특징이다. 발화동사들에서 '뇌까리다', '중얼거리다', '되받아치다'는 의미특성상 명사구로 선택된 발화내용은 추상적인 '말'의 의미를 내포한 어휘적 단어들과만 결합할 수 있다는 선택제약 관계를 가지며 복합표지 '-에 대해'와 결합하지 않는다는 공통적인 특성으로 나타난다. '평가하다'류에 속하는 '자책하다', '비평하다'와 '헐뜯다'류에 해당되는 발화동사들은 [±유정성]자질을 갖는 명사구와의 결합이 자연스럽다. 이는 '평가하다'나 '비난하다'류의 특징이다.

또 이 유형의 논항구조를 갖는 발화동사들은 그 의미특성에 따라 하위범주로 선택되는 발화내용 간의 관계에서 '구체↔추상'이라는 내용관계를 나타낸다는 점이 특징이다. 즉 발화상황을 바라보는 입장에서 화자가 구체적으로 발화한 내용을 그대로 언어화하여 문의 구조에 표현할 수도 있고, 그 구체적인 내용을 해당되는 하나의 명사구로 언어화하여 표현할 수도 있어 전자와 후자 간은 내용적인 측면에서의 밀접한 관계가 통사적 실현에서의 변환관계를 보여주고 있다. 그러나 어느 것이 기본 논항구조인지는 발화상황을 전제로 한다는 출발점에서 보았을 때 이 발화상황을 바라보는 자는 화자가 구체적인 발화내용을 말할 경우를 먼저 인지할 것이다. 사실 어떤 것이 기본 논항구조인지는 중요하지 않지만 두 논항구조 간에 내용적으로 변환관계에 있음은 확실하다.

3) 세 번째 부류

세 번째 부류는 주로 발화상황에서 발화 주체가 하나 이상일 경우를

언어화한 발화동사들이 해당되는데 이 경우 'NP1'은 여럿을 나타내는 말
이 주어로 문의 구조에 나타난다. 여럿을 나타내는 말을 접속조사 '-와/
과'에 의해 표현될 경우는 4.2.2.1의 구조를 갖는다. 동일한 발화동사의
의미특성에 의해 만들어진 통사구조일지라도 주어 성분을 표현하는 형식
에 따라 통사구조도 다름으로 각각 다른 유형에 포함시켜 관찰할 것이다.
왜냐하면 여럿을 나타내는 말이 주어로 올 경우는 발화동사가 두 자리 서
술어이고, 접속조사 '-와/과'에 의해 주어로 표현될 경우는 발화동사가 세
자리 서술어기 때문에 서로 다른 통사구조로 봄이 타당하다.

이 경우에 해당되는 발화동사들은 다음과 같다.

> '논의하다'류 : 논의하다(論議), 상담하다01(相談), 상의하다03(相議/商
> 議), 토론하다(討論), 토의하다(討議), 협의하다01(協議)

'논의하다'류에서 '토론하다(討論)'는 어떤 문제에 대하여 여러 사람이
각각 의견을 말하며 논의하는 언어적 행위를 나타낸다. 이런 언어적 행위
에 참여하는 여러 주체를 문의 구조에 표현하는 방식은 '어떤 사람이 다
른 사람과' 또는 '둘 이상의 사람'으로 형식화되는데 전자의 경우는 세
자리 서술어로, 후자의 경우는 두 자리 서술어가 된다.

'토론하다'는 의미특성상 반드시 어떤 문제를 두고 진행되는 언어적 행
위이므로 문의 구조에는 반드시 발화내용이 필수성분으로 나타난다. 단
발화내용은 절의 형식으로 표현된 것이 아닌 명사구로 표현된다.[82]

---

82) 홍재성(1996)에서는 '-에 대해서/대하여'의 형태 · 통사적 성격에 대하여 격조사로 보고 있
　　다. 이선웅(2005)에서도 하나의 격조사로 보고 있다. 복합표지가 지표 되는 명사구의 통사
　　적 지위는 무엇으로 볼 것인지도 본고에서 약간한 토론을 해볼 것이다.

(49) ㄱ. 영수는 교사들과 교단의 현안을 토론하였다.

ㄱ´. 영수와 교사들은 교단의 현안을/에 대해 토론하였다.

ㄴ. 이들은 정치, 경제, 사회 문화 등의 분과로 나뉘어 매주 모임
을 갖고 정책 구상에 대해서/대하여 토론했다.

ㄷ. 아이들은 밤에는 또 낮에 보았던 것들에 대해 부족한 부분을
토론하였다.

ㄹ. 만일 노동자들이 임금 동결과 경제위기 극복에 대한 토론을
했다.

(ㄱ´)과 같이 일반적으로 '토론하다'는 개념구조상 발화상황에 발화 주
체가 둘이 나타날 경우 접속조사 '-과'에 의해 연결되어 전체가 주어 성
분으로 언어화되는 것이 자연스러우나 (ㄱ)은 후행 성분에 '-과'가 지표
된 경우로서 '토론하다'가 사전에서 언급된 개념구조와는 달리 '영수가'
어떤 문제에 관하여 '교사들'의 조언을 부탁하는 차원에서 토론을 한다는
데 그 초점을 두는 것도 가능하다면 '토론하다'의 개념을 다시 정리해야
될 것이다. 이는 문의 구조에서 접속조사 '-와/과'가 선행성분에 부착될
경우와 후행성분에 부착될 경우 어떤 통사·의미적인 차이를 나타내는지
를 파악하는 데서 문제 해결이 될 수도 있다.[83]

(ㄱ)에서 영수가 현안에 대해 교수들과 토론을 했다는 사건에 초점을
두면 후행성분에 부착된 '-과'는 다른 의미로 해석될 수도 있다. 즉 '영수
는 학교 교수들과 토론을 한 것이지 다른 사람들과 토론을 한 것이 아니

---

83) 유현경(1997)에서는 접속조사가 후행성분에 지표 될 경우는 선후행성분이 서로 독립된 논
항으로서 주어와 별개의 성분으로 보고, 접속조사가 선행성분에 지표 될 경우는 명사구의
일부로서 선후행성분 전체가 주어로 기능한다고 한다. 유현경(1997)에서는 형용사 '비슷
하다'와 같은 단어부류들은 전자의 경우, '친하다'와 같은 단어 부류들은 후자의 경우로
보면서 서로 다르게 보고 있다. 확실히 접속조사가 선행성분에 붙을 경우와 후행성분에
붙을 경우 그 의미성격이 다르다.

다'로 해석하여 대상이 되는 성분에 초점을 둔다면 서술어에 대한 의미관계가 달리 표현된다. 서술어로부터 할당받을 수 있는 의미역을 따져보면 이 경우 후행성분 '-과'는 [동반주역]을 할당받고 주체인 영수는 '행위주역'을 할당받게 된다. (ㄱ')에서는 '영수와 교수는'은 서술어로부터 하나의 의미역을 할당받는다고 볼 수 있다. 따라서 (ㄱ')에서 후행성분 '-와' 성분은 주체가 되는 성분과는 독립된 성분된다.

어떤 경우든 발화상황을 전제로 하면 한 사건을 두고 서로 간에 어떤 의견이 주고받았을 경우이므로 본고에서는 '영수와 교사'들은 모두 발화주체로 봄이 타당한 것으로 판단한다. (ㄴ)에서 발화내용으로 나타내는 성분은 '-에 대해/-에 관해' 등 복합표지도 격조사의 기능을 하여 나타날 수도 있다. 만약에 이들 복합표지가 문의 구조에서 관형형 '-ㄴ' 형태로 출현되면 발화내용에 대하여 구체적인 어떤 부분을 강조하는 경우이다. (ㄷ)에서 '낮에 보았던 것들에 대해'에서 낮에 본 것들이 아주 여러 방면이지만 그 중에서 '부족한 부분'을 강조하는 형식으로 나타나 '-에 대해 무엇을/-에 대한 무엇을'은 하나의 성분으로 나타나는 경우이다.

다음과 같은 복합표지로도 나타날 수 있지만 '놓다', '두다', '가지다'는 본동사에서 의미의 유연성을 갖고 보조 동사화 된 것들이며 이들은 또 어느 정도의 문법화 과정을 거쳐 격조사로 될 가능성도 없지 않아 있을 것이다. 따라서 본고에서는 '놓다', '두다', '가지다'는 '대하다'에 비해 문법화 된 정도가 덜 한 것으로 볼 수 있어 본고에서는 격조사 되는 과정에 있는 것으로 볼 것이다.

> (50) ㄱ. 작업의 마무리 단계에서 시니어들이 경기 부양이 먼저냐 개혁
> 이 먼저냐는 문제를 두고 진지하게 토론했다.
> ㄴ. 그 학생은 같은 코스를 듣고 있는 직장인 동료들과 무선통신

망을 통해 흥미 있는 주제를 놓고 토론하거나, 질의응답 기능
을 통해 함께 어려운 과제를 풀이한다.
ㄷ. 그들 둘은 여성의 모성애가 선천적이냐 후천적이냐를 가지고
토론하고 있다.

(ㄱ, ㄴ, ㄷ)에서 조사 발달 과정에 있는 '-를 두고', '-를 놓고', '-를
가지고'를 '-에 대해/에 관해'로 교체가능하다. 문제는 교체하기 전의 의
미와 교체된 후의 의미가 동일한가 하는 것인데 의미에서 큰 차이는 없는
것으로 보인다.

'토론하다'는 그 의미특성상 발화내용이 다음과 같이 의문을 나타내는
표지 '-ㄴ지'나 '-ㄴ가' 형식으로 표현될 수도 있다. 명사구 상당어 구를
만들어 주는 표지들이다. 그러나 『고려대 한국어대사전』에서는 '-을' 표
지만, 『표준국어대사전』에서는 '-ㄴ지를'까지는 제시해주고 있다.

(51) ㄱ. 몇 개의 모둠을 정해 모둠 원들이 가장 재미있게 배구를 할
수 있는 방법이 무엇인지 토론하고 실험한다.
ㄴ. 그 녀석들은 그 돈을 어떻게 사용했으면 좋을지를 토론했다.
ㄷ. 그들은 오늘날의 학문을 위해서 어떤 사상을 어떻게 계승할
것인가를 서로 토론했다.
ㄹ. 법과 문학과 영화 이 세 분야가 사실은 얼마나 긴밀하게 연관
되어 있는지를 토론하다.
ㅁ. 그것이 불가능하다고 생각하면 왜 불가능한지를 토론해보자.

(51)은 토론하는 주제들이 어떤 사실의 의문이 되는 점에 관해 토론이
라는 언어적 행위를 하는 상황들이 언어화된 것들이다.

'협의하다'는 여러 사람이 모여 어떤 문제에 관해 의논하는 언어적 행

위이다. 『고려대 한국어대사전』은 물론 『표준국어대사전』에서도 '여러 사람이 모여 의논하다'로 기술되어 있다. '토론하다'와는 달리 발화내용이 표현될 수 있는 형식에서 의문을 나타내는 표지가 나타나지 않는다.

(52) ㄱ. 양국 정상은 두 나라 사이의 과학 기술 협력 증진 방안을 협의했다.
　　ㄱ´. 미국 정상과 한국 정상은 기술 협력 증진 방안을 협의하였다.
　　ㄴ. 담당 행정부서가 취합하고 그 계획안을 문화원 이용 예상자들과 협의하였다.
　　ㄷ. 반면 한국에서는 양쪽 담당자가 1년에 한 차례도 협의하지 않았다.
　　ㄹ. 김 대통령은 정치 개혁에 대한 복안이 있는지와 정치관계법 개정 처리 시한은 언제인가라는 질문에 협의를 했다.

(ㄷ)에서 '담장자가 협의하지 않았다'가 나타내는 의미는 (ㄴ)에서 후행성분에 접속조사 '-과'가 부착되었을 경우 문의 구조에서 선행성분이 동일한 기능을 하지 않는 것임을 설명해준다. (ㄱ´)처럼 발화상황을 상정해 보면 '협의하다'는 여러 사람이 모여 의논하는 언어적 행위이므로 '미국의 정상과 한국의 정상은'은 모두 주어 성분으로 볼 수도 있다. (ㄹ)에서 '협의하다'는 '토론하다'와는 달리 목적격조사 '-을'에 의해 표현되는 발화내용이 대상을 나타내는 '-에'로 교체가 가능한 것처럼 보이나 이는 그 결과에 초점이 있기 때문에 발화의 의미를 나타내는 경우는 아니다. 따라서 '협의하다'는 단지 '모여서 의논하다'라는 의미 외에 '의논하여 의견을 종합하다'라는 의미도 더 추가되어야 한다.

이런 유형의 논항구조를 갖는 발화동사들은 거의 [＋쌍방향성]의 자질을 공유하는 '논의하다'류, '다투다'류, '대화하다'류 들인데 이들은 또 의미 유사성의 특성에 따라 분류될 것이다. 또 문의 구조에서 이들은 [+상호성]의 의미자질을 내포하는 부사들의 수식을 받을 수 있다는 공통한 특징을 갖는다. 주로는 주어의 위치에 여럿을 나타내는 말이 오면 '서로' 등 부사가 나타날 수 있고 접속조사에 의해 연결되어 주어를 나타내면 주체를 나타내는 후행성분에 '관계'의 의미를 나타내는 '간'이 나타난다. 이 부류에 속하는 발화동사들은 발화내용의 구체적인 표현 형식에 따라 유사한 격틀집합으로 표현된다. 그러나 '다투다'류, '대화하다'류에 해당되는 발화동사들이 취하는 'NP3'은 주로 '-에 대해'와 결합이 자연스럽다.

4.1.2.2. [NP1 [S [V-]]]

이 유형의 논항구조를 갖는 발화동사는 4.1.2.1의 2)에서 이미 살펴보았다. 본 절에서는 발화내용이 절로 선택되었을 경우를 살펴볼 것이다.

이에 해당되는 발화동사들은 발화상황에서 화자가 어떤 발화를 했느냐에 초점을 두고 언어화한 것으로서 화자와 절의 형식으로 표현되는 발화내용을 필수적인 요소로 갖는다. 발화내용으로 절을 선택하였을 경우 절을 이루는 성분들은 상위문의 성분들과 어떤 관계를 갖게 될 것이다. 또 절에서 서술어 기능을 하는 성분과 결합할 수 있는 문법범주들은 절에서 서술어 기능을 하는 성분 자체의 의미특성의 영향을 받을 뿐만 아니라 상위문에서 서술어 기능을 하는 성분의 의미특성에 의해 한정되기도 하는데 주로 보문소와의 결합 제약에서 나타나는 현상이다. 이는 절을 상위문의 한 성분으로 내포하는 구문 구조들이 갖게 되는 통사적인 현상들을 결정한다.

'[NP1 [S [V-]]]'형의 논항구조는 문의 구조에서 'S'가 취하는 보문소가 어떤 격조사와 결합 가능한가에 따라 격틀집합이 이루어지기도 한다. 주로 보문소 '-을/를'이 보문명사 '-것'과 결합할 경우 '-것'이 대격조사 '-을'과 결합하느냐, 복합표지 '-에 대해'와 결합하느냐에 따라 격틀구조가 달리 나타나기도 한다.

아래 어떤 통사적인 현상들을 결정하게 되는지를 절의 서법소 결합 양상, 보문소 결합 제약 현상, 시제소 결합제약 양상, 주어와 상위문 성분 간의 통제관계를 통해 살펴보도록 한다.

<일반> '말하다'류에서 '발언하다'는 화자가 생각이나 의견 따위를 드러내어 말하는 언어적 행위로서 두 자리 서술어이다. 즉 '화자' 논항과 화자의 생각이나 의견 따위를 나타내는 발화내용이 문의 구조에 필수적인 성분으로 나타난다. 발화상황을 바라보는 입장에서 화자가 발화한 생각이나 의견을 그대로 언어화 할 수도 있고, 그것에 해당되는 개체명사로 범주화하여 언어화할 수도 있다. 『고려대 한국어대사전』에 수록된 '(사람이) 생각이나 의견 따위를 들어내어 말하다'의 개념으로는 발화내용으로 투사될 성분을 상정할 수 있으나 실제 격틀에는 제시되어 있지 않아 보완할 필요가 있다.

(53) ㄱ. 당신은 이 자리에서 발언할 권리가 없소.

ㄴ. ?교장은 학교에서 발언했다.

ㄴ´. 교장은 어제 학교에서 항상 발전하는 학생이 되자고 발언했다.

(ㄱ)은 발화상황을 그대로 언급한 경우이지 그 상황을 언어화한 경우는 아니라고 본다. 따라서 '발언하다'의 의미특성을 제대로 나타내지 않았다. (ㄴ)은 발언한 구체적인 내용이 문의 구조에 드러나지 않아 부적격한 문장이 된다. 그러나 (ㄴ´)는 '발언하다'의 의미특성에 따라 화자와 발화내

용이 필수적인 논항으로 나타나 자연스럽다.

'발언하다'의 절의 서법소 결합 양상을 살펴보도록 한다.

(54) ㄱ. 총리가 모든 공무원들이 필독서로 읽어야 한다고/읽으라고/읽
자고 발언했던 것이다.
ㄴ. 金대통령이 정치자금을 받지 않겠다고 발언했다.
ㄷ. 한 주민이 "반대하는 사람들의 의견도 들어야 공정하지 않겠
느냐" 하고 발언했다.

'발언하다'의 의미특성상 화자가 자기의 어떤 생각이나 의견을 말하는
발화행위이므로 (ㄷ)과 같이 의문을 던지는 형식으로 말할 수도 있다. (ㄱ)
에서 화자는 비 특정한 청자에게 어떤 행위를 할 것을 요구하는 식의 발
언을 할 수 있으므로 명령이나 청유의 의미를 나타내는 서법소와도 결합
할 수 있다.

'발언하다'의 절의 보문소 결합 제약 현상을 살펴보도록 한다.

(55) ㄱ. 베디비였는데, 그는 1899년의 한 연설에서 자기는 미주리 출
신이므로, 여러분은 내게 보여주어야 한다고/보여주어야 함
을/*기를 발언을 했다.
ㄴ. 그는 자기가 잘못한 것을 발언했다.
ㄷ. 학교 측의 기대에 어긋나지 않게 열심히 해야 하지 않겠냐고
발언했다.

'발언하다'는 자기의 어떤 생각이나 의견을 말하는 발화행위로서 어떤
사실에 관해 말하는 것이 아니라 어떤 사실에 관한 자기의 생각이나 의견
을 발화하는 경우이므로 명령의 서법, 청유의 서법과의 결합도 가능하다.

(ㄱ)에서 '-기'와 결합되지 않는 것은 이 경우 [＋미래성]보다는 [＋기대성]의 의미가 더 드러나 '발언하다'와의 의미특성과 호응되지 않기 때문이다. 그러나 (ㄷ)에서 '-겠'과의 결합에서 화자의 의미와 [＋미래성]이 드러나기도 하는데 여기서 '-겠'은 상대방의 의지를 물어보는 식의 발화로 봄이 더 타당하다.

'발언하다'의 절의 시제소 결합 양상을 살펴보도록 한다.

(56) 한신대 김경재 교수가 "국민들 가슴 한켠에 그래도 청정영역으로 남아 있던 불교가 너무 실망을 줬다"고 준다고/주리라고/줄 것이라고 발언했다.

'발언하다'는 자기의 의견이나 어떤 과거 현재 미래에 발생한 일에 대해서 모두 발언 가능하므로시제소와 결합에서 비교적 자연스럽다.

'발언하다'의 절의 주어와 상위문 성분 간의 통제관계를 살펴보도록 한다.

(57) ㄱ. 그는 [자신i이 잘못했다고] 발언했다.
　　ㄴ. 그는 벌떡 일어나 [회의에 참석한 모든 사람이 자신의 의사를 자유로이 나타낼 수 있도록 기회를 주라고] 발언한 뒤 자리에 앉았다.
　　ㄷ. 그i는 [영수j가 잘못을 빌 것이라고] 발언했다.

(ㄱ)은 자신이 잘못한 것에 대해 발언하는 언어적 행위인데 어떤 잘못을 한 것인지를 구체적으로 풀어쓴 발화내용이 문의 구조에 논항으로 나타난 경우이다. 통사현상에 있어서 (ㄱ)과 같은 경우는 절의 주어와 상위문의 주어가 통제관계를 맺는다. (ㄴ)에서 절의 주어가 상위문의 수의적인

성분으로 나타날 수 있는 비 특정적인 청자 성분과 통제관계를 맺을 수
있다. (ㄷ)은 절의 주어가 상위의 주어 성분과 통제관계를 맺지 않는다.
따라서 통제관계에 있어서는 비교적 자유롭다.

'이야기하다'류에서 '언급하다(言及)'는 화자가 어떤 문제에 대하여 말하
는 언어적 행위로서 두 자리 서술어이다. 그러나 발화상황을 바라보는 측
면에서 화자가 발화한 내용을 그대로 언어화할 수도 있고 그 내용에 해당
되는 어휘적 단어인 개체명사로 범주화하여 언어화할 수도 있다. 따라서
'언급하다'는 발화내용으로 절이나 명사구를 모두 선택 가능하여 두 가지
논항구조 유형을 갖게 된다. 또한 '언급하다'는 어떤 문제에 대해 어떤 말
을 하는 데 초점을 두기 때문에 청자는 필수적인 요소로 문의 구조에 나
타나지 않아도 문장의 적격성에 문제가 없다.

'언급하다'의 절의 서법소 결합 양상을 살펴보도록 한다. '언급하다'는
어떤 과거에 있었던 사실이나 현재에 일어나고 있는 일 또는 미래에 발생
하게 될 어떤 사실에 대해 제기하는 언어행위를 나타낸다. 이는 '언급하
다'의 절의 서술어는 명령, 청유, 의문을 나타내는 서법표지와는 결합하지
않음을 설명한다.

> (58) ㄱ. 또한 미 국무부의 북한 핵 협상 전담대사였던 로버트 갈루치
>   조지타운대 외교대학장도 차후 "남북회담이 순조롭게 진행된
>   다면 10년 이내에 통일이 이루어질 수 있다"고 /이루어질 것
>   이라고 언급했다.
> ㄴ. *그렇게 된 원인이 어디에 있는지를 반성하자고/반성하라고/
>   반성느냐고 언급했다.

어떤 문제에 대해 말한다는 것은 어떤 사람에게 어떤 행동을 요구하는
의미는 배제되기 때문에 (ㄴ)에서 명령, 청유, 의문의 서법의미는 나타내

지 않는다. (ㄱ)에서 보듯이 화자가 어떤 문제에 대해 추측하는 식으로 발화할 수도 있으므로 추측을 나타내는 서법표지와는 결합 가능하다.

'언급하다'의 절이 보문소 결합 제약 현상을 살펴보도록 한다.

(59) ㄱ. 그에 대한 저항의 과정에 의하여 형성되었음을/*형성되기를/
현성된 것을/*형성될 것을 언급했다.
ㄴ. *왜 형성되느냐고/왜 형성되는지를/왜 형성되는가를 언급했
다.

(ㄱ)에서 '언급하다'의 절의 서술어가 보문소 '-음' 또는 '-ㄴ 것'과 결합할 수 있는 것은 과거에 발생한 어떤 일에 관해 말하는 '언급하다'의 의미특성과 '형성되다'에서 '되다'가 갖는 [+과거성]의 의미특성이 '-음'의 결합을 허락하기 때문이다. 반면 [+미래 예측성]의 의미속성을 갖는 '-기'와 '-ㄹ 것'과는 결합하지 않음을 관찰할 수 있다. (ㄴ)에서 '-ㄴ지'와 '-ㄴ가'의 결합이 가능하기도 하는데 '-을'을 '-에 대해'로 치환하면 더 자연스럽다.

'언급하다'의 절의 시제소 결합제약 관계를 살펴보도록 한다.

(60) 데라시마는 그 증거로 중국에 간 일이 있는 조선 관리가 강화도
조약이 체결되면 결국 다른 나라들과도 조약이 체결되리라고/체
결될 것이라고/체결되었다고/체결하겠다고/체결된다고 언급하였
다.

'언급하다'는 의미특성상 어떤 문제나 사건에 대해 말하기 때문에 그 문제나 사건이 이미 발생했거나, 곧 발생하거나, 지금 발생하거나를 막론하고 모두 언급할 수 있어 시제제약을 받지 않는다.

'언급하다'의 절의 주어와 상위문 성분 간의 통제관계를 살펴보도록 한다.

> (61) 김 후보는 자신에 대한 소문이 악성 루머일 뿐이라고 간단히 언급하고 넘어갔다.

'언급하다'는 어떤 문제에 대해 말하는 언어적 행위이므로 그 문제가 화자와 관련한 어떤 행위, 다른 사람과 관련한 어떤 문제일 수 있으므로 통제관계에서 청자가 필수 논항으로 나타나지 않는 한 상위문 주어에 의해 통제되거나 그렇지 않거나 모두 가능하다.

'나무라다'류에서 '자책하다(自責)'는 심리적으로 일어나는 변화를 가리킬 수도 있고 그 심리적인 과정을 구두언어로 표현했을 경우를 가리킬 수도 있다. 즉 자책하는 행위를 크게 심리적인 행위, 언어적인 행위로 나누어 볼 수 있는데 본고에서는 후자의 경우를 살펴본다. 먼저 전자의 경우를 아래 예로 보도록 한다.

> (62) ㄱ. 자책을 느끼다,
> ㄴ. 지금까지 너무 안이하게 산 것은 아닌가하는 자책이 든다.

(ㄱ)과 (ㄴ)과 같은 경우에서 '느끼다'나 '든다'의 단어 의미특성상 구두언어로 표현한 경우라고는 할 수 없고 스스로 깊이 뉘우치고 자신을 책망하는 어떤 심리적으로 일어나는 변화를 말한다.

'자책하다(自責)'는 화자가 자신의 결함이나 잘못에 대하여 스스로 꾸짖고 나무라는 언어적 행위이며 두 자리 서술어이다.

(63) 그는 그녀의 다리 사이로 흘러내린 미지근한 액체를 닦으며 동이
     닿지 않은 말로 자책을 뱉어냈다.

'자책하다(自責)'의 절의 서법소 결합 양상을 살펴보도록 한다.

(64) ㄱ. '내가 부모 노릇을 제대로 하고 있는가'/있을까 늘 자책하게
        되는 것이 또한 아비어미다.
    ㄴ. "연평도 어민들이 해군 통제에 좀 더 잘 따랐더라면 이런 참
        사는 막을 수 있지 않았겠느냐는 자책이 나오고 있다"고 보도
        했다.
    ㄷ. '내가 이제부터라고 부모 노릇을 제대로 하자'고 늘 자책했다.
    ㄹ. 열심히 공부 좀 해라고 늘 자책했다.

또한 자신과 관련한 언어적 행위는 자신을 명령이나 청유의 의미로 독
촉할 수도 있으므로 명령이나, 청유, 의문과 같은 서법의 의미도 나타낼
수 있다.
'자책하다(自責)'의 절의 보문소 결합 제약 현상을 살펴보도록 한다.

(65) ㄱ. 그 즐거움은 '행복'이란 말로 바꿀 수도 있는데, 그 같은 행복
        을 느끼며 '결국 나를 위한 봉사 아닌가' 하며 자책할 필요는
        없다.
    ㄴ. 부모 노릇을 제대로 하지 않은 것을 자책한다.
    ㄷ. 내가 왜 그런 행동을 했음을 자책한다.
    ㄹ. 아이가 눈앞에서 크게 다친 것을 보고 그녀는 좀 더 주의하지
        않았던 것을 심하게 자책했다

'자책하다'는 의미특성상 이미 일어난 일에 대해 죄책감을 느끼면서 자

책하는 행위이므로 과거를 나타내는 보문소와 잘 결합한다. 이는 시제소와의 결합관계도 제약함을 아래에서 관찰할 수 있다.

(66) 이러저러한 기사를 읽으면 자기가 이러저러하게 잘못했다고/*잘못할 것이라고/*잘못하겠다고/ 자책을 하기까지 했다.

[+미래성]을 나타내는 '-ㄹ 것'과 '-겠'과의 결합이 어색하다. 또한 '자책'은 이미 일어난 일에 대한 후회하는 발언이므로 의지를 나타내는 표지 '-겠'과 부정의 의미를 나타내는 어휘적 단어와는 더더욱 결합하지 않는다.

'자책하다(自責)'의 절의 주어와 상위문 성분 간의 통제관계를 살펴보도록 한다.

(67) 그녀i는 [자신i이 조금만 더 서둘렀었어도 비행기를 놓치지는 않았을 거라고] 자책했다.

'자책하다'는 화자가 자신과 관련한 어떤 일에 관하여 스스로 나무라는 언어적 행위이므로 절의 주어와 상위문의 주어는 반드시 통제관계를 맺는다는 특성이 있다. 또한 자신과 관련한 일은 과거에 발생했던 어떤 일이나, 발생했던 그 일에 대해 못내 아쉬워하면서 그렇지 않았을 수도 있다는 추측의 의미로 표현되는 언어적 행위라는 점에서 절은 서법의 의미도 나타낸다. 이 경우는 추측의 의미를 나타내는 선어말어미 '-겠-'보다는 관형형 어미로 표현되는 '-ㄹ 거다' 가 더 자연스럽다.

'평가하다'류에서 '비평하다(批評) 「1」'은 화자가 사물의 옳고 그름, 아름다움과 추함 따위를 분석하여 가치를 논하는 언어적 행위로서 두 자리 서술어이다. 발화상황을 바라보는 입장에서 우리는 화자가 발화하는 내용이 직접적으로 비평당하는 그 대상물로 언어화할 수도 있고, 그 대상물에 대해 무엇이라고 비평을 했는지 그 구체적인 발화내용을 언어화하여 표현할 수도 있다. 그러나 『표준국어대사전』에서는 전자의 경우만을 논항구조로 제시하고 있다. 『고려대 한국어대사전』에서는 전자와 후자를 모두 논항구조 유형으로 제시하고 있다.

'비평하다(批評) 「1」'의 절이 서법 결합 양상을 살펴보도록 한다.

> (68) 그는 여당의 대선 후보의 선전이 왜 시민들의 의지가 표출되지 않았냐고 /표출하라고/표출하자고 비평했다.

(68)에서 '비평하다(批評) 「1」'은 서법소와 결합에서 자연스럽다.
'비평하다(批評) 「1」'의 절의 보문소 결합 제약 현상을 살펴보도록 한다.

> (69) 시민들의 의미를 표출하지 않았음을/*표출하지 않기를/표출하지 않은 것을/*표출하지 않을 것을 비평했다.

<평가하다>류 '비평하다'도 이미 일어난 것, 이미 존재하는 어떤 대상에 대해 평가하는 행위이므로 [+기대성]을 나타내는 표지들과 어울리지 않음을 살펴볼 수 있다.
'비평하다(批評) 「1」'의 절의 시제소 결합 제약 현상을 살펴보도록 한다.

> (70) ㄱ. 선생님은 나를 지각했다고/지각한다고/지각하지 말라고/*지각하리라고/*지각하겠다고/지각할 것이라고 비평하셨다
> ㄴ. 언론은 여당의 대선 후보의 선전이 지역감정의 해소를 바라는 시민들의 의지가 표출될 것이라고 비평했다.

'비평하다'는 자신의 의지를 나타내는 행위에는 관여치 않는 발화행위이므로 의지의 의미를 내포하는 표지 '-겠'이나 '-리라'와는 결합하지 않는다.

'비평하다(批評) 「1」'의 절의 주어와 상위문 성분 간의 통제관계를 살펴보도록 한다.

> (71) 그는 [자신i을/정부j에서 시미들의 의지를 표출하지 않았다고] 비평했다.

(71)에서 화자 자신과 관련된 행위에 대해 평가할 수 있기 때문에 재귀대명사 '자기'를 통제할 수 있다. 또 상대방과 관련한 행위에 대해 평가할 수도 있으므로 의무적인 통제관계를 맺지 않을 수도 있다.

'헐뜯다'류에서 '비평하다(批評) 「2」'는 화자가 다른 사람이나 남의 잘못이나 결점을 드러내어 이러쿵저러쿵 좋지 아니하게 말하는 언어적 행위로서 두 자리 서술어이다. 그러나 '비평하다(批評) 「2」'는 '비평하다(批評) 「1」'과 마찬가지로 두 가지 유형의 논항구조를 가질 수 있으나 『표준국어대사전』과 『고려대 한국어대사전』에서는 타동사의 용법만 제시되어 있다. 즉 '-고'가 이끄는 보문절 논항은 논항구조에 제시되지 않았다. 한 부류에 속하는 '헐뜯다'는 화자가 남을 해치려고 헐거나 해쳐서 말하는 언어적 행위로서 두 자리 서술어이다.

> (72) 제발 서로를 /동서를/상대 후보를 헐뜯지 않도록 해라.

그러나 아래 SJ에서 제시된 (73)을 살펴보면 자동사의 용법으로 쓰이기도 한다. 수정할 필요가 있다.

(73) 지난 대선 때 김영삼 후보를 두고 재벌당 후보가 노골적으로 머리가 나쁘다고 헐뜯었던 말이 무색할 정도이다.

'헐뜯다'의 서법소 결합 양상을 살펴보도록 한다.

(74) 그는 영숙이가 공부를 못한다고/*못해라고/*못하느냐고/*못하자고 헐뜯다/비평했다.

'헐뜯다'는 의미특성상 부정적인 발화행위이므로 절의 서술어로 나타내는 성분은 부정적인 의미를 내포한 어휘적 단어나, 부정의 의미를 나타내는 장형이나 단형표현으로 나타남이 그 특징이다.

(75) 한가한 후세의 학자들은 그의 논설이 비분강개에 흘렀으며, 일본의 침략주의를 지탄하지 못한 것을/못했음을/*못할 것을/*못하기를 헐뜯는다.

'헐뜯다'가 상대방의 어떤 잘못, 결점, 또는 그 잘못이나 결점에 해당되는 어떤 행위에 대해 부정적으로 말하는 행위라는 것은 이미 존재한다고 생각하는 지시물로 인지하기 때문에 미래에 발생할 것이라고 믿는 [+기대성]를 나타내는 표지와는 결합하지 않는다. 이는 시제소와의 결합에서 [+미래성]나 의지를 나태는 표지와는 결합하지 않음을 설명하기도 한다. 그러나 다음과 같은 예를 보도록 한다.

(76) 그는 영수의 그 수준에서 이 일을 해내지 못할 것이라고 헐뜯었다.

(76)에서 화자가 상대방인 '영수'의 능력을 부정적으로 추측하여 부정적으로 발화할 수 있으므로 '-ㄹ 것'과의 결합은 자연스럽다.

(77) 그는 [?자기i는/영수는 나쁜 놈이라고] 헐뜯었다. /비평했다.

'헐뜯다'가 상대방을 대상으로 한다는 점은 주어와의 의무적인 통제관계를 맺지 않음을 말해준다.

다음 부류는 조경순(2009)에서 언급한 화자 단독장면을 언어화한 '중얼거리다'류가 이에 속한다.[84]

'중얼거리다'는 화자가 남이 알아듣지 못할 정도의 작고 낮은 목소리로 혼잣말을 자꾸 하는 발화행위인데 이는 서법소와의 결합 양상에서 다음과 같은 특징으로 나타난다.

(78) 그는 빨리 가라고, 빨라 가지고, 왜 안가느냐고 중얼거렸다.

'중얼거리다'는 다른 사람의 알아듣지 못할 소리로 발화하므로 상대방을 설정하지 않는 전제하에서 (78)과 같이 명령, 청유, 의문을 나타내는 서법소와 결합이 가능하다. 그러나 서법의 의미가 화자는 사람이 상대방을 전제로 드러나는 것이라면 (ㄷ)은 서법이 갖는 전형적인 의미는 나타내지 않는다고 봄이 타당하다. 서법의 전형적인 의미는 상대방으로 하여금 어떤 행위기를 수행하게끔 하기 위해 명령, 청유, 의문의 식으로 발화할 수 있음을 말한다. 혼자 발화하는 경우는 자기의 의지, 주장, 생각 등을 과거, 현재, 미래 등 시간의 구간 제약 없이 표현 가능하므로 시제 결합

---

84) 조경순(2009)에서는 발화동사가 발화상황과 밀접한 관련을 맺고 있다는 점에서 화자 단독 장면과 비단독 장면으로 나눌 수 있다고 한다.

관계에서도 자연스럽다.

> (79) 그는 [ei/ 자신이 더 이상 비겁하게 살지 않을 거라고/살지 않으리
> 라고/살지 않을 것이라고 /살았다고/살지 않겠다고/ 중얼거렸다 /
> 혼잣말했다.

화자가 말을 하는 청자 없이 혼자서 말을 하는 행위는 또 통제관계에
서 의무적인 주어 통제관계를 맺음을 설명한다. 이는 절의 주어 자리에
상위문의 주어와 동일지시 관계를 나타내는 재귀대명사 '자신'을 삽입할
수 있음에서 설명된다.

> (80) 그는 여기 집을 짓고 살았다고/살았음을/*살기를/*살 것을/*산 것
> 을/*살았다는 것을 중얼거리곤 하였다.

'중얼거리다'는 보문소 '-고'와의 결합만이 자연스러운데 이는 '중얼거
리다'가 명사구 보문으로 [＋맒이라는 추상적인 의미를 갖는 표현들과
선택제약 관계를 갖기 때문이다.
'[NP1 [S [V]]]' 형 논항구조를 갖는 발화동사들의 통사현상을 표로 정
리하여 그 공통점과 차이점을 살펴보도록 한다.

〈표 8〉

발화동사	서법소				시제소					통제관계		
										의무		비의무
	-다	-느냐	-라	-자	-았/었	-ㄴ다	-리라	-ㄹ것	-겠	주어	대상	제삼자
피력하다	○	×	×	×	○	○	×	×	×	○	○	○
문책하다	○	○	○	○	○	○	×	×	×	○	×	×

자책하다	O	O	O	O	O	O	×	×	×	O	×	×
뇌까리다「1」	O	O	O	O	O	O	O	O	O	O	×	O
뇌까리다「2」	O	O	O	O	O	O	O	O	O	O	×	O
뇌다03	O	O	O	O	O	O	O	O	O	O	×	O
언급하다	O	×	×	×	O	O	O	O	O	O	×	O
발언하다	O	O	O	O	O	O	O	O	O	O	×	O
공격하다「2」	O	O	O	O	O	O	O	O	O	O	O	O
달래다「1」	O	×	O	O	O	O	O	O	O	O	O	×
위로하다	O	×	O	O	O	O	O	O	O	O	O	×
되받아치다	O	O	O	O	O	O	O	O	O	O	×	O
주장하다01	O	×	O	O	O	O	O	O	O	O	×	O
종알거리다	O	O	O	O	O	O	O	O	O	O	×	O
중얼거리다	O	O	O	O	O	O	O	O	O	O	×	O
혼잣말하다	O	O	O	O	O	O	O	O	O	O	×	O
칭찬하다	O	O	O	O	O	O	O	O	×	O	O	O
비평하다「1」	O	O	O	O	O	O	O	×	×	O	×	O
헐뜯다	O	×	×	×	O	O	×	O	×	×	×	O
비평하다「2」	O	×	×	×	O	O	×	O	×	×	×	O

 '중얼거리다'류는 기타 부류 발화동사들과의 공통점은 문의 구조에서 청자 요소가 필수적인 논항으로 나타나지 않는다는 것이다. 그러나 '중얼거리다'류는 발화상황에서 청자 요소를 상정할 수 없지만 기타 부류는 통사구조에 청자 성분이 필수적인 논항으로 나타나지는 않으나 발화상황에서 청자 성분을 상정 가능하다. 다음은 보문소와의 결합을 표로 정리하여 보도록 한다.

〈표 9〉

발화동사	보문소							
	-음	-기	것		-ㄴ지	-ㄴ가	-ㄴ냐	-고
			-ㄴ것	-ㄹ것				
피력하다	○	×	○	×	○	○	×	○
문책하다	○	×	○	×	×	×	○	○
자책하다	○	×	○	×	×	×	○	○
뇌까리다「1」	○	×	○	×	○	○	○	○
뇌까리다「2」	○	×	○	×	○	○	○	○
뇌다03	○	×	○	×	○	○	○	○
언급하다	○	×	○	×	○	○	×	○
발언하다	○	×	○	×	○	○	○	○
공격하다「2」	○	×	○	×	○	○	×	○
달래다「1」	○	×	○	×	×	×	×	○
위로하다	○	×	○	×	×	×	×	○
되받아치다	○	×	○	×	×	○	○	○
주장하다01	○	○	○	○	×	×	×	○
종알거리다	○	×	○	×	×	×	×	○
중얼거리다	○	×	○	×	×	×	×	○
혼잣말하다	○	×	○	×	×	×	×	○
칭찬하다	○	×	○	×	×	×	×	○
헐뜯다	○	×	○	×	×	×	×	○
비평하다「2」	○	×	○	×	×	×	×	○
되받아치다	×	×	○	×	×	×	×	○
비평하다「1」	○	×	○	×	×	×	×	○
헐뜯다	○	×	○	×	×	×	×	○
비평하다「2」	○	×	○	×	×	×	×	○

　　보문소 '-음'과의 결합에서 '되받아치다'만이 불가능함을 관찰할 수 있
는데 이는 '되받아치다'라는 발화행위는 '현장성'을 강하게 표현하기 때
문에 과거를 나타내는 '-음'과의 결합이 어색하게 된다. '-기'와 '-ㄹ 것'
과의 결합에서 '주장하다01'과 가능함을 관찰할 수 있는데 이는 '주장하
다'가 의미특성상 화자가 자기 의견을 내세우면서 그 의견에 맞게 어찌하
기를 바라는 [+기대성]을 표현하기 때문이다. 의문을 나타내는 표지 '-ㄴ
냐'와의 결합에서 '뇌까리다「1」「2」', '발언하다', '자책하다'와만 가능함
을 관찰할 수 있다. '뇌까리다「1」「2」'와 '발언하다'는 질문하는 식으로 발
화할 수 있음을 나타내고, '자문하다'와 '자책하다'는 자신한테 반문하는
식으로 발화할 수 있음을 나타낸다. 간접 의문문을 나타내는 표지 '-ㄴ지'
와 '-ㄴ가'와 결합 가능한 발화동사들은 의문을 표현하기 보다는 발화하
고자 하는 내용이 이유나 원인을 나타냄을 보여준다.

　　이와 같이 4.1에서는 주로 발화상황에서 발화행위가 실현되려면 반드
시 발화를 주도하는 주체가 있어야 한다는 데 중점을 두고 발화동사 구문
구조를 다음과 같이 설정하였다. 4.1.1에서는 발화상황에서 화자를 중심
으로 '화자' 구조를 발화동사의 기본 구문 구조로 설정하였는데 '[NP1
[V-]]'형의 논항구조로 표현되었다. 이 유형에 해당되는 발화동사들은 '화
자'의 발화 방식이나 양상을 나타내는 부류들이었다. 4.1.2에서는 발화상
황에서 '화자'가 어떤 발화를 했는지에 초점을 두고 '화자-발화내용' 구
조를 설정하였는데 하위범주로 선택된 발화내용이 명사구로 선택되었느
냐, 절로 선택되었느냐에 따라 '[NP1 [NP3 [V-]]]'형과 '[NP1 [S V-]]]'형
의 논항구조를 가짐을 살펴보았다. 개별 발화동사들은 이 두 가지 유형의
논항구조를 모두 갖기도 함을 살펴보았다.

4.2. '화자-화자'

발화상황에서 발화 주체가 하나 이상일 경우에 초점을 두면 '화자-화자'를 중심으로 발화동사의 구문 구조를 설정할 수 있다. '화자-화자' 구조는 또 발화상황에서 발화 주체들이 어떤 발화내용을 발화했느냐에 초점을 두고 '화자-화자-발화내용' 구조를 설정할 수 있다.

4.2.1. '화자-화자' 구조

'화자-화자' 구조를 갖는 발화동사는 발화상황에서 발화 주체가 여럿이 되는 상황을 언어화한 것으로 그 어휘의미특성상 주어 자리에 여럿을 나타내는 말이 온다. 이 경우를 어떤 형식으로 문의 구조에 출현시키느냐에 따라 두 가지로 나누어 볼 수 있다. 하나는 (a)와 같은 구조로 표현되고 다른 하나는 발화 주체가 되는 성분들을 접속조사 '-와/과'에 의해 하나의 주어 성분으로 만들어 주는 경우로 (b)와 같은 구조로 표현된다. 따라서 발화 주체가 하나 이상인 발화상황을 언어화한 동일한 발화동사라도 주어를 어떤 형식으로 표현하느냐에 따라 두 가지 유형의 논항구조를 갖는다.

   (a) [NP1 [V-]] 형 (NP1은 여럿을 나타내는 말이 주어 성분이 되는 경우)

   (b) [[NP1 NP2] [V-]]형 ('NP1과 NP2'이 주어 성분으로 되는 경우)

이 유형의 논항구조에 해당되는 발화동사는 주어 위치에 나타나는 성분의 표현형식에 따라 한 자리 서술어, 두 자리 서술어가 되기도 한다. 한

자리 서술어일 경우는 주어가 여럿을 나타내는 말이 오고, 두 자리 서술어일 경우는 발화 주체인 각 요소들이 접속조사 '-와/과'에 의해 연결되어 전체가 주어로 문의 구조에 나타나는 경우이다.

　발화상황을 상정해 보면 이 유형의 논항구조에 나타나는 두 논항이 각각 화자 성분, 청자 성분으로 그 역할을 정확히 판별하기 어렵다. 왜냐하면 발화상황에서 두 논항이 서로가 화자가 될 수도 있고, 청자가 될 수도 있어 어느 것이 화자인지 청자인지는 명시적이지 않다. 다만 문두에 나타나는 것이 주어고 문장의 주된 행위자라는 것은 일반적인 경우를 두고 말하는 상론이다. 어순이 비교적 자유로운 한국어에서는 격조사의 도움을 받아 서술어와 가까이에 주어 성분이 놓일 수도 있다. 그러나 본고에서는 일반적인 경향을 따를 것이다. 또한 발화상황을 상정하여 화자도 청자도 될 수 있지만 의미역 준거에 따라 동일한 의미역을 받을 수 없음으로 서술어와 맺는 역할이 다르다고 볼 수도 있어 이 경우 의미역위계가 영향을 미칠 수도 있다. 즉 그 발화상황에서 한 성분은 그 언어적 행위의 주도자가 될 수도 있다는 문제가 언급되는데 문두 주어 위치에 놓인 논항은 주도적 발화자의 의미역, 상대적인 위치에 놓인 화자는 [-주도적] 화자의 의미역을 갖는다고 설정해 본다면 이 경우 접속조사가 선·후행성분에 부착되었을 경우의 의미차이를 관찰해 보아야 한다. 그러나 본고에서는 발화상황에서의 참여정도를 고려치 않기 때문에 첫 번째 논항과 두 번째 논항은 서술어로부터 동일한 의미역을 할당받는다고 본다. 동일한 의미역을 할당받는다는 것은 두 논항이 모두 발화의 주체로 언어화된 성분으로 문의 구조에서의 기능이 갖기 때문이다. 이는 접속조사 '-와/과'가 이런 기능도 함을 설명해 준다.

　(b)유형의 논항구조를 갖는 발화동사들은 발화 주체들이 발화하는 장면 그 자체를 언어화한 것으로서 의미특성상 화자의 발화하는 방식이나 모

양을 강조하므로논항구조도 '화자'와 '화자' 논항을 중심으로 구성된다. 고유어일 경우는 어떤 행위 양상을 표현하는 접미사 '-거리다', '-대다'와 결합하여 의성의태어가 만들어진다. 또는 동일한 어근을 중첩시켜 단어가 형성된 방식은 어떤 행위의 방식이나 모양을 드러내기 위함이다. 따라서 발화내용은 필수적인 요소로 나타나지 않는다. 그러나 '의논하다'류는 약간 다른 속성을 보인다.

> '다투다'류 : 다투다[1], 말싸움하다, 실랑이하다「2」,
> 언쟁하다(言爭), 으르렁거리다「2」, 옥신각신하다「3」, 티격태격하다
> '대화하다'류 담소하다02(談笑), 대화하다02(對話), 면담하다(面談),
> 잡담하다(雜談), 통화하다02(通話), 환담하다(歡談)

'다투다'류에서 '실랑이하다'는 일상생활에서 빈도가 비교적 높은 발화동사이다.

(81) ㄱ. 우물가로 나간 두 사람은 잠시 실랑이를 하다가 결국 집 뒤로
　　　　가서 쌀 가마니를 깔고는 그 위에서 일을 저질렀다.
　　ㄴ. 춘양에 살고 있는 껄렁패들이 칠팔 명 몰려와서는 출입문을
　　　　지키고 있던 단원들과 실랑이를 벌였다.

'실랑이하다'는 의미특성상 싸움을 하는 두 대상이 발화상황에 있어야 가능한 발화행위이다. 따라서 (ㄱ)은 복수를 나타내는 '두'가 [+유정성]을 갖는 발화 주체가 될 인간을 수식하는 경우로 발화 주체가 둘임을 나타내고, (ㄴ)은 발화 주체인 '껄렁패'가 복수토 '-들'과 결합하여 발화 주체가 여럿임을 나타낸다.

'이야기하다'류에서 '시시닥거리다'는 발화 주체들이 실없이 웃으면서

조금 큰 소리로 계속 이야기하는 언어적 행위로서 그 발화상황을 전체로
하여 언어화한 것이다. 따라서 발화 주체들만을 필수 논항으로 하는 논항
구조를 갖는데 발화 주체들을 어떤 형식으로 표현하였는지에 따라 두 가
지 유형으로 표현된다. 그러나 이 두 유형의 논항구조는 통사적인 변형관
계나 의미적인 변형관계로 표현되지 않아서 한 자리 서술어, 두 자리 서
술어로 봄이 타당하다.

> (82) ㄱ. 수행 중에 젊은 남녀가 앞마당에서 무려 두 시간을 시시닥대
> 는데 화가 목구멍까지 돌아왔다
> ㄴ. 아이는 누나와 티비를 보며 시시닥거리고 있었다.
> ㄴ´. *아이는 누나에게 시시닥거리고 있었다.
> ㄴ″. *아이는 누나와 티비를 보며 '내가 톰이 되었으면 못해낼 일
> 이 없겠다'고 시시닥거렸다.

　(ㄱ)은 한자어 '남'과 '녀'가 결합하여 발화 주체가 '남자와 여자' 두 사
람을 나타낸다. (ㄴ)은 위에서 문제시되었던 예인데 (ㄴ´)가 불가능하다는
것은 (ㄴ)가 발화 주체가 둘임을 말하기 때문이다. (ㄴ´)가 비문법적인 것
은 '시시닥거리다'가 의미특성상 화자의 발화행위를 하는 그 모양이나 방
식을 강조하지 시시닥거리는 행동이 상대에게 어떤 영향을 끼치는 것은
아니다. (ㄴ″)가 어색한 것도 '-고'가 이끄는 발화내용이 '시시닥거리다'
의 의미 구조에 존재하지 않는 성분이기 때문이다.
　'대화하다'는 『고려대 한국어대사전』이나 『표준국어대사전』에서 발화
내용이 필수적인 요소로 격틀에 제시되지 않았다. 그러나 아래와 같은 예
를 보면 발화내용이 나타날 수도 있음을 관찰할 수 있다.

> (83) ㄱ. 김 대통령과 각 부처의 국장들은 식사를 하면서 일문일답식으

　　　　로 대화했다.
　　ㄴ. 이 귀중한 시간에 더 뜻있는 문제를 놓고 대화를 해야지
　　ㄷ. 그들은 동포들과 그 작품에 대해서 대화를 나누었다.
　　ㄷ´. ?그들은 동포들과 그 작품에 대해/*작품을 대화했다.
　　ㄷ″. ?그들은 동포들과 대화했다.

　그러나 (ㄴ, ㄷ)을 관찰해 보면 '대화'가 술어명사의 용법으로 문의 구
조에 나타났을 경우는 아주 자연스러운 문장이 된다. 서술어로서의 용법
으로 문장을 변형시켜 본 (ㄷ´)에서 대산 논항이 '-에 대해'와 결합하면
약간 어색하지만 (ㄷ)에서 술어명사 '대화'가 '나누다'가 방출한 논항일
경우는 자연스럽다. 상호 교체 가능한 '-을' 성분이 나타날 경우는 비문이
된다. 그러나 (ㄷ″)가 적격하지 않은 것은 '대화하다'는 발화내용을 필수
적으로 하는 발화동사임을 설명해준다.

4.2.2. '화자-화자-발화내용' 구조

　발화 주체들을 중심으로 설정한 구조는 또 하위로 화자와 화자가 어떤
발화를 했느냐에 초점을 두고 '화자-화자-발화내용' 구조를 가질 수 있
다. 발화 주체들이 의견이나 어떤 말을 주고받는 발화상황을 언어화한 발
화동사는 그 의미특성상 주어가 여럿을 나타내는 말이 올 수 있어 화자와
화자, 그리고 발화내용을 필수 논항으로 하는 세 자리 발화동사가 된다.
이들은 '화자-화자-발화내용' 구조를 가질 수 있는데 주로 [+쌍방형]의
미속성을 갖는 부류들이 해당된다. 이 부류의 발화동사는 다음과 같은 특
징이 있다. 화자와 청자가 모두 발화의 주체가 되어 어떤 발화내용을 주
고받는 대화상황을 언어화한 것이다. 화자와 화자가 모두 발화의 주체가

된다는 것은 발화상황에서 발화내용이 나타내는 방향성에 따라 판단가능
하다. 즉 발화내용이 단일방향을 나타내면 화자가 발화의 주체가 되어 청
자에게 발화하는 상황이고, 쌍방향을 나타내면 화자와 청자가 모두 발화
의 주체가 되어 이들 간에 발화내용이 주고받는 발화상황임을 말해준다.

이런 장면을 언어화한 발화동사는 발화상황에서 발화를 하는 두 개체
간의 관계를 여럿을 나타내는 말로 형식화했느냐, 아니면 어떤 조사에 의
해 연결된 성분으로 형식화했느냐에 따라 두 가지 논항구조 유형이 결정
된다. 즉 문의 구조에서 주어의 위치에 출현하는 화자가 여럿을 나타내는
단어인지의 여부에 따라 두 자리 서술어, 세 자리 서술어가 될 수 있다.
주어의 위치에 놓이는 화자가 여럿을 나타내는 단어로 언어화된 것이라
면 발화동사는 두 자리 서술어가 된다. 그렇지 않고 발화하는 주체성분들
이 각각 'NP1'성분과 'NP2'성분으로 언어화되어 접속조사 '-와/과'에 의
해 연결된 관계라면 하나의 성분으로 'NP1-와/과 NP2'는 주어 위치에
놓여 세 자리 서술어가 되는 경우이다. 주어가 어떤 형식으로 표현되던
이 경우 발화내용은 항상 필수적으로 나타나는 성분이다. 따라서 이 유형
의 발화동사는 그 의미특성에 따라 두 가지 유형의 논항구조를 갖게 되지
만 두 유형 간에 어떤 변형의 관계를 설정할 수 없다. 즉 두 가지 기본
격틀을 갖는다고 보는 것이 타당하다.[85]

발화내용이 선택되는 범주에 따라 두 가지 유형의 논항구조로 분류되
는데 이 부분은 4.2.2.1.과 4.2.2.2에서 살펴볼 것이다. '화자-화자-발화내
용' 구조에서 두 발화 주체는 여럿을 나타내는 말로 대용 가능하여 '화자
-발화내용' 구조를 갖기도 함을 4.1.2에서 살펴보았다.

---

85) 이 부분과 관련하여 유현경(1997)에서도 '서술어의 자릿수가 둘에서 하나로 줄어들기 때
문에 변환관계로 보기 힘들다'고 지적한 바 있다.

4.2.2.1. [[NP1 NP2] [NP3 [V-]]]

본 절에서는 주로 '[[NP1 NP2] [NP3 [V-]]]'형을 갖는 발화동사들을 살펴볼 것인데 4.1.2.1에서 3)의 경우와 같으며 동일한 유형들이 이에 속한다. 형식상의 차이가 있지만 어떤 대상을 두고 의견을 주고받는 발화행위라는 점은 마찬가지이다. 따라서 이 부분에서는 접속조사 '-와/과'에 의해 주어 성분으로 표현했을 경우를 예로 간략하게 보여줄 것이다. 4.3.2.1와는 달리 [+유정성]의 의미속성을 갖는 'NP3'은 문 구조에서 서술어와의 선택제약 관계에 의해 배제된다.

'토의하다'류에서 '흥정하다[2]「1」'은 물건을 사거나 팔기 위해 사는 사람과 파는 사람이 품질이나 가격 따위를 의논하는 언어적 행위이다. '협의하다'와 마찬가지로 흥정하는 내용이 의문을 나타내는 표지로 표현될 수 없다.

(84) ㄱ. *어머니는 상인과 서로 콩나물 값을 흥정하고 있었다.
　　　ㄴ. 어머니와 상인은 서로 콩나물 값을/가격을 놓고 흥정하고 있었다.
　　　ㄷ. 그들은 한참동안 가격을 놓고/둘러싸고 흥정을 하더니 한 마리당 6백 50원에 팔면 팔고 말면 말라고 으름장을 놓는 바람에 하는 수 없이 그 가격에 팔기로 했다.

(ㄱ)과 (ㄴ)은 기저 구조가 서로 다른 문장이다. (ㄱ)에서는 '어머니'가 다른 사람이 아닌 '상인'과 가격을 흥정하는 데 초점, 즉 어머니의 행동에 초점을 두었다면 (ㄴ)은 '어머니와 상인'이 서로 가격을 흥정하는데 초점을 두었다. 이는 (ㄱ)과 (ㄴ)에서 [+상호성] 의미자질을 갖는 상호부사 '서로'를 삽입할 경우 (ㄱ)은 어색한 반면 (ㄴ)은 자연스럽다는 데서 관찰

할 수 있다. (ㄴ)은 또 (ㄷ)에서 대용어 '그들'에 의해 대용가능하다.

4.2.2.2. [[NP1 NP2] [S [V-]]]

'[[NP1 NP2] [S [V-]]]'형의 논항구조를 갖는 발화동사는 주로 '약속하다'와 '언약하다'가 있다. '언약하다'의 의미특성상 갖는 절의 서술어가 결합할 수 있는 서법소, 보문소, 시제소를 살펴보도록 한다.

> (85) ㄱ. 어머니와 나는 내년에는 꼭 일본으로 여행가기로/ 가자고 /
> *가라고/*가느냐고 언약했다.
> ㄴ. 어머니와 나는 내년에는 꼭 일본으로 여행 *감을 /*간 것을/
> 갈 것을/가기로/*가는지/*가느냐/*가는가 언약했다.

(ㄱ)에서 접속조사 '-와/과'에 의해 연결된 '어머니'와 '나'는 발화의 주체가 되므로 공동으로 어떤 행위에 참여할 수 있어 청유를 나타내는 서법소와는 잘 결합한다. 그러나 한 주체가 다른 주체를 상대로 여기지는 않기 때문에 명령과 의문을 나타내는 서법소와는 결합하지 않음을 살펴볼 수 있다. (ㄴ)에서 '언약하다'의 의미특성상 미래에 어떻게 하겠다고 약속하는 발화행위를 나타냄으로 문의 구조에서 과거의 의미를 내포하는 보문소 '-음'과 '-ㄴ 것'과는 결합하지 않고 미래의 의미를 내포하는 '-기'와 '-ㄹ 것'과 잘 결합함을 관찰할 수 있다.

> (86) 나와 영수는 내년에 [e i,j 결혼하기로] 언약하였다.

(86)에서 '나와 영수'는 동시에 발화 주체가 되므로 문의 구조에 절이 한 성분으로 나타났을 경우 절의 주어 성분은 상위문의 두 발화 주체에

의해 통제됨을 관찰할 수 있다.

4.2에서는 주로 개별 발화상황에서 발화 주체가 하나 이상일 경우가 있어 '화자-화자'를 중심으로 발화동사 구문 구조를 설정할 수 있음을 살펴보았다. 4.2.1에서는 '화자-화자' 구조를 설정하였는데 이에 해당되는 발화동사들 '[[NP1 NP2][V-]]'형의 논항구조를 가짐을 살펴보았다. 이 유형에 해당되는 발화동사들은 발화상황에서 모두 발화 주체가 되어 발화하는 장면을 언어화했다는 공통점을 갖고 있었다. 4.2.2에서는 발화상황에서 화자와 화자가 어떤 발화를 했느냐에 초점을 두고 '화자-화자-발화내용' 구조를 설정하였는데 4.1.2와 마찬가지로 발화내용이 선택되는 범주에 따라 '[[NP1 NP2] [NP3 [V-]]]'형과 '[[NP1 NP2] [S [V-]]]'형의 논항구조를 가짐을 살펴보았다. 이들에 해당되는 발화동사는 어떤 내용이나 의견을 주고받는 상황을 언어화했다는 공통점을 갖고 있었다.

4.3. '화자-청자'

발화상황에서 발화 주체와 발화 객체인 '화자'와 '청자'를 중심으로 하여 두 가지 발화동사 구문 구조를 설정할 수 있다. 하나는 '화자'가 '청자'에게 발화하는 데 초점을 두고 언어화된 발화동사들이 갖는 '화자-청자' 구조이다. 이 부류에 해당되는 개별 발화동사들은 '화자'가 '청자'를 무엇이라고 발화하였는지에 따라 '화자-청자-발화내용' 구조를 가질 수도 있다. 다른 하나는 발화상황에서 화자가 청자에게 어떤 내용을 발화하였는지에 초점을 두면 '화자-청자-발화내용' 구조를 갖는다.

4.3.1. '화자-청자' 구조

'화자-청자' 구조를 갖는 발화동사는 발화상황에서 발화 주체인 화자와 발화 객체인 청자를 언어화한 것으로서 화자와 청자를 필수적 성분으로 하는 두 자리 서술어이다. 발화상황에서 화자가 청자를 어떤 대상으로 취급하여 발화하는 가에 따라 두 가지 경우로 나누어 볼 수 있는데 하나는 발화상황에서 화자의 발화가 그 발화를 듣는 대상인 청자에게 직접적인 영향을 미칠 경우이고, 다른 하나는 화자가 특정 청자를 목표 대상으로 하여 발화를 하는 경우이다. 전자의 경우는 청자 성분이 대상을 나타내는 표지 '-을/를'이 결합되고, 후자의 경우는 청자 성분에 목표를 나타내는 표지 '-에게'가 결합되는 경우이다. 두 가지 경우는 또 '화자'가 '청자'에게 무엇이라고 발화하였는지, '화자'가 '청자'를 '무엇이라고' 발화하였는지에 초점을 두고 하위로 '화자-청자-발화내용' 구조를 설정할 수도 있는데 이 부분은 4.3.2에서 다룰 것이다.

주의할 점은 화자를 제외한 성분은 [+유정성] 자질을 갖는 것들이 대부분이며 더러는 청자 성분과 관련되는 질문, 의견 등이 논항으로 나타날 수도 있다는 것이다.[86] 개별적으로 어떤 발화동사는 그 의미특성에 따라 동시에 [+유정성]을 가진 성분일 수도 있고, [+유정성]을 갖는 성분과 관련된 것들이 성분으로 나타날 수도 있다. 여기서 의견, 질문 등은 직접적인 발화내용은 아니고 개체로 범주화한 것들이다.

---

86) 여기서 청자 성분으로 지정하지 않고 [유정성]을 가진 것들이라고 서술함은 두 번째 필수 논항이 유정성을 가졌다고 해서 서술어나 주어와 맺는 관계가 반드시 청자 논항이 아닐 수도 있기 때문이다. 또한 담화맥락을 상정하면 발화상황에서 청자가 존재하는 경우와 그렇지 않은 경우도 있기 때문이다.

1) [NP1이/가 [NP2-에게 [V-]]]

먼저 명사구 'NP2'논항이 격 조사 '-에게'와 결합되는 경우이다. 이 부류는 화자가 청자를 어떤 태도로 대하여 발화하는가에 초점을 두는 경우, 화자가 어떤 방식으로 발화하는가에 초점을 두는 경우, 화자가 청자에게 어떻게 응하는 가에 초점을 둔 등 경우로 나누어 볼 수 있다. 화자의 발화는 청자를 대상으로 이루어진다. 이 논항구조 유형을 공유하는 발화동사들로는 다음과 같다.

'대답하다'류 : 코대답하다(-對答)
'말하다'류 : 반말하다(半---)
'묻다'류 : 문안드리다, 문안하다(問安)

'말하다'류에서 '반말하다'는 화자가 청자에게 반말의 말씨를 써서 말하는 언어적 행위이다. 화자가 청자에게 어떤 반말을 했느냐보다는 화자가 반말의 말씨로 청자에게 말했다는 데 초점이 있으므로 두 자리 서술이다. 즉 화자의 말하는 방식, 청자를 대하는 방식에 초점을 둔다. '반말하다'는 의미특성상 무엇이라고 어떤 반말을 했는지는 논항으로 취할 수도 있다. 그러나 『표준국어대사전』에서는 '-에게' 성분만 나타났다.

(87) ㄱ. 근무자들이 아무에게나 반말하고 욕을 하는 것은 매우 심각하더군.
ㄴ. 아버지는 어머니한테 반말을 해도 되고 어머니는 아버지한테 반말을 해서는 안 되는 건가?
ㄷ. 그는 아버지한테 왜 그러면 안 되냐고 반말했다.

(ㄱ)과 (ㄴ)은 '반말하다'가 두 자리 서술어로 표현된 경우이다. '반말하다'의 의미특성상 말하는 방식에 초점을 둔 경우이다. (ㄷ)에서 보면 직접 인용도 가능함을 관찰할 수 있다. 이런 점에서 『표준국어대사전』에서 수정할 필요가 있다.

'묻다'류에서 '문안하다'는 화자가 웃어른께 안부를 여쭈는 언어행위로서 두 자리 서술어이다. '술어-목적어'의 의미관계로 결합된 구성으로서 발화내용으로 나타나야 할 성분이 형태-구조상에 드러나 있다.

> (88) ㄱ. 그는 하루 두 번 할아버지한테 문안을 드리려 사랑방에 잠깐
>   들렀다 나갈 뿐 별로 말이 없이 항상 조용했다.
>   ㄴ. 철수가 병원에 입원한 직후 철수 아버지는 내가 바로 환자를
>   문안하지 않은데 대하여 서운함을 표시하였으니까요.

(ㄱ)에서 문안을 받는 대상의 사회적 지위에 따라 여격조사가 달리 나타난다. 주로 '-에게', '-한테', '-께' 등이 있다. (ㄴ)과 같이 대격표지 '-을'이 나타날 수도 있는데 이 경우는 문장의 의미가 (ㄱ)과는 다르다. 즉 (ㄱ)은 화자가 직접으로 문안을 드리는 방면 (ㄴ)은 문안을 받아야 하는 대상을 방문한다는 의미가 더 강하다.

2) [NP1이/가 [NP2-을/를 [V-]]]

'NP2'이 '-을/를' 표지와 결합하여 문의 구조에 나타나는 경우이다. '-을/를'표지가 결합된 청자 성분은 문의 구조에서 발화동사가 직접적으로 영향을 주는 대상이다. 여기서 대상은 서술어가 미치는 영향이 청자 성분으로 하여금 심리적으로 어떤 변화를 겪게 되는 경우를 포함한다. 아래 발화동사들 중에서 '나무라다'류와 '칭찬하다'류, '타이르다'류는 또 화자가

청자를 무엇이라고 발화하였는지에 따라 '화자-청자-발화내용' 구조를 갖기도 하는데 4.3.2에서 살펴볼 것이다.

'나무라다'류 : 꾸짖다, 꾸중하다, 나무라다「1」, 호령하다(號令)「2」,
　　　　　　 핀잔주다
'놀리다'류 : 조롱하다01(嘲弄)
'달래다'류 : 달래다「1」, 위로하다(慰勞)
'묻다'류 : 심문하다(審問)
'비판하다'류 : 지적하다[1]「2」(指摘)
'칭찬하다'류 : 자칭하다01(自稱)「2」, 칭송하다(稱頌)
'타이르다'류 : 말하다「4」, 이르다0[2]「1」

이 유형의 논항구조를 갖는 '나무라다'류에서 '나무라다「1」'은 화자가 청자에게 청자의 잘못을 꾸짖어 알아듣도록 말하거나 화자가 청자를 나무라는 언어적 행위이다. 발화상황을 바라보는 입장에서 화자가 청자에게 무엇이라고 꾸짖는 지의 전반 상황을 언어화할 수도 있고, 또는 발화상황에서 '나무라다'의 직접 대상이 되는 청자가 존재하지 않는 상황에서 화자가 나무라는 대상을 이 행위와는 전혀 상관없는 다른 사람 앞에서 나무라는 행위를 하는 경우를 언어화할 수도 있고, 청자가 존재하는 현장에서 청자를 나무라는 행위가 될 수도 있다. 따라서 '나무라다「1」'은 발화상황을 어떻게 바라보느냐에 따라 두 자리 혹은 세 자리 서술어가 될 수 있다.

(89) ㄱ. 그는 나를 나무랐다.
　　 ㄴ. *그는 나에게 나무랐다.

(89)은 '-에게'와 '-을'이 상보적 분포를 나타남을 보여준다. 즉 이는 '-를'

과 결합하는 논항과 '-에게'와 결합하는 논항의 성격이 다름을 말해준다. 전자는 일반적으로 대상 논항을 나타내고, 후자는 일반적으로 목표 논항을 나타낸다.

'타이르다'류에서 '이르다02[1]「1」'은 발화상황을 바라보는 입장에서 화자는 청자에게 이치를 밝혀 깨닫도록 말해주는 언어적 행위와 화자가 청자를 구슬려서 말을 듣도록 하는 언어적 행위이다. 전자는 자동사의 용법, 후자는 타동사의 용법으로 언어화되는 경우이다.

> (90) ㄱ. 나는 점잖게 무게를 잡으며 그들을 타일렀다.
>   ㄴ. ?연회의 절차, 서계, 도서 등 격식에 어긋난 점들을 역관을 통해 계속하여 그들에게 타일렀습니다.
>   ㄴ´. 그들에게 그러지 말라고 타일렀다.

(ㄱ)에서 '그들'은 대상 표지 '-을'과 결합하여 대상 논항임을 나타낸 경우이다. 그러나 (ㄴ)에서 '그들'은 여격논항을 나타내는 표지 '-에게'가 나타날 수 있음을 보여준 경우이다. 이 경우는 (ㄴ´)처럼 발화내용이 나타남이 더 적격한 문장이 된다.

4.3에서 [+유정성]의 속성을 갖는 명사구에 '-을' 논항과 '-에게' 논항이 결합될 경우의 의미차이를 살펴볼 수 있었다. '-에게'는 어떤 [+목표성] 또는 [+지향성]의 의미속성을 내포하고, '-을'은 직접적인 영향을 받는 [+대상성]의 의미속성을 내포한다. '-에게'와 '-을'의 갖는 이런 속성은 문의 구조에서의 그 성분의 기능을 말해줄 뿐만 아니라 두 가지 경우로 나누어 볼 수 있는 증거가 되기도 한다. 의미역이 격조사 실현과는 절대적인 관련성은 없지만 구체적으로 실현되는 격조사가 다르다는 것은 그 성분이 서술어와 맺는 의미적 관계가 달리 표시될 수 있음을 말한다. 격

조사들은 그 성분이 문장에서의 기능을 좌우하는 역할도 있어 나름대로의 통사·의미적 특성을 갖고 있다. 따라서 이 유형에서 '-에게'와 '-을'은 발화동사의 의미특성에 따라 상보적인 분포를 나타낸다. 또 구체적인 격조사의 실현에 따라 두 가지 격틀로 나타나게 되는데 이 둘 사이의 통사적인 변환관계를 설명할 수도 있다. 4.3.1에서 '화자-청자' 구조를 갖는 발화동사들은 또 '화자가 청자에게 무엇이라고' 또는 '화자가 청자를 무엇이라고' 발화했는지에 따라 하위로 '화자-청자-발화내용' 구조를 가질 수도 있는데 다음 부분에서 다룰 것이다. 그러나 4.3.2에서 다룰 '화자-청자-발화내용' 구조와는 약간 다른데 4.3.2에 해당되는 발화동사들은 의미특성상 세 자리 서술어인 경우로 발화상황에서 화자가 청자에게 어떤 내용을 발화하였는지에 초점을 둔 것이나 4.3.1에 해당되는 개별 발화동사는 어떤 발화상황에 초점을 두었느냐에 따라 두 자리 서술어가 될 수도 있고 세 자리 서술어가 될 수도 있는 경우이다. 두 자리 서술어가 갖는 논항구조와 세 자리 서술어가 갖는 논항구조는 내용적으로 관련성이 있음도 살펴볼 수 있었다.

4.3.2. '화자-청자-발화내용' 구조

'화자-청자' 구조는 또 발화상황에서 화자가 청자에게 어떤 내용을 발화했는지에 따라 '화자-청자-발화내용' 구조를 갖기도 한다. 이는 세 자리 서술어인 발화동사가 그 의미특성에 따라 화자, 청자, 발화내용을 필수 논항으로 함을 보여준다. 하위로 선택되는 발화내용의 범주에 따라 두 가지 유형으로 나눌 수 있다. 개별 발화동사는 발화내용으로 절과 명사구를 동시에 하위범주로 선택하는 의미특성을 갖는데 절로 선택하였을 경우와 명사구로 선택하였을 경우 내용적으로 '구체↔추상'이라는 밀접한 관련성이 있음을 관찰할 수 있다.

또 어떤 개별 발화동사는 그 의미특성에 따라 두 자리 서술어인 동시에 세 자리 서술어가 되기도 하는데 주로 발화상황에서 화자가 특정 청자에게 어떤 내용을 발화하는데 초점을 둔 경우와 발화내용을 상정하고 않고 발화동사가 직접 청자에게 발화하는 데 초점을 둔 경우로 표현되는데 주로 4.3.1에서 제시된 발화동사들이 갖는 특성이다.

4.3.2.1에서는 발화내용으로 명사구를 범주로 선택하는 발화동사들의 통사·의미특징을 살펴볼 것이다. 4.3.2.2는 발화내용으로 절을 범주로 선택하는 발화동사들의 통사·의미특징을 살펴볼 것이다. 동일한 유형의 논항구조를 갖는 발화동사 구문의 통사·의미특성의 공통점과 차이점을 알아보기 위하여서는 논항구조 '[NP1 [NP2 [S [V-]]]]'형과 '[NP1 [NP2 [NP3 [V-]]]]'형으로 나누어 기술하는 것이 경제적이고 타당하기 때문이다.

4.3.2.1. [NP1 [NP2 [NP3 [V-]]]]

이 유형의 논항구조를 갖는 것들은 의미특성상 세 자리 발화동사로서 화자, 청자, 발화내용을 필수적인 논항으로 갖는다. 그러나 4.3.2,2과는 달리 하위범주로 선택되는 발화내용이 명사구로 선택된다. 발화내용은 지정된 어떤 대상물이 될 수도 있고, 구두언어인 '말'의 의미자질을 갖는 추상적인 개체명사로 범주화된 것일 수도 있다. 뿐만 아니라 발화상황에서 화자가 특정 청자에게 [+유정성]을 갖는 어떤 인물에 대해 말할 수도 있어 [+유정성]을 갖는 인물이 발화내용 위치에 나타날 수 있다.

그러나 일부의 개별적인 발화동사들은 4.3.2.1의 유형의 논항구조를 가지면서 4.3.2.2의 유형의 논항구조를 동시에 갖는다. 이들은 발화동사가 그 의미특성에 따라 발화내용으로 나타내는 성분을 절이나 명사구를 하위범주로 선택가능하다는 특성 때문에 절과 명사구는 내용적으로 변환관계가 있는 것으로 볼 수 있는 것들이다. 즉 4.3.2.2에서 절로 나타났던 성분들을 구두언어인 [＋말]의 의미속성을 갖는 개체명사로 추상화 가능한 것들이다.

'[NP1 [NP2 [NP3 [V-]]]]' 논항구조를 갖는 발화동사들도 네 가지 부류로 나누어 볼 수 있다.

첫 번째 부류는 전형적으로 이 유형의 논항구조를 갖는 부류들이다.

두 번째 부류는 4.3.2.2에서 발화내용으로 명사구와 절을 동시에 하위범주로 선택하는 부류들이다.

세 번째 부류는 발화상황에서 화자가 특정 청자에게 어떤 문제에 대해여 의견이나 요구를 할 경우에도 이 유형의 논항구조로 표현되는 부류들이다. 이 부류들은 또 화자와 청자가 모두 발화 주체로서 공동문제를 두고 의견을 주고받는 발화상황을 언어화한 표현이기도 하다.

네 번째 부류는 4.1.2.1에서 '화자-발화내용' 구조를 갖는 일부 발화동사들이 해당된다.

본 절에서는 이 세 가지 부류들을 1), 2), 3), 4)로 나누어서 살펴볼 것이다.

1) 첫 번째 부류

첫 번째 부류는 개별 발화동사들이 전형적으로 이 유형의 논항구조로 표현되는 경우이다. 이 유형에 해당되는 발화동사들은 아래와 같이 의미자질의 공통성과 시차성에 따라 여러 의미 유형으로 묶이기도 하는데 이는 공통으로 갖는 기본 의미자질에 의한 것이다. 2장에서 살펴봤듯이 의미자질들을 공통으로 갖는다는 것은 또 통사적인 행동을 함께 할 수 있는 것들인지를 파악하는 데 근거를 제공한다. 비록 동일한 논항구조를 공유하지만 의미의 공통성이나 시차성에 따라 구체적인 통사적 행동은 같을 수도 그렇지 않을 수도 있다. 그러나 통사적 행동은 주로 절을 하위범주로 선택했을 경우에 많이 나타나는 현상들이어서 명사구가 발화내용으로 나타나는 4.3.2.1경우는 주로 NP3이 [＋유정성] 의미속성을 갖느냐의 여부에 따라 다르게 표현됨을 관찰할 수 있다.

> '가르치다'류 : 강의하다02(講義)
> '감사하다'류 : 드리다01[I]「2」
> '고백하다'류 : 쏟다[1]「3」
> '알리다'류 : 고하다(告--), 상고하다01(上告)「1」
> '욕하다'류 : 퍼붓다[2]「2」

이 유형의 논항구조를 이루는 논항들이 과연 발화동사의 의미특성에서 방출된 필수적인 논항인지를 반례를 들어 살펴볼 것이다. 『고려대 한국어 대사전』, 『표준국어대사전』에서 논항구조에 대한 제시가 일괄적이지 않는 것들을 대표적으로 선택하여 '세종말뭉치', 'SJ-RICK CORPUS' 등에서 용례들을 살펴보고 논항구조를 검토할 것이다.

'드리다01[I]「2」'는 본동사 '하다'를 겸손하게 이르는 말로써 화자가 청자에게 말이나 인사, 결의, 축하 따위를 하는 언어적 행위이다. 화자와 청자는 사회적인 신분관계의 제약을 받는데 이는 문의 구조에서 화자와 청자가 서술어에 대해 아랫사람과 윗사람이라는 선택제약 관계를 갖게 되는 데서 표현된다.

> (91) ㄱ. 나는 사장님께/?에게 인사를/감사를/문안을/말씀을/?전화를 드렸다.

ㄴ. *사장님이 나에게 인사를 드렸다.

(ㄱ)에서 '전화를 드리다'에서 '드리다'가 발화동사로 보기 어렵다는 반례가 될 것이다. '전화를 드리다'는 직접적으로 어떤 언어적인 행위를 한다기보다는 언어적 행위를 하기 위한 구체적인 수단이다. 우리는 이러한 수단을 통하여 언어적인 행동을 완성할 수 있기 때문에 '전화를 드리다'에서 '드리다'를 발화동사로 볼 수 없다. (ㄴ)이 비문이 되는 것은 화자와 청자의 사회적인 신분관계가 서술어와의 선택제약 관계를 제대로 표현하지 않았기 때문이다. (ㄱ)과 같이 격조사 '-에게'가 나타날 경우 어색한 문장이 되는데 이는 선택제약 관계가 문의 구조에서 화자와 청자의 신분관계를 나타내는 표지에 의해서도 판단 가능함을 말해준다.

'욕하다'류에서 '쏟아붓대[2]'는 화자가 청자에게 저주, 욕설, 비난 따위를 말하는 언어적 행위로서 세 자리 서술어이다.

(92) ㄱ. 평론가들은 그 영하에 악담을 퍼부었다.

　　ㄱ′. 평론가들은 그 영하에 '죽을 놈의 정부라고' 악담을 퍼부었다.

　　ㄱ″. ? 평론가들은 그 영하에 '죽을 놈의' 정부라고 퍼부었다.

　　ㄴ. 장은 아무 잘못도 없는 부하 직원들에게 비난을/불평을/욕설을 /*에 대해 퍼부었다.

　　ㄷ. 기자들은 국회의장에게 국회의 정상화 방안에 대해 집중적으로 질문을 퍼부었다

(ㄱ)에서 청자 성분이 [+유정성]을 가진 인간이 나타나지 않고 [+유정성]을 갖는 인간이 속하는 단체를 나타낼 경우는 '-에' 표지로 나타나기도 함을 보여준다. (ㄴ)에서 발화내용으로 나타나는 성분은 부정적인 의미자

질을 가진 것으로서 서술어에 대해 선택제약 관계를 갖는다. 그러나 (ㄷ) 을 보면 '질문'이 갖는 자질이 반드시 부정적이지만은 않음을 보여준다. 이런 점에서 『표준국어대사전』에서 의미항목을 보완할 필요가 있다. (ㄴ) 에서 복합표지 '-에 대해'와는 결합하지 않는다. 문제는 발화내용이다. (ㄱ)에서 구체적인 발화내용을 개체화한 '악담'이 필수적인 논항으로 나타 날 수도 있다. 『고려대 한국어대사전』에서는 필수적인 논항으로 화자, 청 자, '-을'이 이끄는 발화내용을 필수 논항으로 제시하고 있다. (ㄱ″)을 보 면 '악담'이 어떤 '악담'인지의 그 구체적인 내용을 필수적인 성분으로 될 경우 문장이 어색하다. (ㄱ´)에서 어떤 '악담'인지의 구체적인 내용과 수식관계로 문장에 나타냈을 경우 문장이 적격하다. 따라서 '-고'가 이끄 는 보문 논항은 수의적인 논항으로 판단된다. '-고'가 이끄는 절을 가질 수도 있으나 반드시 욕설이나 비난 따위를 수식하는 식으로 나타나야 만 이 문이 적격하게 된다.

2) 두 번째 부류

이 논항구조를 갖는 것들은 세 자리 발화동사들인데 의미특성상 발화 내용으로 명사구나 절을 하위범주로 선택할 수 있다는 특징을 갖는다. 발 화내용이 절의 형식으로 선택되었을 경우는 4.3.2.2에서 살펴볼 것이다. 본 절에서는 발화내용이 명사구의 형식으로 문의 구조에 나타날 경우를 살펴볼 것이고, 절의 형식으로 나타날 경우와 개체명사로 나타날 경우 간 에 내용적으로 어떤 관련성이 있는지도 함께 살펴볼 것이다.

'가르치다'류 : 가르치다01[2]「1」
'경고하다'류 : 경고하다(警告)
'고발하다'류 : 고발하다, 고자질하다, 이르다02「4」, 일러바치다

‘고백하다’류 : 고백하다(告白) 「1」, 실토하다(實吐)

‘권하다’류 : 권유하다03(勸誘), 권하다「1」

‘대답하다’류 : 대답하다(對答) 「2」

‘말하다’류 : 말하다[1]「1」, 말씀하다, 발설하다(發說), 선언하다(宣言)
　　　　　　「1」,「3」

‘묻다’류 : 되묻다03, 묻다03「1」, 반문하다(反問) 「1」「2」, 여쭈다「1」,
　　　　　여쭙다「1」, 질문하다(質問) 「1」, 질의하다(質疑) 「1」

‘반박하다’류 : 쏘다01[1]「2」, 쏘아붙이다, 항의하다(抗議) 「1」

‘변명하다’류 : 둘러대다「2」, 변명하다01(辨明) 「1」, 핑계하다「2」

‘요청하다’류 : 간청하다, 말하다[1]「3」, 부탁하다, 사정하다02(事情),
　　　　　　　조르다02

‘사과하다’류 : 사과하다02(謝過)

‘서술하다’류 : 진술하다(陳述) 「1」

‘설명하다’류 : 설명하다(說明), 설교하다(說敎) 「1」, 해명하다(解明)

‘알리다’류 : 말하다[1]「2」, 보고하다02(報告), 전하다[3], 통고하다(通告)

‘칭찬하다’류 : 자랑하다01

‘타이르다’류 : 훈계하다(訓戒)

‘하소연하다’류 : 하소연하다

　일반 ‘말하다’류에서 ‘말하다[1]「1」’은 화자의 구체적인 발화내용을 간접 인용의 방식에 의해 절의 형식으로 문의 구조에 나타날 수도 있고, 그 간접적인 내용을 [＋말]이라는 의미자질을 갖는 추상적인 개체로 범주화하여 나타낼 수도 있다.

　(93) ㄱ. 그는 나에게 사랑한다고 말했다.

　　　 ㄴ. 그는 나에게 자기 마음을 말했다.

　　　 ㄷ. 그는 나에게 자기가 나를 사랑한다는 말을 했다.

(ㄱ)은 '말하다'가 절을 발화내용으로 선택한 경우이다. (ㄴ)은 '그'가 '나'를 '사랑하고 있다'는 그 마음을 '나에게' 말한 경우이다. 즉 (ㄱ)의 발화내용은 (ㄴ)에서 제시한 목적어와 내용적으로 밀접한 연관성을 갖는다. 이 둘의 관계는 (ㄷ)과 같이 구체적인 발화내용이 이를 개체화한 추상적인 개체를 수식하는 관계로 문의 구조에 나타날 수 있다.

<일반> '말하다'류에서 '건네다[1]「2」'는 화자가 청자에게 말을 붙이는 언어적 행위로서 세 자리 서술어이다. 그러나 네 자리 서술인 것처럼 보이는 경우가 있어 살펴보기로 한다.

> (94) ㄱ. 엄마는 아는 사람을 만날 때마다 그냥 지나치지 않고 먼저 반갑게 인사를/말을/질문을/농담을 건넸다.
> ㄱ′. 엄마는 아는 사람을 만날 때마다 '안녕하세요'라고 건넸다.
> ㄱ″. 엄마는 아는 사람을 만날 때마다 '안녕하세요'라고/안녕하시냐며/안녕하시냐는 인사를 건넸다.
> ㄱ‴. 엄마는 아는 사람을 만날 때마다 *안녕하시냐고/인사를 건넸다.

(94)에서 보듯 '건네다'는 의미특성상 발화내용으로 나타나는 성분을 절과 명사구 범주로 선택가능하며 이들은 내용적으로 변환관계에 있다고 볼 수 있다. 즉 (ㄱ)에서 발화내용이 어휘적 단어 '인사'로 추상화된 경우이고, (ㄱ′)는 그 추상화된 '말'이 구체적으로 어떤 내용이었는지를 표현한 경우이다. 그러나 문제는 발화내용이 절의 형식으로 선택될 경우는 (ㄱ′)에서 보듯 직접적인 인용은 자연스러우나 (ㄱ‴)와 같이 '-고'가 이끄는 간접적인 인용은 어색하다. (ㄱ″)는 네 자리 서술어인 것처럼 보이는 경우인데 여기서 '-고'가 보문소의 기능을 하기보다는 부사절을 이끄는 기능으로 봄이 더 타당하다. 발화내용이 '-며'와 결합하며 '인사'를 수식

하는 성분으로 기능하는 것과 마찬가지로 부정사 '어떻게'에 대응된다. 또한 (ㄱ″)와 같이 그 발화내용을 보문명사 '인사'를 수식하는 성분으로 관형화시켜 추상화한 개체로 범주화된 성분을 보충 설명하는 명사구 보문으로 기능할 수도 있다.

<알림>류에서 '고발하다'의 의미를 나타내는 '이르다02「4」'는 어떤 사람이 다른 사람에게 남의 잘못 따위를 말하여 알리는 발화행위이다.

(95) ㄱ. 철수는 영어 시험에서 수영이가 부정행위를 했다고 선생님께
　　　 일렀다.
　　ㄱ′. 철수는 수영이의 부정행위를 선생님께 일렀다.
　　ㄱ″.철수는 지난 영어 쪽지시험에서 수영이가 부정행위를 했다는
　　　 사실을 영어 선생님에게 일러바쳤다.
　　ㄴ. 누구 나를/나에 대해 아버지께 일렀어?
　　　 내가 아버지께 너를/나에 대해 일렀다, 왜?!

'이르다02「4」'도 (ㄱ)에서 절의 형식으로 나타난 발화내용이 (ㄱ′)에서는 개체명사로 나타난 경우이다. 이 둘 간의 관계를 표시한 것이 (ㄱ″)인데 구체적인 발화내용과 개체명사는 수식의 관계로 문의 구조에 나타날 수 있는 경우이다. (ㄴ)과 같이 발화상황을 만들 경우 [+유정성]을 갖는 인간논항이 고발당할 수도 있다.

그러나 <알림>류에 속하는 기타 발화동사들은 [+유정성]을 갖는 인간이 대상논항으로 문의 구조에 나타나지 않는다. 이는 발화동사 간의 선택제약 관계를 보여준다. '보고하다'류에서 기본 동사 '보고하다02(報告)'는 화자가 청자에게 일에 관한 내용이나 결과를 말로 알리는 언어적 행위로서 세 자리 서술어이다.

(96) ㄱ. 부장 검사는 지적 재산권 단속 효과가 아주 좋다고 상부에 보
고했다/말했다.

　　ㄱ´. 부장 검사는 지적 재산권 단속 효과를/에 대해/관해 상부에
각각 보고하였다/말했다.

　　ㄱ″. 부장 검사는 상부에 *나를 /나에 대해 보고하였다/말했다.

(ㄱ)에서 '보고하다'는 구체적인 어떤 내용을 알리는 행위라면 (ㄱ´)는
발화하는 내용이 어떤 것과 관련한 것인지에 대해 명사구로 표현한 경우
이다. '-에 대해/에 관해' 등 복합표지와도 결합이 가능하다. (ㄱ)에서 주
어 논항은 단체를 나타냄으로 단체를 나타내는 격조사 '-에서'가 지표 된
경우이다. '-에'일 경우는 개인이 속하는 단체를 나타나는 경우이고 '-에
게'성분이 나타났을 경우는 단체에 속하는 구체적인 인물을 제시할 경우
로서 모두 정보를 전달받는 청자 성분이 된다. (ㄱ″)에서 전달되는 내용이
'-를'이 이끄는 [+유정성]자질을 갖는 논항인 경우는 부적격한 문장이 되
나 '-에 대해'와 결합하면 적격한 문장이 된다. 이는 '-에 대해'는 어떤
대상과 관련한 어떤 사건이나 사태를 범주화하여 나타내는 기능을 하기
때문에 가능하다.

<질문>류에서 기본 동사인 '묻다03「1」'은 화자가 청자에게 어떤 일
에 관해 구체적으로 무엇을 요구하는지를 절의 형식으로 표현하여 물을
수도 있지만 다음과 같이 그 구체적인 내용들을 관형형식으로 변형시켜
의문을 나타내는 '-느냐'나 '-ㄴ가'가 포함하는 의미인 '이유'로 범주화
하여 발화내용으로 출현할 수 도 있다. (113ㄴ)과 같이 구체적인 발화내
용으로 나타날 수도 있는 성분은 이유, 질문 등을 수식하는 관형절의 형
식으로 표현된다.

(97) ㄱ. 나는 언니에게 어제 왜 화를 냈냐고 물었다.

　　ㄱ´. 나는 언니에게 어제 화를 낸 이유를/이유에 대해/이유에 관해
　　　　물었다.

　　ㄱ˝. 나는 언니에게 어제 왜 화를 냈냐고 그 이유를 물었다.

　　ㄴ. 남편은 오전에 일어난 *다툼을/에 대해 물었다.

　　ㄷ. 그는 나에게 *영수를/영수에 대해/영수에 관해 물었다.

(ㄱ)에서 발화내용이 의문 표지에 의해 표현되는 절 형식을 (ㄱ´)에서 원인이나 질문을 나타내는 어휘적 단어로 대상화됨을 나타낸다. 또한 개체로 범주화되어 나타난 논항은 복합표지인 '-에 대해', '-에 관해'로 지표 가능하다.[87] 그러나 (ㄴ)에서 명사화소 '-ㅁ'에 의해 파생된 '다툼'은 대상을 나타내는 표지 '-을'과 결합하면 부적격한 문장이 되는 반면 '-에 대해'와는 결합이 자연스럽다. 뿐만 아니라 [＋유정성]을 갖는 인간 명사가 나타날 경우도 마찬가지 현상을 보인다. 이는 '-에 대해'의 의미특성과 관련될 뿐만 아니라 '묻다'가 이유, 원인 등을 나타내는 어휘적 단어와 잘 결합한다는 의미특성과도 관련이 있다.

　<응답>류에서 '대답하다(對答) 「2」'는 화자가 상대가 묻거나 요구하는 것에 대하여 해답이나 제 뜻을 말하는 언어적 행위로서 절이나 명사구를 하위범주로 선택한다.

(98) ㄱ. 김 의원은 질문한 청중에게 앞으로 이렇게 할 것이라고 대답
　　　　했다.

　　ㄱ´. 김 의원은 질문한 정중에게 앞으로의 계획을/에 대해 대답하
　　　　였다.

　　ㄴ. 김 의원은 질문한 정중에게 앞으로의 계획을/에 대해 이렇게

---

87) 이선웅(2001)에서는 '-에 대하여', '-에 의하여'를 하나의 표지로 보고 있다.

할 것이라고 대답하였다.

ㄴ′. 내가 대답한 것은 앞으로의 계획이었다.

ㄴ″. *내가 대답한 것은 이렇게 할것이라고 하였다.

ㄴ‴. 내가 대답한 것은 어떻게 할 것인가에 대해였다.

ㄹ. 그는 앞으로 이렇게 할 것이라는 계획에 대해 대답하였다.

(ㄱ)과 (ㄱ′)은 이들이 내용적인 변환관계가 있음을 설명해주는 예들임은 위에서와 마찬가지이다. 문제는 (ㄱ′)에서 '묻다'는 네 자리 서술이로 볼 것이냐는 것이다. (ㄴ)을 문장 분리성 기제를 동원해 관찰해 보면 발화 내용을 명사구 논항으로 파악한 (ㄴ′)와 (ㄴ‴)가 적격하다. 이는 (ㄴ)과 같은 문의 구조에서 '-고'가 이끄는 성분은 부사절임을 설명한다.

'반박하다'류에서 '쏘다01[1]「2」'는 화자가 청자에게 말로 공격하는 언어적 행위로서 여기서 '말'은 추상적인 개체인 '말'과 관련한 것들이나, 구체적으로 어떤 내용의 '말'인지를 성분으로 나타낼 수 있으므로 세 자리 서술어이다. 화자가 청자와 관련한 어떤 행동에 대해 발화하고자 하는 구체적인 내용을 구두언어인 [+말] 자질을 갖는 개체로 추상화되어 나타날 수도 있는 것이 아래 타동사 용법이다.

(99) ㄱ. 나는 그 버릇없는 후배에게 조심하라고 톡 쏘아 주었다.

ㄱ′. 나는 그 버릇없는 후배에게 따끔한 말을 한마디 쏘다.

ㄱ″. 나는 그 버릇없는 후배에게 조심하라는 말을 한마디 톡 쏘아
주었다.

ㄱ‴. 나는 버릇없는 후배에게 조심하라고 말을 쏘아 주었다.

ㄴ. 화가 난 아내는 따끔한 말로 남편을 톡 쏘아 주었다.

ㄴ′. 화가 난 아내는 따끔한 말로 남편에게 쏘아 주었다/쏘다.

ㄴ″. ?화가 난 아내는 따끔한 말로 남편을 톡 쏘다.

타동사의 용법으로 쓰일 경우는 (ㄱ´)에서 관찰할 수 있듯이 '후배에게 조심하라고'라는 구체적인 발화내용은 '말'을 수식하는 관계로 된다. 즉 이는 화자의 구체적인 발화내용이 '말'이라는 추상적인 개체로 범주화된 경우이다. 이 점에서 '쏘다'는 다른 동사와의 차이점을 보인다. (ㄴ)이 여격으로 나타나던 청자 성분 '남편'이 대격조사 '-을'로 지표 된 경우이다. 그러나 (ㄴ″)에서처럼 보조동사 '-아 주다'를 생략했을 경우는 어색한 문장이 된다. 따라서 청자 성분이 목적어 논항으로 나타날 수 있는 것은 '-아 주다'의 의미기능에서 온 것이라 볼 수 있다. (ㄴ)에서는 발화내용이 나타나 있지는 않지만 '톡'이라는 의성의태어에 의해 발화내용을 상정할 수 있다. 이는 (ㄴ)에서 보듯이 '톡톡'은 '소리'와 관련된, 소리를 표현하는 의성의태어이기 때문이다.

이처럼 발화동사의 의미특성에 따라 문의 구조에서 서술어가 하위범주화로 선택하는 범주가 명사구일 경우는 거의 타동사의 용법으로, 선택된 범주가 절일 경우는 '-고'가 이끄는 보문일 경우 거의 자동사의 용법으로 나타나 내용적인 측면에서 변환관계에 있는 것으로 볼 수 있다. 즉 자동사의 용법일 경우는 화자의 구체적인 발화내용으로 나타나는 경우이고 타동사의 용법으로 나타날 경우는 구체적인 발화내용을 해당되는 추상적인 개체명사로 범주화되어 나타나는 경우인데 내용적으로는 밀접한 연관성을 갖는다. 이 관계는 통사적으로 문의 구조에서 구체적인 발화내용이 개체로 범주화한 명사를 수식하는 관계로 변형할 수 있다는 점에서 관찰할 수 있었다.

3) 세 번째 부류

세 번째 부류에 묶이는 발화동사들은 두 가지 발화상황을 언어화한다.

하나는 어떤 일에 대하여 화자와 청자가 모두 대화 참여 주체가 되어 의견을 주고받는 상황이다. 다른 하나는 화자가 일방적으로 특정 청자에게 어떤 일에 대해여 의견을 구하는 발화상황이다. 발화동사의 의미특성상 전자의 경우에 주어논항은 화자와 청자가 의사소통자로서 모두 발화 주체가 되는 경우이다. 후자의 경우 주어논항은 발화 단독 주체라는 점에서 차이가 있으며 본 절에서는 후자의 경우를 연구한다. 주로 [+쌍방향성]의 미자질을 갖는 '의논하다'류에서 '의논하다(議論)'가 이 유형에 해당된다.

(100) ㄱ. 조용히 찾아가서 선생님께 미리 주제에 대해 의논을 하면 선
생님도 받아 주실 거야.
ㄱ′. 선생님과 이 주제에 대해 의논을 했다.
ㄴ. "그래, 나도 그만 결정해버릴까 하고 박형한테 의논하러 온
거요."
ㄷ. 신자들은 물론이고 비신자들까지 어려운 일이 닥치면 장인에
게 의논하러 온다.

(ㄱ)은 화자가 특정들이에게 어떤 문제에 대해여 의견을 구하는 상황을 언어화한 것이고 (ㄱ′)는 이 주제를 놓고 선생님과 내가 의사소통자로서 함께 의견을 주고받는 상황을 언어화한 것인데 상호부사 '서로'를 삽입하여 보면 (ㄱ)과 (ㄱ′)의 차이가 더 확연해진다.

4) 네 번째 부류

네 번째 부류는 4.1.2.1에서 '칭찬하다'류, '놀리다'류, '달래다'류 등에 해당되는 발화동사들이 이 유형의 논항구조를 갖기도 하여 두 자리 서술어 또는 세 자리 서술어가 될 수 있다는 특징을 갖는다.

　　(101) ㄱ. 그는 나를 칭송하였다.

　　　　　ㄱ´. 그는 나를 영웅이라고 칭송하였다.

　　　　　ㄱ″. 그는 나를 영웅으로 칭송하였다.

　　(ㄱ)은 '칭송하다01'이 의미특성상 화자가 누구를 칭송하였는지에 초점을 둔 경우이다. (ㄱ´)는 화자인 '그'가 칭송할 대상인 '나'를 구체적으로 무엇이라고 칭찬하였는지를 표현한 경우인데 이 부분은 4.3.2.2에서 다룰 것이다. (ㄱ″)와 같이 '-으로'로 지표 되는 명사구 논항으로 나타날 수 있음을 살펴볼 수 있다.

　　이와 같이 4.2.2.1절에서 발화동사가 명사구를 발화내용으로 선택할 경우 나타나는 통사현상은 주로 대상을 나타내는 복합표지인 '-에 대해'와 '-을'과의 결합이 가능한가의 문제, 발화내용으로 나타난 명사구가 서술어에 대해 갖는 의미선택제약 관계, 그리고 청자 성분으로 나타나는 성분이 상위문의 발화동사의 의미특성에 따라 여격보어로 나타나는지 또는 대상보어로 나타나는지 등 현상을 살펴볼 수 있었다.

　　이와 같은 현상을 간략히 표로 정리하여 발화동사 간의 공통점과 차이점을 살펴보도록 한다.

〈표 10〉

발화동사	청자 성분			발화내용인 명사구			
				[−유정성]		[+유정성]	
	−에게	−에	−을	−을/−를	−에 대해	−을/−를	−에 대해
드리다01[Ⅰ]「2」	○	○	×	○	×	×	×
퍼붓다[2]「2」	○	○	×	○	×	×	×
강의하다02	○	×	○	○	○	×	×
고하다(告--)	○	○	×	○	○	○	○
쏟다[1]「3」	○	○	×	○	×	×	×
건네다[1]「2」	○	○	×	○	×	×	×

말하다[1]「1」	O	O	×	O	O	×	×
말씀하다	O	O	×	O	O	×	×
발설하다	O	O	×	O	O	×	×
선언하다	O	O	×	O	O	×	×
진술하다	O	O	×	O	O	×	×
설교하다	O	×	×	O	O	×	×
설명하다	O	O	×	O	O	×	×
해명하다	O	O	×	O	O	×	×
가르치다[2]「1」	O	O	O	O	O	×	×
변명하다01	O	O	×	O	O	×	O
쏘아붙이다	O	O	×	O	×	×	×
쏘다01[1]「2」	O	O	×	O	×	×	×
말하다[1]「3」	O	O	×	O	O	×	×
사정하다02	O	O	×	O	O	×	×
경고하다02	O	O	O	O	O	×	×
자랑하다01	O	O	×	O	O	O	O
보고하다02	O	O	×	O	O	×	O
말하다[1]「2」	O	O	×	O	O	×	×
전하다3]	O	O	×	O	O	×	×
통고하다	O	O	×	O	O	×	×
일러바치다	O	O	×	O	O	O	O
이르다02「4」	O	O	×	O	O	O	O
묻다03「1」	O	O	×	O	O	×	O
대답하다「2」	O	×	×	O	O	×	×
사과하다02	O	O	×	O	O	×	×
고백하다「1」	O	×	×	O	O	×	×
의논하다	O	×	×	O	O	×	O

발화내용으로 명사구가 나타날 경우 청자 성분을 나타내는 표지 '-을'과 복합표지 '-에 대해'는 상위문 서술어의 의미특성이나, 발화내용으로 나타난 단일 명사의 성격에 따라 결합 가능 여부가 결정됨을 관찰할 수 있었다. '-에 대한'이 어떤 속성의 범주와 결합하는지의 여부를 이선웅 (2005)에서 제시한 원리를 살펴보도록 한다.

술어 명사가 핵인 명사구에서 논항이 술어 명사에게서 받는 피영향성

의 정도가 클수록 '에 대한'을 통합하기 어려워지고 피영향성의 정도가
작을수록 '에 대한'을 통합하려는 경향이 강해진다. 단, 문제의 논항은 술
어 명사구와 대응하는 동사구에서 대상역으로 해석되는 대격 명사구에
한한다.[88]

이 원리는 술어명사가 취하는 '-에 대한' 논항이 '-을/를' 논항보다 술
어명사로부터 받는 영향이 작음을 설명한다. 왜냐하면 '-을/를' 논항은 타
동행위의 영향을 직접적으로 받는다는 것이 일관된 설명이었기 때문이다.
'-을/를'과 '-에 대해' 간의 의미차이를 설명하려면 이들이 이끄는 논항
이 반드시 동사가 언급하는 개체일 때만 가능하다. 왜냐하면 '-을/를'은
다양한 상황에서 다양한 용법으로 쓰이는데 예로 '그는 학교를 가다'에서
'-를' 대신에 '그는 학교에 대해 가다'로는 문장이 성립하지 않는데 이는
'학교'가 '가다'가 언급하는 대상이 아니기 때문임을 관찰할 수 있다. 따
라서 '-을/를'과 '-에 대해'는 모두 동사가 언급하는 대상이어야 하는 데
서 유사한 의미특성을 보인다. 그러나 이 둘은 분명히 미세한 의미차이가
존재하는데 주로 상위문의 서술어가 언급하는 대상이 [유정성]의 자질을
갖느냐의 여부에 따라 설명된다.

상위문의 발화동사가 구조적으로 '한자어＋기능동사'가 결합한 형태에
서 그 한자어가 술어명사일 경우을 먼저 보도록 한다. 발화내용으로 나타

---

88) 이선웅(2005)에서 말하는 대격명사구는 다음과 같은 경우를 말한다.

　예: ㄱ. 피의자에 대한 폭행
　　　ㄴ. 피의자에게 폭행을 하다

　(ㄱ)에서 '폭행'은 술어 명사임이 분명하다. '피의자'는 '폭행'을 받는 영향의 정도가 크므
　로 이선웅(2005)에서 제시한 원리에서 첫 포인트를 위배하게 된다. 따라서 이선웅(2005)에
　서는 (ㄴ)과 같이 술어 명사 '폭행'이 동사구에서 대상역으로 해석되고, 피의자는 여격 논
　항으로 해석되어야 한다는 제약을 제시하고 있다.

난 성분이 [-유정성]의 자질을 갖는 명사구이면 상위문 서술어로부터 받는 영향의 정도성과는 관계없이 '-을'이나 '-에 대해'와 자연스럽게 결합할 수 있음을 관찰할 수 있다. 왜냐하면 발화내용은 모두 발화동사가 언급하는 대상이기 때문에 가능하다. 예로 '대답하다'류에서 발화내용으로 나타난 '계획'은 '-를'과 '-에 대하여'와의 결합이 자연스럽다. 이때 발화내용은 술어명사임을 관찰할 수 있다. 그러나 발화내용으로 나타난 명사구가 술어명사가 아니더라도 [+사실성]의 의미자질이 드러난다면 역시 가능하다. 예로 '묻다'류에서 '원인'이나 '이유'는 술어명사가 아니지만 그 단어 자체가 [+명제성] 의미자질을 갖고 있으므로 어떤 사실과 관련되므로 역시 가능하다. 그러나 '-을/를'과 '-에 대해'의 의미차이는 이들이 이끄는 논항이 술어명사인지의 여부와는 큰 관계가 없다. 단지 상위문의 발화동사가 언급하는 대상어야 함은 분명하다.

'-을/를'과 '-에 대해'의 의미차이는 상위문 발화동사가 [유정성]의 자질을 갖는 논항을 취할 때 잘 드러난다. 위 도표에서 관찰하듯 발화내용으로 나타난 명사구 성분이 [+유정성]을 가질 경우 '변명하다'와 '보고하다'는 '-에 대해'와만 결합한다. '변명하다'는 의미특성상 어떤 대상에 대해 어떤 사실을 들어서 상대방에게 언급하는 경우라면, '보고하다'는 어떤 대상에 대해 상대방에게 알려주는 의미특성을 드러낸다. 이선웅(2005)의 논의대로라면 [유정성]의 자질을 갖는 명사구는 '보고하다'가 취하는 논항이 되려면 반드시 '-에 대해'와만 결합할 수 있다. 왜냐하면 명사구가 [유정성]의 자질을 가지면 술어명사 '보고'에 의해 영향을 덜 받기 때문에 가능하고, 명사구가 [-유정성]의 자질을 가지면 '보고'에 의해 직접적인 영향을 받기 때문에 '-을/를'과 '-에 대해'와 모두 결합 가능하게 된다. 즉 술어명사 '보고'와 '의논'이 [유정성]자질을 갖는 피영향주에 대해 영향이 덜하기 때문에 '-에 대해'와만 결합 가능하다고 볼 수 있다.

여기서 '-을/를'과 '-에 대해'의 의미차이를 정리해보면 상위문 서술어가 '한자어＋하다'일 때 이것이 취하는 개체논항이 [-유정성]의 자질을 가지면 '-을/를'과 '-에 대해'과 자연스럽게 결합된다. 모두 상위문 서술어가 언급하는 대상이 되는데 이 경우에 한해서 굳이 그 차이를 따져보면 '-을/를'이 '-에 대해'보다 서술어로부터 받는 영향이 더 크다는 느낌을 준다. 그러나 상위문 서술어가 '한자어＋하다'일 때 이것이 취하는 논항이 [＋유정성]의 자질을 가지면 '-에 대해'와만 자연스럽게 결합된다. 왜냐하면 [＋유정성]자질을 갖는 성분이 상위문 '한자어＋하다'로 결합된 서술어에 대해 받는 영향이 정도가 아주 미약하기 때문이다. 여기서 얻을 수 있는 것은 '-을/를'이 '-에 대해'보다 상위문 서술어로부터 받는 영향의 정도가 더 강함을 볼 수 있다.

그러나 [유정성]의 자질을 내포하는지에 의해 섣불리 판단할 문제는 아니다. 왜냐하면 상위문의 서술어의 형태·의미특성에 의해서 '-을/를'과 '-에 대해' 간의 차이를 살펴볼 수 있기 때문이다. 위 도표에서 상위문의 발화동사가 고유어일 경우를 살펴보도록 한다. 고유어인 발화동사가 취하는 [-유정성]의 자질을 갖는 논항은 '가르치다'류와 '자랑하다'를 제외하고는 '-에 대해'와의 결합이 불가능하다. 도표를 살펴보면 '-에 대해'과 결합 불가능한 고유어 발화동사는 모두 본고에서 추상적인 [＋말]의 자질을 내포하는 성분과 결합하여 어휘적 연어로 선택된 것들로서 '-을/를'과 잘 결합한다. 이는 '-을/를'성분이 서술어의 타동행위에 의해 직접적인 영향을 받는 성분이기 때문이다. '일러바치다'와 같은 고유어 발화동사가 취하는 논항이 [＋유정성]의 자질을 갖는 명사구일 경우 '-을/를'과 '-에 대해'와의 결합이 모두 가능함을 살펴볼 수 있는데 이때 '-을/를'과 '-에 대해'의 차이가 드러난다. 일러바치는 개체가 '-을/를'과 결합할 경우는 '-을/를'논항이 일러바치는 행위의 영향을 받는 직접적인 대상이 된다. 그러나

'-에 대해'와 결합하면 [+유정성]을 갖는 개체와 관련한 주변의 것들이 일러바치는 행위의 대상이 된다. '자랑하다'도 마찬가지이다. '누구를 자랑하다'는 어떤 개체가 직접적으로 자랑하는 행위의 대상이 되나, '누구에 대해 자랑하다'는 '누구'라는 개체와 관련한 어떤 일들이 자랑하는 행위의 대상이 된다.

따라서 '-을/를'과 '-에 대해'의 차이는 상위문 서술어의 형태·의미특성과 대상으로 선택된 명사구 논항이 해당 구문에서 서술어에 대해 [유정성]의 자질을 갖는지의 선택제약 관계를 따져서 살펴보아야 함을 관찰하였다.

또 논의될 만한 다른 문제점은 의미특성상 명사구나 절을 모두 발화내용으로 선택할 수 있는 발화동사들이 한 문의 구조에서 하위범주로 명사구나 절을 동시에 취할 수 있는 가, 아니면 명사구나 절 중에서 하나만이 필수적인 성분인지를 판단하는 문제였다. 이 경우는 문장 분리성의 기제를 동원하여 문장을 분리한 뒤 적격한 문장이 될 경우 그것이 필수적인 논항으로 판정하고 나머지는 이를 수식하는 성분인 부사절로 보았는데 주로 명사구가 필수적인 논항으로 나타나고 '-고'가 이끄는 절은 부사절로 나타났다.

4.3.2.2. [NP1 [NP2 [S [V-]]]]

발화는 담화맥락에서 이루어지는 언어행위로서 화자, 청자, 발화내용이 기본 담화요소로 나타난다. 화자가 어떤 내용을 청자에게 발화하는 발화상황은 일반적인 의사소통이 이루어지는 기본적인 패턴이다. 발화상황에서 화자가 청자에게 어떤 내용을 발화하였는지에 초점을 두고 언어화한 발화동사들은 의미특성상 이 세 요소를 필수적인 요소로 갖는다. 본 절에서 발화내용은 발화상황에서 직접 발화한 내용을 언어화한 것이 문 구조의 논항으로 출현한다는 특징이 있다. 발화한 내용은 절의 형식으로 해당되는 보문소에 의해 상위문에 연결되어 문 구조의 한 성분으로 기능한다. 절도 상위문의 한 성분이 된다는 것은 절을 이루는 성분들과 상위문 성분 간에 나타나는 의무적인 통제관계나 비의무적인 통제관계가 나타남을 제시해준다. 그리고 절에서 중심이 되는 서술어와 결합할 수 있는 서법소, 시제소, 보문소 등 문법표지들이 상위문의 근간이 되는 서술어의 의미특성에 따라 받는 제약현상도 살펴볼 수 있다.

이 유형의 논항구조를 갖는 발화동사들을 세 가지 부류로 나누어 볼 수 있다. 첫 번째 부류는 의미특성상 전형적으로 이 유형의 논항구조만으로 표현되는 것들이다.

두 번째 부류는 의미특성상 발화내용이 절과 명사구로 동시에 범주 선택되는 부류인데 발화내용이 명사구일 경우는 4.3.2.1에서 살펴보았다. 논항구조에 해당된다.

세 번째는 어떤 발화상황에 초점을 두었느냐에 따라 세 자리 서술어인 동시에 두 자리 서술어가 되는 부류가 있다. 세 자리 서술어의 용법일 경우는 본 절의 유형에 해당되는데 4.3.1에 해당되는 일부 발화동사들이 해당된다.

1) 첫 번째 부류

'거짓말하다'류 : 거짓말하다
'대꾸하다'류 : 말대답하다(-對答) 「1」
'대답하다'류 : 말대답하다(-對答) 「2」
'약속하다'류 : 언약하다
'잔소리하다'류 : 잔소리하다「2」

'타이르다'류 : 충고하다(忠告), 훈시하다(訓示) 「2」

'평가하다'류 : 혹평하다

2) 두 번째 부류

개념이 동일한 발화동사가 발화내용을 두 가지 형식으로 가질 수 있다는 것은 그 내용이 절로 표현된 것과 명사구로 표현 된 것 간에 내용적으로 어떤 밀접한 관계가 있을 것으로 보이는데 4.3.2.1절에서 살펴보았다.

'가르치다'류 : 가르치다01[2]「1」

'경고하다'류 : 경고하다(警告)

'고발하다'류 : 고발하다, 고자질하다, 이르다02「4」, 일러바치다

'고백하다'류 : 고백하다(告白)「1」, 실토하다(實吐), 털어놓다「2」

'권하다'류 : 권유하다03(勸誘), 권하다「1」

'대답하다'류 : 대답하다(對答)「2」

'말하다'류 : 말하다[1]「1」, 말씀하다, 발설하다(發說), 선언하다(宣言)
　　　　　　「1」「3」

'묻다'류 : 되묻다03, 묻다03「1」, 반문하다(反問)「1」「2」, 여쭈다「1」,
　　　　　　여쭙다「1」, 질문하다(質問)「1」, 질의하다(質疑)「1」

'반박하다'류 : 쏘다01[1]「2」, 쏘아붙이다, 항의하다(抗議)「1」

'변명하다'류 : 변명하다01(辨明)「1」

'요청하다'류 : 간청하다, 말하다[1]「3」, 사정하다02(事情), 조르다02

'사과하다'류 : 사과하다02(謝過)

'서술하다'류 : 진술하다(陳述)「1」

'설명하다'류 : 설명하다(說明), 설교하다(說敎)「1」, 해명하다(解明)

'알리다'류 : 말하다[1]「2」, 보고하다02(報告), 전하다[3], 통고하다(通告)

'칭찬하다'류 : 자랑하다01

'타이르다'류 : 훈계하다(訓戒)

'하소연하다'류 : 하소연하다

3) 세 번째 부류

일련의 발화동사들은 어떤 발화상황에 초점을 두었느냐에 따라 두 자리 서술어 또는 세 자리 서술어가 되기도 하는 특성을 보인다. 세 자리 서술어일 경우 발화내용이 절의 형식으로 나타난다는 특성 때문에 역시 이 유형의 논항구조로 표현된다.

'나무라다'류 : 꾸짖다, 꾸중하다, 나무라다「1」, 호령하다(號令)「2」,
　　　　　　　편잔주다
'놀리다'류 : 놀리다01「2」, 조롱하다(嘲弄)
'달래다'류 : 달래다「1」, 위로하다(慰勞)
'대답하다'류 : 답하다(答--)「1」, 코대답하다(-對答)
'말하다'류 : 악담하다(惡談), 반말하다(半---)
'비판하다'류 : 지적하다(指摘)[1]「2」
'칭찬하다'류 : 자칭하다01(自稱)「2」(3급), 칭송하다(稱頌)
'타이르다'류 : 말하다「4」, 이르다0[2]「1」

먼저 세 자리 발화동사들의 논항구조를 이루는 논항들이 필수적인 지를 『고려대 한국어대사전』, 『표준국어대사전』, 'SJ-RISK CORPUS' 등에서 용례를 검토하고 개념을 충분히 반영하는가를 통하여 살펴볼 것이다. 뿐만 아니라 성분 생략의 기제도 동원하여 살펴볼 것이다. 다음 상위 발화동사들의 절의 서법소 결합 양상, 보문소 결합 현상, 시제소 결합 양상, 상위문의 성분과 절 주어 간의 통제관계를 살펴볼 것인데 '[NP1 [NP2 [S [V-]]]]' 형의 논항구조로 표현되는 발화동사는 각 의미유형에 걸쳐 그 수가 많기 때문에 의미 유형으로 나누어서 살펴볼 것이다. 다음 유사한 통사적 행동을 하는 발화동사들을 묶어 그 공통점과 차이점을 살펴볼 것이다.

4.3.2.2.1. <일반>류

먼저 '발화'류 동사에서 '말하다[1]「1」'은 원형이 되는 가장 기본적인 동사이다. '말하다[1]「1」'은 화자가 생각이나 느낌 따위를 누구에게 말하는 가장 기본적인 발화행위를 나타내는 세 자리 서술어이다. 발화상황을 바라보는 입장에서 화자의 발화내용을 구체적으로 제시하여 언어화할 수도 있고, 그 내용에 해당되는 한 개체명사로 범주화하여 나타낼 수도 있다. 본 절에서는 발화내용으로 절이 하위범주로 선택되었을 경우 그 통사현상을 살펴보도록 한다.

'말하다[1]「1」'의 절의 서법 양상을 살펴보도록 한다.

> (102) ㄱ. 두 사람이 사랑할 수밖에 없는 운명임을 "본능으로 안다."고
> 말했다./진술했다.
> ㄴ. 아들아이는 나에게 얼른 밖으로 나가자고 말하면서 내 팔을
> 끌었다./*진술했다.
> ㄷ. 담당 의사는 환자를 데리고 나가라고 말했다./*진술했다.
> ㄹ. 요즈음처럼 「바쁘다 바빠」라는 말이 유행어가 되어 있는 판
> 국에 여가 시간이 어디 있겠느냐고 말했다./*진술했다.

(102)에서 '말하다[1]「1」'은 명령의 의미를 나타내는 문법 표지 '-라', 청유의 의미를 나타내는 '-자', 평서법을 나타내는 표지 '-다', 간접 의문을 나타내는 표지 '-냐'과 모두 자연스럽게 결합된다. 이는 '말하다[1]「1」'이 가장 원형적인 발화동사라는 특성과 관련된다. '진술하다「1」「2」'는 의미특성상 어떤 일이나 상황에 대하여 자세하게 이야기하는 발화행위이다.

여기서 '일과 상황'은 일반적으로 과거에 발생했던 일에 대해 이야기하는 경우여서 절의 서술어는 과거를 나타내는 선어말어미나 보문소와 잘 결합한다. 따라서 명령의 서법이나 청유, 의문 서법과는 잘 어울리지 않음을 관찰할 수 있다.

'말하다[1]「1」'의 절의 보문소 결합 제약 현상을 살펴보도록 한다.

(103) ㄱ. 어머니는 내가 동생을 까다롭게 나무라며 괴롭힌다고 말했
다./진술했다.

ㄱ′. 어머니는 내가 동생을 까다롭게 나무라며 괴롭히는 것을 말
했다./진술했다.

ㄱ″. 어머니는 내가 동생을 까다롭게 나무라며 괴롭힘을/*괴롭히
기를 말했다./진술했다.

ㄴ. 고의가 아니었음을 말했다./ 진술했다.

ㄷ. 전쟁이 이미 끝났음을 ?말했다./? 진술했다.

ㄹ. 그 일이 왜 실패했는지를 말했다./진술했다

(ㄱ)에서 '말하다', '진술하다'는 평서를 나타내는 표지와의 결합에서 제약이 없다. (ㄱ′)와 (ㄱ″), (ㄴ)에서 현재 진행 중에 있는 사건이나 이미 발생한 과거의 사건에 대해 부인하는 태도를 표현할 경우에 '-는 것'과 '-음'과의 결합이 자연스러움을 관찰할 수 있다. 그러나 (ㄷ)처럼 어떤 사건에 대해 언급하는 것이 아니라 어떤 사건이 끝난 시점을 언급할 경우는 어색한 문장이 된다. (ㄹ)에서 '-는지'는 어떤 사건이나 상황이 발생한 원인에 대해 설명해 줄 수 있는 서술어와 결합 가능함을 보여준다. '말하다[1]「1」'의 의미특성상 화자가 미래의 예측성을 가지고 말하지는 않기 때문에 (ㄱ″)에서 보문소 '-기'와는 결합하지 않는다. 그러나 아래 예를 보도록 한다.

(104) ㄱ. 그는 내일 비가 온다고 말했다.

ㄴ. *그는 비가 오기를 말했다.

(ㄱ)이 미래의 의미를 가질 수 있는 것은 '말하다[1]「1」'이 갖는 의미특성에 아니라 시간 부사 '내일'에 의해 전체 문맥이 미래의 의미를 표현할 수 있기 때문이다. (ㄴ)과 같은 경우는 보문소 '-기'가 갖는 [기원성] 등 의미특성이 '말하다[1]「1」'이 갖는 의미특성과 호응되지 않기 때문에 비문이 되는 경우이다.

'말하다[1]「1」' 의 절의 시제소 결합 제약 현상을 보도록 한다.

(105) 그는 나에게 포기했다고/포기할 것이라고/포기하겠다고 말했다./
진술했다.

'말하다[1]「1」', '진술하다「1」'은 과거에 발생했거나, 현재에 발생하거나, 미래에 발생하거나를 막론하고 모두 표현 가능하므로 시제소와의 결합에서 비교적 자유롭다.

'말하다[1]「1」'이 이끄는 구문에서 절의 주어 성분과 상위문 성분 간의 통제현상을 살펴보도록 한다.

(106) ㄱ. 영수i는 나에게 [ei /자기가 내일 학교에 간다고 말했다./진
술했다.

ㄴ. 영수는 나j에게 [ej 반에서 일등을 했다고 말했다./진술했다.

ㄷ. 영수는 나에게 [영옥이 /그가 내일 학교에 간다고 말했다./
진술했다.

(ㄱ)과 (ㄴ)에서 절의 주어는 각각 상위문의 주어 논항과 여격 논항과

의무적인 통제관계를 맺는다. (ㄱ)에서 절에 재귀대명사 '자기'가 상위문의 주어 논항에 통제되기도 한다. (ㄷ)은 절의 주어가 상위문의 어떤 성분과도 통제관계를 맺지 않고 일반명사나 대명사가 나타난 경우이다. '말하다[1]「1」'과 '진술하다「1」'은 통제관계에서 비교적 자유롭다.

'거짓말하다'는 화자가 청자에게 사실이 아닌 것을 사실처럼 꾸며 말을 하는 발화행위로서 세 자리 서술어이다. '거짓말하다'의 의미특성은 발화내용으로 하위범주화하는 절의 서법 양상을 결정한다고 볼 수 있다.

> (107) ㄱ. 엄마에게 제 입으로 직접 4만원 주고 샀다고 거짓말했다.
> ㄱ′. *엄마에게 제 입으로 직접 4만원 주고 사자고 거짓말했다.
> ㄱ″. *엄마에게 직접 4만원 주고 사라고 거짓말했다.
> ㄱ‴. *이런 후진 제품을 4만원이나 주고 사냐고 거짓말했다.

'거짓말하다'는 상대에게 어떤 사실을 거짓으로 말하는 발화이지 (ㄱ′)와 (ㄱ″)처럼 발화내용이 상대를 권유하거나 명령하는 심리적 태도를 표현하지 않으므로 권유나 명령의 서법과는 결합하지 않는다. (ㄱ‴)에서 '-느냐'는 의문을 나타내는 문법표지이므로 '거짓말하다'의 의미특성상 의문을 나타내는 절을 논항으로 갖지 않는다. 따라서 '거짓말하다'는 (ㄱ)과 같이 평서의 서법표지와만 결합 가능하다.

'거짓말하다'의 절의 보문소 결합제약 현상을 살펴보도록 한다.

> (108) ㄱ. 헨리가 다니엘을 마음에 두고 있음을/*있기를 안 로드밀라는 다니엘에 대해 거짓말을 했다.
> ㄱ′. 헨리가 다니엘을 마음에 두고 있다고 모드밀라는 다니얼에게 거짓말했다.
> ㄱ″. 헨리가 다니엘을 마음에 두고 있는 것을/*있을 것을/있다는

것을 로드밀라는 다니엘에게 거짓말했다.

(ㄱ)과 같이 화자가 제삼자가 현재 마음에 품고 있는 어떤 존재의 상태에 대해 청자에게 거짓말을 하는 경우이므로 보문소 '-음'과 결합할 수 있으나 '-기'와는 결합하지 않는다. 이는 보문소 '-음'이 홍종선(1983)에서 제기한 [+현장성]이나, 임홍빈(1974)에서 제기한 [+존재]의 의미자질을 갖는다는 것과 관련이 있다. 또한 현재 헨리가 다니엘을 마음에 두고 있는 것이 사실이기 때문에 김남길(1984)에서 제시한 [+사실성]의 의미자질과도 호응된다. 반면 (ㄱ)에서 '-기'와의 결합이 불가능하고, (ㄱ″)에서 '-을 것'과의 결합이 불가능한 것은 '-기'가 홍종선(1983)에서 제시한 [+미래성]의 의미자질을 갖는다는 의미특성과 연관이 있다. 정주리(2006)에서도 '-기'는 보문소로 기능할 경우 [예측적 사건성]을 보인다고 했다.[89] 마찬가지로 '-을 것'에서 관형형 어미 '-ㄹ'이 갖는 [미래 지시성]도 이 특성을 설명해 준다. 그러나 문맥에 따라 '-음'이 현재나 미래의 의미로도 해석이 가능할 수도 있다. 이는 상위문 발화동사가 갖는 의미특성과 이들 보문소가 갖는 의미특성과 호응관계가 있음을 말해준다.

(109) ㄱ. 그는 오늘의 내가 너무 예쁘다고 거짓말했다.
　　ㄱ′. *그는 오늘 내가 예쁨을 거짓말했다.
　　ㄴ. 나리는 내일 오디션이 있는 날이라고 엄마한테 거짓말하고
　　　　수업을 빼먹었다.
　　ㄴ′. *나리는 내일 오디션이 있는 날임을 거짓말했다.

---

89) 정주리(2006)에서는 '-음'과 '-기'가 문장의 절을 이끄는 보문소의 기능을 할 경우 결합 가능한 상위문 동사와의 제약 현상을 살펴보고 이 둘의 의미특성을 살폈 다. '-음', '-기'는 상보적인 분포를 보이며 전자는 [선행적 사건성]의 의미특성을 보이고, 후자는 [예측적 사건성]을 보인다고 한다. '-음'과 '-기'와 관련하여 정주리(2006)을 살펴보면 선행연구들에서 언급한 의미특성들을 연관성 있게 기술하고 있어 참고하기 바란다.

(ㄱ´)나 (ㄴ´)에서 보문소 '-음'은 절의 서술어가 형용사나 지정사 '-이다'와는 결합 불가능한 제약이 있음을 설명해주는데 이는 보문소가 절의 서술어의 의미특성과도 관련이 있음을 말해준다.

'거짓말하다' 절의 시제소 결합 제약 양상을 살펴보도록 한다.

(110) ㄱ. 그녀는 몸이 아프다고 거짓말했다.
　　　ㄱ´. *그녀는 몸이 내일이면 아프겠다고 거짓말했다.
　　　ㄱ″. 그녀는 내일이면 몸이 아플 것이라고 거짓말했다.
　　　ㄴ. 아들은 아버지에게 운동을 포기한다고 거짓말했다.
　　　ㄴ´. 아들은 아버지에게 운동을 포기하겠다고/ 포기할 것이라고/
　　　　　 포기했다고 거짓말했다.

'거짓말하다'는 의미특성상 과거에 있었던 사건, 현재 발생하고 있는 사건, 미래에 발생할 사건에 대해 거짓으로 꾸며 말할 수 있어 시제소와 자연스럽게 어울려 쓰인다. (ㄴ´)에서 미래를 나타내는 문법적 표지 '-겠'이 서술어의 선어말어미로 나타날 경우 자연스럽게 결합된다. 그러나 (ㄱ)에서 절의 서술어가 형용사일 경우는 '-겠'이 미래의 의미보다는 추측의 의미로 나타난다고 설명함이 더 타당하다. 이는 시제소의 결합제약은 절의 서술어의 기능과도 관련이 있음을 설명한다. (ㄱ″)는 보문소 '-ㄹ 것'이 결합된 경우지만 추측이나 미래의 의미를 모두 나타낼 수 있다.

'거짓말하다'의 절의 주어와 상위문 성분 간의 통제관계를 살펴보도록 한다.

(111) ㄱ. 그$_i$는 손님$_j$에게 [옷이 잘 어울린다고] 거짓말했다.
　　　ㄴ. 아들$_i$은 아버지$_j$에게 [e$_i$/자기가/동생이/그가 내일 수학여행
　　　　　 간다고] 거짓말했다.

ㄷ. 동생ᵢ은 누나ⱼ한테 오늘 [eᵢ 아주 예쁘다고] 거짓말하고 용돈
을 타서 썼다.

'거짓말하다'는 화자가 자신과 관련한 어떤 행위나, 청자와 관련한 어
떤 상태나 행위에 대해 거짓으로 청자에게 말하는 언어적 행위이므로 (ㄴ)
에서 절의 주어가 상위문의 주어 논항에 의해 의무적으로 통제되는 관계
를 맺을 수도 있음을 관찰할 수 있다. (ㄴ)에서 내포문에 재귀대명사가 나
타났을 경우 상위문의 주어에 의해 통제된다. 뿐만 아니라 '말하다[1]「1」'
과 마찬가지로 일반명사나 대명사가 절의 주어 자리에 나타나 비의무적
인 통제관계를 맺을 수도 있다. (ㄷ)에서처럼 절의 주어가 상위문의 목적
어 성분에 의해 의미무적인 통제관계를 맺을 수도 있다. 그러나 (ㄱ)과 같
이 절의 주어가 상위문의 어떤 성분에 의해서도 통제관계를 맺지 않을 경
우 비의무적인 통제관계를 갖는다고 볼 수 있어 '거짓말하다'는 통제관계
에서 자유롭다.[90]

<일반> '말하다'류에 속하는 발화동사들의 의미특성에 따라 문의 구
조에서 나타나는 통사현상들을 표로 정리하면 다음과 같다.

〈표 11〉

발화동사	서법소				시제소					통제관계		
										의무		비의무
	-다	-ㄴ 냐	-라	-자	-았/ 었	-ㄴ 다	-리 라	-ㄹ 것	-겠	주어	대상	제삼자
말하다[1]「1」	○	○	○	○	○	○	○	○	○	○	○	
말씀하다	○	○	○	○	○	○	○	○	○	○	○	○

---

90) 김경학(1986)에서는 공범주형태의 내포문의 주어가 상위문 논항에 의해 통제될 경우 의무
    통제의 특성을 지닌 것으로 보고, 일반명사나 대명사로 대치될 수 있는 경우 비의무통제
    의 특성을 지닌 것으로 보고 있다.

발설하다	○	○	○	○	○	○	×	×	○	○	○	○
선언하다「1」「3」	○	○	○	○	○	○	○	○	○	○	○	×
거짓말하다	○	×	×	×	○	○	○	○	○	○	○	○
진술하다「1」	○	×	×	×	○	○	○	○	○	○	○	○
악담하다	○	○	○	×	○	○	○	○	○	×	○	○

　<표 11>에서 관찰하듯이 <일반> '말하다'류에서 가장 원형적인 발화동사인 '말하다[1]「1」'과 그의 공손 표현인 '말씀하다'는 서법소, 시제소와의 결합이 자유로우며, 통제관계에 있어서도 자유롭다. '선언하다「1」'은 어떤 사실, 또는 자기의 어떤 의지를 발화함과 동시에 권유의 의미로 표현하므로 서법에서 명령과 권유를 나타내는 표지와의 결합이 가능하다. 이는 통제관계에서 의무적인 주어 통제와 여격성분과의 통제가 가능함을 설명한다. 그러나 일반명사나 대명사와 통제관계를 맺지 않는다. '거짓말하다'나 '진술하다「1」'도 어떤 사실에 관해 발화하는 데만 초점을 두는 언어행위이므로 평서의 서법 표지와만 결합이 가능하다는 특징을 관찰할 수 있다. '악담하다'는 화자가 남을 비방하거나 저주하는 말을 하는 언어적 행위로 권유의 의미를 나타내는 발화행위는 하기 어렵다. 또한 남에 대해 말을 하는 행위이므로 문의 구조에서 주어와의 통제관계를 맺지 못한다.

〈표 12〉

발화동사	보문소							
	-음	-기	것		-ㄴ지	-ㄴ가	-ㄴ냐	-고
			-ㄴ 것	-ㄹ 것				
말하다[1]「1」	○	×	○	×	○	○	×	○
말씀하다	○	×	○	×	○	○	×	○
발설하다	○	×	○	×	○	○	×	○
선언하다「1」「3」	○	×	○	○	×	×	×	○

| 거짓말하다 | ○ | × | ○ | × | ○ | ○ | × | ○ |
| 진술하다「1」 | ○ | × | ○ | × | ○ | ○ | × | ○ |

<표 12>에서 <일반>류 발화동사들은 모두 '-음'과 '-ㄴ 것'과의 결합이 가능한데 의미특성상 발화내용으로 나타나는 성분이 [+과거성]의 의미속성을 내포한다는 공통점을 갖는다. '선언하다'의 의미특성상 발화내용으로 나타나는 성분은 [+미래성]의 의미속성을 내포할 수 있다는 점에서 다른 <일반>류 발화동사와 다르다. '선언하다'가 '-음'과 결합한 것은 끝난 그 순간에 대해 언급하지 끝난 그 사건에 대해 언급하지는 않는다.

4.3.2.2.2. <알림>류

<알림>류는 화자가 청자에게 어떤 정보나 사실을 알려주기 위한 목적에서 발화하는 행위를 언어화한 것들이다. 주로 상세 의미자질의 차이점에 따르면 '보고하다'류, '전하다'류, '고발하다'류로 하위분류할 수도 있으나 본고에서는 모두 [+알림성]의 공통자질을 공유하므로한 부류에 묶어 통사현상에서 어떤 공통점과 차이점이 있는지를 살펴보도록 한다.

먼저 '고발하다'류에 포함되는 '이르다02「4」'가 사전에서 제시된 격틀의 타당성을 검토하도록 한다. 『고려대 한국어대사전』에서는 자동사의 용법일 경우 '(어떤 사람이 다른 사람에게 또는 어떤 사람이 다른 사람에게 어찌하다고) 남의 잘못 따위를 말하여 알리다'로 기술하고 아래 두 격틀을 제시하고 있다.

① N0이 N2에게 이르다
② N0이 N2에게 V 다고/A다고 이르다

첫 번째 격틀에서 발화내용이 수의적인 성분으로 생략될 경우에 문의 구조가 적격한지를 예로 살펴보겠다.

> (112) ㄱ. 너희들 모두 계속 거짓말을 한다면 선생님께 가서 다 일러줄 테다.
>
> ㄱ′. ?내가 선생님께 이르다.
>
> ㄱ″. 영희가 그 사실을 선생님께 일렀어.
>
> ㄴ. 내가 너희들 모두 계속 거짓말을 한다면 선생님께 이를 거야.
>
> ㄴ′. 내가 너희들 모두 계속 거짓말을 한다면 이 사실을 선생님께 이를 거야.
>
> ㄴ″. 내가 너희들 모두 계속 거짓말을 한다고 선생님께 이를 것이다.
>
> ㄴ‴. 내가 동식은 아버지께 민철이가 유리창을 깼다고 일렀다.

(ㄱ)은 『고려대 한국어대사전』에서 제시된 예이다. (ㄱ)을 (ㄱ′)와 같이 화자와 청자만을 논항으로 제시할 경우 문이 어색한 것 같으나 (ㄱ″)와 같이 어떤 발화상황을 상정하면 그 사실을 이른 자가 다른 사람이 아닌 '내가' 그랬다는 데 초점을 둔다면 이 문장도 가능하다. (ㄱ)을 (ㄴ′)와 같이 보문명사를 삽입해 보면 조건문인 '너희들이 계속 거짓말을 한다면'이 '사실'을 보충 설명해주는 기능을 하므로간접적으로 '이르다02「4」'의 발화내용으로 볼 수 있다. 따라서 첫 번째 격틀을 보완할 필요가 있다.

'이르다02「4」'가 '(어떤 사람이 다른 사람의 잘못을 다른 사람에게) 말하여 알리다'로 타동사의 용법일 경우 다음과 같은 두 가지 격틀을 제시하고 있는데 두 번째 격틀의 타당성을 살펴보도록 한다.

① N0이 N1을 N2에게 이르다

② N0이 N1을 N2에게 V 다고/A다고 이르다

(113) ㄱ. 오늘 일을 선생님께 이르지 않을게.

ㄴ. 내가 유리창을 깬 범인이라는 사실을 남에게 이르면 널 가
만 안 둘 테야.

ㄷ. 형이 엄마에게 내가 벽에 낙서한 것을 일렀다.

첫 번째 격틀의 경우를 예로 들어본 것인데 문법성에 문제가 없음을
관찰할 수 있다. 두 번째 격틀에 해당되는 예는 제시되어 있지 않아 아래
와 같이 만들어 보겠다.

(114) ㄱ. *영수는 선생님께 어제 내가 교실에서 유리창을 깼다고 이
사실을 일렀다.

ㄱ´. 영수는 선생님께 어제 내가 교실에서 유리창을 깼다는 이
사실을 일렀다.

ㄴ. 그는 영희를 [영희가 아주 나쁘다고] 선생님에게 일렀다.

ㄴ´. 그는 영희를 [e 아주 나쁘다고] 선생님에게 일렀다.

ㄷ. ?그는 영희를 선생님에게 일렀다.

ㄷ´. *그는 선생님에게 아주 나쁘다고 일렀다.

ㄹ. 그는 [영희를 아주 나쁘다고] 선생님에게 일렀다.

ㄹ´. 그는 영희가 아주 나쁘다고 선생님에게 일렀다.

(ㄱ)에서 보문소 '-고'가 이끄는 보문은 '사실'이 지시하는 구체적인 내
용이다. 즉 '-고'가 이끄는 보문과 '사실'이 동일 지시 관계에 있어 동일
한 문 구조 내에서 동일한 의미역은 나타날 수 없다는 의미역 준거를 어
겨 이 문장은 적격성을 잃었다.[91] 그러나 (ㄱ´)와 같이 '-고'가 이끄는 보
문과 보문명사 '사실'은 관형형 '-ㄴ'에 의한 수식관계로 맺어져야 적격

한 문장이 된다. 두 번째 격틀과 관련하여 (ㅁ)과 같은 예를 상정해 볼 수 있는데 '영희를'과 '아주 나쁘다고'가 모두 필수적인 논항임을 설명하려면 (ㄷ)과 (ㄷ´)은 부저격한 문장이 되어야 한다. (ㄹ)에서 대상논항인 '영희를'을 (ㄴ)에서처럼 내포문의 주어가 상위문의 목적어로 인상된 경우로 보아 '주어 올리기'통사 규칙 현상으로 볼 수도 있다.92) 그러나 두 번째 격틀에서 제시된 경우를 나타낸 (ㄹ)과 (ㄹ´)에서와 같이 '영희를'과 '영희가'가 서로 기저 구조가 다른 성분이라면 '주어 올리기'현상은 필요 없게 된다. 결론부터 말하면 본고에서는 이 경우 '주어 올리기'현상은 아니라고 판단다. 왜냐하면 (ㄴ´)와 같이 내포문의 '영희가'와 상위문으로 이동한 '영희를'은 동일 지시 관계에 있지만 내포문은 PRO자리이고 '영희를'은 절의 성분이나 마찬가지이다. 즉 상위문으로 이동한 성분은 아니다. 그러나 (ㄷ´)와 같은 경우는 의미자질을 가진 '영희가' 발화내용으로 나타날 수 없는 것은 '이르다'의 의미특성에서 발화내용에 대해 선택제약 관계를 나타내기 때문이다. 즉 '이르다'는 어떤 사실을 그 발화내용으로 하지 [+유정성]을 갖는 인간을 발화내용을 표현하는 논항으로 갖지 않는다.

---

91) Chomsky(1981)에서 제시한 '하나의 논항은 오직 하나의 의미역을, 한 의미역은 오직 하나의 논항에 할당되어야 한다'는 의미역 기준을 어긴다. 여기서 서술어의 의미 특성에 따라 명제 내용으로 나타난 성분도 논항의 성격을 가질 수 있으므로 의미역 기준을 '하나의 명사구(동사구)는 오직 하나의 의미역을 받고 하나의 의미역은 오직 하나의 명사구(동사구)에만 할당된다'라고 수정한 의미역 기준을 어긴다. 그러나 이 이론이 모든 경우에 일괄적으로 적용되느냐의 문제를 두고 적지 않은 연구가 이루어 졌지만 본고에서 제시한 위 예와 관련하여서는 적용이 된다.

92) '주어 올리기' 현상과 관련하여 두 가지 견해가 있다. 하나는 변형론적인 관점에서 하위문의 주어가 상위문의 목적어로 승격한다는 견해와, 다른 하나는 비변형론적 관점에서 각각 그 기저 구조가 다르다고 보아 주어 올리기가 필요하지 않다는 견해이다. 김영희(1985)에서는 뒤섞기, 셈숱말 떼내기, 인칭 셈숱말, 주어의 존대칭 등 근거를 들어 주어 올리기가 한국어에서 필요함을 증명하고 있다. Eckman(1977:198)에서는 목적 보문인 하위문의 주어가 기능 이어 받기 법칙에 따라 그 보문의 문법 기능인 목적어 기능을 이어 받으면서 상위문의 성분으로 된다고 주어 올리기를 정의하고 있다.

만약에 '이르다02「4」'가 인간명사를 논항으로 하면 의미역 준거에 걸릴
수 있다. 따라서 본고에서는 (ㄹ)과 같이 '영희를' 성분은 대상논항을 나
타내는 목적격조사 '-를'이 아니라 강조의 의미를 나타내는 것으로 보아
절의 성분으로 볼 것이다. (ㄹ´)와 비교해보면 (ㄹ´)에서 '영희가'가 상위
문의 성분으로 작용할 수 없는 것은 '영희가'는 절의 주어 성분이기 때문
이라는 것과 마찬가지 도리로 설명이 된다.

따라서 본고에서는 『표준국어대사전』에서 제시한 두 가지 유형의 논항
구조를 갖는 것으로 볼 것이다. '이르다02「4」'는 '어떤 사람의 잘못을 윗
사람에게 말하여 알게 하다'로 기술되어 있으며 아래 두 격틀로 제시되어
있다.

NP1이 NP2에/에게 NP1을 이르다
NP1이 NP2에/에게 S-고 이르다

'이르다02「4」'는 어떤 사실을 윗사람에게 고발하는 행위이지 지시의
행위의 의미는 나타내지 않는다. 이는 절의 서법 실현 양상을 결정하기도
한다.

(115) ㄱ. 친구는 내가 거짓말한다고 선생님에게 일렀다.
ㄴ. *친구는 내가 거짓말하라고 일렀다.
ㄴ´ 친구는 선생님에게 내가 거짓말하란다고 일렀다.
ㄷ. *친구는 거짓말하자고 일렀다.
ㄹ. *친구는 선생님에게 거짓말이냐고 일렀다.

'이르다02「4」'는 의미특성상 화자가 청자에게 어떤 사실에 대해 고발

하는 행위이므로 청자에 대해 어떤 행위를 하기를 요구하는 식의 표현을
절로 취하지 않는다. 때문에 (ㄴ, ㄷ, ㄹ)은 비문이 된다. 이는 '이르다02
「4」'가 평서 서법만이 가능한 이유이다. 그러나 (ㄴ´)에서 절의 서술어에
명령의 의미를 나타내는 표지 '-라'가 결합 가능한 것 같으나 이런 지시
의 행위는 상위문의 주어가 한 것이 아니라 절의 주어의 지시행위이다.
'이르다02「4」'의 절의 보문소 결합제약 양상을 살펴보도록 한다.

(116) ㄱ. 동식은 아버지께 민철이가 유리창을 깼다고 일렀다
    ㄱ´. 동식이는 민철이가 유리창을 깬 것을/*깰 것을 아버지께 일
        렀다.
    ㄱ″. 동식이는 민철이가 유리창을 깼음을/*깼기를 아버지께 일렀
        다.
    ㄱ‴. 동식이는 민철이가 유리창을 왜 깼는지를/왜 깼는가를 아
        버지께 일렀다

  (ㄱ´, ㄱ″)에서 고발을 당하는 대상과 관련하여 과거에 발생한 어떤 사
실이나, 현재 발생하고 있는 사실에 관해 언급하기 때문에 이런 의미와
호응하는 특성을 갖는 보문소 '-음', 이나 '-ㄴ'과만 결합 가능하다.
(ㄱ‴) 유리창을 깬 이유에 대해 고발하는 행위이므로 '-는지'와 '-는가'
의 결합이 가능하다.
  '이르다02「4」'의 절 시제소 제약 현상을 살펴보도록 한다.

(117) ㄱ. 영수가 선생님께 거짓말을 할 것이라고/하겠다고/했다고/한
        다고 일러주었다.
    ㄱ´. 친구는 선생님에게 거짓말일 것이라고 일렀다.

또한 이미 일어나거나 현재 일어나고 있는 [+사실성]을 갖는 사건에 대해 고발하거나 곧 일어날 행위에 대해 고발하는 것도 가능하므로절의 서술어는 미래의 의미를 내포하고 있는 '-ㄹ 것'과도 잘 결합한다.93)

'이르다02「4」'의 절의 주어 성분과 상위문 성분 간의 통제관계를 살펴 보도록 하자.

    (118) 철수i는 지난 영어 쪽지시험에서 [e *i/*j 수영이가 부정행위를 했다괴 영어 선생님j에게 일러주었다.

'이르다02「4」'가 화자가 청자에게 어떤 사람의 잘못을 말하여 알게 하는 언어적 행위이므로 통제관계에서 있어서 절의 주어는 상위문의 어떤 성분에도 통제되지 않는다.

'보고하다'류에서 기본 동사 '보고하다02(報告)'는 화자가 청자에게 일에 관한 내용이나 결과를 말이나 글로 알리는 언어적 행위로서 세 자리 서술어이다. 그러나 『고려대 한국어대사전』에서는 '(사람이 상관이나 사회에 어떤 사실을) 말이나 글로 알리다'로 타동사 용법만 제시되어 있고 '-고'가 이끄는 보문 논항이 격틀에 표시되어 있지 않다. 그러나 『표준국어대사전』은 자타양용동사의 용법으로 제시되어 있는데 '-고'가 이끄는 성분이 문의 구조에 필수적인 성분으로 나타날 수 있을지는 아래 예들로 관찰해 보도록 한다.

    (119) ㄱ. 작전이 성공했다고 상부에 보고하였다.
        ㄴ. 경비병은 장군에게 적이 가까이 왔다고 보고하였다.

---

93) '일러바치다'도 『고려대 한국어대사전』에서는 타동사의 용법만 제시되어 있지만 『표준국어대사전』에서는 자타양용동사의 용법으로 제시되어 있다.

(119)는 '보고하다'가 절도 하위범주로 선택할 수 있음을 보여주는 예들이다. '보고하다'의 절의 서법 결합 양상을 살펴보도록 한다.

(120) ㄱ. 그는 상부에 적들이 쳐들어온다고 보고했다./통고했다./전했다.

ㄱ′. 그는 상부에 적들이 *쳐들어자고/*쳐들어오라고 보고했다.

ㄱ″. 그는 상부에 적들이 쳐들어 오느냐고 *보고했다./*통고했다./*전했다.

ㄴ. 우리 대학에 오라고/*오자고 통고했다.

ㄷ. 그는 학생들에게 같이 가라고/같이 가자고 전했다.

ㄹ. 120세대에게 30일간 텔레비전 시청을 완전히 중단하고 그 여가 시간을 어떻게 보냈는가를 보고해주면 /통고해주면/ 전해주면 500불을 지불하겠다는 제의를 했다.

의미특성상 절로 표현된 발화내용은 [+사실성]의 의미자질을 내포해야 한다. (ㄱ)에서 '보고하다', '통고하다', '전하다'는 현재 발생하고 있는 어떤 사실이나 과거에 이미 발생한 사실근거가 있는 내용을 전달 받는 자에게 알리는 상황을 언어화한 경우로 평서의 서법표지와의 결합이 자연스럽다. 그러나 (ㄱ′)에서 관찰하듯 '보고하다'는 단지 어떤 사실에 대해 알리는 데만 초점을 두므로 청유, 명령, 의문을 나타내는 서법 표지와는 결합되지 않는다. 반면 (ㄷ)에서 '전하다'는 제1발화상황에서 화자의 발화내용을 전달하는 경우이므로 제1발화상황에서 청자였던 청자가 제2발화상황에서 화자가 되어 전달받은 내용을 알리는 상황으로서 명령, 청유의 서법표지와의 결합이 자연스럽다. (ㄴ)에서 '통고하다'도 의미특성상 명령의 서법표지와의 결합이 자연스럽다. 그러나 (ㄹ)과 같은 경우가 가능한 것은 '-는가'에 대상격조사 '-를'이 '-는가'구문을 하나의 대상으로 취했기 때문이다. '-는가'가 이끄는 구문은 그 사건이 발생하게 된 원인을 설명한다.

'보고하다'의 절의 보문소 결합 제약 관계를 살펴보도록 한다.

> (121) ㄱ. 다만 이 제도가 채택될 경우 교직사회의 안정이 저해될 우려
> 가 있다는 점을 감안하여 실시를 유보하거나 시행할 경우라
> 도 현직교장은 제외하자는 의견이 있었음을 보고했다./통고
> 했다./전했다.
> ㄴ. 그는 상부에 전사들이 사망한 것을 보고하였다./통고하였다./
> 전했다.
> ㄷ. 이거 싸슨 거 같은데, 본국에 송환하도록 보고했다./통고했
> 다./전했다.
> ㄹ. 새로운 정당을 만들기 위한 강령과 정책 초안을 제출할 것을
> 통고했다./*보고했다./*전했다.
> ㅁ. 그곳에서 무슨 일이 있었는지를 전했다./보고했다./통고했다.

'보고하다'는 과거에 있있던 [+사실성]이 있는 내용을 보고하는 행위이므로 '-ㄴ 것' 보문이나 '-음'보문과 결합이 자연스럽다. (ㄷ)과 같이 부사절을 이끄는 문법표지 '-도록'과의 결합도 자연스럽다. (ㄹ)에서 '-ㄹ 것'과의 결합에서 '통고하다'가 가능하고 '보고하다'가 불가능한 것은 전자는 미래에 발생할 일에 대해서 설명 가능하지만 '보고하다'와 '전하다'는 과거에 발생했거나 현재 발생하고 있는 일에 대해서만 설명이 가능하기 때문이다.

'보고하다'의 절의 시제소 결합 영상을 살펴보도록 한다.

> (122) 김윤식은 텐진에서 조용히 국왕의 회답을 기다릴 것이라고/기다

리겠다고/기다렸다고/기다린다고 보고했다./통고했다./전했다.

(122)를 관찰하면 절의 서술부는 과거에 발생했던 어떤 일, 현재에 발생하고 있는 상황, 미래에 곧 발생하게 될 사건을 언어화할 수 있어 시제 표지와 모두 결합 가능하다. (ㄷ)에서 미래를 나타내는 표지들은 화자의 의지를 표현하기도 한다.

'보고하다'의 절의 주어 성분이 상위문 성분 간의 통제관계를 살펴보도록 한다.

> (123) ㄱ. 그는 상부에 [적들이 쳐들어온다고] 보고했다./통고했다./전했다.
>
> ㄴ. 그i는 [ei/*j자기가 세무조사를 나가겠다고] 상부j에 보고했다./통고했다./전했다.
>
> ㄷ. 그i는 상부j에 [ei/j 세무조사를 나가야 한다고] 보고했다./통고했다./전했다.

(ㄱ)에서 '보고하다', '통고하다', '전하다'는 절의 주어가 일반명사로 나타나 상위문의 어떤 성분에도 통제되지 않는다. (ㄷ)과 같이 화자가 자신과 관련한 어떤 사건을 포함하여 청자 성분을 포함한 다른 사람과 관련한 사건들도 언어화하여 절로 선택할 수 있으므로 통제관계에서는 자유롭다. 그러나 (ㄴ)에서 상위문의 대상 논항인 '상부'와 통제관계가 불가능하다. 이는 절의 서술어가 화자의 의지를 나타내는 선어말어미 '-겠-'과의 결합이 이 통제관계를 제약했음을 말해준다.

이 유형의 논항구조를 공통으로 갖는 <알림>류 발화동사들의 의미적 특성에 의한 통사현상의 공통점과 차이점을 다음 표로 정리하면 다음과 같다.

〈표 13〉

발화동사	서법소				시제소					통제관계		
										의무		비의무
	-다	-ㄴ냐	-라	-자	-았/었	-ㄴ다	-리라	-ㄹ것	-겠	주어	대상	제삼자
말하다[1]「2」	○	×	○	○	○	○	○	○	○	○	○	○
보고하다02	○	×	×	×	○	○	○	○	○	○	○	○
전하다[3]	○	×	○	○	○	○	○	○	○	○	○	○
통고하다	○	×	○	×	○	○	○	○	○	○	○	○
일러바치다	○	×	×	×	○	○	×	○	×	×	×	○
이르다02「4」	○	×	×	×	○	○	×	○	×	×	×	○

〈알림〉류에 속하는 발화동사들은 모두 [+알림성]이라는 공통의 의미 자질을 가질 뿐만 아니라, 그 어휘의미특성에 따라 문의 구조에 하위범주 화로 출현하는 절은 모두 [+사실성]이라는 의미자질을 공통으로 갖는다. 따라서 이미 사실성이 드러난 내용에 대해 재질문이 필요하지 않음으로 서법소와의 결합관계에서 모두 의문을 나타내는 표지와 결합하지 않음을 관찰할 수 있다. [+알림성]의 의미특성을 갖는 '말하다[1]「2」'는 전달하 는 자가 전달받는 자에서 추상적인 개체를 주는 행위를 상정할 수 있음므 로 '-아/어 주다'와의 결합이 자유롭다는 점에서 일반 '말하다'와 변별할 수 있는 기제라고 볼 수 있다.

'고발하다'류에서 '일러바치다'와 '이르다02「4」', '보고하다02(報告)'는 서법소 제약관계에서 동일한 현상을 보인다. 이는 이들 발화동사가 전달 하는 자가 단지 어떤 사실을 전달받는 자에게 전달하는 데만 초점을 두는 상항을 언어화했음을 설명한다. 반면 '말하다[1]「2」'와 '전하다[3]'은 사실 을 전달하는 데만 초점을 두는 것이 아니라 청자로 하여금 전달되는 내용 에 대해 수행하기를 바라는 의도도 함께 드러난다. 시제소 결합 양상에서

‘고발하다’류는 기타 발화동사들과 다른 양상을 보이는데 이는 이들이 [+고의성] 의미자질에 의해 변별됨을 설명한다. 이 점은 통제관계에서도 살펴볼 수 있는데 ‘고발하다’류 발화동사들은 제삼자와 관련한 어떤 사실만을 전달하는데 반해 기타 발화동사들은 사실과 관련한 대상이 누구인지는 한정하지 않는다. 따라 발화동사들의 의미특성간의 변별은 그 통사현상 간의 공통점과 차이점을 결정한다고 볼 수 있다.

〈표 14〉

발화동사	보문소							
	-음	-기	것		-ㄴ지	-ㄴ가	-ㄴ냐	-고
			-ㄴ 것	-ㄹ 것				
말하다[1]「2」	○	×	○	×	○	○	×	○
보고하다02	○	×	○	×	○	○	×	○
전하다[3]	○	×	○	×	○	○	×	○
통고하다	○	×	○	○	○	○	×	○
일러바치다	○	×	○	×	○	○	×	○
이르다02「4」	○	×	○	×	○	○	×	○

<표 14>에서 보문소와의 결합에서 <알림>류 동사들은 모두 동일한 결합 양상을 나타낸다. 그러나 [+미래성]을 갖는 ‘-ㄹ 것’과의 결합에서 ‘통고하다’만이 자연스러운 것은 ‘통고하다’가 의미특성상 화자가 어떤 소식이나 정보를 전달하여 전달받는 자가 그 내용에 따라 실행하기를 바라는 [+기대성]자질을 더 갖기 때문이다. 의문을 나타내는 표지 ‘-ㄴ냐’와의 결합이 모두 불가능한 것은 <표 6>에서 의문을 나타내는 서법소와의 결합이 불가능한 것과 동일하다. 그러나 간접의 의문을 나타내는 ‘-ㄴ지’나 ‘-ㄴ가’는 이유나 원인을 표현하는 기능도 하므로 사건이 발생한 이유나 원인도 전달하는 <알림>류 동사들과의 결합이 모두 자연스럽다.

4.3.2.2.3. <설명>류

<설명>류는 화자가 청자에게 어떤 내용에 관해 청자가 이해할 수 있도록 말하는 언어적 행위를 나타낸다. '설명하다'류에서 '설명하다'는 화자가 청자에게 어떤 일이나 대상의 내용을 잘 알 수 있게끔 말해주는데 초점을 두기 때문에 서법소와의 결합에서 제약을 보인다.

> (124) 번민 끝에 나는 사장에게 그 동안의 경위를 고백하고 그 여자와 결혼하겠다고/*하자고/*하라고/*느냐고 설명했다./해명했다.

(124)에서 '설명하다'의 의미특성상 상대방으로 하여금 어떤 행위를 수행하기를 바라지 않음으로 명령, 청유, 의문을 나타내는 서법소와는 결합하지 않는다.

'설명하다'의 절의 보문소 결합 제약 현상을 살펴보도록 한다.

> (125) ㄱ. 오늘날 학생들이 학교에 납부하고 있는 공납금의 결정은 어떤 근거에서 어떻게 산출되었는지 모든 학부형을 비롯한 국민들에게 납득이 될 수 있도록/있게끔 설명하였다./해명했다.
>
> ㄴ. 그들에게 그 시대가 암울했었다는 것을 설명하기/해명하기 위해 긴급조치와 민청학련 사건 등 내가 처리했던 사건을 얘기했을 뿐이다.
>
> ㄷ. 그는 한참을 망설이다 다 기어들어가는 목소리로 무엇인가를 설명했다./해명하였다.
>
> ㄹ. 홍 박사의 힐난에 대하여, 지섭이는 홍 박사에게 전승연의 치욕이 행사의 소재가 될 수 없음을/*없기를 설명하였다./해명하였다.
>
> ㅁ. 어제 유리창을 깬 것을/*깰 것을 설명하였다./해명하였다.

(ㄱ)에서 '설명하다'와 '해명하다'는 모두 상대로 하여금 어떤 사실에 대해 화자의 발화내용을 이해하게끔 하는 언어적 행위를 나타냄으로 '-게'나 '-도록'과의 결합이 자연스럽다. 또한 (ㄹ)과 (ㅁ)에서 '설명하다'와 '해명하다'는 기정된 사실에 대해 구체적으로 사실을 근거로 하여 말하는 행위이므로 [과거성]을 나타내는 '-음', '-ㄴ 것'과의 결합이 자연스럽다. '설명하다'의 절의 시제소 결합 양상을 살펴보도록 한다.

> (126) ㄱ. 회사측도 "시국이 어수선한데 무슨 잔치냐는 회장님의 지시로 순수한 가족행사로 치렀다"고 설명했다./해명했다.
> ㄴ. 국세청 관계자들은 비자금 조성이 밝혀질 때 두 가지 처리방안이 있다고 있을 것이라고/있었다고 /있으리라고 설명했다./해명했다.
> ㄷ. 그래서 자신은 취임하자마자 관련단체장들을 만나 한 목소리를 내자고 설득했다고/설득하겠다고/설득할 것이라고 설명했다./해명했다.

(126)에서 보듯 '설명하다'는 어떤 사건이나 사태가 현재, 미래, 과거에 발생했던 상관없이 모두 서술 가능한 내용이므로 시제소와의 결합에서 제약을 받지 않음을 관찰할 수 있는데 이는 '보고하다'와 마찬가지 통사현상이다.

'설명하다'의 절의 주어 성분과 상위문 성분 간의 통제현상을 살펴보도록 한다.

> (127) ㄱ. 그는 선생님께 [영수는/그는 그럴 일을 할 사람이 아니라고] 설명했다./해명했다.
> ㄴ. 삼성측i은기아측j에[ei/*j 기아자주식을 점진적으로 팔겠다고

/팔것이라고] 설명했다./해명했다.

ㄷ. 그ᵢ는 어머니ⱼ께 [e*ᵢ/ⱼ그렇게 처리하시면 안된대고 설명했
   다./*해명했다.

'설명하다'가 화자가 청자에게 어떤 일이나 어떤 대상에 관한 내용을
말해주는 언어적 행위인 경우는 (ㄱ)과 같이 절의 주어 성분은 상위문의
어떤 성분과도 통제관계를 맺지 않는다. 그러나 (ㄴ)과 (ㄷ)에서 청자와
관한 어떤 사건이나 화자와 관련한 어떤 사건에 관한 것이라면 통제관계
를 맺을 수도 있다. 그러나 '해명하다(解明)'는 화자가 화자나 제삼자와 관
련한 어떤 사건에 대해 이유를 더러 밝힐 수 있지만 청자와 관한 사건에
대해서는 어떤 설명도 해주지 못한다. 따라서 (ㄷ)과 같이 상위문의 청자
성분에 의해 통제되지 못한다.

<설명>류에 속하는 발화동사들이 이끄는 구문에서 나타나는 통사현
상을 다음과 같이 표로 정리하여 그 공통점과 차이점을 살펴보도록 한다.

〈표 15〉

발화동사	서법소				시제소					통제관계		
										의무		비의무
	-다	-ㄴ냐	-라	-자	-았/었	-ㄴ다	-리라	-ㄹ것	-겠	주어	대상	제삼자
가르치다 01[2]「1」	○	×	○	×	○	○	×	×	×	○	○	○
설교하다「1」	○	×	○	×	○	○	○	○	○	○	○	○
설명하다	○	×	×	×	○	○	○	○	○	○	○	○
해명하다	○	×	×	×	○	○	○	○	○	○	×	○

<설명>류에서 '가르치다01[2]「1」'은 시제소 '-리라'와 '-겠'과의 결합
이 어색하고 '-ㄹ 것'과의 결합이 자연스러운 것을 관찰할 수 있는데 이

는 '-리라'와 '-겠'이 화자의 추측보다 의지를 표현하는 정도가 더 강하기 때문이다. 이는 또 상위문의 성분과 하위문의 성분 간에 통제관계의 제약을 받지 않는 데서도 관찰할 수 있다. 만약에 '-리라'와 '-겠'과의 결합이 가능하려면 하위문의 주어 성분과 상위문의 여격성분이 통제관계를 맺지 말아야 한다. '가르치다01[2]「1」'과 '설교하다「1」'은 서법소와의 결합에서 동일한 양상을 보이는데 모두 상대를 지시하는 행위를 드러내는 발화행위이므로 명령을 나타내는 표지 '-라'와 결합 가능함을 관찰할 수 있다. 반면 '설명하다'와 '해명하다'는 지시의 행위를 나타내는 발화의 행위는 아니다. '해명하다'는 화자가 어떤 행위가 일어나게 된 데 대해 까닭이나 내용을 들어서 밝히어 말하는 언어적 행위로서 '설명하다'보다는 어떤 수단을 동원하여야 한다는 의미가 더 표현된다. '설명하다(說明)'와 '보고하다02(報告)'는 시제소 결합에서 동일한 현상을 보일 뿐만 아니라 통제관계에서도 동일한 현상을 보인다. 의미특성상 서법의 결합관계에서도 유사한 양상을 보인다. 단 통제관계에서 '해명하다'는 하위문의 주어 성분과 상위문의 여격성분이 통제관계를 맺지 못한다는 점에서 '설명하다'와 통사 차이를 보인다.

〈표 16〉

발화동사	보문소							
	-음	-기	것		-ㄴ지	-ㄴ가	-ㄴ냐	-고
			-ㄴ 것	-ㄹ 것				
가르치다01[2]「1」	○	×	○	×	○	○	×	○
설교하다「1」	○	×	○	×	○	○	×	○
설명하다	○	×	○	×	○	○	×	○
해명하다	○	×	○	×	○	○	×	○

<표 16>에서 <설명>류는 모두 기존된 사실에 대해 말하는 행위이므로 보문소 '-음'과 '-ㄴ 것'과의 결합이 모두 자연스럽다. 또한 <설명>류는 이해가 잘 되지 않는 문제에 대해 밝혀 말하는 행위이므로 간접적으로 의문을 나타내는 표지 '-ㄴ 지'와 '-ㄴ가'와의 결합도 가능함을 관찰할 수 있다. 이와 같이 보문소와의 결합에서 <설명>류는 동일한 양상을 보인다.

4.3.2.2.4. <변명>류

<변명>류는 화자가 청자에게 어떤 잘못이나 실수에 대하여 구실을 대며 그 까닭을 말하는 발화상황을 언어화한 것들이다. 이는 문의 구조에서 '해명하다'류와 유사한 서법 제약 양상을 보인다.

(128) ㄱ. 장례가 끝나는 대로 곧 오기로 했으니까 기다리자고 문권이는 변명했다.

　　 ㄱ′. ?기다리라고 문권이는 변명했다.

　　 ㄴ. *그는 동생에게 조금만 더 기다려보자고 변명했다.

　　 ㄷ. 그녀는 몸이 아프다고 거짓말로 변명했다.

　　 ㄹ. *곧 올터이니 먼저 갈 필요는 없지 않냐고 변명했다.

　　 ㅁ. 그는 당장에 왜 그렇게밖에 그리지 못했는가를 변명하기 시작했다.

(ㄱ)은 SJ에서 추출한 용례이지만 자연스럽지 못하다. 만약에 (ㄱ)이 자연스러운 문장이 된다면 (ㄱ′)도 자연스럽다고 볼 수 있다. 그러나 (ㄴ)에서 내포문이 청유의 의미를 나타내는 표지 '-자'와 결합하면 비문이 된다. 그 이유는 (ㄱ)이 적격한 문장이 될 수 있는 것은 아마도 원인을 나타내는 '-으니까'가 이끄는 절과 관련된다. (ㄹ)은 '변명하다'는 의미특성상 '-느

냐'와의 결합은 어색하나 (ㅁ)에서 의문을 나타내는 '-ㄴ가'와 결합이 가능하기도 한 것은 '-ㄴ가'의 구문이 대상격조사 '-를'이 대상 성분으로 취했기 때문이다. 이는 '-ㄴ냐'와 '-ㄴ가'가 의미특성상의 차이로 보이는데 오현숙(1989:117)에서 '-ㄴ가'는 화자가 청자에 대해 직접적인 질문을 나타내는 것이 아니기 때문이라는 언급과도 관련된다. '-ㄴ가'는 '-ㄴ냐' 보다 어떤 이유나 원인을 설명하는 식의 의미특성이 더 들어있다.

'변명하다'의 절이 결합할 수 있는 보문소 결합관계를 살펴보도록 한다.

> (129) 따라서 방송사들은 이번의 투표자 조사에서 신뢰도가 낮았던 것을/낮았음을/*낮기를/*낮을 것을/*낮다는 것을 변명할 수도 있을 것이다.

'변명하다'는 자신과 또는 제 삼자와 관련한 이미 발생한 일에 관해 구실을 들어 설명하는 행위이므로 [+과거성]의 의미자질을 내포한 보문소 '-것'이나 '-음'과의 결합이 자연스러움을 관찰할 수 있다.

'변명하다'의 절의 시제소 결합 제약 현상을 살펴보도록 한다.

> (130) ㄱ. 희영이가 나에게 차가 막혀서 늦었다고/늦는다고/늦을거라고 /*늦겠다고 변명하였다.
> ㄴ. 카니 정은 그러한 연극적인 기술이 기존의 뉴스리포트처럼 현실을 그대로 보여 줄 것이라고/겠다고 변명했지만 평론가 들의 반응은 그렇지가 않았다.

'변명하다'는 그 의미특성상 과거 발생한 일에 대해 적당한 이유를 대 거나 곧 발생할 일에 대해 미리 핑계를 대어 상황을 모면하려는 경우에도

쓰이므로 절의 서술어는 시제소와의 제약 면에서 비교적 자유롭다. (ㄱ)에
서 추측의 의미를 나타낼 경우는 결합이 어색하지만 (ㄴ)과 같이 화자의
의지를 나타낼 경우는 자연스럽다. 따라서 미래의 의미를 나타내는 '-겠'
은 화자의 의지를 나타내는 특성도 있어 (ㄱ)에서 '-겠'과의 결합이 제약
을 받는다. 이는 절의 주어가 상위문의 어떤 성분과도 통제관계를 맺지
않을 경우와 관련된다.

'변명하다'의 절의 주어 성분과 상위문 성분 간의 통제관계를 살펴보도
록 한다.

> (131) ㄱ. 그$_i$는 어머니$_j$에게 [e$_i$/*$_j$ 공부땜에 늦게 도착했다고] 변명했
> 다.
> ㄴ. 장례가 끝나는 대로 곧 오기로 했으니까 기다리자고 문권이
> 는 변명했다.
> ㄷ. 문권이$_i$는 영희$_j$에게 [철수*$_i$/*$_j$가 숙제를 하느라 늦었을 것이
> 라고] 변명했다.

'변명하다'의 의미특성상 화자는 자기와 관련된 일에 대해 구실을 대여
발화하는 행위이므로 (ㄱ)에서 상위문의 주어에 의해 통제되지만 청자와
는 통제관계를 맺지 못한다는 특징이 있다. 청자를 제외한 제 삼자의 입
장을 변명해 줄 경우도 있어 (ㄷ)과 같이 비의무적인 통제관계를 나타낸
다. 문제는 (ㄴ)이다. (ㄴ)이 적격한 문장이라면 청유의 의미를 나타내는
표지 '-자'의 특성상 상위문의 주어와 청자 성분에 의해 모두 통제된다고
볼 수 있다. 그러나 이는 '변명하다'의 의미특성과 호응되지 않는다. 따라
서 (ㄴ)은 적격하지 않은 문장이다.

'변명하다'의 통사특징을 표로 정리하면 다음과 같다.

〈표 17〉

발화동사	서법소				시제소					통제관계		
										의무		비의무
	-다	-ㄴ냐	-라	-자	-았/었	-ㄴ다	-리라	-ㄹ것	-겠	주어	대상	제삼자
둘러대다「2」	○	×	×	×	○	○	○	○	○	○	×	○
변명하다01「1」	○	×	×	×	○	○	○	○	○	○	×	○
핑계하다「2」	○	×	×	×	○	○	○	○	○	○	×	○

'해명하다(解明)'와 '변명하다'류에서 '변명하다01(辨明)「1」'은 발화동사들의 절의 보문소 결합 제약과 유사한 현상을 나타낸다. 시제의 결합관계에서는 '변명하다01(辨明)「1」'은 '해명하다(解明)'보다 '-겠'과의 결합이 자연스러운 현상을 보인다. 이 둘은 주어 통제관계에서 동일한 양상을 보인다.

〈표 18〉

발화동사	보문소							
	-음	-기	것		-ㄴ지	-ㄴ가	-ㄴ냐	-고
			-ㄴ 것	-ㄹ 것				
둘러대다「2」	○	×	○	×	○	○	×	○
변명하다01「1」	○	×	○	×	○	○	×	○
핑계하다「2」	○	×	○	×	○	○	×	○

<표 18>에서 보문소와 결합을 보면 '변명하다'도 <설명>류에 속하는 발화동사들과 동일한 양상을 보이나 '어떤 구실을 대다' 즉 [-사실성]의 의미특성을 더 갖는 점에서 다르다.

4.3.2.2.5. <고백>류

<고백>류는 화자가 청자에게 화자의 속마음이나 사정을 알려주기 위하여 발화하는 상황을 언어화한 것들이다. 주로 <고백하다>류와 <하소연하다>류가 포함되는데 이 부류에 속하는 발화동사들의 통사특징을 살펴보도록 한다.

'털어놓다'는 화자가 사실이나 속마음 따위를 숨김없이 청자에게 말하는 언어적 행위로서 세 자리 서술어이다. 화자가 발화한 내용에 대해 어떤 사실이나 속마음 따위를 구체적으로 어떤 내용인지를 '-고'에 이끄는 보문으로 표현할 수도 있고, 그 구체적인 내용을 해당되는 개체로 범주화하여 표현할 수도 있어 두 가지 유형의 논항구조를 가질 수 있다.[94]

'털어놓다'의 절의 서법소 결합 양상을 살펴보도록 한다.

(132) ㄱ. 박찬호는 상대와 눈이 마주치면 말문이 막히고 긴장된다고/*
　　　　긴장될 것이라고/*긴장되겠다고 /* 긴장되라고 /*긴장되자고
　　　　/*긴장되느냐고 털어놓았다./고백했다.
　　　ㄴ. 왜 긴장되는지를 /되는 가를 털어놓았다./고백했다.

'털어놓다'는 의미특성상 단지 자신의 속마음을 드러내는 데만 초점을 두기 때문에 의문, 명령. 청유, 추측의 의미를 나타내는 서법 표지와는 결합하지 않음을 (ㄱ)에서 관찰할 수 있다. (ㄴ)에서 어떤 속마음이 왜 그런지의 그 이유를 말할 수도 있어 '-ㄴ지'와 '-ㄴ가'의 결합이 가능하다.

'털어놓다'의 보문소 결합양상을 살펴보도록 한다.

---

94) '털어놓다'는 『고려대 한국어대사전』에서는 '말하다'의 뜻이 기본 의미항목으로 되어있고 『표준국어대사전』에서는 '속에 든 물건을 모두 내놓다'가 기본 의미항목으로 제시되어 있는데 '말하다'의 의미는 '속에 든 물건을 내놓다'라는 기본의미에서 파생된 것으로 보아야 하므로 수정할 필요가 있다고 생각한다.

(133) ㄱ. 정우가 정선생과의 일을 얘기하자 나머지 조합원들도 모두
　　　　똑같은 일을 당했음을 /당한 것을/당했다는 것을/*당할 것을
　　　　/*당하기를 털어놓았다./고백했다.

　　　ㄴ. 프로그램에 출연한 대부분의 남성들은 가족의 안녕을 책임져
　　　　야 한다는 중압감이 얼마나 그들의 삶을 무겁게 짓누르고
　　　　있는지/있는가를 /*있냐고/*있는가고 털어놓았다./고백했다

　　　ㄷ. K씨는 며느리가 책 읽는 것을 금지했다고 털어놓았다./고백
　　　　했다.

　‘털어놓다’나 ‘고백하다’는 과거로부터 간직하고 있었거나 현재도 그러
한 속마음을 드러내는 발화상황을 언어화한 것이므로 [＋현재성]이나 [＋
과거성]의 의미특성을 내포하는 ‘-음’이나 ‘-은/는’과의 결합이 가능하다.
(ㄴ)에서 ‘-ㄴ가’는 ‘-를’과의 결합이 가능하나 ‘-고’와는 결합하지 않음
을 관찰할 수 있다. 이는 ‘-ㄴ가’가 ‘-고’와 결합할 경우는 의문을 나타내
는 표지로의 기능을 한다고 볼 수 있고, ‘-를’과 결합할 경우는 구체적인
제시된 내용을 이유로 대상화시켜주는 기능을 한다고 볼 수 있다. ‘털어
놓다’는 질문의 행위를 나타내지 않음으로 ‘-고’와의 결합이 불가능한 것
이다. 따라서 ‘-ㄴ가’가 ‘-고’와 결합하느냐 ‘-를’과 결합하느냐에 따라
그 의미특성이 결정된다고 볼 수 있다.

　‘털어놓다’의 절의 시제소 결합제약관계를 살펴보도록 한다.

(134) ㄱ. 160프랑을 챙겨간 손님이 나중에 찾아와 돈을 꿔줘서 고맙
　　　　다고/고마웠다고 털어놓기도 했다./고백했다.

　　　ㄴ. 그는 내일 시험에서 꼭 긴장될 것이라고 /긴장되리라고 고민
　　　　을 털어놓았다./고백했다

‘털어놓다’가 [＋사실성]의 의미특성을 갖는 과거에 발생한 어떤 사건에 관한 내용이나 현재의 어떤 상황에 의해 일어난 속마음, 또는 미래에 일어날 어떤 사건에 대해 속마음을 표현할 수 있어 (ㄴ)과 (ㄷ)에서 ‘-ㄹ 것’이나 ‘-리라’와 결합할 수 있다.

‘털어놓다’의 절의 주어 성분과 상위문 성분 간의 통제관계를 살펴보도록 한다.

> (135) ㄱ. 아이i는 엄마j에게 [ei/*j/자기i가 유리창을 깼다고] 털어놓고/
> 고백하고는 큰소리로 울기 시작했다.
> ㄴ. 남편i은 경찰j에게 [아내*i/*j가 사실을 끝까지 모르고 숨을
> 거두었다고] 털어놓았다./고백했다.

(ㄱ)에서 ‘털어놓다’는 의미특성상 화자가 자신과 관련한 현재 간직하고 있는 어떤 속마음이나 과거에 발생했던 어떤 사건에 관해 청자에게 하소연하는 언어적 행위라는 데서 절의 주어와 상위문의 주어는 통제관계를 맺는다. (ㄴ)에서 절에 일반 명사나 대명사가 나타날 경우 상위문의 어떤 성분과도 통제관계를 맺지 않는다.

<고백>류 발화동사들에서 나타나는 통사행동의 공통점과 차이점을 아래 표로 정리하여 살펴보도록 한다.

〈표 19〉

발화동사	서법소				시제소					통제관계		
										의무		비의무
	-다	-ㄴ 냐	-라	-자	-았/ 었	-ㄴ 다	-리 라	-ㄹ 것	-겠	주어	대상	제삼자
고백하다「1」	○	×	×	×	○	○	×	×	×	○	×	○
실토하다	○	×	×	×	○	○	×	×	×	○	×	○

털어놓다「2」	○	×	×	×	○	○	×	×	×	○	×	○
하소연하다	○	○	○	○	○	○	×	○	○	○	○	○

‘고백하다’부류의 발화동사와 ‘하소연하다’부류의 발화동사들은 서법소, 시제소와의 결합제약에서 확연한 차이를 보인다. 서법소에서 ‘고백하다’류는 의문, 명령, 청유의 의미를 나타내는 표지들과 결합이 불가능한 반면 ‘하소연하다’류는 비교적 자유롭다. 왜냐하면 ‘하소연하다’류는 화자가 청자에게 자기와 관련한 어떤 사정을 하소연할 수도 있지만 청자에게 자기와 관련한 어떤 사건과 관련해 도움을 요청하는 의미도 포함되어 하소연할 수도 있다. 즉 화자는 청자로 하여금 그 사정을 들어주기를 바라며 청자는 또 이 사정을 들어줄 능력이나 가능성이 있다. 그러나 ‘고백하다’류는 화자의 어떤 속마음을 청자에게 단지 말하는 행위로서 청자로 하여금 어떤 행위를 해주기를 바라지 않는다. 이 점은 절의 주어와 상위문 청자 성분 간의 통제관계 가능여부에 의해서도 관찰할 수 있다.

〈표 20〉

발화동사	보문소							
	-음	-기	것		-ㄴ지	-ㄴ가	-ㄴ냐	-고
			-ㄴ 것	-ㄹ 것				
고백하다「1」	○	×	○	×	○	○	×	○
실토하다	○	×	○	×	○	○	×	○
털어놓다「2」	○	×	○	×	○	○	×	○
하소연하다	○	×	○	×	○	○	○	○

<표 20>에서 <고백>류 발화동사는 [＋과거성]을 나타내는 보문소 ‘-음’과 ‘-ㄴ 것’과의 결합이 자연스럽다. 이는 하위범주로 선택된 발화내용이

[+사실성]의 의미자질을 공통으로 내포함을 말해준다. 그러나 '하소연하다'만이 의문의 표지 '-ㄴ냐'와의 결합이 가능한 것처럼 보이는데 이 경우는 직접적으로 의문을 나타낸다기보다는 의문의 형식을 빌어 딱한 사정을 어찌 처리하면 좋을지의 의미를 담아 발화하는 행위이다.

4.3.2.2.6. <질문>류

<질문>류는 화자가 청자에게서 무엇에 관해 밝히고 알아내기 위해 발화하는 상황을 언어화한 것들이다. 이 부류에 속하는 개별 발화동사들은 의미특성상 이 유형의 논항구조로 표현되는 동시에 두 자리 서술어로서 다른 유형의 논항구조로도 표현된다.

'묻다'부류의 발화동사에서 기본동사인 '묻다03「1」'은 화자가 무엇을 밝히거나 알아내기 위하여 상대편의 대답이나 설명을 요구하는 내용으로 말하는 언어적 행위로서 세 자리 서술어이다. 의미특성상 햐위범주로 선택된 절 논항에서 의문을 나타내는 다양한 표지와 결합할 수 있는 점에서 다른 발화동사와의 차이점을 나타낸다.

'묻다03「1」'이 의미특성상 화자가 상대방에게 어떤 물음을 제기하고 대답을 요구하는 발화행위로서 이는 절의 서법 양상을 제약하기도 한다.

> (136) 대표단 중 한 사람이 옛소련의 스탈린이 그에게 1950년 남침을
> 부추겼느냐고 /*부추켜라고/부추키자고 물었다.

'묻다03「1」'의 의미특성상 주로 간접 의문문을 나타내는 보문소 '-느냐'와 자연스럽게 결합된다. '묻다'는 의미특성상 화자가 과거, 현재, 미래에 대해 궁금한 사항을 청자에게 묻는 경우이지 청자에게 어떤 행위를 할 것을 요구하거나, 권유하지는 않는다. 따라서 명령과 청유의 서법과의

결합은 불가능하다.

'묻다03「1」'의 절의 보문소 결합 양상을 살펴보도록 한다.

> (137) ㄱ. 韓光玉 조사위 위원장 비서관으로 조사위 실무간사격인 尹昊
> 重 씨와 洪기자에게 전화를 걸어 산 어디까지 가봤는지를 물
> 었다.
>
> ㄴ. CEO들에게 인트라넷을 통해 접수되는 메일을 제외하고, 하
> 루 평균 주고 받는 E-메일 수는 어느 정도인가를/어느 정도
> 냐고 물었다. /어느 정도임을/*정도이기를 물었다.
>
> ㄷ. 선생님은 영수에게 어제 노래방에 간 것을/*간다는 것을/*갈
> 것을 /*갔음을 /*가기를 물었다.

(ㄱ)과 (ㄴ)에서 절의 서술어가 의문을 나타내는 표지 '-ㄴ지', '-ㄴ가', '-ㄴ냐'와 결합할 경우는 문장이 자연스럽다. (ㄴ)에서 보문소 '-음'은 자연스럽게 결합하나 (ㄷ)에서는 보문소 '-음'과의 결합이 어색하다. 상위문의 서술어가 동일함에도 불구하고 나타나는 통사상의 차이는 보문소의 결합이 상위문 서술어의 의미특성에 따라 제약될 뿐만 아니라 절의 서술어의 범주에 따라서도 제약을 받음을 설명한다. (ㄴ)은 절의 서술어가 서술격조사 '-이다'와 결합한 경우에 보문소 '-음'이 결합한 경우이고, (ㄹ)은 절의 서술어가 동사일 경우 보문소와의 결합이 어색함을 보여준다.

'묻다03「1」'의 절의 시제소 결합 제약관계를 살펴보도록 한다.

> (138) 나는 그에게 나를 사랑하냐고/사랑하겠냐고/사랑할 것이냐고/사
> 랑했냐고 물었다.

화자는 청자에게 현재, 과거, 미래에 관한 모든 사건이나 사태에 관해

물을 수 있으므로 절 내의 서술어는 시제 범주를 표현하는 선어말어미들
과 자연스럽게 결합할 수 있음을 관찰할 수 있다.

'묻다03「1」'의 절의 주어와 상위 문 성분 간의 제약관계를 살펴보도록
한다.

(139) ㄱ. 진우i가 [물건 값*i,j이 얼마냐고] 묻자 아낙j은 오천 원이라
고 했다.
ㄴ. 명함이 없다고 하니까 그i는 내j게 [e *i/j어디서 온 누구냐
고] 묻는다.
ㄹ. 선생님i은 나j에게 [우리ij 언제 출발하겠냐고] 물었다.
ㅁ. 선생님은 나에게 언제 왔냐고 물었다.
ㅂ. 나는 형에게 [내i가 어제 몇시에 들어왔냐고] 물었다.

(ㄱ)과 (ㄴ)에서 절의 서술어는 부정사 '얼마', '누구'에 의문을 나타나
는 표지 '-느냐'와 결합하여 쓰이는 경우이다. (ㄱ)에서 부정사 '얼마'는
반드시 절의 주어와 호응되어야 한다는 특성이 있어 상위문의 어떤 성분
에 의해 통제되지 않는다. 그러나 (ㄴ)에서 부정사 '누가'가 서술격조사 '-이
다'와 함께 서술어로 나타날 경우, 화자가 청자에게 청자와 관련한 어떤
일에 관해 대답을 요구할 경우이므로 절의 주어와 상위문의 청자 성분이
통제관계를 맺는다는 특징을 갖는다. 또는 상위문의 성분이 아닌 일반 명
사나 대명사가 나타나 의무적인 통제관계를 맺지 않을 수도 있다는 점에
서 '얼마'와는 다르다. (ㄹ)에서 절에 상위문의 화자 성분과 청자 성분을
동시에 지시하는 복수명사 '우리'가 나타날 경우는 동시 통제관계를 설정
해 볼 수도 있다. (ㅂ)과 같은 경우는 화자가 청자에게 화자와 관련한 어
떤 일에 관해 물을 수도 있기 때문에 절 내의 주어 성분이 상위문의 주어
논항과도 통제관계를 맺을 수 있다.

'묻다03「1」'과 동일한 통사행동을 하는 것들은 '묻다' 부류에 속하는 '물어보다, 질문하다「1」, 질의하다01「1」, 여쭈다「1」, 여쭙다「1」, 반문하다 01「2」, 캐묻다'가 있다. '여쭈다'나 '여쭙다'는 '묻다'의 공손한 표현이다. 통사현상에서 '묻다03「1」'과 동일한 양상을 보이나 청자 성분과 화자 성분이 어떤 사회적 관계에 의해 화자는 아랫사람, 청자는 윗사람이라는 신분의 제약을 갖는다는 특성을 나타낸다. 그러나 '반문하다01「1」'은 [＋의문성]의 의미속성을 갖는다는 면에서 '묻다03「1」'과 동일하나 그 의미특성상 보문소의 결합관계에서는 '묻다03「1」'보다 다음과 같은 제약성을 갖는다. '반문하다01「1」'은 화자가 상대방이 제기한 물음에 대답하지 않고 되받아 묻는 언어행위이므로 [＋현장성]을 갖고 있어 과거에 대해서는 언급하지 않는다.

(140) ㄱ. 그러면 어느 정도냐고/인가고/*인지를/*인가를 바로 반문했다.
ㄴ. *그러면 어느 정도임을 반문했다.

'묻다03「1」'은 (ㄴ)과 같은 보문소 결합이 자연스러우나 (149)에서 '반문하다01「1」'은 어색함을 관찰할 수 있다. (ㄱ)과 같이 '-ㄴ지'와 '-ㄴ가'에 대상격조사 '-을'이 결합해도 어색하다. 이는 '반문하다01「1」'은 의미특성상 어떤 내용에 관해 반문하지 어떤 대상에 관해 반문하지는 않기 때문이다. 따라서 대상화시킴의 기능을 하는 '-를'과 결합하면 어색한 문장이 된다. '묻다' 부류에서 '책문하다'도 『고려대 한국어대사전』에서는 '(어떤 사람이 다른 사람을) 잘못을 꾸짖어 묻다'로 타동사의 용법만 제시되어 있고 두 자리 서술어로 되어 있다. 즉 화자 성분과 청자 성분만 제시되어 있다. 그러나 개념상으로는 발화내용도 제시되어 있다. 이 점과 관련하여 『표준국어대사전』에는 세 자리 서술어로 되어 있다. '책문하다'

의 의미특성상 발화내용은 잘못 등과 같은 부정의 것들을 두고 물음이 진
행되는 사건구조를 상정할 수 있다. 따라서 발화내용이 반드시 나타나야
한다.

> (141) ㄱ. 나는 그에게 모임에 왜 안 나왔느냐고 책문하였다.
> ㄱ´. *나는 그에게 모임에 안 나오겠냐고 책문하였다.
> ㄱ″. 나는 그에게 안 나온 것을 책문하였다.
> ㄱ‴. 나는 그에게 안 나옴을/*나오기를 책문하였다.

(ㄱ)과 (ㄱ″)에서 '책문하다'는 의미특성상 이미 상대방의 잘못이나 허
물을 알고 있는 전제에서 상대방에게 묻는 경우이지 상대방의 의지를 물
어보지는 않는다. 때문에 (ㄱ´)가 비문이 된다. 또한 '책문하다'의 의미특
성상 이미 발생한 사건에 대해 진행되는 물음이므로 과거시제만을 선호
한다는 제약성도 (ㄴ)과 (ㄱ‴)에서 관찰할 수 있다. '심문하다02(審問)「1」'
도 SJ에서 제시된 용례들에서 4.1.2.1에서 '묻다'류와 유사한 통사현상을
보이나 『표준국어대사전』에서는 '–을' 논항만이 격틀에 제시되어 있다.
이 점을 보완하여 본고에서는 '심문하다02(審問)「1」'가 두 가지 유형의
논항구조를 갖는 것으로 처리할 것이다

<질문>류에 속하는 발화동사들의 통사 행동의 공통점과 차이점을 표
로 정리하여 살펴보도록 한다.

〈표 21〉

발화동사	서법소				시제소					통제관계		
										의무		비의무
	-다	-느냐	-라	-자	-았/었	-ㄴ다	-리라	-ㄹ것	-겠	주어	대상	제삼자
묻다03「1」	○	○	×	×	○	○	×	○	○	○	○	○

질문하다「1」	○	○	×	×	○	○	×	○	○	○	○	○
질의하다01「1」	○	○	×	×	○	○	×	○	○	○	○	○
되묻다03	○	○	×	×	○	○	×	○	○	○	○	○
여쭈다「1」	○	○	×	×	○	○	×	○	○	○	○	○
여쭙다「1」	○	○	×	×	○	○	×	○	○	○	○	○
반문하다「1」	○	○	×	×	○	○	×	○	○	○	○	○
책문하다	○	○	×	×	○	○	×	○	×	○	×	○

‘묻다03’류에 속하는 발화동사들은 청자에게 화자의 발화내용에 대해 청자가 답해주기를 요구하는 언어적 행위로 표현된다. 다른 유형의 발화동사와는 달리 <질문>류만 의문을 나타내는 전형적인 문법표지 ‘-느냐’와 결합할 수 있다는 특징을 갖는다. ‘책문하다’의 의미특성상 화자는 청자와 관련한 사건에 대해 탓하며 묻는 경우로서 상위문의 주어에 의해 통제되지 않을 뿐만 아니라 일반 명사나 상위문의 청자논항과 동일 지시되는 ‘너, 당신’ 등 대명사를 제외한 기타 대명사들도 절의 주어위치에 나타날 수 없다는 특징을 갖고 있다는 점에서 차이를 보인다.

〈표 22〉

발화동사	보문소							
	-음	-기	것		-ㄴ지	-ㄴ가	-느냐	-고
			-ㄴ 것	-ㄹ 것				
묻다03「1」	○	×	○	○	○	○	○	○
질문하다「1」	○	×	○	○	○	○	○	○
질의하다01「1」	○	×	○	○	○	○	○	○
되묻다03	○	×	○	○	○	○	○	○
여쭈다「1」	○	×	○	○	○	○	○	○
여쭙다「1」	○	×	○	○	○	○	○	○
반문하다「1」	○	×	○	○	○	○	○	○
책문하다	○	×	○	○	○	○	○	○

<표22>에서 <질문>류 발화동사는 보문소와의 결합에서 동일한 양상을 나타낸다. 특히 의문을 나타내는 표지들과 결합이 가능하다는 것이 다른 부류 발화동사들과의 차이점을 나타낸다. <질문>류는 의미특성상 이미 일어난 기존 사실에 대해 물을 수도 있고 미래의 계획이나, 행위의 발생에 대해 물을 수도 있으나 그 절이 대격표지 '-을'과 결합할 경우 '-ㄹ 것'과의 결합이 불가능하다. 그러나 복합표지 '-에 대해'로 치환할 경우 '-ㄹ 것'과의 결합이 가능하다는 특성을 갖는다.

4.3.2.2.7. <응답>류

<응답>류는 화자가 상대방의 물음이나 의견 따위에 답하기 위해 발화하는 상황을 언어화한 것들이다.

'대답하다(對答)「2」'는 화자가 상대가 묻거나 요구하는 것에 대하여 해답이나 제 뜻을 말하는 언어적 행위로서 세 자리 서술어이다. 발화내용을 명사구나 절을 범주로 선택할 수 있다는 점에서 두 가지 유형의 논항구조를 갖는다. 자동사 용법일 경우 『고려대 한국어대사전』에서는 청자 성분이 나타날 수 있는 자리에 '-에게' 논항만 나타날 수 있는 것으로 격틀에 제시되어 있지만 청자와 관련한 질문 등도 '-에' 성분으로 지표 되어 청자 성분 위치에 나타날 수 있다.

'대답하다(對答)「2」'의 절의 서법소 결합 양상을 살펴보도록 한다.

(142) 언제 가느냐는 물음에 내일 가자고 /내일 가라고/ *가느냐고 대답했다.

'대답하다(對答)「2」'는 청자가 화자에게 던진 요구들에 대해 화자는 명령식, 권유식, 추측식으로 대답할 수 있으며 이는 이들의 서법을 결정하기도 한다. '대답하다「2」'는 청자의 물음에 대해 해답하는 발화이므로 (167)과 같이 의문의 서법을 나타내는 문법표지 '-느냐'와는 결합할 수 없다.

'대답하다(對答) 「2」'의 절의 보문소 결합제약 양상을 살펴보도록 한다.

(143) ㄱ. 아버지는 우리가 남천에 왜 가야 하는지/*가야함/*가기를/*
　　　　 간 것을/*갈 것을 대답하지 않았다.
　　　ㄱ´. 간 것에 대해 대답했다.

'대답하다(對答) 「2」'는 어떤 사실에 대해 언급하는 것이 아니라 청자의 물음에 해답하는 행위이므로 (ㄱ)과 같이 보문소 '-음', '-기', '-ㄴ 것', '-ㄹ 것'과는 잘 결합하지 않는다. 이는 대상격조사 '-을/를'의 의미특성에 인한 것으로 볼 수 있다. 왜냐하면 '-을/를' 대신에 복합표지 '-에 대해'로 치환해보면 (ㄱ´)가 정문이 되기도 한다. 이는 '대답하다'가 의미특성상 어떤 내용을 대상화하여 발화하지 않기 때문이다. (ㄱ)은 어떤 지정된 물음이나 이유에 초점을 두고 '대답하다(對答) 「2」'는 경우이므로 '-는지'와의 결합도 가능함을 관찰할 수 있다.

'대답하다(對答) 「2」'의 절의 시제소 결합 제약 현상을 살펴보도록 한다.

(144) 아버지의 질문에 나는 내가 모를 것이라고/모르겠다고/몰랐다고/
　　　모른다고 대답했다/말대답했다

(144)에서 '대답하다「2」'는 시제소와의 결합이 자연스러움을 관찰할 수 있다.

'대답하다(對答) 「2」'의 절의 주어와 상위문 성분 간의 통제관계를 살펴보도록 한다.

(145) ㄱ. 그 남자i는 여자 친구j에게 [자신i/*j이 장차 음악인이 되겠다
고] 자세하게 대답했다.

ㄴ. 동생은 엄마한테 [누나 *i/j가 밥먹으로 오지 않을 것이라고]
대답했다.

ㄷ. 동생i은 엄마j한테 [e i/j 술에 만취해서 돌아왔다고] 대답했
다.

(ㄱ)에서 '대답하다(對答)「2」'는 화자가 상대가 묻거나 요구하는 것에
대하여 제 뜻을 말하는 언어적 행위이므로 상위문의 주어와 절의 주어가
의무적인 통제관계를 맺는다. (ㄴ)과 같이 절의 주어가 일반 명사로 나타
나 상위문의 어떤 성분과도 통제관계를 맺지 않을 수도 있다. (ㄷ)과 같이
상위문의 청자 성분과도 통제관계를 맺을 수 있음을 보여주는데 상위문
의 주어와 통제관계를 맺을 경우는 절의 주어는 재귀대명사로 나타나는
데 이 경우는 (ㄱ)에서 관찰할 수 있다.

<음답>류에 속하는 발화동사들의 통사 행동의 공통점과 차이점을 표
로 정리하여 살펴보도록 한다.

〈표 23〉

발화동사	서법소				시제소					통제관계		
										의무		비의무
	-다	-ㄴ 냐	-라	-자	-았/ 었	-ㄴ 다	-리 라	-ㄹ 것	-겠	주어	대상	제삼자
대답하다	○	×	○	○	○	○	○	○	○	○	○	○
말대답하다「2」	○	×	○	○	○	○	○	○	○	○	○	○
응답하다	○	×	○	○	○	○	○	○	○	○	○	○
응하다	○	×	○	○	○	○	○	○	○	○	○	○

상대가 묻거나 요구하는 것이 현재, 과거, 미래에 관한 모든 것이 가능하므로 시제제약은 받지 않음을 관찰할 수 있다. 또한 화자는 상대의 물음에 대해에 자기의 심리적인 태도를 보태어 말할 수도 있기 때문에 명령, 청유를 나타내는 서법표지와도 결합 가능하다.

〈표 24〉

발화동사	보문소							
	−음	−기	것		−ㄴ지	−ㄴ가	−ㄴ냐	−고
			−ㄴ 것	−ㄹ 것				
대답하다	×	×	×	×	○	○	○	○
말대답하다「2」	×	×	×	×	○	○	○	○
응답하다	×	×	×	×	○	○	○	○
응하다	×	×	×	×	○	○	○	○

<표 24>에서 <응답>류가 '−ㄴ냐'와의 결합이 가능한 것은 반문의 형식으로 대답하는 경우이므로 의문을 나타내는 표지 '−ㄴ냐'와도 잘 결합한다. <응답>류는 어떤 대상에 대해 대답하는 것이 아니라 어떤 내용에 대해 대답하기 때문에 '−음', '−기' 등과 결합하지 않는다. '−ㄴ지'와 '−ㄴ가'는 대상화 표지 '−를'과 결합할 경우 절의 서술어와의 결합이 가능함을 관찰할 수 있다.

4.3.2.2.8. <주장>류

<주장>류는 화자가 상대방의 의견이나 주장을 받아드리지 않고 제 의사를 나타나거나, 상대방의 의견에 특별히 반대되는 뜻이 없이 자기의 의사를 나타내는 상황을 언어화한 것들이다. 주로 <대꾸하다>류, <반박하다>류, <주장하다>류가 이 부류에 속한다.

'대꾸하다'류에서 '말대꾸하다'는 발화상황에서 화자가 청자가 발화한 발화내용을 받아드리지 않고 맞받아서 제 의사를 드러내는 언어적 행위로서 화자, 화자가 발화한 의사 내용, 이 의사 내용을 전달받는 청자를 필수적인 성분으로 갖는 세 자리 서술어이다. 그러나 발화내용으로 나타나는 성분이 통사구조에는 필수 성분으로 나타나야 하는 것 같으나 나타나지 않는 경우가 있는데 이런 논항을 잠재논항으로 볼 것인가의 문제가 있다.95) 즉 제2발화상황에서 화자가 청자에게 '영수는 내게 말대꾸 했어'라는 문장에서 '영수가' '내게' 다른 행동이 아닌 말대꾸라는 언어적 행동을 했다는 데 초점을 둔다면 이 문장에서 화자와 청자가 필수적인 논항으로 나타나는 경우가 된다. 이 점과 관련하여 『고려대 한국어대사전』에서 개념상으로는 '말대꾸하다'가 두 가지 격틀을 가질 수 있는 것으로 제시되어 있고 실제의 쓰임에서도 아래 (146ㄱ)에서 말대꾸한 구체적인 내용은 논항으로 나타나지 않았다. 이는 실제로 화자가 청자에게 말대꾸하는 발화상황을 언어화한 것이라면 발화내용은 필수적인 성분으로 나타나야 한다. 이를 제1발화상황이라고 한다. 그러나 (146ㄱ)과 같이 제1발화상황에서 일어난 말대꾸하는 언어적 행위를 제2발화상황에서 언급하였을 경우는 말대꾸했다는 데 초점을 두기 때문에 발화한 내용을 잠재논항으로 보기 어렵다.

> (146) ㄱ. 신입 사원 주제에 사장님에게 말대꾸하다니, 그 녀석 간이
> 　　　　배 밖으로 나온 모양이야.
> 　　　ㄴ. 아버지는 의사의 말에 꼬박꼬박 말대꾸를 했지만 우습게도

---

95) 본고에서는 정태구(2001)에서 잠재논항(implicit argument)는 비가시적이나 통사적으로는 그 자리를 차지하고 있다는 관점에 따라 설정한 것이며 역시 필수적인 논항이다. 비가시적인 논항이며 통사적으로는 그 자리가 비어 있긴 하나 의미적으로는 해석 가능한 논항을 포화논항(saturated argument)라고 한다.

병원에 입원중이었다.

(ㄱ)을 보면 제2발화상황이다. (ㄴ)은 말대꾸하는 대상과 관련한 언행이 논항으로 나타날 수도 있음을 보여준다. (ㄷ)에서 발화명사 '말대꾸'는 '하다'의 논항으로 나타난 성분이 아니다. '말대꾸'가 기능동사 '하다'와 결합하여야 만이 용언이 형태변화를 할 수 있다. 왜냐하면 '말대꾸'는 술어명사가 아니기 때문에 논항들을 방출할 수 없기 때문이다. 위 예를 다음과 같이 발화내용이 필수적인지의 여부를 생략의 기제를 동원하여 검토하도록 해본다.

(147) ㄱ. 신입 사원 주제에 사장님에게 말대꾸하다니, 그 녀석 간이
　　　　배 밖으로 나온 모양이야.
　　　ㄴ. 신입 사원 주제에 이런 식으로는 못하겠다고 말대꾸하다니.

(ㄴ)은 청자가 나타나지 않고 발화내용만 나타난 경우인데 자연스러운 문장이 된다. (ㄴ)과 같은 경우는 청자 성분이 잠재된 경우이다. (ㄱ)과 (ㄴ)이 모두 가능한데 논항 간 필수성에 계층이 있다면 발화내용으로 나타난 (ㄴ)이 (ㄱ)보다 더 자연스럽다. 『고려대 한국어대사전』에서 제시된 것처럼 '말대꾸하다'가 두 격틀을 가지고 있다면 (ㄴ)이 자연스럽다는 점은 세 가지 격틀을 가지고 있다는 격이 된다. 그러나 본고에서 발화동사는 어떤 발화상황에 초점을 두고 언어화했는지도 고려하므로 『고려대 한국어대사전』에서는 제시한 두 가지 논항구조를 모두 발화동사의 구문 구조로 설정하였다.

'말대꾸하다'의 절의 서법소 결합 양상을 살펴보도록 한다.

(148) ㄱ. 그는 형에게 너나 잘하라고 말대꾸했다

ㄴ. 그는 형에게 자기는 잘한다고 말대꾸했다.

ㄷ. 그는 형에게 그래 어디 ?한번 해보자고/ 한번 해보자며 말대
꾸했다.

ㄹ. 그는 형에게 너는 잘하냐고 말대꾸했다.

(ㄱ)에서 '말대꾸하다'는 의미특성상 어떤 지시나 요구의 행위를 나타
내는 것은 아니지만 (ㄱ), (ㄷ)에서 절의 서술어는 명령의 의미, 청유의 의
미를 나타내는 표지들과 결합한 경우이다. 이들 경우는 화자가 청자에게
어떤 행위에 대해 지시하거나 함께 하기를 권유한다기보다는 화자의 어
떤 말하는 방식이나 강한 어투를 드러낸다고 볼 수 있다.

'말대꾸하다'의 의미특성은 보문소와의 결합에서 강한 제약을 나타낸
다.

(149) ㄱ. 영미는 엄마한테 친구들과 놀다가 좀 늦을 수도 있지 않으냐
고 말대꾸하다가 혼이 나고 말았다.

ㄴ. 그는 형에게 자기는 공부를 잘한다고/*잘한다는 것을/*잘 한
것/*잘할 것/*잘함을/*잘하기를 말대꾸했다가 금세 실수였음
을 깨달았다.

(ㄱ)에서 청자 성분은 여격표지 '-한테', 절을 이끄는 가능한 형식들은
보문소 '-고'나, 의문표지 '-ㄴ냐'에 보문소 '-고'가 결합된 형식으로 나
타날 수 있다. (ㄱ)은 문의 구조에서 목적어로 언어화된 성분이 말한 내용
에 대해 청자 성분이 그 내용을 되물을 경우도 있어 '-ㄴ냐'에 의해 절의
서술어가 반문을 나타내는 표지로 나타날 수도 있다. (ㄴ)에서 보듯 보문
소와의 결합에서 제약이 심함을 관찰할 수 있다. 왜냐하면 '대꾸하다'는

현장성이 강하여 과거나 미래와 관련하여 표현된 내용을 나타내는 표지들과는 결합하지 않기 때문이다.

'말대꾸하다'의 절에서 시제소 결합제약 현상을 살펴보도록 한다.

> (150) 아빠는 엄마에게 담배 피우지 않는다고/피우겠다고/피웠다고/피
> 울 것이라고/?피우리라고 말대꾸했다.

'말대꾸하다'는 의미특성상 화자가 청자에게 자신과 관련한 행위에 대해 대변하는 듯 발화하는 언어적 행위로서 자신과 관련한 행위는 과거에 발생했거나, 현재 발생하거나, 미래에 발생할 가능성이 있는 것에 대해 대변을 하는 경우이므로 시제에서는 특별한 제약관계를 보이지 않는다. 그러나 절의 서술어가 형용사일 경우 미래를 나타내는 표지 '-겠'과의 제약현상을 보임은 '거짓말하다'와 마찬가지 통사현상이다.

다음은 '말대꾸하다'의 절의 주어가 상위문의 어떤 성분과 통제관계를 맺는지를 살펴보도록 한다.

> (151) ㄱ. 정미는 주인아줌마$_j$에게 [e$_j$ 그깟 방세 몇 푼 때문에 사람 기
> 죽이지 말라고] 말대답하다가 혼이 난 후에 풀이 죽어 있었
> 다.
> ㄴ. 주인어른에게 나$_i$는 [e$_i$ 할 만큼 했다고] 말대답했다.
> ㄷ. 그$_i$는 몰려드는 사람들$_j$에게 [그 기사 *$_i$/*$_j$는 사실이 아니라
> 고] 말대답했다.

(ㄱ)에서 화자가 청자의 언어행위에 대해 불만을 토로하며 대드는 언어적 행위에서 청자는 화자의 발화내용에 대해 수행할 가능성이 있다. 따라서 절의 주어 논항과 상위문의 목적어 논항이 의무적인 통제관계를 맺는

경우이다. (ㄴ)은 화자가 청자에게 자신의 이미 한 어떤 행위에 대해 표현하는 경우이므로 절의 주어 논항과 상위문의 주어 논항이 의무적인 통제관계를 맺는 경우이다. (ㄷ)은 상위문의 어떤 성분과도 통제관계를 맺지 않음을 보여준다. (ㄱ)에서는 발화내용이 수행의 의미를 나타낼 수 있는 것은 명령의 의미를 나타내는 문법범주가 표현되어 있기 때문이다. 따라서 절 서술어가 취할 수 있는 선어말어미에 따라 해당 의미나 통사현상이 결정된다고 볼 수 있다.

'반박하다'류에서 '쏘아붙이다'는 『고려대 한국어대사전』에서는 '(어떤 사람이 다른 사람을) 감정이 상할 정도로 매섭고 날카롭게 말을 내뱉다'로 격틀을 'N0이 N1을 쏘아붙이다'로 제시되어 있다. 개념상으로는 청자 성분이 대격표지 '-을'로 나타나고 발화내용이 논항으로 문 구조에 나타나지 않았다. 그러나 개념을 살펴보면 발화내용으로 나타날 수 있는 성분 '말'을 관찰할 수 있다. 『표준국어대사전』에서는 구체적인 발화내용이 '말', '소리' 등 추상적인 개체로 범주화되었다고 볼 수 있는 것들이 개체 논항으로 격틀에 제시되어 있다.

『고려대 한국어대사전』에서 제시한 격틀에서처럼 발화내용이 나타나지 않을 수도 있다는 것을 아래 (161)에서 살펴볼 수 있다.

> (152) ㄱ. 그의 말이 끝나기도 전에 수희가 한마디 톡 쏘아붙였다.
>   ㄴ. 호섭은 영우에게 차에 심술이 난 오 여사는 계속 쏘아붙이듯
>   말했다.
>   ㄷ. 영미가 하도 앙칼지게 쏘아붙이는 통에 나는 무어라 변명조
>   차 할 수 없었다.

『고려대 한국어대사전』에서 제시한 예들에 실제로 제시한 격틀과는 달

리 '-을' 논항이 나타나지 않고 오히려 (ㄴ)과 같은 경우에서 '-에게' 논
항으로 나타나 있다. 위 예들은 발화내용이 어떤 형식으로든 나타나지 않
은 경우이다. (ㄱ)에서 '한마디'가 '말'을 지시하는 것처럼 보이나 발화내
용은 아니다. 그러나 『표준국어대사전』에서는 '날카로운 말투로 상대를
몰아붙이듯이 공격하다'로 의미해석 되어 있고 세 자리 서술어로 두 가지
격틀이 제시되어 있다. 본고에서는 세 자리 서술어로 볼 것이다.

'쏘아붙이다'의 절의 서법소 결합 양상을 살펴보도록 한다.

> (153) ㄱ. 여자는 설혹 그랬다 하더라도 그걸 아이가 말했겠느냐고 쏘
> 아붙이다시피 했다.
> ㄴ. '빨리 해'라고 재촉하는 나의 말에 그는 너나 빨리 하라고 쏘
> 아붙였다.
> ㄷ. 빨리 먹기나 하자고 쏘아붙였다.

'쏘아붙였다'는 '말대꾸하다'와 마찬가지로 서법에서 특별한 제약현상
을 보이지 않는다. '쏘아붙이다'의 보문소 결합 제약 양상을 살펴보도록
한다.

> (154) 친구에게 너는 얼마나 잘했냐고/*잘함/*잘하기/*잘한 것/*잘한다
> 는 것/*잘할 것을 쏘아붙였다.

'쏘아붙이다'가 화자가 청자에게 의문을 던지면서 공격하듯 말하는 언
어적 행위로 나타남으로 그 의미특성에 따라 하위범주로 선택된 절에서
서술어는 의문을 나타내는 '-냐고'가 자연스럽게 결합된다. 여기서 '-느
냐'는 비아냥거린다는 양태의 의미가 들어있다. 따라서 화자의 발화내용
에 대해 청자가 대답해야 할 수행의 의미는 갖지 않는다. '쏘아붙이다'는

[+현장성], [+신속성]이라는 의미자질을 가지고 있어 과거나, 미래에 관한 어떤 사건이나 사태를 이끄는 보문소와는 결합하지 않음을 관찰할 수 있다.

'쏘아붙이다'의 절의 주어와 상위문 성분 간의 통제관계를 살펴보도록 한다.

> (155) ㄱ. 그$_i$는 친구$_j$에게 [너$_j$라면 가겠냐고]/[내$_i$/자기$_i$가 가겠다고] /
> [철수*$_i$/*$_j$가 갈거라고] 쏘아붙였다.
> ㄴ. 그$_i$는 친구$_j$에게 [e$_{ij}$ 쓸데없는 말은 그만하고 빨리 가자고]
> 쏘아붙였다.
> ㄷ. 그는 친구$_j$에게 [e$_j$빨리 먹기나 해라고] 쏘아붙였다.

통제관계는 서법제약 현상과 밀접한 관련이 있음을 위 예에서 관찰할 수 있다. (ㄱ)은 화자가 청자와 관련한 어떤 행위에 대해 공격하는 식으로 말하는 언어적 행위이므로 절의 주어와 상위문의 목적어가 통제관계를 갖게 된다. (ㄴ)은 상위문의 화자 성분과 청자 성분 모두와 통제관계를 맺는다. 이는 청유의 서법 의미특성에 비롯된 것이다. (ㄷ)에서 절의 서술어와 결합한 명령의 의미를 나타내는 표지는 절의 주어가 상위문의 청자 성분과 반드시 통제관계를 나타냄을 설명해준다. (ㄱ)에서 보듯 통제관계가 비교적 자유롭다.

'반박하다'류에서 '항의하다(抗議)01「1」'은 어떤 사람이 다른 사람에게 무엇을 또는 무엇이라고 못마땅한 생각이나 반대하는 뜻을 주장하는 언어행위이다.

'항의하다'가 하위범주로 선택한 절의 서법소 결합 양상을 살펴보겠다.

(156) 부도율이 높아가는 판에 부동산담보나 예금담보 없이 무얼 믿고
　　　대출해 주느냐고/는가고/주라고/주자고 항의했다.

　'항의하다'는 어떤 일이 부당하다고 여겨 따지거나 반대하는 뜻을 주장
하는 발화행위로써 청자에게 어떤 행위나 조치를 취하기를 지시하거나,
함께 참여하기를 권유하는 행위일 수도 있으므로 명령이나 권유와도 결
합 가능하다. 주장하는 행위는 의문을 던지며 자기의 의사를 표현할 수
있으므로 의문의 서법과의 결합이 자연스럽다. 물론 평서법과도 잘 어울
린다.

　'항의하다'의 절 보문소의 결합제약관계를 살펴보도록 한다.

(157) 혜민이는 사장에게 자신이 결백하다고/결백함을/*결백하기를/*
　　　결백한 것을/*결백하다는 것을/*결백할 것을/결백하지 않느냐고/
　　　결백하지 않는가고 강력히 항의했다.

　'항의하다'는 자기의 주장이나 의견을 강력히 드러내는 언어적 행위이
지 과거에 어떤 사실, 미래에 일어날 어떤 사실에 관해 언급하는 행위가
아님으로 (166)에서 보문소 '-ㄴ 것', '-ㄹ 것', [미래성]의 의미특성을 나
타내는 보문소 '-기'와는 결합하지 않는다. '-것' 보문은 의미특성상 대상
을 나타냄으로 '항의하다'가 갖는 의미특성과 서로 호응되지 않는다. '-음'
이 갖는 [+관념성]이라는 의미특성은 어떤 지정된 사실에 대해 믿음을
표현하므로'항의하다'가 갖는 어떤 사실에 관한 강한 믿음이나 의견을 나
타내는 의미와 서로 호응되므로 '-음'과의 결합은 가능하다.

　다음은 '항의하다'의 절의 시제소 결합제약 현상을 살펴보도록 한다.

(158) 성진이는 동사무소에 행정 착오가 있었다고/있다고/있을 것이라
고/있으리라고/*있겠다고 강력히 항의하였다.

(ㄱ)에서 과거, 현재를 나타내는 시제소와는 자연스럽게 결합된다. '항
의하다'는 자기주장이나 의견을 드러내는 데는 어떤 강력한 추측이라는
의미자질도 드러내기 때문에 미래시제와도 자연스럽게 결합될 수 있다.
그러나 미래의 의미도 포함한 '-겠'과는 결합이 불가능한데 이는 '-겠'이
갖는 의지의 의미가 '항의하다'의 의미특성과 호응되지 않기 때문이다.
 '항의하다'의 내포문의 주어와 상위문의 성분 간의 통제 현상을 살펴보
도록 한다.

(159) ㄱ. 혜민이i는 사장j에게 [자신i이 결백하다고] 강력히 항의했다.
　　　ㄴ. 성진이는 동사무소j에 [e j행정 착오가 있었다고] 강력히 항
　　　　　의했다.
　　　ㄷ. 그는 [자신에게 책임을 전가하는 동료의 주장에 대해]j [모든
　　　　　것이]j 거짓말이라고] 강하게 항의했다.
　　　ㄹ. 그는 선생님에게 [영희 *i/*j는 절대로 손버릇 나쁜 학생이
　　　　　아니라고] 항의했다.

 '항의하다'의 의미특성상 화자가 청자에게 화자와 관한 어떤 행위에 대
해, 또는 청자와 관한 어떤 행위, 또는 일반 명사로 표현되는 3인칭 단수
와 관한 어떤 행위나 사건에 대해 주장하는 언어적 행위로서 통제관계에
있어서 비교적 자유롭다. (ㄱ)에서는 상위문의 주어와 절의 주어가 통제관
계를 맺고, (ㄴ)에서는 상위문의 목적어와 절의 주어가 통제관계를 맺을
수 있다. (ㄷ)에서 청자 성분이 직접적으로 드러나지 않고 청자와 관한 주
장이 청자 성분으로 나타나야하는 '동료'와 속격조사 '-의'에 의해 나타

난 경우이다. 이는 이 부류 발화동사들의 특징이다. 따라서 청자와 관한 주장에 대해 평가이므로 상위문의 목적어 논항과 통제관계를 맺게 된다.

<주장>류에 속하는 발화동사들의 통사행동의 공통점과 차이점을 표로 정리하여 살펴보도록 한다.

〈표 25〉

발화동사	서법소				시제소					통제관계		
										의무		비의무
	-다	-ㄴ냐	-라	-자	-았/었	-ㄴ다	-리라	-ㄹ것	-겠	주어	대상	제삼자
대꾸하다	○	○	○	○	○	○	×	○	○	○	○	○
말대꾸하다	○	○	○	○	○	○	×	○	○	○	○	○
말대답하다「1」	○	○	○	○	○	○	×	○	○	○	○	○
쏘아붙이다	○	○	○	○	○	○	○	○	○	○	○	○
쏘다01[1]「2」	○	○	○	○	○	○	○	○	○	○	○	○
항의하다「1」	○	○	○	○	○	○	○	○	×	○	○	○
주장하다01「1」	○	○	○	○	○	○	○	○	○	○	○	○

'말대꾸하다'류, '반박하다'류, '주장하다'류는 상대방의 주장에 반대하여 나서 자기의 주장을 드러낸다는 측면에서 [+대립성]과 [+주장성]의 의미특성을 공통으로 갖는다. 시제소 결합관계에서 '항의하다'류는 '말대꾸하다'와 '반박하다'류와는 달리 단지 화자가 자기의 주장을 내세우는 데 초점을 두지 화자의 의지까지 표현하지 않기 때문에 '-겠'과의 결합이 어색하다. 세 부류는 화자 자신의 입장, 상대방인 청자의 입장, 3인칭 단수의 입장에서 의견이나 주장을 내울 수 있다는 측면에서 절의 주어가 공범주로 나타날 경우 상황에 따라 상위문의 주어 논항과 청자 성분에 의해 통제될 수 있으며, 절의 주어자리에 일반 명사이거나, 또는 재귀대명사와 상위문의 청자 성분과 동일 지시되는 대명사를 제외한 그 외 대명사가 나

타날 경우 비의무적인 통제관계가 된다. 만약에 절의 서술어가 청유의 의미를 나타내는 서법소 '-자'가 출현한다면 상위문의 주어와 여격보어를 함께 통제한다고 볼 수 있으며 이 경우 절의 주어는 상위문의 주어와 여격보어를 함께 복수대명사 '우리'로 대용화할 수 있다.

〈표 26〉

발화동사	보문소							
	-음	-기	것		-ㄴ지	-ㄴ가	-ㄴ냐	-고
			-ㄴ 것	-ㄹ 것				
말대꾸하다	×	×	×	×	×	○	○	○
말대답하다「1」	×	×	×	×	×	○	○	○
쏘아붙이다	×	×	×	×	×	○	○	○
쏘다01[1]「2」	×	×	×	×	×	○	○	○
항의하다「1」	○	×	×	×	×	○	○	○
주장하다01「1」	×	○	×	○	×	×	×	○

<표 26>에서 <주장>류로 묶을 수 있는 '대꾸하다'류와 '반박하다'류는 [+사실성]을 내포하는 어떤 행위에 대해 말하는 데 초점을 두는 것이 아니라 상대방의 주장에 반대하여 나서는 데 초점을 둠으로 '주장하다'류와는 달리 '-음'과의 결합이 불가능하다. 이 경우 '-음'은 [+과거성]보다는 [+사실성]의 속성을 내포한다. 절의 서술어가 보문소 '-ㄴ가'와 결합할 경우 격조사 '-를'과 결합하지 못하나 보문소 '-고'와는 결합 가능한데 이는 화자가 상대에게 반문의 형식으로 대답하기 때문에 가능하다.

4.3.2.2.9. <수행>류

<수행>류는 화자가 청자에게 명령, 권유, 경고, 요청, 설득, 제의의 의미를 내포한 내용에 관해 발화하고, 발화한 내용에 대해 청자가 수행하기

를 원하는 발화상황을 언어화한 것들이다. '요청하다'류, '권하다'류, '시키다'류, '경고하다'류, '제의하다'류, '설득하다'류에서 일부 발화동사들이 이 부류의 논항구조를 갖는데 그 통사현상들을 살펴보도록 한다.

'요청하다'류에서 '사정하다02(事情)'는 화자가 딱하고 안타까운 형편을 청자에게 털어놓고 말하여 화자가 청자로 하여금 화자의 발화내용에 대해 수행하기를 원하는 발화행위이므로 이는 절의 서법소 결합 양상을 결정하기도 한다.

> (160) ㄱ. 그래서 우체국 담당자를 찾아가 "내게 그 책은 고국을 알 수 있는 소중한 책이니 꼭 돌려 달라"고 사정했다./부탁했다./졸랐다.
> ㄴ. 나는 영수에게 밤길이 무서우니 같이 *간다고/가겠다고/가자고/사정했다./부탁했다./졸랐다.
> ㄷ. 나는 그가 묵고 있는 여인숙까지 찾아가서 그 신기한 기술을 좀 가르쳐 줄 수 없느냐고 사정했다. /*부탁했다./졸랐다.
> ㅁ. 그는 직원에게 잠깐만 보면 된다고 사정했다./부탁했다./졸랐다.

'요청하다'류는 의미특성상 화자가 청자에게 화자가 원하는 어떤 일에 관해 어떤 행위를 해주기를 바라는 마음에서 발화하는 행위이다. 상대방에게 어떤 행위를 원하는 표현방식은 상대방에게 명령을 하거나, 함께 할 것을 권유할 수도 있다. 따라서 (ㄱ)과 (ㄴ)에서 명령의 의미, 권유의 의미를 나타내는 서법 표지와의 결합이 자연스럽다. 상대방의 의사에 대해 질문하는 식으로 발화할 수도 있는데 (ㄷ)에서 '사정하다'와 '조르다'만 가능하며 '부탁하다', '간청하다'는 의문을 나타내는 표지와의 결합이 어색함을 관찰할 수 있는데 이는 '부탁하다'와 '간청하다'가 갖는 의미특성이 유사하며, '사정하다'와 '조르다'의 의미특성이 유사함을 설명해준다. '사정하다02'의 절의 보문소 결합 제약 현상을 살펴보도록 한다.

(161) ㄱ. 그것도 별 핑계 다 늘어놓고 후배들이 곤란하니 제발 이것만
이라도 챙겨달라고 사정했다./부탁했다./졸랐다.

ㄴ. 대불이가 고달준과 함께 웅인의 집강을 맡아 줄 것을 사정했
다./부탁했다./*졸랐다.

ㄴ´. ?대불이가 고달준과 함께 웅인의 집강을 맡을 것을 사정하
였다.

ㄷ. 전도사는 한 차례 그 집사를 찾아가서 마음을 돌이키도록 사
정해봤지만 성공하지 못했다. /부탁했다./졸랐다.

ㄹ. 최솔의 어머니가 김좌명 대감을 찾아와 자식을 옛날처럼 되
돌려 주기를 사정하였다./부탁하였다./?졸랐다.

'부탁하다'와 '간청하다'는 화자가 어떤 일이 이루어지도록 하기 위해 상대방에게 어찌하기를 요구하는 행위라는 점에서 미래에 일어날 행위의 의미를 내포한 '-ㄹ 것'이나 [+미래 예측성]의 의미속성을 내포한 '-기'와 결합이 가능함을 보여준다. 반면 '사정하다'와 '조르다'는 화자가 상대방에게 화자의 요구를 들어주기를 원하기 때문에 미래를 나타내는 정도성이 약해 '-기'와의 결합이 어색하게 된다. (ㄴ)에서 '사정하다'는 '요구하다'라는 의미가 있기 때문에 절의 서술어성분은 일반적으로 '-아/어 주다'라는 요구의 양태표현을 나타내는 보조동사 구성과 결합할 경우 '-ㄹ 것'과의 결합이 자연스러우나 (ㄴ´)와 같이 '-아/어 주다'가 결합되지 않은 경우는 어색함을 관찰할 수 있다. (ㄷ)과 같이 부사절을 이끄는 '-도록'이 보문소로 나타난 경우 '조르다'와의 결합이 어색하다.96)

---

96) 양정석(2006)에서는 '-게, -도록, -다시피'와 같은 부사절을 이끄는 형태소도 보문소로 보

'사정하다'의 절의 주어논항과 상위문 성분 간의 통제현상을 살펴보도록 한다.

(162) ㄱ. 나는 그녀j에게 제발 [e]j 그만 하라고] 사정했다./부탁했다./
졸랐다.
ㄴ. 나는 전임 총무에게 [e i]번 휴가에 제주도에 꼭 가겠다
고] 사정했다./부탁했다./졸랐다.
ㄷ. 나는 동생한테 [e i,j/우리 같이 가자고] 사정했다./부탁했
다./졸랐다.

'사정하다02'가 의미특성상 청자에게 지시의 행위의 의미를 내포한 요구를 나타내는 언어적 행위이고 또 청자가 수행의 의미를 갖는다고 판단될 경우는 절의 주어 논항은 상위문의 청자 성분과 의무적인 통제관계를 맺는다. (ㄴ)과 같은 경우는 상위문의 주어가 절의 주어를 통제하는 관계이다. (ㄷ)과 같은 경우에서 '부탁하다'류에 속하는 발화동사는 권유의 의미를 나타내는 서법소과 결합될 수 있다는 점에서 절의 주어와 상위문 주어, 목적어와 동시에 통제관계를 맺을 수 있는 가능성도 배제하지 않는다.
'사정하다'의 절의 시제소 결합 제약 관계를 살펴보도록 한다.

(163) ㄱ. 그는 주인에게 자기도 가겠다고/*갔다고/*간다고 사정했다./
부탁했다./졸랐다.
ㄴ. *그는 주인에게 자기도 갈 것이라고/가리라고 사정하였다./부
탁했다./졸랐다.

'사정하다'의 의미특성상 절이나 명사구를 하위범주로 선택하는데 절

고 있다.

로 선택된 발화내용은 아직 발생하지 않은 일에 관한 것이므로 과거를 나
타내는 시제는 제약을 받는다. (ㄴ)과 같이 자신의 의지에 대해 들어주기
를 바라는 면에서 선어말어미 '-겠'과의 결합이 가능하나 이 경우는 미래
를 나타낸다기보다는 의지의 의미가 더 강하다. (ㄷ)에서 추측을 나타내는
표지들과 어색하게 결합하는 것은 '사정하다'의 의미특성과 [+추측성]이
호응하지 않기 때문이다.

요청발화동사들과 유사한 양상을 보이는 '권하다'류의 발화동사와 '설
득하다'류, '시키다'류 발화동사의 구문 구조의 통사특징을 살펴보도록
한다. '권하다「1」'과 '설득하다'는 화자가 청자로 하여금 자기편의 이야기
를 따르도록 여러 가지로 깨우쳐 말하는 언어적 행위이다. 이들이 의미특
성상 유사성을 갖고 있어 그 통사현상을 함께 살펴보도록 한다. '명령하
다'는 '권하다'나 '설득하다'보다는 [+강제성]이라는 의미자질을 더 갖는
다는 면에서 차이가 있으나 역시 유사한 통사행동을 보일 것으로 추측하
여 함께 다루어 통사행동의 공통점과 차이점을 살펴보도록 한다.

'권하다「1」'은 화자가 상대방을 어떤 일을 하도록 부추기기 위해 말하
는 언어적 행위이다. 이런 의미특성은 '부탁하다'부류의 발화동사와 마찬
가지로 절의 서법양상을 결정한다.

(164) ㄱ. 제 집사람이 독실한 불교자신데 자꾸 끊으라고 권한다./끊어
　　　　달라고 설득한다./명령한다.
　　ㄴ. 담배를 피우지 말라고 권한다./설득한다./명령한다.
　　ㄷ. 그만두라고 권한다./설득한다./명령한다.
　　ㄹ. 길준이 안스러움에 몇 번 자기 도시락을 함께 먹자고 군한
　　　　다./설득한다./명령한다.
　　ㅁ. 대책없는 철거는 하지 말자고 *권했다/설득했다./명령했다.
　　ㅂ. 다스려야 한다고 설득했다./명령했다./*권했다.

'권하다「1」'과 '설득하다'는 모두 상대방으로 하여금 화자의 바람에 맞게 어떻게 해주기 위한 지시나 권유의 의미를 내포하고 있으므로 (ㄱ)과 (ㄹ)같이 명령과 청유의 의미를 나타내는 서법소와 자연스럽게 결합된다. 그러나 (ㄴ)과 (ㄷ), (ㅁ)에서 '권하다「1」'의 절의 서술어는 긍정적인 의미를 나타내는 어휘적 단어와만 잘 결합하는 반면 '설득하다'나 '명령하다'는 부정적인 의미를 나타내는 어휘적 단어나 금지를 나타내는 표현들과도 잘 어울림을 관찰할 수 있다. (ㅂ)에서 '권하다「1」'시행의 의미를 나타내는 표현인 '-아/어야 한다'와도 잘 결합하지 않는다. 이러한 점에서 '명령하다'와 '설득하다'는 서법소와의 결합에서 유사한 양상을 보이지만 '명령하다「1」'이 '설득하다'보다 [+강제성]의 의미속성이 더 강하다. 명령이나 권유를 나타내는 기본 문법표지가 '-라'와 '-자'이므로 의문을 나타내는 표지와는 당연히 어울리지 않는다. 그러나 '권하다「1」'은 '-느냐'와의 결합이 가능한 것으로 보이는 경우가 더러 보이는데 이 경우는 '-지 않겠느냐'의 표현 형식으로 질문의 형식을 동원하여 공손하게 권유하는 상황일 경우에 가능한 것으로 보인다.

'권하다「1」'의 의미특성은 절의 보문소 결합 제약을 결정하기도 한다.

(165) ㄱ. 선생님은 학생들에게 모닥불 곁에 자리를 내주시며 앉기를 권하셨다./설득했다./명령했다.
　　ㄴ. 가이드는 우리에게 여행을 포기할 것을 권한다./설득한다./명령한다.
　　ㄷ. 혼자 자는 것은 좋지 않으니 비싸더라도 호텔에 들도록 권했다./설득했다./명령했다.
　　ㄹ. 자신이 지도 교사로 있는 영어 웅변 반에 들어오지 않겠느냐고 권했다./*설득했다./ *명령했다.
　　ㅁ. 큰 간선도로가 반드시 포장되어야 한다는 것을 설득하였다./

*권했다./*명령하였다.

ㅂ. 우리에게 최선의 환경 보전책이 무엇인가를 확인하고 행동하
면서 그게 마침내 지구상의 국가 간 공존에도 기여하는 길임
을 설득하는 것이다./*권한다./*명령한다.

(ㄱ)과 (ㄴ)에서 [+미래성]의 의미속성을 내포한 보문소 '-기'와 '-ㄹ
것'과의 결합이 자연스러움은 '권하다「1」'과 '설득하다'는 미래에 발생할
가능성이 있는 어떤 사건을 범주로 선택하기 때문이다. 이 점은 '설득하
다'도 마찬가지이다. 그러나 '-기'가 [+바램성]의 의미자질을 내포하고
있어 '명령하다'가 내포하는 [+강제성]의 의미자질과 호응되지 않기 때
문에 '명령하다'와의 결합은 다소 어색하다. 이들이 [+미래성]과 관련이
있는 행위이기 때문에 [+과거성]을 나타내는 '-ㄴ 것'과는 결합하지 않
는다. 그러나 (ㅂ)에서 '설득하다'가 [+과거성]의 의미자질을 내포한 '-
음'과의 결합이 가능한 것으로 보이나 사실은 이 경우 '-음'은 [+과거성]
보다는 최현배(1937)에서 제시한 [+관념성]의 의미자질과 관련이 있기 때
문이다. 따라서 '-음'은 어떤 의미자질을 고정적으로 갖고 있다기보다는
문맥에 따라 의미가 부여된다고 볼 수 있다. (ㄷ)에서 보문소로 볼 수 있
는 '-도록'이 절의 서술어가 긍정적인 의미를 나타낼 경우 문장이 모두
자연스러우나, (ㄷ´)에서 부정적인 의미자질을 내포하는 단어와 결합할 경
우 '권하다「1」'은 배제됨을 관찰할 수 있다.

'권하다「1」'의 절의 시제소 결합 제약 현상을 살펴보도록 한다.

(166) ㄱ. 마인드컨트롤 전문가 서병용 씨는 자신이 체험한 시원한 장
소를 상상하는 것도 더위를 이기는 한 가지 방법이 될 것이
라고/*되겠다고/*되었다고 권한다./설득한다./*명령한다.

ㄴ. 충분히 이해하니까 조용히 나가 주면 없었던 일로 하겠다고

　　*권했다/설득했다/*명령했다.

　ㄷ. 의사는 환자에게 당뇨병검사를 받아보라고/*받아보았다고 권
　　　한다/*설득한다/*명령한다.

　'권하다「1」'과 '설득하다', '명령하다'는 발화내용으로 하위범주화 된
절의 내용 의미는 과거에 대해 언급하지 않는다. 따라서 (ㄱ)과 (ㄷ)에서
보듯 과거시제 '-았-/-었-'과는 결합하지 않는다. 그러나 '권하다「1」'과
'설득하다'는 (ㄱ)에서 추측이나 미래의 의미를 내포하는 '-ㄹ 것'과는 잘
어울리나 '-겠-'과는 잘 어울리지 않는다. 이는 '-겠-'이 절 주어의 의지
와 관련되지 상위문의 주어와는 관련성이 없기 때문이다. '요청하다'류에
서 절의 서술어가 '-겠-'과 결합 가능한 것은 상위문의 주어와 관련되는
의지 표현이기 때문이다. 이점은 '권하다「1」'과 '요청하다'류의 차이점이
다. (ㄴ)에서 '설득하다'의 절의 서술어가 '-겠-'과의 결합이 가능한 것은
상위문 주어의 의지를 표현해주기 때문이다. 이런 점은 또 통제관계를 설
명해주기도 하는데 '권하다「1」'은 절의 주어와 상위문의 청자 성분이 통
제관계를 맺는다는 점에서 '명령하다'와 유사하나 '설득하다'는 절의 주
어와 상위문의 주어나 청자 성분과 통제관계를 맺을 수 있다.

　'제의하다'의 절의 서법 결합 현상을 살펴보도록 한다.

　(167) ㄱ. 필요한 돈을 먼저 가불해줄 테니 일하면서 천천히 갚으라고
　　　　　　제안했다.

　　　ㄴ. 불쑥 맥주나 한잔 하자고 제의했다.

　'제의하다'는 화자가 청자에게 어떤 의견을 내놓는 데는 (ㄱ)처럼 명령
의 의미를 내포한 발화행위나 (ㄴ)처럼 권유의 의미를 내포한 발화행위가
가능하여 명령과 권유의 의미를 나타내는 서법 표지들과 결합 가능하다.

'제의하다'의 절의 보문소 결합 제약 현상을 살펴보도록 한다.

> (168) ㄱ. 키가 작은 그에게 공군에 가서 마스코트가 돼보는 게 어떠냐
>   고 제의했다.
>   ㄴ. 되돌아가기를 /*돌아감을 제의했다.
>   ㄷ. 토스카에게 애인을 위해서 자기에게 올 것을/*온 것을 제의
>   했다.

(ㄱ)에서 '권하다「1」'과 마찬가지로 '제의하다'도 의문의 서법을 나타내는 표지 '-ㄴ냐'와의 결합이 가능한 것으로 보이는데 화자가 상대방에게 의견을 내놓을 경우 직접적으로 던지기보다는 질문의 형식을 빌어 완곡적으로 표현할 수도 있다. (ㄴ)에서 '-기'는 [+미래성]보다는 양동휘(1975)에서 제시한 [+기대성]의 의미자질이 더 강하게 드러난다. (ㄷ)에서 '-ㄹ 것'도 [+기대성]의 의미자질을 갖는다고 볼 수 있다.

'제의하다'의 절의 시제소 결합 제약 현상을 살펴보도록 한다.

> (169) 가장 멋지지만 바보의 눈에는 보이지 않는 옷을 만들어드리겠다
>   고/만들어 드릴 것이라고/*만들리라고/*만들었다고/*만든다고 제
>   의했다.

'제의하다'가 의미특성상 화자의 제안에 따라 청자가 들어주기를 바라는 [+기대성], 화자가 발화한 내용이 곧 실현될 [+미래성]의 의미자질은 '-겠'이나 '-ㄹ 것'과의 결합으로 한정된다.

<수행>류 발화동사들의 통사현상의 공통점과 차이점을 표로 정리하여 본다.

〈표 27〉

발화동사	서법소				시제소					통제관계		
										의무		비의무
	-다	-ㄴ냐	-라	-자	-았/었	-ㄴ다	-리라	-ㄹ것	-겠	주어	대상	제삼자
말하다[1]「3」	O	×	O	O	×	O	×	×	O	O	O	O
간청하다	O	×	O	O	×	O	×	×	O	O	O	O
부탁하다	O	×	O	O	×	O	×	×	O	O	O	O
요청하다	O	×	O	O	×	O	×	×	O	O	O	O
조르다02	O	×	O	O	×	O	×	×	O	O	O	O
사정하다02	O	O	O	O	×	O	×	×	O	O	O	O
권하다「1」	O	O	O	O	×	O	×	O	×	×	×	×
설득하다	O	×	O	O	×	O	O	O	×	×	×	×
명령하다	O	×	O	×	×	O	×	×	×	×	×	×
시키다	O	×	O	×	×	O	×	×	×	×	×	×
경고하다02	O	×	O	×	O	O	×	O	×	O	O	O
건의하다	O	O	O	O	×	O	×	O	×	O	O	O
제의하다	O	O	O	O	×	O	×	O	O	O	O	O

　<수행>류 발화동사들은 화자가 청자에게 화자의 발화내용에 대해 들어주거나 행하기를 바라는 언어적 행위라는 측면에서 화자의 발화에는 지시의 의미가 들어있다고 판단된다. 이들 중에서 '권하다'가 선택한 절의 서술어가 부정의 의미를 나타내는 표현과는 잘 결합하지 않는다는 경우만을 배제하면 이들은 모두 명령을 나타내는 표지 '-라'나 '-지 말라'와 잘 어울린다는 통사 특징이 있음을 관찰할 수 있다. '부탁하다'류와 '제의하다'류는 의미특성상 화자가 청자에게 어떤 행위를 하기를 요구하거나, 청자로 하여금 화자나 제삼자가 어떤 행위를 할 수 있게 양보를 구하는 상황을 언어화할 수 있으므로 통제관계에서 비교적 자유롭다.

〈표 28〉

발화동사	보문소							
	-음	-기	것		-ㄴ지	-ㄴ가	-ㄴ냐	-고
			-ㄴ 것	-ㄹ 것				
말하다[1]「3」	×	×	×	○	×	×	×	○
간청하다	×	○	×	○	×	×	×	○
부탁하다	×	○	×	○	×	×	×	○
요청하다	×	○	×	○	×	×	×	○
조르다02	×	×	×	×	×	×	×	○
사정하다02	×	○	×	○	×	×	×	○
권하다「1」	×	○	×	○	×	×	×	○
설득하다	○	○	×	○	×	×	×	○
명령하다	×	○	×	○	×	×	×	○
시키다	×	○	×	○	×	×	×	○
경고하다02	×	○	×	○	×	×	×	○
건의하다	×	○	×	○	×	×	×	○
제의하다	×	○	×	○	×	×	×	○

<표 28>에서 <수행>류는 화자가 청자로 하여금 화자의 발화내용에 대해 어찌하도록, 어찌하기를 바라는 발화행위이며, 청자는 화자의 발화 내용에 대해 수행할 가능성과 능력이 있다. 따라서 '조르다'를 제외한 발화동사들은 모두 [＋미래 예측성], [＋기대성]의 속성을 갖는 '-기'와 '-ㄹ 것'과의 결합이 자연스럽다. '조르다'는 화자가 발화한 내용에 대해 청자가 들어주기를 바라는 [＋기대성]보다는 [＋현장성]이 강하다. '말하다[1] 「3」'이 '부탁하다'의 의미로 문의 구조에 쓰였을 경우 문맥에서 얻은 의미어서 원형 동사 '말하다'와 의미의 유연성을 갖는다. 따라서 '-기'와의 결합이 어색하다. '제안하다'와 '명령하다'는 '설득하다'와 보문소 결합양상에서 유사한 현상을 보인다.

4.3.2.2.10. <훈계>류

<훈계>류는 화자가 청자에게 주의를 주기 위해 어떤 일의 이치나 도

리를 말하는 발화상황을 언어화한 것들이다.

'타이르다'류에서 '이르다02[1]「2」'는 발화상황을 바라보는 입장에서 화자는 청자에게 이치를 밝혀 깨닫도록 말해주는 언어적 행위와 화자가 청자를 구슬려서 말을 듣도록 하는 언어적 행위로 나뉜다. 전자의 경우에서 '이르다02[1]「2」'가 화자가 청자에게 어떤 내용을 발화하여 청자로 하여금 어떤 이치를 깨닫도록 하거나 화자의 발화내용에 대해 수행하기를 바라는 의미가 내포되어 있는데 이는 이 부류의 절의 서법 양상을 결정한다.

> (170) ㄱ. 파도같은 기백을 가지고 일을 하라고 일렀지만/충고하였지만
>   듣지를 않는다.
>   ㄴ. 그러니 제발 그런 말은 꺼내지도 말라고 이르는 듯/충고하듯/
>   말했다.
>   ㄷ. 아무래도 운명적인 만남이 아닐까라는 생각이 들긴 했지만,
>   섣불리 판단하지 말자고 저는 저 자신을 일렀다./충고했다.
>   ㄹ. 이어 최 교장이 "어른한테 욕을 하면 되느냐"고 이르자/충고
>   하자 한 군 등은 최 교장의 멱살을 잡고 발로 왼쪽 옆구리를
>   차 넘어뜨린 뒤 달아났다.

(ㄱ)과 (ㄴ)은 '이르다02[1]「2」'의 의미특성상 청자로 하여금 어찌도록 말해주는 언어행위이므로 명령의 서법과 자연스럽게 어울린다. (ㄷ)과 같이 화자 자신이 자신을 어찌하도록 권유할 수도 있어 권유의 서법과도 결합되는데 이 점은 '나무라다'부류와 다른 점이다. (ㄹ)에서 '이르다02[1]「2」'도 의문의 서법을 나타내는 문법 표지 '-느냐'와도 자연스럽게 결합되는데 이 경우는 질문의 형식을 동원하여 우회적으로 주의를 주는 목적에 도달하기 위해서다. '나무라다'부류와 동일한 양상을 보인다. 이들 간의 의

미특성 상의 유사성과 차이점에 기인한 것이다.

'이르다02[1]「2」'의 보문소 결합 제약 양상을 살펴보도록 한다.

> (171) ㄱ. 그분은 언제나 학생들이 바른길로 가도록/가게끔/가야한다고
>   이르셨다./충고했다.
>
>   ㄴ. 그는 짬이 있을 때마다 막내에게 어려 차례 시골로 내려올
>   것을 좋은 말로 일렀다.[97]/충고했다.
>
>   ㄷ. 선생님은 학생들이 나쁜 길을 간 것을/감을 이르셨다./*충고
>   했다.
>
>   ㄹ. 장자 외물편을 보면 장자가 혜자에게 발을 딛고 있는 땅도
>   주위를 모두 파버리면 아무 소용이 없다는 것을 일러준다./
>   충고해준다.
>
>   ㅁ. 어르신께 욕을 해도 되느냐고 이르렀다./충고했다.
>
>   ㅂ. 어떻게 사회생활을 해야 하는지, 어떻게 사는 것이 현명한지
>   를/한가를 일러주었다./충고해주었다.

'이르다02[1]「2」'의 의미특성상 발화내용에 대해 청자는 이를 수행할
가능성과 능력이 있어 발화내용 자체가 [+수행성] 또는 [+미래 예측성]
의 의미속성을 가지고 있다. 따라서 (ㄱ)에서 보문소 [+미래성] 또는 [+
수행성]의 의미자질을 갖는 '-도록'이나 '-게끔'과 결합 가능하다. (ㄴ)에서
'-를 것'과의 결합이 가능한 것도 '-ㄹ 것'이 [+미래성]의 의미속성을 어
느 정도 내포하기는 하나 '화자가 청자로 하여금 어떻게 하도록'이라는
의미에서 [+기대성]의 의미속성이 더 확연히 드러난다. 그러나 보문소 '-
기'와의 결합은 불가능하다. '이르다02[1]「2」'는 과거에 대해 묻지 않기

---

97) 정주리(2004:146)에서는 '타이르다'가 '-을 것'과는 결합하지 않는다고 제시되어 있으나
 SJ에서는 가능한 용례가 제시되어 있다. 또 『표준국어대사전』에서도 세 자리 서술어일 경
 우 격틀구조에 '-을' 논항이 제시되어 있다.

때문에 [+과거성]을 나타내는 '-는 것'과 '-음'과의 결합이 불가능하다. 그러나 (ㄹ)과 같이 '-다는 것'과의 결합은 가능하다.

'이르다02[1]「2」'의 절의 시제소 결합제약을 갖는다.

> (172) ㄱ. 나는 그에게 조용하라고 일렀다/충고했다.
>
> ㄱ´. *그에게 조용했다고 일렀다./충고했다.
>
> ㄴ. 성교육을 통해 성생활 기준의 변화를 수렴해야 할 것이라고 이른다./충고한다.
>
> ㄴ´. 현기증이었다고 자신을 일렀다./충고했다.
>
> ㅁ. 이래서는 안 되겠다고 한 번쯤은 따끔하게 일렀다./충고했다.

(ㄱ´)와 (ㄴ´)에서 '이르다02[1]「2」'는 의미특성상 미래에 발생할 일에 대해 주의를 주는 언어적 행위이다. 즉 과거의 어떤 행위에 대해 직접적으로 언급하는 것이 아니라 과거 행위에 대해 비판하면서 앞으로 어찌하도록 말하는 행위이기 때문에 경험시를 기준으로 말하지 않는다. 따라서 (ㄱ´)와 같이 과거시제 '-았/었'과는 결합하지 않는다. (ㄴ)은 '-을 것'이 미래의 의미를 내포는 하나 이 경우는 추측의 의미가 더 강하다.

'이르다02[1]「2」'의 절의 주어와 상위문 성분과의 통제관계를 살펴보도록 한다.

> (173) 난 아이들j에게 [ej 수영장으로 돌아가라고] 충고했지만 누나 같은 여자 교관이라고 얕보는지 꼬박꼬박 말대꾸만 할 뿐이었다.

'이르다02[1]「2」'는 화자가 화자의 발화내용을 듣는 청자로 하여금 어찌하도록, 또는 어떤 행위를 하지 말라고 지시하거나 가르치는 언어적 행위로서 청자는 화자의 발화내용에 대해 수행할 가능성이 있다. 따라서 절에서 청자 성분은 상위문의 목적어 논항과 통제관계를 맺게 된다. 또한 이런 수행의 의미는 명령의 의미를 나타내는 선어말어미 '-라'에 의해서도 추측가능하다. 또 명령이라는 것은 아직 발생하지 않은 즉 곧 발생하게 될 일을 염두에 둠으로 과거시제소와의 결합에서 제약을 갖는다. 이 점은 '나무라다'부류와 마찬가지이다.

<훈계>류에서 '타이르다'류에 속하는 발화동사들이 통사행동의 공통점과 차이점을 표로 정리하였다.

〈표 29〉

발화동사	서법소				시제소					통제관계		
										의무		비의무
	-다	-ㄴ냐	-라	-자	-았/었	-ㄴ다	-리라	-ㄹ것	-겠	주어	대상	제삼자
이르다02[1]「1」	○	○	○	○	×	○	×	○	×	×	○	×
훈시하다「2」	○	○	○	×	×	○	×	○	×	×	○	×
충고하다	○	○	○	×	×	○	×	○	×	×	○	×

'충고하다'와 '훈시하다「2」'는 '타이르다'부류와 유사한 통사행동을 보이나 서법소와의 결합에서 청유를 의미를 나타내는 문법표지 '-자'와의 결합이 불가능하다. 이는 '충고하다'와 '훈시하다「2」' 화자가 청자에게 경계하거나 주의해야 할 일 등을 지시하거나 가르치는 경향이 타이르는 경향보다 강하므로, 상대방을 살살 달래는 식의 표현을 나타내는 표지 '-자'는 [+지시성]의 의미자질과는 호응하기 어렵다. '타이르다'류에서 '훈시하다(訓示) 「2」'는 의미특성상 문의 구조에서 화자 성분과 청자 성분과 사회적인 관계라는 선택제약 관계를 갖는다. 즉 화자 성분은 윗사람이고, 청자 성분은 아랫사람이다.

<훈계> 부류에 속하는 발화동사들은 또 '-에게'표지가 '-을' 격조사

로 표시할 수도 있다.

> (174) ㄱ. 그는 마당쇠에게 오늘부터는 자신을 서방님이라고 하지 말고
> 나리라고 부르라고 일렀다./충고했다.
> ㄴ. 아무 일 없을 것이라고, 그냥 단순한 현기증일 것이라고 자
> 신을 일렀다./충고했다.

(174)에서 청자 성분이 '-을'격조사로 나타날 수도 있음을 관찰할 수 있다. 이들은 또 공통으로 시행을 나타내는 시행의 의미를 나타내는 '-아/ 어야 한다'와 자주 결합하기도 한다.

〈표 30〉

발화동사	보문소							
	-음	-기	것		-ㄴ지	-ㄴ가	-ㄴ냐	-고
			-ㄴ 것	-ㄹ 것				
이르다02[1]「1」	×	×	×	○	○	○	○	○
훈시하다「2」	×	×	×	○	○	○	○	○
충고하다	×	×	×	○	○	○	○	○

<표 30>에서 <훈계>류는 화자가 청자에게 주의하도록 일러 말해주는 발화행위라는 특성은 [＋기대성]의 속성을 보여준다. 그러나 '-기'와의 결합이 어색한 것은 이 경우 '-기'와 결합하면 어떤 동작을 개념화하는 경향이 있기 때문이다.98)

---

98) 이남순(1988)에서는 '-음'은 동작의 구체화를 나타내고, '-기'는 동작의 개념화를 나타낸다고 한다.

4.3.2.2.11. <평가>류

<평가>류는 화자가 청자에게 청자와 관련한 일이나 행위 또는 그 외 어떤 사물에 대해 어떤 평가를 하는 상항을 언어화한 것들이다. 주로 '평가하다'류, '칭찬하다'류, '나무라다'류, '비판하다'류에서 이 유형의 논항 구조를 갖는 발화동사들의 통사현상을 살펴보도록 한다.

'나무라다'류에서 '나무라다「1」'은 화자가 청자에게 청자의 잘못을 꾸 짖어 알아듣도록 말하거나 화자가 청자를 나무라는 언어적 행위이다. 발 화상황을 바라보는 입장에서 화자가 청자에게 무엇이라고 꾸짖는지의 전 반 상황을 언어화할 수도 있고, 또는 발화상황에서 '나무라다'의 직접 대 상이 되는 청자가 존재하지 않는 상황에서 화자가 나무라는 대상을 이 행 위와는 전혀 상관없는 다른 사람 앞에서 나무라는 행위를 하는 경우를 언 어화할 수도 있고, 청자가 존재하는 현장에서 청자를 나무라는 행위가 될 수도 있다. 따라서 '나무라다「1」'은 발화상황을 어떻게 바라보느냐에 따 라 두 자리 혹은 세 자리 서술어가 될 수 있다. 본 절에서는 세 자리 서 술어일 경우를 살펴보도록 한다.

'나무라다「1」'은 청자와 관련한 행위에 관하여 알아듣도록 말하는 발 화행위로서 청자로 하여금 화자의 발화내용에 대해 그렇게 수행하기를 원하는 수행의미도 내포되어 있다. 이 점은 절의 서법 양상을 결정하기도 한다.

> (175) ㄱ. 그는 캐디에게/를 느리다고 나무랐다.
>
> ㄴ. 남편도 처음엔 구질구질하게 뭐 그런 걸 사오냐고 나무랐다.
>
> ㄷ. 난 그때부터 언뜻 보면 전혀 안 어울리는 옷들을 어울리게 입는 독특한 맵시를 선호했는데, 엄마는 너무 유별나게 하지 말라고 나무라셨다.

(ㄷ)에서 '나무라다「1」'의 의미특성에 따라 발화내용으로 나타난 성분
은 화자가 청자에게 청자의 어떤 행동에 대해 어떻게 하기를 원하는 수행
의 의미가 내포되어 있다. 이는 통사적으로 명령의 서법을 나타내는 문법
표지 '-라'나 금지를 나타내는 표현 '-지 마라'에 의해 표현된다. 따라서
명령의 서법과 자연스럽게 결합할 수 있음을 설명한다. 또한 '나무라다'
류는 의문의 서법을 나타내는 문법 표지 '-느냐'와도 자연스럽게 어울림
을 (ㄴ)에서 관찰할 수 있는데 이는 화자가 청자를 나무라는 언어적 행위
를 할 때 질문의 형식으로 표현할 수도 있음을 나타낸다. '-느냐'가 갖는
의미속성이 '나무라다'류가 갖는 의미속성과 호응됨을 말한다.

'나무라다「1」'의 절의 보문소 결합제약 양상을 살펴보도록 한다.

(176) ㄱ. 무조건 나쁘다고 나무라는 건 아니에요.
  ㄴ. 우리 눈에도 그랬으니 할아버지가 화초할머니한테 빠져 친할
     머니를 거들떠도 안 본 걸/안 본 것을 /*안 볼 것을 나무랄
     일도 못 된다.
  ㄴ′. 열심히 하지 않은 것을/*을 것을 나무란다.
  ㄴ″. 열심히 공부를 하지 않은 것에 대해 나무란다.
  ㄷ. 그때 박사님은 그 망국 왕의 무덤이 혹시 이 땅의 어디엔가
     숨겨져 오고 있을지도 모른다는 저의 추측에 대하여, 아닌게
     아니라 제게 그 망국 왕의 혼령이라도 씌워든 겐지 모르시겠
     다고 저의 분별없음을 나무라셨습니다.
  ㄹ. 짧은 소견이지만, 조상님들이 내 주책없음을/*없기를 나무랄
     지언정 멍석말이까지 하시진 않을 것 같다.
  ㅁ. *어머니는 나에게 공부를 열심히 했음을/기를 나무랐다.
  ㅂ. 어머니는 나에게 공부를 열심히 하지 않았음을 나무랐다.

'나무라다「1」'이 의미특성상 청자의 어떤 잘못에 대해 알아듣도록 말

하는 행위라는 것은 청자가 이미 범한 어떤 행동을 말한다. 즉 나무라는 행위는 어떤 원인이나 이유를 전제로 한다. '나무라다'류가 청자와 관련한 과거에 있었던 잘못을 이유로 발화를 하게 되는 행위로서 절의 서술어는 과거의 의미를 내포한 보문소들과 잘 결합함을 설명해준다. 따라서 (ㄴ)에서 보문소 '-는 것'과 (ㄷ)과 (ㄹ)에서 보문소 '-음'은 [+과거성]의 의미속성을 나타냄으로 '나무라다「1」'이 갖는 의미특성과 호응관계를 갖는다. (ㄴ″)에서 '-것' 보문을 서술어의 직접적인 대상을 나타내는 복합표지 '-에 대해'로 치환해보면 가능하기도 한다. 화자가 청자에게 청자의 행위에 대해 못마땅하여 꾸짖는 행위로서 (ㅁ)에서 절의 서술어가 긍정을 나타날 경우 보문소 '-음'이 결합되지 않지만 (ㅂ)에서 절의 부정의 의미를 나타낼 경우 '-음'은 자연스럽게 결합된다. 보문소 '-음' 문맥 의미의 영향을 받음을 설명한다. 정주리(2006)에서도 보문소 '-음'과 '-기'는 문맥의 의미를 영향을 받는다는 언급을 했다.

'나무라다「1」'의 절의 시제소 결합제약 향상을 살펴보도록 한다.

> (177) ㄱ. 그러자 남편은 뭐 그런 것을 가지고 그러느냐고, 쓸데없는
> 걱정을 했다고/한다고 나무라면서 너무 쉽게 이해해 주었고
> 끝내 나는 울음을 터뜨리고 말았다.
> ㄴ. 꽝꽝 울리는 스피커 땜에 통 잠을 못자겠다고 아내를 나무란
> 다.
> ㄴ′. *꽝꽝 울리는 스피커 땜에 잠을 못 잘 것이라고 아내한테
> 나무란다.

'나무라다「1」'이 청자와 관련한 이미 발생한 행위를 대상으로 발화하는 것이므로 사건시를 기준으로 과거시제 '-았/-었'이나, 지금 막 발생하고 있는 행위를 나타낼 수도 있어 발화시를 기준으로 현재시제 '-ㄴ'와도

결합 가능하다. 의미특성상 미래에 발생할 일에 대해 예측 불가능하므로 (ㄴ′)에서는 결합이 불가능하다. 그러나 (ㄷ)에서 선어말어미 '-겠'에서 미래의 의미가 드러나기도 한다. 이는 '-겠'과 '-ㄹ 것'의 의미특성 차이에서 비롯한 문제라고 본다. 고영근(2008)에서는 '-ㄹ 것'은 판단의 근거가 강할 경우, '-겠'은 판단이 근거가 약할 경우를 나타낸다고 하였다.

'나무라다「1」'의 절의 주어와 상위문 성분 간의 통제관계를 살펴보도록 한다.

(178) 남편은 아내j에게 [ej 다른 사람 다 탔는데 왜 당신 혼자 못 탔느냐고] 나무란다.

'나무라다「1」'은 청자와 관련한 이미 발생한 행위에 대해 말하는 행위이므로 발화상황을 상정해 보면 '차를 타지 못한 사람은 남편이고', 이런 남편을 아내가 나무라는 상황이다. 따라서 통제관계에 있어서 절의 주어와 상위문의 '-에게'논항이 의무적으로 통제관계를 갖는다.

'비판하다'류에 속하는 '지적하다[1]「2」(指摘)'도 '나무라다'부류와 유사한 통사현상을 나타내나 다음과 같이 발화시보다 미래를 나타내는 시제와 결합할 수도 있는 것처럼 보이는 특징이 있다.

(179) ㄱ. 혹시 기사가운데 잘못된 부분이 있으면 과감히 바로잡는 노력에 인색하지 말아야 *할 것을/ 할 것이라고 지적했다.
　　　ㄱ′. ?인색하지 말아야 할 것이라고 나무랐다.
　　　ㄴ. 이들의 퇴직이 재산등록과 무관하지 *않을 것을/않을 것이라고 지적했다.

(ㄱ)에서 보문소 '-ㄹ 것'와의 결합은 불자연스럽고, '-ㄹ 것'이 추측의

의미를 나타낼 경우는 자연스럽다. 이 경우 '-ㄹ 것'은 미래의 의미가 확연히 드러나는 것은 아니다. (ㄱ´)는 '나무라다「1」'이 이끄는 문의 구조에 나타난 경우인데 문장이 어색함을 관찰할 수 있다.

'칭찬하다'류에서 '자랑하다01'은 화자가 자기 자신 또는 자기와 관계있는 사람이나 물건, 일 따위가 썩 훌륭하거나 남에게 칭찬을 받을 만한 것임을 드러내어 말하는 발화행위이다.

'자랑하다01'가 취하는 절의 서법소의 결합 양상을 살펴보도록 한다.

> (180) ㄱ. 남편은 달걀 한 개를 주워와서는 아내한테 장차 부자가 될
>   것이라고 자랑한다.
>   ㄱ´. ?장차 부자가 되겠다고 자랑했다.
>   ㄴ. 언제 부자가 될 것인가고 물었다.
>   ㄴ´. 언제 부자가 되겠냐고 물었다.

(ㄱ)에서 '자랑하다01'는 [추측]이나 [가능]을 나타내는 '-ㄹ 것'이고, (ㄴ)에서 '-ㄹ 것'은 그 [가능성]을 묻는 것이지 화자에서 파악되는 추측의 의미는 나타내지 않는다. (ㄱ)과 (ㄴ)은 또 미래를 나타내는 시제소 결합 양상에서 나타나는 차이점도 보인다. (ㄱ´)에서 '-겠-'은 화자의 의지를 나타낸다는 점에서 '자랑하다01'가 갖는 의미특성과 호응되지 않아 어색한 문장이 된다. 그러나 (ㄴ´)에서 '-겠-'은 화자가 상대방의 의지를 묻는 용법으로 가능한 표현이 된다.

먼저 '자랑하다01'의 보문소의 결합 현상을 살펴보도록 한다.

> (181) ㄱ. 그는 친구들에게 교수인 윤 선생의 아들임을 /박식함을 자랑
>   했다.
>   ㄴ. 그는 한사람 한사람을 위해서 보람있는 일을 하고 있다는 것

을/좋은 선물을 받았다는 것을 자랑했다.
ㄷ. ?어머니는 윤씨 아줌마에게 우리 아들이 얼마냐 똑똑하냐고
   자랑한다.
ㄹ. 다른 집안은 학자를 얼마나 배출했느냐를 자랑했다.
ㅁ. 아내는 두 아이와 남편에게 내가 얼마나 큰 행복을 가졌는지
   자랑했다.

(ㄱ)에서 '자랑하다01'가 보문소 '-음'과의 결합이 가능한 것은 '자랑하
다01'은 기존된 어떤 사실적 근거가 있는 사실에 대해 칭찬하는 행위로서
'-음'이 갖는 [+사실성]의 의미자질과 호응된다. '-ㄴ 것'도 마찬가지이
다. '-ㄴ지', '-ㄴ 가', '-ㄴ냐'와 모두 결합 가능한 것은 '-고'가 이끄는
보문을 하나의 대상이나 지시물로 간주했기 때문에 가능하다. 이는 (ㄷ)에
서 보듯 '-ㄴ냐'가 결합할 경우 '-고'보다는 (ㄹ)에서 '-를'과의 결합이
더 자연스럽다는 데서 관찰할 수 있다.
  '자랑하다01'의 시제소 결합 양상을 살펴보도록 한다.

  (182) 영수는 이번 시험에서 일등을 했다고/하게 될 것이라고/*하겠다
       고 자랑했다.

(182)에서 '자랑하다01'은 의미특성상 발화 주체가 자신과 관련한 과거
에 있었던 일에 대해 자랑할 수도 있고, 미래에 어떻게 될 것이라는 확신
에 대해 자랑할 수고 있다. 그러나 의지의 의미도 나타내는 '-겠'과는 잘
결합하지 않음을 관찰할 수 있다.
  '자랑하다01'의 상위문의 성분과 절의 주어 성분 간의 통제관계를 살
펴보도록 한다.

(183) ㄱ. 그i는 어머니j에게 [e i, *j 이번에 졸업하게 될 것이라고] 자
랑했다.
ㄴ. 그는 어머니에게 [동생이 이번에 졸업하게 될 것이라고] 자랑
했다.

(ㄴ)과 같이 '자랑하다01'의 의미특성상 청자와 관련한 어떤 훌륭한 점
에 대해서는 관여치 않는다. 따라서 절의 주어는 상위문의 목적어에 의해
통제되지 않는다. '자랑하다'는 '평가하다'류에서 '혹평하다'는 '거짓말하
다'와 유사한 통사 행동을 한다. 그러나 다른 점은 '호평하다'와 '혹평하
다'는 [+유정성]을 갖는 청자 성분이 대상 논항으로 문의 구조에 나타날
수도 있고 [-유정성]을 갖는 대상 논항이 나타날 수도 있어 '-에게' 표지
가 아닌 '-을' 표지가 나타나는 것이 특수하다. 이는 화자가 하는 평가가
미치는 대상이 인간일수도 인간과 관련한 사물이 될 수도 있기 때문임을
설명한다.

<평가>류 발화동사들의 통사현상을 표로 제시하고 그 공통점과 차이
점을 살펴보도록 한다.

〈표 31〉

발화동사	서법소				시제소					통제관계		
										의무		비의무
	-다	-ㄴ냐	-라	-자	-았었	-ㄴ다	-리라	-ㄹ것	-겠	주어	대상	제삼자
나무라다「1」	○	○	○	×	○	○	×	×	×	×	○	×
말하다[1]「4」	○	○	○	×	○	○	×	×	×	○	○	×
호령하다「2」	○	○	○	×	○	○	×	×	×	×	○	×
꾸짖다	○	○	○	×	○	○	×	×	×	×	○	×
꾸중하다	○	○	○	×	○	○	×	×	×	×	○	×
잔소리하다「2」	○	○	○	×	○	○	×	×	×	×	○	×

지적하다[1]「2」	○	○	○	×	○	○	×	○	×	×	○	×
혹평하다	○	×	×	×	○	○	○	○	○	○	○	○
자랑하다01	○	○	×	×	○	○	○	○	×	○	×	○

'나무라다「1」'이 의미특성상 갖는 이런 통사적인 행동들은 '나무라다' 류에 속하는 '호령하다(號令)「2」, 꾸짖다, 꾸중하다, 호통하다, 잔소리하다 「2」'에서도 동일하게 관찰할 수 있다. 그러나 '잔소리하다「2」'는 의미특 성상 문의 구조에서 청자 성분이 '–을' 논항으로 나타날 수 없다는 점에 서 기타의 것과 구별되는 특징을 갖는다. '나무라다'류에서 '호통하다'는 화자가 몹시 화가 나서 크게 소리 지르거나 꾸짖는 언어적 행위이다. 발 화상황을 상정하는 입장에서 두 가지 경우로 나누어 볼 수 있다. 하나는 화자가 청자에게 무엇이라고 꾸짖는 발화상황을 언어화한 경우, 다른 하 나는 화자가 청자를 꾸짖는 발화상황을 언어화한 경우이다. '나무라다'와 다른 점은 '호통하다'는 '호통하다'의 영향을 직접 받는 대상이 반드시 화자와 한 발화상황에 있는 존재하여야 한다는 것이다. <평가>류에 속 하는 발화동사들이 이끄는 구문에서 청자 성분은 여격보어로 나타날 수 도 있고 대상보어로 나타날 수도 있다는 공통점이 있다.

〈표 32〉

발화동사	보문소							
	-음	-기	것		-ㄴ지	-ㄴ가	-ㄴ냐	-고
			-ㄴ 것	-ㄹ 것				
나무라다「1」	○	×	○	×	○	○	○	○
말하다[1]「4」	○	×	○	×	○	○	○	○
호령하다「2」	○	×	○	×	○	○	○	○
꾸짖다	○	×	○	×	○	○	○	○
꾸중하다	○	×	○	×	○	○	○	○

잔소리하다「2」	○	×	○	×	○	○	○	○
지적하다[1]「2」	○	×	○	×	○	○	○	○
혹평하다	○	×	○	×	○	○	○	○
자랑하다01	○	×	○	×	○	○	○	○

<표 32>에서 <평가>류는 이미 발생했거나, 기존된 어떤 사실에 대해 평가하는 특성을 갖는다. 이는 보문소 '-음'과 '-ㄴ 것'과의 결합을 가능하게 한다. '나무라다'류는 화자가 청자가 저지른 어떤 일에 대해 그 원인을 묻는 식으로 꾸짖을 수 있다는 측면에서 '-ㄴ 냐'의 결합이 자연스럽다. 그러나 긍정의 의미를 나타내는 '호평하다'와는 '-ㄴ냐'와의 결합이 어색함을 관찰할 수 있다.

4.3.2.2.12. <비난>류

<비난>류는 화자가 청자나 그 밖의 사람의 잘못이나 약점에 대해 부정적인 태도로 가지고 말하는 상황을 언어하한 것들이다.

'놀리다'류에서 '놀리다01「2」'도 '나무라다'부류와 절의 보문소 결합 제약 현상에서는 유사한 양상을 보인다. 시제소 결합 제약에서도 유사하나 '놀리다01「2」'가 '-ㄹ 것'과 결합하다는 점에서 다르다.

(184) 그는 영수에게 시험에서 또 떨어질 것이라고 놀렸다.

(ㄱ)에서 '-ㄹ 것'은 '지적하다[1]「2」(指摘)'와 결합할 수 있는 '-ㄹ 것' 보다는 추측의 의미가 드러난다.

'놀리다01「2」'가 '나무라다'류와 다른 점은 서법과의 결합에서 명령의 서법을 나타내는 문법표지와 결합하지 않는다는 점에서 차이를 보인다.

(185) ㄱ. 그는 영수를 바보라고 놀렸다.

　　　ㄱ´. *그는 영수를 바보가 되라고 놀렸다.

(ㄱ´)에서 보듯 '놀리다01「2」'의 의미특성상 청자의 어떤 상태에 대해 무엇이라고 말하는 행위로서 어떻게 하라는 의미는 내포되어 있지 않아 명령의 서법과는 결합되지 않는다.

'놀리다'류도 '나무라다'류에서 '잔소리하다「2」'와 마찬가지로 문의 구조에서 청자 성분은 여격보어가 아닌 대상논항으로만 나타날 수 있다.

표로 '놀리다'류의 절의 서술어가 결합할 수 있는 서법소와 시제소, 그리고 통제현상을 정리하면 다음과 같다.

〈표 33〉

발화동사	서법소				시제소					통제관계		
										의무		비의무
	-다	-ㄴ냐	-라	-자	-았/었	-ㄴ다	-리라	-ㄹ것	-겠	주어	대상	제삼자
놀리다01「2」	○	○	×	×	○	○	×	○	×	×	○	×
조롱하다01	○	○	×	×	○	○	×	○	×	×	○	×

'놀리다'류는 화자가 상대의 어떤 점을 발화내용거리로 하여 발화하는 행위이므로 명령, 서법의 의미를 나타내는 표지들과는 결합하지 않는다. 또한 화자의 의지를 나타내지 않기 때문에 '-리라', '-겠'과는 결합하지 않는다. 청자를 대상으로 하므로 상위문의 청자 성분과 통제관계를 맺는다.

〈표 34〉

발화동사	보문소							
	-음	-기	것		-ㄴ지	-ㄴ가	-ㄴ냐	-고
			-ㄴ 것	-ㄹ 것				
놀리다01「2」	○	×	○	×	×	○	○	○
조롱하다01	○	×	○	×	×	○	○	○

<표 34>에서 보문소와의 결합에서 '나무라다'류와 유사하지만 '놀리다'류는 '-ㄴ가'와의 결합이 가능하다. 이는 '놀리다'가 상대를 어떤 부정적인 의미를 갖는 지시물로 여겨 부정사 '무엇인가'에 해당될 때 가능한 용법으로 보인다.

4.3.2.2절에서 '[NP1 [NP2 [S [V-]]]]'형의 기본 논항구조를 갖는 발화동사들이 문의 구조에서 나타나는 통사 현상을 살펴보았다. 발화동사의 의미특성에 따라 문의 구조에서 서술어가 하위범주화로 선택하는 발화내용이 절일 경우들이다. 절도 그 자체가 하나의 구문을 이룬다는 점은 절을 이루는 성분들과 문법범주를 나타내는 각 표지들이 상위문의 서술어나 성분들과 문법적인 관련을 맺게 됨을 말한다. 주로 절의 시제소, 서법소, 보문소의 결합양상은 상위문의 서술어의 의미특성과 관련된다.

이상과 같이 4장에서는 주로 발화상황에서 [+유정성]을 갖는 화자나 청자를 중심으로 발화동사 구문 구조를 설정하였다. 먼저 발화상황에서 발화 주체인 화자를 중심으로 '화자' 구조와 '화자-발화내용' 구조를 설정하고 해당되는 발화동사들의 통사·의미특성을 살펴보았다. '화자' 구조를 갖는 발화동사는 의미특성상 발화 주체만 필수적인 논항으로 요구하며 주로 발화 주체의 발화 방식이나 모양을 나타냄을 관찰하였다. '화자-발화내용' 구조는 발화상황에서 발화 주체가 어떤 내용을 발화하였는지에 초점을 두고 설정한 발화동사 구문 구조인데 발화내용이 어떤 범주로 선택되느냐에 따라 두 가지 유형의 논항구조로 살펴볼 수 있었다. 명사구로 선택되었으면'[NP1 [NP3 [V-]]]'형의 논항구조를 갖고, 절로 선택되었으면 '[NP1 [S [V-]]]'형의 논항구조를 가짐을 살펴보았다. 다음 발화상황에서 발화 주체가 하나 이상일 경우에 그 화자들을 중심으로 '화자-화자' 구조와 '화자-화자-발화내용' 구조를 설정하였다. '화자-화자' 구조는 주로 접속조사 '-와/과'에 의해 문의 구조에 나타나 '[[NP1 NP2] [V]]'형의 논항구조를 가짐을 살펴보았다. '화자-화자-발화내용' 구조는 '화자-발화내용' 구조와 마찬가지로 발화내용이 선택되는 범주에 따라 '[[NP1 NP2] [NP3 [V-]]]'형의 논항구조와, '[[NP1 NP2] [S [V-]]]'형의 논항구조를 가짐을 살펴볼 수 있었다. 마지막으로 발화상황에서 발화 주체와 발화 객체를 중심으로 '화자-청자' 구조와 '화자-청자-발화내용' 구조를 설정하였다. '화자-청자' 구조는 발화상황에서 청자가 화자가 발화하는 지향점인지, 화자가 언급하는 대상인지에 따라 하위로 두 가지 격틀구조를 가짐을 살펴볼 수 있었다. '화자-청자-발화내용' 구조는 마찬가지로 발화내용이 선택되는 범주에 따라 '[NP1 [NP2 [NP3 [V-]]]]'형의 논항구조와 '[NP1 [NP2 [S [V-]]]]'형의 논항구조를 가짐을 살펴보았다.

제 5 장

발화동사 의미 구조 분석

발화동사 의미 구조 분석

4장에서는 발화동사들이 그 의미특성에 따라 가질 수 있는 논항구조 유형들을 설정하고, 각 유형에 해당되는 발화동사들이 가질 수 있는 격틀을 정리하였으며, 발화동사들이 이끄는 구문의 통사·의미특성의 공통점과 차이점을 살펴보았다. 각 논항구조 유형들에 해당되는 발화동사들이 비록 공통되는 논항구조로 표현되더라도 논항들이 서술어에 대해 갖는 구체적인 의미역할에 따라 그 의미 구조는 달리 표현되기도 한다. 또한 다양한 발화상황을 언어화한 발화동사가 지정된 몇 가지 유형의 논항구조를 갖지만 논항이 서술어에 대해 구체적인 의미역할이 다양하다 보니 그 의미 구조도 다양하게 표현된다. 문의 구조에서 논항들이 발화동사에 대해 갖는 의미관계는 그 의미 구조를 결정하기도 한다. 주로 서술어의 의미적 특성에 따라 필수적으로 나타나는 논항의 의미자질들에 대해 관찰 즉 논항이 서술어에 대해 갖는 선택제약 관계와 격조사의 구체적인 실현 양상을 관찰하여 유형화하는 작업을 하겠다.

서술어는 그 의미특성에 따라 논항을 선택하는 동시에 논항의 의미자
질을 결정하기도 하는데 발화상황을 언어화한 발화동사의 의미특성에 따
라 선택된 화자 성분과 청자 성분은 항상 [+유정성] 자질을 갖는다. 따라
서 발화상황에서 의도나 목적을 가지고 발화하는 주체인 화자는 항상 일
관되는 의미역을 할당받게 된다. 격조사의 구체적인 실현 양상에서 화자
성분에는 구조격 조사가 지표 되는데 이때 구조격 조사는 화자 성분이 어
떤 의미역을 할당받는지와는 직접적인 관련이 없다. 의미역은 논항이 서
술어에 대해 갖는 의미적 역할이므로 구조격은 단지 그 의미역을 할당받
는 논항이 문 구조에서의 문법적 기능을 결정해주는 작용을 주로 하기 때
문이다. 김의수(2006)에서 지적하다시피 문법격은 단지 논항의 문의 구조
에서의 기능을 정할뿐 그 구체적인 의미역은 결정할 수 없다고 한다. 그
러나 한국어 통사적인 행동 중에서 어순이 비교적 자유롭다는 특성은 반
드시 구조격 조사와 결합하지 않아도 문법성에 문제가 없음을 말하지만
개별 경우에 따라 문의 구조에서 위치 이동한 주성분은 반드시 구조격 조
사와 결합해야 한다. 이때 구조격 조사는 구조격 조사와 결합하지 않은
이동된 성분이 서술어로부터 어떤 의미역할을 할당받아야 하는지에 판단
의 근거를 제공하기도 한다. 청자 성분이 [+유정성]자질을 갖는다는 것은
문의 구조에서 어떤 발화사태를 나타내는 발화동사인지에 따라 다양한
의미역을 할당받게 되는데 이들은 구체적인 격조사의 실현으로 표현되기
도 한다. 이때 청자 성분에 결합된 의미격 조사는 그 논항과 서술어의 의
미관계를 파악하는 데 어느 정도의 작용을 함을 설명해 준다. 따라서 본
장에서는 격조사의 구체적인 실현과 의미역이 격조사의 실현과 어떤 관
련이 있는가 하는 문제도 살펴볼 것이다.

5.1절에서는 주로 논항이 서술어에 대해 갖는 그 의미관계를 따져 의
미역을 설정할 것이다. 5.2절에서는 발화동사들이 갖는 의미 구조를 구체

적으로 분석할 것이다.

5.1. 의미역 설정

다양한 담화맥락을 상정할 수 있는 발화동사는 다양한 언어적 행위를 표현한다. 이러한 발화동사가 갖는 의미 구조의 유형은 다른 부류의 동사가 갖는 의미 구조의 유형에 비해 수적으로 많다. 어떤 발화상황에 초점을 두고 언어화했는지에 따라 발화동사를 한 자리 발화동사, 두 자리 발화동사, 세 자리 발화동사로 크게 나누어 볼 수 있는데 개별적인 발화동사는 동시에 두 가지 유형의 발화상황을 언어화하여 표현된 것으로서 두 자리 서술어인 동시에 세 자리 서술어가 되기도 하고, 한 자리 서술어인 동시에 두 자리 서술어가 되기도 한다. 몇 자리 발화동사이던 간에 발화동사들이 유사한 의미특성에 따라 또는 유사한 의미특성이 아니더라도 묶이게 됨을 4장에서 살펴보았다. 동일한 논항구조로 표현되더라도 개별 발화동사들의 구체적인 의미특성으로 말미암아 논항들이 서술어에 대해 갖는 의미관계는 다양하게 표현된다. 이러한 의미관계를 구체적으로 살펴보기 위하여 본 절에서는 발화 사건구조를 전제로 하여 화자, 청자, 발화내용 등 기본 언어 요소들이 발화동사와 어떤 구체적인 의미관계를 맺는지, 요소들 간에는 어떤 관계로 표현되는지를 관찰하여 의미역을 설정할 것이다.

의미역 이론은 Fillmore가 실언어구조의 표면적인 격을 대상으로 한 연구는 격에 대해 합리적인 해결과 언어의 보편성을 발견할 수 없다고 하여 Fillmore(1968)에서 이에 대해 대안으로서 격문법 이론이[99]제기된 것과 관련된다. 이는 언어 표면구조상의 격을 부정하고 격 관계를 내면구조에서 명사구와 서술어의 의미론적으로 적합한 구문관계를 의미한다고 하여 보편적이고 근본적인 개념의 집합으로 내면구조상의 격을 설정하였다. 이에 따라 필모어는 '행위자격, 도구격, 여격, 작위격, 처격, 대격'이라는 6개의 내면격을 설정하였고, Fillmore(1971)에서는 '행위자격, 경험자격, 도구격, 대상격, 시원격, 도달격, 처소격, 시간격, 경로격' 등이 언어에 보편적으로 설정할 수 있는 9개의 격으로 바꾸었다. 이와 같은 격의 설정은 형태에 근거하면서 통사적인 문법관계를 살피던 이전의 격 개념과 크게 구별되는 것으로, 서술어에 대하여 체언이 가지는 심층적인 의미역할에 의하는 것이었다. Jackendoff는 의미역 범주를 의미역 층위(thematic), 행위층위(action tier), 시간층위(temporal tier) 등 세 가지로 정하고 각각 해당되는 의미역 목록을 다음과 같이 정리했다. 의미역 층위에서는 대상역, 원천역, 목표역, 위치역을 설정하고, 행위층위에는 행위자역, 피동자역, 수혜자역을 설정하였다. Frawley(1992)는 의미역을 필수적인 participant role와 수의적인 nonparticipant role로 설정한 다음 전자에는 행위자역, author role, 도구역, 피동자역, 수혜자역, 경험자역, 대상역, 원천역, 목표역을 설정하고, 후자에는 위치역, 시간역, 양태역, 이유역(reason), 목적역을 설정하였다. Gildea & Jurafsky(2002)에서는 동사의 특성을 바탕으로 행위자역, 인과역(Cause), 정도역(Degree), 경험자역, 영향자역, 목표역, 도구역, 위치역, 양태역, 공백역(Null), 피동자역, 경로역, 인지역(Percept), 명제역(Proposition), 결과역, 원천역, 상태역, 화재역 등을 의미역의 목록으로 설정하였다. 고영근(2008)에서는 동사를 비롯한 서술어가 갖는 고유한 의미적·통사적 특성에 따라 필요로 하는 논항(argument)가 있는데, 이 논항의 역할을 의미역이라고 하면서 홍재성(1999)에서 제시한 동작주역(agent), 경험주역(experiencer),

---

99) 표면구조에 나타나는 문법적인 형태나 기능보다는 의미적 기능을 중심으로 하는 문법체계를 가지게 되었다.

동반주역(companion), 대상역(theme), 장소역(location), 도달역(goal), 결과상태
역(final state), 출발점역(source), 도구역(instrument), 영향주역(effector), 기준치
역(criterion), 내용역(contents) 등 의미역 목록을 보여주었다. 이와 같이 학자
에 따라 의미역 정의나, 의미역 목록이 다양함을 살펴보았다. 본고에서는
의미역은 문의 구조에서 논항이 서술어에 대해 갖는 의미역할을 말한다
고 정하고 박철우·김종명(2005)에서 제시한 한국어 용언에 유효한 의미
역 목록을 참고로 하되, 개별 발화동사와 그 논항의 의미관계에 따라 새
로이 파악되는 의미역도 새로이 설정할 것이다.100)

　본고에서 발화동사는 구두언어를 매개로 이루어지는 발화상황을 언어
화한 것임을 2장에서 살펴보았다. 발화상황을 언어화했다는 것은 발화상
황에서 기본 언어 요소들 간의 역할관계도 어느 정도 언어화했다는 것으
로 이해할 수 있다. 다만 어느 정도 언어화했는지의 정도성 문제는 세부
적으로 따지지는 않고 화자, 청자, 발화내용 등 언어 요소들이 출현하는
해당 구문에서 할당받을 수 있는 의미역들을 제시할 것이다.

　먼저 발화상황에서 [+유정성] 자질을 갖는 발화 주체가 되는 요소는 입
을 움직이는 동작을 통해 발화를 하게 되는데 이런 역할을 하는 성분이
통사구조에서 주어 위치에 화자로 투사된다. 화자가 발화하는 데는 일정
한 의도가 깔려있다. 따라서 의도를 갖고 발화하는 주체 성분은 서술어로

---

100) 박철우·김종명(2005)에서는 세종전자사전의 의미역 설정 및 기술 원칙을 제시하고 있
　　다. 또한 이 연구에서 제시된 의미역 목록은 세종용언전자사전의 약 2만개 되는 용언에
　　대해 의미역 정보를 기술한 경험에 의해서 확정된 것이라고 밝히고 있다. 주로 행위주
　　(Agent), 경험주(Experience), 심리행위주(Mental Agent), 동반주(Companion), 대상(Theme), 장
　　소(Location), 도착점(Coal), 결과상태(Final State), 출발점(Source), 도구(Instrument), 영향주
　　(Effector), 기준치(Criterion), 방향(Direction), 목적(Purpose), 내용(Content) 등 의미역을 제시
　　하였다. 이런 의미역 목록의 설정은 주로 의미적 직관, 문법관계, 의미관계를 나타내 주는
　　조사 또는 어미 등 형식적인 정보와 선택제약 정보들이 고려되었다고 언급하였다. 따라서
　　본고에서는 개별 발화동사의 의미특성에 따라 부득이 설정해야 하는 의미역은 이와 같은
　　정보들을 고려범위에 넣고 설정할 것이다.

부터 [행위주역]을 할당받게 된다.101) 발화 주체가 하나 이상인 발화상황을 언어화한 개별 발화동사는 그 의미특성에 따라 문의 구조에서 두 주체는 각각 [행위주역]을 할당받을 것이다. 발화 주체가 할당받는 [행위주역]과 관련하여 박철우·김종명(2005)에서 제시한 [행위주역] 판단 기준에 부합된다. 또 발화 주체와 동일한 자격으로 문의 구조에 나타는 성분이 있는데 이 두 주체는 접속조사 '-와/과'에 의해 결합되어 나타나 하나의 명사구로서 서술어로부터 [행위주역]을 할당받게 된다. 홍재성 밖(1999)에서는 [동작주역]이라고도 한다.

다음, 청자가 해당 구문에서 발화동사로부터 어떤 의미역을 할당받는지를 살펴보겠다. 주로 문의 구조에서 청자로 나타난 성분이 서술어에 대해 어떤 의미관계를 갖는지를 살펴볼 것인데 이런 의미관계는 4장에서 정리한 격틀구조에서 청자가 구체적으로 어떤 격조사로 실현되었는지를 통해 관찰될 것이고, 청자 성분이 서술어에 대해 갖는 선택제약 관계를 통해서도 관찰될 것이다.

청자는 문의 구조에서 주로 발화동사가 함의하는 발화사태에서 발화 주체의 발화를 듣는 객체가 되는데 발화 주체인 화자는 발화 객체인 청자를 지향점으로 하여 메시지를 전달하게 된다. 즉 발화사태에서 듣는 객체는 메시지를 받는 도착점이 된다. 여기서 도착점은 구체적인 행위의 물리적인 이동을 말하는 것이 아니다. 왜냐하면 본고에서 발화동사는 추상적인 행위나 태도의 의미를 포함하기 때문에 본고에서 도착점은 추상적인 행위나 태도의 의미가 전달되는 지향점을 말한다. 이런 의미관계는 문의 구조에서 청자 성분이 주로 '-에게' 표지로 나타나는 데서 관찰할 수 있다. 이 경우 본고에서는 '-에게'로 지표 되는 청자 성분이 서술어로부터

---

101) 정주리(2004)에서는 명제동사를 다루면서 주어 논항의 의미격을 [행위격]으로 설정하였다.

할당받는 의미역을 [도달역]으로 설정할 것이다. 박철우·김종명(2005)에서 [도착점]은 동사가 표상하는 사건이 물리적 이동을 포함하고 있을 경우 그 끝점과 추상적인 행위나 태도의 의미를 포함하고 있을 경우 그 지향점 을 나타내는 개체에 부여되는 의미역이라고 하였다.

개별 발화동사에 따라 문의 구조에서 청자는 '-을/를'로 지표 되는 경 우가 있다. 예로 '나무라다「1」'은 어떤 사람이 다른 사람을 꾸짖는 언어 행위로서 이 때 '다른 사람'은 발화상황에서 청자의 역할을 함과 동시에 타동행위의 직접적인 대상이 된다. 따라서 발화동사가 이끄는 구문에서 청자로 나타난 성분이 '-을/를' 표지로 나타나는 경우 청자 성분은 서술어 로부터 [대상역]을 할당받는다. '-을/를' 논항을 가질 수 있는 발화동사는 통사성격상 자동사가 될 수도 있고 타동사가 될 수도 있다. 전자의 경우 는 '칭송하다'와 같은 발화동사들이 해당되는데 '어떤 사람이 다른 사람 을 무엇이라고 칭송하다'라는 의미로 여기서 '다른 사람'은 칭송하는 행 위의 대상 역할을 한다. 따라서 서술어로부터 [대상역]을 할당받게 된다. 박철우·김종명(2005)에서 [대상역]은 행위나 과정의 영향을 전제적으로 받지만 그 과정을 지배하지는 못하는 개체에 부여되는 의미역이라고 하 였다.

어떤 개별 발화동사는 화자가 제삼자를 지정하여 '그'와 어떤 내용에 대해 발화하는 사태를 언어화하였다. 화자가 다른 사람이 아닌 '그'를 제 삼자로 지정한 경우에 제삼자는 문의 구조에서 조사 '-와/과'와 결합하여 나타난다. 이때 '-와/과'가 결합된 논항은 서술어로부터 [동반주역]을 할 당받는다. 박철우·김종명(2005)에서는 [동반주역]을 행위주나 대상을 보조 하여 그것과 같은 역할을 하는 개체에 부여되는 의미역이라고 하였다.

절로 범주화된 발화내용이 표현하는 의미에 따라 청자가 할당받을 수 있는 의미역이 결정되기도 한다. 발화내용이 표현하는 의미는 주로 절의 서술어와 결합하는 서법소에 의해 표현되는데 명령이나 청유의 의미를 나타내는 서법소와 결합하면 청자 성분은 서술어로부터 [수행역]을 할당받는다고 볼 수 있고, 평서의 의미를 나타내는 서법소와 결합하면 서술어로부터 [도달역]을 할당받는다고 볼 수 있다. 그러나 문제는 문의 구조에서 동일한 문법기능을 하는 성분이 그 서법소와의 결합 양상에 따라 두 가지 의미역을 받아야 하는 경우가 있다. 이런 경우는 '하나의 논항은 하나의 의미역만 할당받아야 하고, 하나의 의미역은 하나의 논항에만 할당되어야 한다'는 의미역 준거를 참고로 절 논항이 서술어에 갖는 의미관계를 파악하여 하나의 의미역만 설정할 것이다.

마지막으로 발화내용으로 나타나는 논항이 문의 구조에서 서술어로부터 어떤 의미역을 할당받는지를 살펴보겠다. 문의 구조에서 발화내용으로 나타나는 성분은 주로 명사구 또는 절 등 두 가지 범주로 나타난다. 어떤 발화상황을 언어화한 발화동사인지에 따라 명사구로 나타나는 발화내용은 구체적인 사실이나 내용을 개체명사로 범주화한 것일 수도 있고, 구체적인 사물을 나타내는 개체명사일 수도 있고, [+유정성] 자질을 갖는 개체명사일 수도 있다. 이들은 문의 구조에서 '-을/를'표지와 결합되어 나타나는데 서술어로부터 모두 [대상역]을 할당받는다. 일반적으로 문의 구조에서 '-을/를'표지와 결합된 명사구를 [대상역]을 할당받는 것으로 여겨왔다. 발화내용으로 나타난 논항이 비록 '-을/를'로 지표 되었지만 그것이 서술어가 고려하는 어떤 개체로는 보기 힘들다는 점에서 발화내용이 할당받는 [대상역]은 '-을/를'과 결합된 청자 성분이 서술어로부터 할당받는 [대상역]과 그 속성이 다르다. 홍종선·고광주(1999)에서는 '-을' 논항이 서술어로부터 할당받을 수 있는 의미역들을 서술어의 의미적 특성이나 '-을' 논항이 문의 구조에서 다른 성분들과의 관계에 따라 다양하게 설정하고 있다.102) 즉 본고에서 발화내용이 비록 '-을/를'과 결합되어 나타나나 반드시 [대상역]을 할당받지는 않음을 주의할 필요가 있다. 따라서 본고에서는 두 경우의 [대상역]은 다른 속성의 것임을 밝히는 바이다. 홍재성 (1999)에서도 [대상역]은 행위나 과정의 영향을 받지만 그 과정을 지배하지는 못하는 논항 즉 위치, 조건 상태가 바뀌거나 주어진 상태나 위치에 있는 참여자들을 나타내는 논항이 갖는 의미역이라고 하였다. 문의 구조에서 [대상역]을 할당받는 청자는 타동성 행위의 대상이다. 따라서 타동행위로부터 직접적이든, 간접적이든 영향을 받게 된다. 그러나 '-을' 논항으로 나타난 발화내용은 발화동사가 나타내는 발화행위의 대상은 아니다. 이는 '-을' 위치에 복합표지 '-에 대해'로 치환해보면 된다. '-에 대해'로 치환 가능하면 타동행위의 직접적인 영향을 받지 않는다고 판단할 수 있다. 따라서 '-을'과 결합된 발화내용은 사실상 서술어로부터 [내용역]을 할당받는 다고 보는 것이 더 타당할지도 모르나 [내용역]은 절로 나타난 발화내용이 서술어로부터 할당받는 것이기에 분별할 필요성에 의해 [대상역]으로 설정하였다. 이러한 경우를 염두에 두고 청자 성분이 할당받는 의미역할을 [대상역]으로 보고, 명사구로 나타난 발화내용이 할방받을 수 있는 의미역할을 [대상역1]로 설정해볼 수도 있으나 본고에서는 기술의 간결성을 위해 [대상역]으로 통일한다.

발화상황에서 화자가 청자에게 발화한 내용은 직접인용이나 간접인용의 수단을 통해 절의 형식으로 문의 구조에 출현하여 한 성분으로 기능하게 된다. Stowell(1981)에서는 명사구 논항뿐만 아니라 절 논항도 의미역 할당조건에 따라 의미역을 받는다고 하였다. 따라서 본고에서도 발화의 내용을 나타낸 절을 하나의 논항으로 보고 서술어로부터 [내용역]을 할당

---

102) 홍종선·고광주(1999)에서는 '-을' 논항이 받을 수 있는 의미역을 문의 구조에서 '-을' 논항의 의미자질을 따져 도달역, 목적역, 경로역, 원천역, 장소역, 영역역, 결과역, 피해자역, 피위자역, 공동역, 대상역, 동작역, 수혜자역 등 목록으로 설정하였다.

받는다고 볼 것이다. 박철우·김종명(2005)에서는 발화동사, 인지동사, 평가동사 등의 경우, 발화, 인지, 평가의 내용을 나타내는 의미역을 [내용역]으로 보고 있다. 이는 홍재성 밖에(1999)에서도 마찬가지 관점을 보였다. 그러나 상위문 서술어가 어떤 발화사태에 초점을 두었느냐에 따라 발화내용으로 나타나는 성분이 할당받을 수 있는 의미역은 해당 발화사태를 나타내는 발화동사와의 선택제약 관계에 따라 세부적으로 표현되기도 한다. 실제 발화상황에서 화자의 발화가 청자의 언행이나 행위가 원인이 되어 유도된 것이라면 화자의 발화내용은 서술어로부터 [원인역]을 할당받게 된다. 왜냐하면 의미역 설정은 논항이 서술어에 대해 갖는 선택제약관계도 고려범위에서 배제할 수 없기 때문이다. Frawley(1992)에서는 nonparticipant role에 [이유역]을 설정하고 있음을 관찰할 수 있었다. 따라 [원인역] 설정의 타당성이 있음을 어느 정도 보여준다. Gildea & Jurafsky(2002)에서는 동사의 특성을 바탕으로 인과역(Cause)이라는 의미역을 설정하고 있는데 본고에서 [원인역]과 상통하는 바가 있다.

이밖에 '회화하다'와 같은 개별 발화동사들은 발화사태를 완성할 수 있는 방편을 필요로 하게 되는데 이 경우 문의 구조에 나타난 도구 성분은 서술어로부터 [도구역]을 할당받게 된다. 박철우·김종명(2005)에서는 행위나 이동의 의미를 표현하는 동사일 경우 방편, 재료 또는 경로를 나타내는 개체에 [도구역]을 부여한다고 언급하였다.

이상과 같이 본고에서는 해당 발화사태를 나타내는 문의 구조에서 [+유정성] 자질을 갖는 화자는 의지를 갖고 발화하는 주체로서 항상 [행위주역]을 할당받음을 관찰하였다. 청자는 문의 구조에서 화자 또는 서술어와 어떤 의미관계를 맺는지에 따라 [대상역], [도달역], [동반주역]을 할당받는데 이들은 구체적인 격조사의 실현에 따라 판별될 수 있음을 살펴보았다. 문의 구조에서 발화내용은 명사구 또는 절 범주로 나타나느냐에 따

라 각각 [대상역]과 [내용역]을 할당받음을 관찰하였다. 그러나 명사구로
나타난 발화내용이 할당받는 [대상역]과 청자가 할당받는 [대상역]은 그
속성이 다름도 살펴보았다. 또 발화내용이 서술어에 대해 갖는 선택제약
관계에 따라 [원인역]도 할당받을 수 있음을 관찰하였다. 개별 발화동사는
문의 구조에서 방편을 나타내는 논항을 가질 수 있었는데 이는 [도구역]
을 할당받을 수 있음을 관찰하였다.

5.2. 발화동사 의미역 설정

논항구조를 공통으로 갖는 개별적인 발화동사들은 그 의미특성에 따라
개별적인 의미 구조를 가지게 되며 의미 구조를 공통으로 갖는 것들로 유
형분류 될 것이다. 본장에서는 4장에서 분류한 발화동사 기본 구문 구조
체계에 따라 격틀구조를 공통으로 갖는 것들의 의미 구조를 살펴볼 것이
다.

5.2.1. '화자' 구조의 의미역

'화자' 구조를 갖는 발화동사들은 그 의미특성에 따라 단 하나의 논항
만 필수적으로 요구하는데 발화 주체의 발화에 초점을 두고 언어화한 것
으로써 '[NP1 [V-]]'형의 논항구조를 갖는다. 문의 구조에서 'NP1'은 발
화를 이끄는 주체로서 주격조사 '-가/이'로 나타나며 서술어로부터 [행위
주역]을 할당받는다. 개별 발화동사는 발화 주체가 한 사람 이상인 발화
상황을 언어화한 것으로서 주체 성분을 어떻게 표현하느냐에 따라 두 자
리 서술어, 또는 한 자리 서술어가 될 수 있다. 한 자리 서술어일 경우는

주어가 여럿을 나타내는 말이 오는데 서술어로부터 [행위주역]을 할당받는다. 두 자리 서술어인 경우 두 주체는 접속조사 '-와/과'에 의해 연결되어 하나의 명사구로서 주어 기능을 하는데 서술어로부터 모두 [행위주역]을 할당받게 된다. 단 동일한 [행위주역]이더라도 발화동사의 의미특성에 따라 구체적인 의미자질이 다르다.

따라서 본 절에서는 개별 발화동사가 의미특성상 한 자리 서술어일 경우는, 개별 발화동사가 의미특성상 한 자리 서술어인 동시에 두 자리 서술어일 경우를 나누어서 살펴볼 것이다.

1) 첫 번째 부류

문의 구조에서 서술어로부터 [행위주역]을 할당받는 주체 성분은 주어 위치에 여럿을 나타내는 말이 올 수도 있으나 그 발화동사의 의미특성에 따라 그러한 것이 아니다. 왜냐하면 발화 주체가 여럿이면 접속조사 '-와/과'에 의해 표현되는 것들과 대용의 관계가 있어야 하기 때문이다. 1) 부분은 발화동사의 의미특성상 주어가 단수일 경우를 말한다.

'늘어놓다'류 : 야스락거리다
'말참견하다'류 : 말참견하다

'늘어놓다'류에서 '야스락거리다' 부류는 행위자가 입담 좋게 말을 하는 언어행위를 나타냄은 4장에서 살펴보았다.

(186) 민영이가 군중 앞에서 야스락대자 많은 사람들이 민영이의 말에 집중하기 시작했다.

(186)에서 발화 주체인 '민영이'의 발화하는 방식이나 모양을 강조하여 언어화한 경우로서 화자만을 필수적인 논항으로 요구하는 경우이다. '[행위주역]'의 의미 구조를 갖는 발화동사들은 화자의 발화 방식이나 모양을 나타내는 발화상황을 언어화한 것들이다.

2) 두 번째 부류

두 번째 부류는 발화동사 의미특성상 주어가 여럿을 나타내는 말이 올 경우인데 서술어로부터 [행위주역]을 할당받는다.

> '다투다'류 : 다투대[1], 말싸움하다, 실랑이하다「2」, 언쟁하다(言爭), 으르렁거리다「2」, 옥신각신하다「3」, 티격태격하다
> '대화하다'류 : 담소하다02(談笑), 대화하다02(對話), 면담하다(面談), 시시닥거리다, 잡담하다(雜談), 통화하다02(通話), 환담하다(歡談)

'시시닥거리다'는 화자들이 낮은 소리고 계속 이야기는 언어적 행위를 나타냄을 4장에서 살펴보았다.

> (187) ㄱ. <u>영수와 영희는</u> 그늘 아래에서 시시닥거리며 사랑을 나누고 있다.
> ㄴ. 그들은/남녀가 시시닥거리며 사랑을 나누고 있다.

(ㄱ)과 (ㄴ)에서 '영수와 영희는' (ㄴ)에서 여럿을 나태는 복수 표지 '-들'과 대용어 '그'와의 결합에 의해 대용이 가능하다. (ㄴ)은 서술어로부터 [행위주역]을 할당받는다고 볼 수 있다. 그러나 (ㄱ)에서 '영수와 영희'가

각각 [행위주역]을 할당받을 것인가, 아니면 '영수'는 [행위주역1]을 '영희'
는 [행위주역2]을 할당받을 것인가 하는 문제가 언급된다. '시시닥거리다'
의 개념구조에서 둘 이상의 행위자가 서로 이야기하는 행위로서 이 두 성
분의 의미역 위계를 따질 수 없다. 왜냐하면 [행위주역1]을 할당받는 성분
이 [행위주역2]를 할당받는 성분보다 의미역 위계상 높다고는 말할 수 없
기 때문이다. 발화상황을 상정하여 미세한 정도성의 차이를 가늠할 수도
있겠으나 본고에서는 두 성분이 동일한 의미역을 받는 것으로 볼 것이다.
그러나 '한 문의 구조에서 한 명사구는 하나의 의미역만, 그리고 하나의
의미역은 하나의 명사구에만 할당 된다'는 의미역 준거를 따른다면 동일
한 의미역을 두 가지 명사구에 할당할 수 없다. 그러나 발화상황에서 동
시에 발화 주체가 되므로 두 성분이 동시에 [행위주역]을 받는다고 보는
것이 타당하다. 따라서 발화상황에서 하나 이상의 주체가 문의 구조에서
접속조사 '-와/과'에 의해 주어 기능을 할 경우는 발화동사로부터 함께
[행위주역]을 할당받는다고 볼 것이다. 따라서 (ㄱ)의 경우는 '[행위주역]
[행위주역]'의 의미 구조를 갖는다.

5.2.2. '화자-발화내용' 구조의 의미역

'화자-발화내용' 구조를 갖는 두 자리 발화동사는 화자와 발화내용을
필수 논항으로 갖는다. 여기서 발화내용은 두 가지 범주로 실현되는데 문
의 구조에서 구체적으로 어떤 격조사로 실현되느냐에 따라 이 유형 논항
구조의 의미 구조가 결정되고 유형분류된다. 발화내용이 절이면 서술어로
부터 [내용역]을 할당받고, 발화내용이 명사구이면 서술어로부터 [대상역]
을 할당받는다. 그러나 개별적인 발화동사는 [+유정성]을 갖는 성분이 발
화내용으로 나타날 경우도 있다. 즉 [+유정성]을 갖는 성분과 관련된 일

련의 사건들이 발화내용으로 나타날 수 있는 경우를 상정할 수 있기 때문이다. 이런 점에서 5.2.5.2에서 청자 성분이 서술어로부터 할당받는 [대상역]과는 의미역할이 약간 다르다. 5.2.5.2에서 [대상역]을 할당받는 [+유정성] 성분은 타동행위의 영향을 받기 때문이다. 그러나 '혹평하다'와 같은 개별 발화동사는 [대상역]을 할당받는 논항이 구체적인 어떤 사물일 수도 있고 [+유정성]을 갖는 인간일 수도 있다. [+유정성]일 경우는 타동행위에 의해 영향을 받기도 한다. 따라서 이 부류의 논항구조는 두 가지 의미 구조로 동시에 표현될 수 있다.

5.2.2.1. [NP1가/이 [S [V-]]]

'[NP1 [S [V-]]]'형의 논항구조를 갖는 발화동사는 의미특성상 발화내용으로 절 또는 명사구를 동시에 선택할 수 있다. 본 절에서는 발화내용이 절로 선택되었을 경우 그 절이 하나의 논항으로서 서술어에 대해 갖는 의미역할을 [내용역]으로 설정하였다. 따라서 '[NP1 [S [V-]]]'형의 논항구조를 갖는 발화동사는 '[행위주역][내용역]' 의미 구조를 갖는다. 여기서 'S'는 다양한 보문소와 격조사의 결합에 의해 상위문에 연결되는데 이때 격조사는 의미역과 일대일의 관계를 갖지 않고 'S'는 항상 서술어로부터 [내용역]을 할당받는다. 왜냐하면 'S'는 언제나 화자의 발화내용을 나타내기 때문이다.

'나무라다'류 : 규탄하다(糾彈), 자책하다(自責)
'되풀이하다'류 : 뇌까리다「2」, 뇌다03
'말하다'류 : 발언하다02(發言), 언급하다(言及)
'주장하다'류 : 주장하다01(主張) 「3」
'지껄이다'류 : 뇌까리다「1」

'중얼거리다'류 : 종알거리다, 중얼거리다, 혼잣말하다

(188) 영희는 내일은 임무를 꼭 완성할 것이라고 발언했다.

(188)에서 발화 주체인 '영희'가 '내일은 임무를 꼭 완성할 것이다'라고 구체적으로 무엇을 할 것인지의 내용을 발화하는 상황이다. 여기서 발화 주체인 영희는 서술어로부터 [행위주역]을 할당받고 문의 구조에서 항상 격조사 '-가/이'과 결합하여 나타나고, 구체적인 발화내용은 서술어로부터 [내용역]을 할당받는데 격조사의 실현과는 직접적인 관련이 없음을 관찰할 수 있다.

5.2.2.2. [NP1가/이 [NP3을/를 [V-]]]

'[NP1 [NP3 [V-]]]'형의 논항구조를 갖는 발화동사는 두 가지 경우로 나누어 볼 수 있다. 하나는 5.2.2.1에서 발화내용으로 절을 선택한 발화동사들이 동시에 명사구를 선택한다. 이때 명사구는 추상적인 [＋말]의 의미 속성을 갖는데 서술어로부터 [대상역]을 할당받는다. 명사구가 서술어에 대해 갖는 선택제약 관계에 따라 하위분류할 수도 있다. 다른 하나는 발화동사의 의미특성상 발화내용으로 명사구만을 선택한다. 이 두 경우는 모두 '[행위주역][대상역]'의 의미 구조를 갖는다. 본 절에서는 1), 2)순으로 나누어 살펴볼 것이다.

1) '[행위주역][대상역]'

'되풀이하다'류 : 뇌까리다「2」, 뇌다03
'지껄이다'류 : 뇌까리다「1」

'중얼거리다'류 : 종알거리다, 중얼거리다, 혼잣말하다

'지껄이다'류에서 '뇌까리다「1」'은 행위자가 아무렇게나 되는 대로 지껄이는 언어행위를 나타냄은 4장에서 살펴보았다.

(189) 그는 뚱딴지같은 소리를 뇌까렸다.

(189)에서 '뇌까리다「1」'이 의미특성상 명사구인 '소리'를 발화내용으로 하위범주화한 경우이다. '소리'는 음성적인 언어로서 의미자질 상 [＋말]이라는 의미속성을 내포한 경우이다.

5.2.2.1에서 명사구가 [＋말]의 의미속성을 갖는 발화동사들 외에는 모두 구체적인 내용을 추상적이나 구체적인 개체명사로 언어화하여 나타낸 것들이다.

2) ˙[행위주역][대상역]˙

아래 발화동사들은 발화내용으로 명사구만을 하위범주화하는 것들이다. 발화동사들은 발화내용으로 [+유정성]을 갖는 인간이 선택될 수도 있고, 그렇지 않을 수도 있다. 그러나 어떤 경우든 모두 서술어로부터 [대상역]을 할당받는다. 전자의 경우는 타동행위의 영향을 받는 직접적인 대상이지 청자의 역할도 하는 것이 아니라는 점에서 5.2.5와 다르다는 점에 유의할 필요가 있다.

'나무라다'류 : 나무라다「2」, 책망하다(責望), 질책하다01(叱責)
'놀리다다'류 : 비꼬다「3」

'말하다'류 : 구술하다01(口述), 논하다(論) 「1」
'반박하다'류 : 공격하다(攻擊) 「2」
'서술하다'류 : 서술하다(敍述)

'서술하다'류에서 '서술하다'는 행위자가 사건이나 생각 따위를 차례대
로 말하는 언어행위이다. 특정한 청자 성분을 설정하는 것이 특징이다.

(190) ㄱ. 그는 본 것을 서술했다.
　　　ㄴ. 그는 선생님께 본 것을 서술했다.
　　　ㄷ. ?그는 선생님께 서술했다.

(ㄷ)에서 발화내용이 생략되고 청자만 나타난 문장은 적격하지 않다.
그러나 (ㄱ)에서 청자가 출현하지 않은 문장은 (ㄴ)에 비해 적격하다. 서
술어와의 의미 관계에서 발화내용은 [대상역]을 할당받고, 청자는 [도달역]
을 할당받을 수 있다. 문제는 어느 성분이 더 필수적이고 덜 필수적인지
를 판단하는 기제에는 의미역 위계가 작동하게 된다. 의미역 위계에 따라
'서술하다'의 필수 논항 여부를 따지면 (ㄱ)이 (ㄴ)보다 더 적격한 문장이
다. 상정 가능한 청자 성분은 한 사람 또는 여러 명이 될 수도 있으나 통
사구조에 필수적으로 출현해야 하는 성분은 아니다. '서술하다'류에 속하
는 발화동사들의 발화내용은 보문절의 형식으로 나타날 수 있는 통사적
특징이 있다. 그리고 발화내용은 [+사실성]을 내포한다는 특징이 있다.
　이 유형의 의미 구조를 갖는 발화동사들의 의미특성에 따라 명사구로
선택된 발화내용은 격조사 '-을'과 복합표지 '-에 대하여'와 모두 결합
가능한데 이는 5.2.5와 다른 점이다.

5.2.3. '화자-화자' 구조의 의미역

'화자-화자' 구조를 갖는 발화동사는 '[NP1 NP2] [V-]]'형의 논항구조를 갖는다. 문의 구조에서 발화 주체인 '화자'와 '화자'는 서술어로부터 각각 [행위주역]을 할당받을 것이다. 이 부분은 5.2.1 2)에서 주어 위치에 여럿을 나타나낸 말이 올 경우에 해당되는 발화동사들인데 문의 구조에서 접속조사 '-와/과'에 의해 주어 위치에 분포될 경우로서 '[행위주역][행위주역]' 의미 구조를 가짐을 살펴보았다.

5.2.4. '화자-화자-발화내용' 구조의 의미역

'화자-화자-발화내용' 구조를 갖는 발화동사는 하나 이상의 발화 주체가 어떤 내용을 두고 발화하는 상황을 언어화한 것들이다. 발화 주체가 어떤 형식으로 문의 구조에 표현되었는지와 발화내용이 어떤 범주로 선택되었는지에 따라 여러 유형의 의미 구조로 표현된다. 문의 구조에서 주어로 나타나는 성분이 여럿을 나타나는 말이 올 경우 '[행위주역][대상역]'의 의미 구조를 갖거나 '[행위주역][내용역]을 가지며, 주어로 나타나는 성분이 접속조사 '-와/과'에 의해 표현될 경우는 '[행위주역][행위주역][대상역]'의 의미 구조나, '[행위주역][행위주역][내용역]의 의미 구조를 갖는다. 접속조사 '-와/과'에 의해 표현되는 발화 주체들을 하나의 명사구로 보아 주어 기능을 한다고 보면 하나의 명사구로서 서술어에 대해 의미역할을 갖는다고 볼 수도 있다.

5.2.4.1. [[NP1와/과 NP2] [NP3을/를 [V-]]]

본 절에서 이 유형의 격틀구조는 발화내용이 명사구로 선택되었을 경우 구체적으로 어떤 격조사와 결합하여 실현되고, 격조사의 실현과 의미역이 어떤 관련이 있는지를 살펴볼 것이다.

> '논의하다'류 : 논의하다(論議), 상담하다01(相談), 상의하다03(相議/商議), 토론하다(討論), 토의하다(討議), 협의하다01(協議)

'논의하다'류에서 '의논하다'는 둘 이상의 화자 또는 어떤 행위자가 행위 대상자와 문제를 해결하기 위한 의견을 서로 주고받는 언어행위이다.

> (191) ㄱ. 나는 주말 계획을 아이들과 의논했다
> ㄴ. 앞으로의 치료 과정은 주치의와 의논하여 결정할 것입니다.
> ㄷ. 나와 학생들은 내일 진행할 행사에 대해 의논하였다.
> ㄹ. 우리는 내일 진행할 행사에 대해 의논하였다.

(ㄱ), (ㄴ)은 '의논하다'가 '[행위주역][동반주역][대상역]'의 의미 구조를 가질 경우이다. (ㄱ)에서 함께 의논하는 대상인 '아이'는 복수를 나타내는 표지와 결합하여 복수를 나타내는 말이 온 경우고, (ㄷ)에서 '나와 학생들'이 발화 주체일 경우인데 그중 한 성분이 복수의 형태로 나타나는 경우이다. 그러나 (ㄱ)과 (ㄷ)에서 여럿을 나타내는 말은 발화동사의 의미특성에서 비롯된 것이 아니라는 점에서 (ㄹ)과의 경우와는 다르다. 따라서한 문의 구조에서 행위자와 행위대상자가 모두 나타날 경우 그 중의 한성분 또는 두 성분이 모두 복수로 나타나더라도 의미역을 달리 설정하지않는다. 이는 (ㄷ)과 (ㄹ)의 대용관계에서 표현된다. (ㄷ)은 '의논하다'의의미특성상 발화하는 주체가 둘 이상임을 말하며 함께 [행위주역]을 할당받는데 이는 (ㄹ)에서 여럿을 나타내는 말 '우리'에 의해 대용될 수 있다.주의할 점은 (ㄱ), (ㄴ)과는 달리 (ㄷ)은 '[행위주역][행위주역][대상역]'의

의미 구조를 갖는다. 즉 접속조사 '-와/과'가 선행 발화 주체와 결합되었
을 경우는 (ㄷ)과 같은 의미 구조를 갖는다.

5.2.4.2. [[NP1와/과 NP2] [S [V-]]]

발화상황에서 발화 주체가 하나 이상일 경우 발화내용이 절로 선택될
경우를 표현한 격틀구조이다. 절로 나타난 발화내용은 문의 구조에서 어
떤 격조사로 실현되던 [내용역]을 할당받음을 위에서 살펴보았다.

    (192) 나와 영희는 내일 [영화보러 가기로] 약속했다.

(192)에서 '나'와 '영희'는 '[NP1와/과 NP2]'와 같이 접족조사 '-와/과'
에 의해 결합되어 각각 서술어로부터 [행위주역]을 할당받게 된다. '나'와
'영희'가 약속한 내용은 서술어로부터 [내용역]을 할방받게 되므로 이 부
류에 해당되는 '약속하다'나 '언약하다'는 '[행위주역][행위주역][내용역]'
의 의미 구조를 갖는다.

5.2.5. '화자-청자' 구조의 의미역

'화자-청자' 구조를 갖는 발화동사는 그 의미특성에 따라 화자와 청자
를 필수적인 논항으로 갖는다. 이들은 '[NP1 [NP2 [V-]]]'형의 논항구조를
갖는 것들인데 'NP2' 성분이 구체적인 격조사 실현에 따라 의미 구조가
달리 표현된다. 그러나 변하지 않는 것이라면 화자는 의도를 가지고 발화
하는 주체로서 항상 [행위주역]을 할당받는 성분인데 청자 성분이 서술어
에 대해 어떤 의미적 역할을 하는지에 따라 그 의미 구조가 세 가지 유형
으로 나누어 볼 수 있다. 이점은 청자 성분에 지표 되는 구체적인 격조사

의 실현 양상에서도 살펴볼 수 있다. 주로 'NP2'논항이 여격조사 '-에게'와 결합하였느냐, 대격조사 '-을/를'과 결합하였느냐, 접속조사 '-와/과'와 결합하였느냐에 따라 세 가지 의미 구조로 나누어 볼 수 있다. 각 논항에 지표 되는 격조사가 그 논항의 의미역할과는 일대일의 호응관계를 갖지는 않는데 각 격조사들은 상보적인 분포를 보이는 경우도 있지만 그렇지 않은 경우도 있다는 점이 이를 설명해 준다. 하나는 타동행위의 영향을 직접적으로 받는 경우는 서술어로부터 [대상역]을 할당받으며 일반적으로 대상을 나타내는 표지 '-을'과 잘 결합한다. 이 경우 '-에게'나 '-와/과'는 치환 불가능하다. 이는 이들이 상보적 분포를 가짐을 설명한다.

(193) ㄱ. 그는 나를 나무랐다.
　　　ㄴ. *그는 나에게/와 나무랐다.

(193)에서 '-를'이 나타나는 자리에 '-에게'나 '-와/과'가 나타나지 못함을 보여준다. 따라서 '-을' 논항은 따로 [대상역]을 할당받는다고 설정할 수 있다.

　다른 하나는 타동행위의 영향을 받는 대상이기보다는 발화하는 행위의 대상을 나타내는 경우이다.

(194) ㄱ. 그는 나에게 반말했다.
　　　ㄴ. 그는 나와 반말했다.
　　　ㄷ. *그는 나를 반말했다.

(ㄱ)은 반말하는 대상을 나타내지 서술어의 행위가 영향을 미치는 대상

을 나타내지는 않는다. 따라서 (ㄷ)은 비문이 된다. (ㄴ)에서 '-와'와 치환 가능한 것은 '-와'의 의미속성 때문이다. 이 경우는 공동으로 어떤 행위를 함을 나타내는 의미로 표현된 것은 아니다.

다른 하나도 타동행위의 영향을 받는다기보다는 발화 주체와 함께 어떤 발화행위를 하는 경우이다.

> (195) ㄱ. <u>나는 그와</u> 실랑이했다.
> ㄴ. <u>그와 나는</u> 토론했다.

이 경우는 두 번째 경우와는 달리 'NP2'논항이 이 발화행위에 함께 참여하는 경우임을 상정할 수 있다. 참여 정도성은 따지지 않겠다. 따라서 이 경우 '-와/과' 논항은 [동반주역]을 할당받는다. 주의할 점은 (ㄴ)과 같은 경우는 하나의 명사구로 문의 구조에서 주어의 기능을 하므로가 경우는 각각 [행위주역]을 할당받는다.[103]

그러나 개별 발화동사는 의미특성상 어떤 발화상황에 초점을 두었느냐에 따라 두 가지 유형의 의미 구조로 표현될 수도 있다.

'대화하다'부류에서 '면담하다'는 서로 만나서 이야기하는 언어적 행위를 나타내지만 [대상역]을 할당받을 경우도 있다. 즉 이 경우는 [행위주역]을 할당받는 주체가 상대방을 주동적으로 만나 면담하는 식의 경우이며 격조사 '-을'이 지표 된다. 즉 '면담하다'는 자타양용동사의 용법을 가지고 있다. 타동사의 경우는 어떤 사람이 다른 사람을 만나서 이야기하거나 의견을 나누는 언어적 행위이고 자동사의 경우는 어떤 사람이 다른 사람과, 또는 여러 사람이 서로 만나서 이야기하거나 의견을 나누는 언어적

---

103) 발화내용이 명사구이지만 그 명사구가 술어명사라는 이유로 [내용역]을 할당받을 수도 있다.

행위이다.

(196) ㄱ. 나는 오늘 그를 면담하였다.

ㄴ. 나는 오늘 그와 면담하였다.

ㄷ. 그들은 어제 만나 면담하였다.

문제는 (ㄱ)과 (ㄴ)은 문장의 의미가 다르다. 이는 '-를'과 '-와' 표지의 의미적 특성을 따져보면 드러날 법도 하다. (ㄱ)은 '내'가 '그'를 면담하였다는 의미이고, (ㄴ)은 '나'와 '그'가 면담하였다는 의미이다. 따라서 (ㄱ)과 같은 경우는 [대상역]을 할당받고 (ㄴ)과 같은 경우는 [동반주역]을 할당받는다.

본 절에서는 위와 같이 세 가지 경우로 나누어서 그 의미 구조 유형을 살펴볼 것이다.

5.2.5.1. [NP1가/이 [NP2-에/에게 [V-]]]

이 유형의 격틀구조를 갖는 발화동사는 의미특성상 화자가 청자에게 직접적인 영향을 주기보다는 어떤 특정 대상을 지향점으로 하여 어떤 방식으로 발화하는 데 초점을 두는 것들이다. 따라서 청자는 서술어로부터 [도달역]을 할당받고 여격표지 '-에게'와 잘 결합하여 '[행위주역][도달역]'의 의미 구조를 갖는다.

'대답하다'류 : 코대답하다(-對答)

'말하다'류 : 반말하다(半---)

'묻다'류 : 문안드리다 (3급), 문안하다(問安)

'말하다'류에서 '반말하다'는 행위자가 행위대상에게 반말의 말씨를 써서 말하는 언어적 행위이다. 이런 태도로 지향하는 대상이 청자가 되는데 이때 청자는 서술어로부터 [도달역]을 할당받게 된다. '반말하다'의 개념에는 '-에게'성분을 필수적인 요소로 기술되어 있고 격틀에도 제시되어 있다. '-에게'는 '-보고', '-한테' 등 보조사로 치환 가능하다.

(197) ㄱ. 나도 나이깨나 먹은 사람인데 반말하지 마세요.
ㄴ. 시동생보고 반말하는 형수 없고 처제보고 반말하는 법 없고.
ㄷ. 어른들은 우리가 나이가 어리다고 우리에게 함부로 반말한다.

(ㄱ)에서 보면 '-에게' 성분이 나타나지 않았다. '-에게'성분이 명시적으로 나타나지는 않았으나 '나도 나이깨나 먹은 사람이다'라는 절에 '나한테'라는 성분을 상정해볼 수 있다. 따라서 '-에게'성분이 나타나야만 되는 것은 아니다. 그러나 '-에게' 성분이 나타나지 않는다고 청자 성분이 필수적이지 않다는 것은 아니다.

5.2.5.2. [NP1가/이 [NP2을/를 [V-]]]

이 유형의 격틀구조에서 'NP2' 논항은 발화상황에서 청자 성분이 되는 동시에 서술어가 언급하는 대상이기도 하다. 따라서 서술어로부터 직접적인 영향을 받으며 [대상역]을 할당받는다. 따라서 이런 격틀구조를 갖는 발화동사는 '[행위주역][대상역]'의 의미 구조를 갖는다.

'나무라다'류 : 꾸짖다, 꾸중하다, 나무라다「1」, 닦아세우다, 몰아세우다
「1」, 문책하다(問責), 야단치다(惹端), 자책하다, 질책하다

01(叱責), 핀잔주다(4급), 호령하다(號令)「2」

'놀리다'류 : 야유하다04(揶揄), 조롱하다01(嘲弄)

'달래다'류 : 달래다「1」, 위로하다

'시키다'류 : 호령하다「1」

'묻다'류 : 심문하다(審問)「1」「2」

'비판하다'류 : 지적하다[1]「2」(指摘)

'칭찬하다'류 : 자칭하다01(自稱)「2」, 칭송하다(稱頌)

'타이르다'류 : 말하다「4」, 이르다0[2]「1」

'평가하다'류 : 혹평하다

'헐뜯다'류 : 비방하다03(誹謗), 비평하다「2」, 헐뜯다

위 발화동사는 의미특성상 두 자리 서술어인 동시에 세 자리 서술어이
기도 하다. 두 자리 서술어일 경우 'NP2' 성분은 타동행위의 직접적인
영향을 받는 동시에 청자 성분도 될 수 있다는 점에서 이 유형에 포함시
켰다. 즉 'NP2'는 주로 [+유정성]을 갖는 성분이며 타동행위의 직접적인
영향을 받는 것들이다.

'꾸짖다'류에서 '야단치다'는 행위자가 상대방에게 소리를 높여 꾸짖는
언어행위이다.

(198) ㄱ. 애가 모르고 그랬으니 애에게 너무 야단치지 마라.

ㄴ. 아무리 조용히 하라고 학생들을 야단쳐도 소용이 없었다.

먼저 (ㄴ)에서 '학생'들은 야단치는 행동의 직접적인 영향을 받는 대상
으로서 [대상역]을 할당받으며 대상을 나타내는 표지 '-를'과 결합된다.
그러나 (ㄱ)에서 야단치는 행동의 직접적인 영향을 받는 '애'는 (ㄴ)과는
달리 여격표지 '-에게'와도 결합 가능하다. '-을'이 지표 될 경우와 '-에

게'가 지표 될 경우 는 문장의 의미가 다르다.

5.2.5.3. [NP1가/이 [NP2와/과 [V-]]]

이 유형의 격틀구조에서 'NP2'는 주로 발화 주체가 지정한 동반 대상
이 되므로 일반적으로 조사 '-와/과'와 결합하여 나타나며 서술어로부터
[동반주역]을 할당받게 된다. 이런 격틀구조에 해당되는 발화동사는 '[행
위주역][동반주역]'의 의미 구조를 갖게 된다.

'다투다'류에서 '실랑이하다「2」'는 서로 자기주장을 고집하며 옥신각신
하는 언어적 행위이다.

> (199) ㄱ. 진섭은 비서와 실랑이해 보았자 사장을 만날 수 없을 것임을
> 알고 일단 물러나기로 했다.
> ㄴ. 빚쟁이들한테 실랑이를 받는 어머니가 불쌍하였다.
> ㄷ. 그는 차장에게 실랑이하는 주정꾼이었다.

(ㄴ)과 (ㄷ)에서 보면 '실랑이하다'에서 행위대상자는 [도달역]을 할당받
을 수도 있는데 이 경우는 '실랑이하다「1」'의 의미특성을 가질 경우로서
5.2.5.1의 의미 구조를 갖는다. (ㄱ)에서도 마찬가지로 '실랑이하다'의 의
미특성상 행위자가 먼저 자기주장을 내세우는 전제하에서 다툼이 벌어지
는 상황이므로 이 경우도 역시 [동반주역]을 할당받을 수 있다.

5.2.6. '화자-청자-발화내용' 구조의 의미역

'화자-청자-발화내용' 구조를 갖는 발화동사는 세 자리 서술어로서 화
자, 청자, 발화내용을 필수적인 논항으로 갖는다. 여기서 발화내용이 구체

적으로 실현되는 범주에 따라 '[NP1 [NP2 [NP3 [V-]]]]'형과 '[NP1 [NP2 [S [V-]]]]'형으로 분류된다. 문 구조에 투사된 이 세 논항들은 서술어와의 의미관계뿐만 아니라 논항들 간의 관계에 따라 해당되는 의미역을 할당 받게 된다. 어떤 발화상황을 언어화한 발화동사인지에 따라 청자와 발화 내용은 서술어로부터 다양한 의미역을 할당받게 된다. 이는 문의 구조에 서 'NP1' 성분을 제외한 기타 논항들의 구체적인 격조사 실현에서도 살펴볼 수 있는데 여기서 'S'성분은 주로 대격조사 '-을/를'이나, 인용격조사 '-고'에 의해 자주 나타나지만 본고에서 'S'를 하나의 논항으로 봄으로 결합되는 격조사에 관계없이 거의 [내용역]을 할당받음을 관찰하였다. 의미역 구조는 또 화자 성분과 청자 성분이 서술어에 대해 갖는 선택제약 관계에서도 살펴볼 수 있는데 이는 화자 성분과 청자 성분 간에 나타나는 신분 제약 관계를 말한다.

5.2.6.1. [NP1 [NP2 [NP3 [V-]]]]

본 절에서는 발화동사들이 발화내용으로 명사구를 선택하였을 경우의 의미 구조를 살펴볼 것이다. 주로 문의 구조에서 'NP2'와 'NP3'이 서술 어로부터 어떤 의미역을 할당받느냐에 따라 그 의미 구조가 결정된다. 구체적으로 어떤 격조사와 결합하여 나타나느냐에 따라 그 의미역이 드러나는데 세 가지 의미 구조로 나누어 볼 수 있다.

5.2.6.1.1. [NP1가/이 [NP2에/에게 [NP3을/를 [V-]]]]

이 유형의 격틀을 갖는 발화동사들은 발화상황에서 화자가 청자에게 어떤 내용에 대해 발화하는 상황을 언어화한 것들이다. 청자는 '-에게' 논항으로 나타나 서술어로부터 '도달역'을 할당받고, 발화내용은 [대상역]

을 할당받게 된다. 서술어로부터 [대상역]을 할당받은 성분의 구체적인 의미자질에 따라 분류되기도 하는데 주로 [대상역]을 할당받는 성분이 [＋유정성]을 갖는 인간일 경우, [－유정성]을 갖는 구체적이거나 추상적인 개체일 경우로 나누어 그 의미 구조 유형을 따로 볼 수도 있다. 그러나 모두 서술어로부터 [대상역]을 할당받는 점에서 동일하기 때문에 이 부류에 묶어 살펴보도록 한다. 아래는 '[행위주역][도달역][대상역]'의 의미 구조를 갖는 발화동사들인데 5.2.6.2.1의 2)에 제시된 것들이다.

'가르치다'류 : 가르치다01[2]「1」, 강의하다02(講義)

'감사하다'류 : 드리다01[Ⅰ]「2」

'경고하다'류 : 경고하다(警告)

'고발하다'류 : 이르다02「4」, 일러바치다

'고백하다'류 : 고백하다(告白) 「1」, 실토하다(實吐), 털어놓다「2」

'권하다'류 : 권유하다03(勸誘), 권하다「1」

'대답하다'류 : 대답하다(對答) 「2」

'말하다'류 : 말하다[1]「1」, 말씀하다, 발설하다(發說), 선언하다(宣言)
　　　　　　「1」「3」

'묻다'류 : 되묻다03, 묻다03「1」, 반문하다(反問) 「1」「2」, 여쭈다「1」,
　　　　　여쭙다「1」, 질문하다(質問) 「1」, 질의하다(質疑) 「1」

'반박하다'류 : 쏘다01[1]「2」, 쏘아붙이다, 항의하다(抗議) 「1」

'변명하다'류 : 변명하다01(辨明) 「1」

'요청하다'류 : 간청하다, 말하다[1]「3」, 부탁하다, 사정하다02(事情),
　　　　　　　조르다02

'사과하다'류 : 사과하다02(謝過)

'서술하다'류 : 진술하다(陳述) 「1」

'설명하다'류 : 설명하다(說明), 설교하다(說敎) 「1」, 해명하다(解明)

'알리다'류 : 말하다[1]「2」, 보고하다02(報告), 전하다[3], 통고하다(通告)

'욕하다'류 : 퍼붓다[2]「2」

'논의하다'류 : 상론하다「1」(相論/商論), 의논하다(議論)

'칭찬하다'류 : 자랑하다01

'타이르다'류 : 훈계하다(訓戒)

'하소연하다'류 : 하소연하다

'고발하다'는 화자가 청자에게 남의 잘못이나 비밀을 일러바치는 언어적 행위를 나타낸다.

> (200) ㄱ. 그는 선생님에게 나를 고발했다.
>
> ㄴ. 그는 선생님에게 이 사실을 고발했다.

(ㄱ)에서 [+유정성]성분인 '나'와 (ㄴ)에서 발화내용으로 나타나는 [-유정성] 성분인 '사실'은 문의 중심이 되는 '고발하다'로부터 모두 [대상역]을 할당받는다. (ㄱ), (ㄴ)에서 '선생님'은 고발하는 자가 고발하는 행위를 하려고 목표로 삶는 지향점이기 때문에 서술어로부터 [도달역]을 할당받는다.

5.2.6.1.2. [NP1가/이 [NP2와/과 [NP3을/를 [V-]]]]

이 격틀을 갖는 발화동사는 주로 발화상황에서 화자가 지정된 어떤 대상과 동반하여 어떤 내용을 발화하는 상황을 언어화한 것들이다. 이때 후행성분 'NP2'는 문의 구조에서 '-와/과'와 결합하여 나타난다. 따라서 이에 해당되는 발화동사들은 '[행위주역][동반주역][대상역]'의 의미 구조를 갖는데 주로 <대화>류 발화동사들이 해당된다.

> (201) ㄱ. 나는 영희와 이 문제를 토론하였다.

ㄴ. 나와 영희는 이 문제를 토론하였다.

ㄷ. 우리는 이 문제를 토론하였다.

본고에서는 (ㄱ)과 (ㄴ)을 기저 구조가 다른 것으로 본 경우이다. (ㄱ)을 (ㄴ)에서 뒤섞기에 의해 이동한 경우라면 (ㄱ)과 (ㄴ)의 문장의 의미는 동일해야 한다. 그러나 (ㄱ)과 (ㄴ)은 문장의 의미가 동일하지 않다. (ㄱ)에서 '나'는 토론의 주체로서 [행위주역]을, '영희와'는 토론이 주체와 토론을 같이 하는 토론의 객체로서 [동반주역]을 할당받는다. 따라서 요소가 발화를 이끄는 데서 두 요소 간에 위계가 있음을 설명한다. (ㄴ)에서 '나와 영희'는 각각 [행위주역]을 할당받음은 (ㄷ)에서 대명사 '우리'에 의해 대용된다는 데서 설명이 된다.

5.2.6.1.3. [NP1가/이 [NP2와/과 [NP3로/으로 [V-]]]]

이 격틀구조를 갖는 발화동사는 의미특성상 '-로/으로' 논항을 가질 수 있다는 점이 특수하다. 주로 <대화>류에서 '회화하다02「2」(會話)'가 해당된다. '회화하다02「2」'는 어떤 사람이 다른 사람과, 또는 여러 사람이 외국어로 이야기를 나누는 언어적 행위로서 다른 부류의 것들과는 달리 구체적인 방식을 나타내는 논항이 문의 구조에 나타나는데 본고에서는 이것이 서술어로부터 [수단역]의 의미역을 할당받는 것으로 설정하였다. 따라서 이 발화동사는 '[행위주역][동반주역][수단역]'의 의미 구조를 갖는다.

(202) ㄱ. 영희는 피에르와 불어로 회화하는 시간이 제일 즐거웠다.

ㄴ. 그 선생님의 영어 시간에는 모든 사람들이 영어로만 회화해야 한다.

ㄷ. 영희와 피에르는 불어로 회화한다.

'회화하다02「2」'가 의미특성상 그 방식을 나타내는 성분으로 필수적으로 요구하기 때문에 'NP3' 논항은 문의 구조에서 방편을 나타나는 조사 '-로/으로'와 결합하여 나타날 경우 서술어로부터 '수단역'을 할당받는다고 볼 수 있다. (ㄷ)은 '[행위주역][행위주역][수단역]'의 의미 구조를 갖는다.

5.2.6.2. [NP1 [NP2 [S [V-]]]]

5.2.6.2는 발화내용이 절로 선택된 경우로 '[NP1 [NP2 [S [V-]]]'형의 논항구조를 갖는 것들의 의미 구조를 살펴볼 것인데 주로 'NP2'와 'S'가 서술어로부터 어떤 의미역을 할당받는지에 따라 여러 유형의 의미 구조를 갖게 된다. 위에서 언급하다시피 'S'는 하나의 발화내용을 표현하므로 일괄적으로 서술어로부터 [내용역]을 할당받게 된다. [내용역]을 할당받는 성분과 결합할 수 있는 격조사는 절의 서술어와 결합할 수 있는 보문소와 결합 가능한 것이면 모두 가능하다. 따라서 문법격조사는 의미역을 결정하는 작용을 한다고 볼 수는 없다. 즉 [내용역]을 할당받는 성분임을 판단하는 기제로 격조사의 의미자질로도 판별이 가능하나 절대적인 기제는 아님을 명심해야 한다. 따라서 주로 'NP2'가 서술어에 대해 갖는 의미역할에 따라 다양한 유형으로 나뉘게 된다. 이는 문의 구조에서 'NP2'와 결합되는 격조사에 의해서도 드러나는데 주로 '-을/를'이나 '-에/에게'로 나타나 두 가지 유형의 의미 구조로 나타남을 관찰할 수 있다.

5.2.6.2.1. [NP1가/이 [NP2에/에게 [S [V-]]]

이 격틀구조에서 'NP2'성분은 서술어로부터 '도달역'을 할당받게 되는데 문의 구조에서 격조사 '-에/에게'로 실현되는 데서도 살펴볼 수 있다.

이 격틀구조에 해당되는 발화동사는 '[행위주역][도달역][내용역]'의 의미
구조를 갖는데 세 가지 경우로 나누어 볼 수 있다. 주로 발화내용으로 나
타나는 범주가 명사구로 선택되느냐, 절로 선택되느냐, 아니면 동시에 두
가지 범주로 선택되느냐에 따라 나누어 볼 수 있다. 본절에서는 1), 2) 순
으로 나누어 그 경우들을 살펴볼 것이다. 1)은 발화내용으로 절을 선택하
는 발화동사들이 해당되고, 2)는 발화내용으로 명사구와 절을 동시에 선
택할 수 있는 발화동사들이 해당된다.

1) '[행위주역][도달역][내용역]'104)

(가)에 해당되는 발화동사들은 그 의미특성상 화자가 특정 청자에게 어
떤 내용을 발화하는 경우로서 특정 청자는 서술어로부터 [도달역]을 할당
받는다. 발화내용은 절로 선택되어 서술어로서부터 [내용역]을 할당받는
다. 절 전체가 서술어로부터 [대상역]을 할당받는다는 논의도 있지만 본고
에서는 절이 나타내는 의미성격을 고려하여 [내용역]을 설정할 것이다. 정
주리(2005)에서는 이런 절의 형식으로 나타나는 성분을 논항으로 하는 동
사를 명제동사로 하면서 이 절에 [대상역]을 할당하는 것으로 설명하고
있다. 그러나 정주리(2005)에서 청자 성분과 행위내용을 나타나는 성분에
모두 [대상역]을 할당하고 있는데 이를 구분해야 한다고 생각한다. 본고에
서는 절이 어떤 하나의 내용을 나타내고 있다는 측면에서 [내용역]을 할

---

104) '[행위주역][도달역][내용역]'이 의미역 계층의 일반 서열을 넘어선다는 문제점을 지적할
수도 있다. 여기서 의미역 계층은 조경순(2010)에서는 동사가 취하는 의미역들 간에 일
정한 서열이 있고, 논항이 실현될 때 이러한 서열이 준수되는 것을 말한다고 하였다. 그
러나 한국어에서 이런 의미역 계층은 주어가 받는 의미역이 가장 상위층에 배치된다는
것만 거의 지켜지는 것 외에 격조사가 발달한 한국어에서는 어순이 비교적 자유로워 의
미역 계층은 그다지 큰 역할은 하지 않는다고 생각한다. 오히려 본고에서 제시한 '[행위
주역][도달역][내용역]'의 의미역 계층의 서열이 더 잘 지켜지는 것 같다.

당받는 것으로 설정한다. 이런 의미 구조를 갖는 발화동사들로는 다음과
같다.

> '거짓말하다'류 : 거짓말하다
> '늘어놓다'류 : 잔소리하다「1」
> '대꾸하다'류 : 말대꾸하다, 말대답하다(-對答--)「2」
> '말하다' : 말대답하다(-對答)「1」
> '타이르다'류 : 훈시하다(訓示)「2」, 충고하다(忠告)

'늘어놓다'류에서 '잔소리하다'는 행위자가 행위 대상자에게 자질구레
한 말을 쓸데없이 늘어놓는 언어행위를 나타낸다.

  (203) 김 씨는 아내에게 생활비가 부족하다고 잔소리하였다.

  (203)에서 발화 주체인 '김 씨'는 서술어로부터 [행위주역]을 할당받고,
청자 성분으로 나타난 '아내'는 화자가 발화하는 특정 대상이므로 서술어
로부터 [도달역]을 할당받는다. 문의 구조에서 '아내'는 화자가 발화하는
지향점을 나타내는 특정 청자 성분이므로 여격 '-에게'와 잘 결합한다.
이는 '-에게'가 갖는 의미속성으로 말미암아 '-에게'와 결합한 성분이 서
술어로부터 [도달역]을 할당받음과 연관성이 있다.

2) '[행위주역][도달역][내용역]'

  2)는 발화동사가 그 의미특성에 따라 발화내용으로 명사구나 절을 동
시에 취할 수 있어 두 가지 의미 구조를 가질 수 있는데 5.2.6.1.1에 제시
된 발화동사들이 갖는 의미역 구조이다. 발화내용이 명사구이면 [대상역]

을 할당받고, 절이면 [내용역]을 할당받게 된다. 이 둘은 내용적으로 밀접한 관계를 갖는다. 즉 발화상황을 언어화하는 과정에 나타나는 실제화 정도성의 문제이기도 하다. [내용역]을 할당받을 수 있는 것은 발화상황에서 발화내용을 비교적 구체화하여 살린 것이고 [대상역]을 할당받을 수 있는 것은 발화상황에서 발화내용을 추상화하여 개체명사로 표현한 것이다. 이 유형의 의미 구조를 갖는 발화동사는 다음과 같다.

'말하다'류에서 '씹어뱉다'는 화자가 청자에게 단지 아무렇게나 되는 대로 지껄이는 언어행위이다. 따라서 '씹어뱉다'는 청자와 발화내용을 필수적인 논항으로 요구한다.

> (204) ㄱ. 악에 받친 종훈이는 상대방에게 막말을 씹어뱉었다.
> ㄱ´. 악에 받친 종훈이는 상대방에게 그 주제에 참견이냐고 막말을 씹어뱉었다.
> ㄱ″. ? 악에 받친 종훈이는 상대방에게 그 주제에 참견이냐고 씹어뱉었다.
> ㄴ. 화가 난 그녀는 나에게 너무 불공평하다고 씹어뱉으며 나가 버렸다.
> ㄴ´ ? 화가 난 나에게 너무 불공평하지 않냐고 씹어뱉으며 나가 버렸다.
> ㄴ″.? 화가 난 그녀는 나에게 너무 불공평하다고 막말을 씹어뱉으며 나가 버렸다.

(ㄱ, ㄴ)에서 발화 주체인 '종훈이'와 '그녀'는 서술어 '씹어뱉다'로부터 [행위주역]을 할당받고 청자인 '상대방'과 '나'는 서술어로부터 [도달역]을 할당받는다. 그러나 발화내용에서 (ㄱ)과 (ㄴ)은 다른 형식으로 출현한다. (ㄴ)에서 발화내용은 주어가 생략된 절의 형식으로 나타났는데 이는 발화

주체인 '그녀'가 발화상황에서 발화한 내용을 간접적으로 인용한 것이 언어화된 경우이다. 절 내에서 생략된 PRO은 상위문의 [도달역]을 할당받는 성분과 동일 지시 관계를 맺을 수도 있고 제 삼자일 수도 있다. (ㄱ)에서 '막말'은 '그 주제에 참견이냐고'의 수식을 받는 성분이다. 왜냐하면 (ㄱ")에서 '막말'을 생략하면 부자연스러운 문장이 되기 때문이다. (ㄴ)에서 '불공평하다고'를 의문표지 '-ㄴ냐'로 치환해본 결과 부자연스러운 문장이 된다. 이는 '씹어뱉다'가 개념상 의문을 나타내는 표지를 지표로 하는 논항을 필수적인 논항으로 취하지 않는다는 것을 설명해준다. 따라서 '씹어뱉다'로부터 [대상역]을 할당받는 논항은 구체적으로 어떤 말인지 간접적인 인용의 형식으로 풀어서 문의 구조에 논항으로 나타날 수 있다. 또한 (ㄴ")가 어색하다는 것은 두 가지 형식이 문의 구조에 동시에 나타날 수 없음을 나타낸다. 따라서 '씹어뱉다'는 두 가지 유형의 의미 구조를 가지게 된다. 두 성분이 하나의 문의 구조에 나타났을 경우 관계절의 형식으로 변환할 수 없다는 것은 두 성분이 문의 구조에서 서로 다른 통사적인 행동을 한다는 것을 말한다.

'[행위주역][도달역][내용역]'의 의미 구조를 잘 드러내는 발화동사는 <알림>에 해당되는 발화동사들이다. 의미특성상 이들은 정보를 전달하는 화자, 정보를 전달받는 청자, 전달되는 내용이 필수 논항으로 문의 구조에 나타나는 것들이다. 따라서 정보를 전달 받는 '도착점'이라는 의미자질에 따라 청자 성분이 서술어로부터 [도달역]을 할당받는 것으로 설정했다. 비록 '말'이 추상적인 개체이지만 어떤 지향점을 나타낸다는 측면에서 [도달역]이라고 설정하였다. [도달역]도 어떤 지향점을 나타내지만 이 경우는 청자를 대상으로 설정한 것이고, [도달역]은 전달 내용을 받는 청자가 [도달역]의 자질을 가지나 특정 '도달점'이라는 의미자질을 더 갖는다는 점에서 설정한 것이다. 주로 아래와 같이 어떤 정보를 알리는 의미특성을 갖는 발화동사들이 이에 해당된다.

'전하다'류에서 '전하다'는 행위자가 행위대상에게 어떤 사실이나 소식 따위를 말로 전하는 언어적 행위로서 행위자는 이 소식을 전달하는 자이고, 행위대상은 이 소식을 전달받는 자로서 전달하는 자는 [행위주역]을, 전달받는 자는 [도달역]을 서술어로부터 할당받는다. 전달하는 내용은 추상적인 개체로 범주화된 소식이나 말 따위일 수도 있고 구체적인 발화내용을 전달하는 경우도 있어 발화내용은 [대상역]이나 [내용역]을 할당받게 된다.

(205) ㄱ. 나는 삼촌에게 삼촌이 병에 걸렸다는 소식을 전했다.

ㄴ. 나는 삼촌에게 형이 소식을 전했다.

ㄷ. 대통령은 이번 사태를 매우 유감스럽게 생각하고 있다고 청화대의 한 관계자가 전했다.

(ㄱ, ㄴ)의 발화내용은 모두 [대상역]을 할당받는다는 점에는 동일하나 발화내용이 문의 구조에서 행위자나, 행위대상 제 삼자와 상황에 따라 모두 관계를 맺을 수 있다. 이는 (ㄷ)에서 절의 형식으로 발화내용이 출현했을 경우 절의 주어와 상위문의 성분이 통제관계가 자유롭다는 의미이다.

<알림>류 발화동사는 행위자가 행위대상에게 어떤 사실을 소개하여 알게 하는 언어행위이다. 따라서 전달하는 사람은 [행위주역]을 할당받고, 전달을 받는 자는 [도달역]을 할당받는다. 발화내용은 두 가지로 나누어 볼 수 있는데 발화내용이 사연이나 사정과 같이 추상적인 개체로 범주화 되었을 경우는 [대상역]을, 절의 형식으로 나타났을 경우는 [내용역]을 할당받음을 관찰할 수 있었다.

5.2.6.2.2. [NP1가/이 [NP2을/를 [S [V-]]]]

5.2.6.2.2는 발화동사가 의미특성상 두 자리 서술어인 동시에 세 자리 서술어가 되는 것들이 해당되는데 세 자리 발화동사는 발화내용으로 절을 선택할 수 있다. 두 자리 발화동사일 경우에 청자 성분으로 나타나는 성분이 타동행위의 직접적인 대상이 되는데 이 점은 '나무라다'류와는 다르다. 왜냐하면 '나무라다'는 청자가 존재하는 현장에서 청자를 나무랄 수도 있어 청자는 청자가 되는 동시에 타동행위의 직접적인 대상이 된다. 그러나 나무라는 대상이 현장에 없을 경우 다른 사람 앞에서 그 대상을 나무랄 경우는 청자가 되지는 않는다. 따라서 이 점을 고려하여 청자 성분은 [도달역]이 아닌 [대상역]을 할당받는 것으로 설정하는 것이 더 타당하다. '타이르다'류는 세 자리 서술어일 경우 이 유형의 의미 구조를 갖기도 한다. 절의 서술어가 결합할 수 있는 서법소에 따라 청자 성분이 여러 의미역할을 받을 수도 있지만 본고에서는 [대상역]으로 설정할 것이다. 따라서 '[행위주역][대상역][내용역]'의 의미 구조를 갖는다. 그러나 개별적인 경우 화자의 발화는 청자의 어떤 행위나 동작에 의해 유도되는 경우가 있는데 이때 발화내용은 서술어로부터 [원인역]을 할당받는 것으로 볼 수도 있어 '[행위주역][대상역][원인역]'의 의미 구조를 가질 수도 있다.

　'나무라다'류 : 나무라다「1」
　'놀리다'류105) : 놀리다「2」, 조롱하다
　'칭찬하다'류 : 자랑하다01, 칭찬하다
　'타이르다'류 : 이르다02[1]「1」, 훈계하다(訓戒)
　'평가하다'류 : 비평하다, 평가하다「2」, 혹평하다

---

105) 정주리(2004)에서는 '나무라다'류에 넣고 있다.

'이르다02[1]「1」'은 행위자가 행위대상에게 어찌하라고 잘 깨닫도록 일의 이치를 밝혀 말해 주거나 행위자가 행위대상을 구슬려서 말을 듣도록 하는 언어행위이다.

(206) ㄱ. 철이가 노숙한 얼굴로 동생을 일렀다.
　　　ㄴ. 스님은 동승에게 새벽 예불에 늦은 것을/늦은 것에 대해 일렀다.
　　　ㄴ′. 스님은 동승에게 새벽 예불에 늦지 말라고 일렀다.
　　　ㄷ. 선생님께서는 진수에게 친구와 다투지 말라고 이르고는 교무실로 들어가셨다.

(ㄱ)은 '이르다02[1]「1」'과 두 자리 서술어일 경우로서 이 경우 '동생'은 [대상역]을 할당받는다. (ㄴ), (ㄷ)에서 '훈계하다'의 의미특성상 청자에게 어떤 내용을 전달하는 데 초점을 두기보다는 청자를 대상으로 어떤 내용으로 타이르는 언어적 행위로서 '동생'은 여격조사 '-에게'로 나타났으나 [대상역]을 할당받는다. (ㄴ)에서 대상 논항을 나타내는 '-을'이 나타났지만 어떤 대상에 대해 언급한 것이 아니라 '어떤 내용'에 대해 언급한 것이므로 [내용역]을 할당받는 것이 타당하다. (ㄷ)에서 청자는 발화 주체의 지시에 따라 어떤 행위를 수행해야 하는 가능성을 가지고 있지만 [수행역]보다는 [대상역]을 할당받는 것이 타당하다.

(207) ㄱ. 그는 나를 조롱했다.
　　　ㄴ. 그는 나를/*나에게 [내가 바보라고] 조롱했다.

'이르다02[1]「1」'와 달리 '조롱하다'는 의미특성상 문의 구조에서 어떤 '특정이'에게 어떤 내용을 발화하는 것 보다는 어떤 '특정이'를 대상으로 하여 무엇이라고 놀리는 언어적 행위이다. 따라서 (ㄴ)에서 '나'는 여격보어를 나타내는 '-에게'보다는 대상 논항을 나타내는 '-를'과의 결합이 더 자연스럽다. 이는 '나'가 청자의 역할을 하는 것보다는 발화내용이 나타내는 대상 역할을 함을 설명한다. (ㄴ)에서 발화내용으로 나타난 절의 주어가 상위문의 '나'성분과 동일 지시 관계를 맺는다는 점에서도 드러난다.

이상과 같은 논의들에서 청자로 나타난 성분이 [도달역]을 할당받는지, [대상역]을 할당받는 지는 아래와 같은 기제로 판별가능하다.

> (208) ㄱ. 그는 나에게 빨리 집에 가봐라고 말했다.
> ㄱ´. *그는 나에 대해 빨리 집에 가봐라고 말했다.
> ㄱ″. *그는 나를 빨리 집에 가봐라고 말했다.
> ㄴ. ?나는 나에게 진짜 속셈이 좋지 않다고 비평했다.
> ㄴ´. 그는 나에 대해 진짜 속셈이 좋지 않다고 비평했다.
> ㄴ″. 그는 나를 속셈이 좋지 않다고 비평했다.

(ㄱ)에서 '나에게'는 서술어 '말하다'로부터 '도달역'을 할당받는다. 그러나 (ㄱ´)에서 대상을 나타내는 복합표지 '-에 대해'와 결합하지 않음은 [도달역]을 할당받을 경우와 [대상역]을 할당받을 경우의 차이점을 설명해 준다. (ㄴ)에서 의미특성상 청자 성분으로 나타나는 성분이 '비평하다'와의 의미관계는 비평하는 대상을 나타내기 때문에 '-에 대해'나 '-을'이 모두 자연스럽게 결합된다.

따라서 이 유형의 의미 구조를 갖는 발화동사들은 '놀리다'를 제외하고 모두 '-에게'나 '-을'과의 결합이 가능하나 의미특성상 [대상역]을 할당받음을 관찰할 수 있다. 즉 발화동사들은 의미특성에 따라 타동행위의 직접적인 영향을 받으며 타동행위의 직접적인 대상으로서 [도달역]보다는 [대상역]을 할당받는다고 설정하는 것이 더 타당하다. 이는 <평가>류, <비

난>류 발화동사들이 갖는 특징이다.

'[행위주역][대상역][원인역]'구조를 갖는 발화동사는 화자의 발화가 청자의 어떤 행위가 원인이나 이유가 되어 발화하는 상황을 언어화한 것들이다. 즉 청자의 행위와 관련한 원인이나 이유가 발화내용이 되어 화자가 청자에게 말하는 언어적 행위들을 나타내는 것들이다. 따라서 발화내용으로 나타나는 성분은 [내용역]을 할당받는다고 볼 수도 있으나 서술어와의 구체적인 의미관계를 따져보면 [원인역]을 할당받는 것으로 설정하는 게 더 타당하다. 왜냐하면 화자가 이런 발화행위를 하게 된 계기가 청자가 잘못된 행위를 저질렀기 때문에 가능하기 때문이다.

'나무라다'부류에서 '나무라다「1」'은 화자가 청자의 잘못에 대해 꾸짖어 알아듣도록 말하는 언어행위이다. '잘못'은 이미 일어난 기정된 사실이기 때문에 화자는 이를 이유로 청자를 나무라는 행위를 하게 된다. 즉 정주리(2005)에서는 이미 일어난 행위의 결과로 대상자를 나무라는 행위이기 때문이라고 한다.

(209) ㄱ. 어머니는 동생과 싸운다고 나를/?나에게 나무라신다.
      ㄴ. 나는 그에게/그를 다시는 거짓말을 하지 말라고 나무랐다.

(ㄱ)에서 '나'는 [대상역]을 할당받고, '동생과 싸운다고'는 나를 나무라는 원인이 되기에 [원인역]을 할당받는다. 문제는 (ㄴ)이다. '나'는 [행위주역]을 할당받는 데는 의문이 없으나 '그에게'와 '거짓말을 하지 말라고'가 어떤 의미역을 할당받아야 타당한지의 문제이다. '나무라다'가 어떤 행위의 결과로 인해 발생하게 되는 언어행위라면 '그에게'는 [도달역]을, 절은 [원인역]을 할당받는데 문제가 없다. 그러나 '나무라다'가 상대방에게 주의를 주며 알아듣도록 말하는 언어행위라면 발화내용인 절은 행위자가

상대방으로 하여금 고쳤으면 하는 차원에서 발화하게 된 것이고 상대방
은 또 다시는 거짓말을 하지 않을 가능성과 능력이 있을 것이다. 이렇게
보면 '그에게'는 [수행역]을, 절은 [원인역] 보다는 [내용역]을 할당받게 된
다. 따라서 (ㄱ)과 (ㄴ)은 동일한 경우는 아니다. 이는 명령의 표현인 '-지
말라'의 의미특성에서 오는 것 같기도 하지만 전적으로 '나무라다'의 통
사·의미적 특성이 '-지 말다' 용법을 논항으로 요구한다는 점과도 밀접
한 관련이 있다. 따라서 '나무라다'라는 발화행위를 야기하는 것은 청자
가 어떤 행위를 했기 때문이며 이는 발화내용과 서술어의 의미관계를 더
잘 표현하기 때문에 본고에서도 [원인역]을 할당받는 것으로 설정할 것이
다. 나무라는 행위를 한 계기가 있어야 제지하는 발화행위를 하게 되므로
후자의 행위를 야기시키는 원천적인 행위에 초점을 둔 이유도 있다.

청자는 절의 서술어가 명령의 서법으로 나타날 경우 [수행역]을 할당
받는 것으로 상정해 볼만하지만 그 논항과 서술어의 의미관계로는 [도달
역]이 더 타당하다. '-을' 논항은 [수행역]으로 보기 어렵다. 그러나 '나무
라다'나 '헐뜯다'류는 의미특성상 청자로 나타나는 성분은 화자의 발화내
용을 듣는 청자의 입장보다는 그 발화하는 행위가 영향을 미치는 직접적
인 대상이 되기 때문에 [대상역]으로 설정함이 더 타당하다. 왜냐하면 문
의 구조에서 '-에게' 논항으로 나타나는 청자는 '-을'논항으로 나타날 수
도 있다. 정주리(2005)에서 논의대로라면 [도달역]을, 발화내용인 절은 [원
인역]을 할당받게 되나 본고에서는 [대상역]이 더 타당하다고 본다.

이 부류에 속하는 발화동사는 세 자리 서술어이면서 절을 발화내용으
로 선택하는 '나무라다', '헐뜯다'류 발화동사들이 대부분이다. 그러나 이
들 발화동사는 그 의미특성에 따라 동시에 화자와 청자를 필수 논항으로
하는 두 자리 서술어가 될 수도 있다. 여기서 청자는 서술어의 타동행위
의 직접적인 영향을 받음으로 [도달역]보다는 [대상역]을 받게 된다. '비난

하다'는 [+유정성]을 갖는 인간을 대상으로 할 수도 있고, [-유정성]을 갖는 사물을 대상으로 할 수도 있으나 모두 [대상역]을 할당받는다. 왜냐하면 모두 '비난하다'는 타동행위의 영향을 받는 대상이기 때문이다.

이와 같이 5장은 4장에서 유형화한 발화동사들의 논항구조를 바탕으로 논항들이 서술어에 대해 갖는 의미관계를 유형화하는 작업을 하였다. '화자' 구조는 한 자리 발화동사로서 필수 논항인 화자는 서술어로부터 [행위주역]을 할당받음을 관찰하였다. 발화상황에서 발화 주체가 하나 이상일 경우는 접속조사 '-와/과'에 의해 문의 구조에 나타나 함께 하나의 명사구로서 [행위주역]을 할당받았다. '화자-발화내용' 구조는 발화내용이 선택되는 범주에 따라 두 가지 의미 구조를 가질 수 있었다. 즉 발화내용이 명사구로 선택될 경우는 서술어로부터 [대상역]을 할당받아 '[행위주역][대상역]'의 의미 구조를 갖고, 절로 선택될 경우는 서술어로부터 [내용역]을 할당받아 '[행위주역][내용역]'의 의미 구조를 가짐을 관찰하였다. 발화상황에서 발화 주체가 하나 이상일 경우도 '화자-발화내용' 구조와 유사한 양상을 보였는데 단지 '화자-화자'를 하나의 명사구로 하여 의미역을 할당받느냐, 각각 [행위주역]을 할당받느냐에 따라 차이점이 있을 뿐이다. '화자-청자' 구조는 문의 구조에서 청자 성분이 서술어에 대해 갖는 의미관계에 따라 세 가지 유형의 의미 구조를 갖게 됨을 관찰할 수 있었는데 이는 청자 성분과 구체적으로 결합되는 격조사에 의해 표현되기도 하였다. 즉 청자 성분이 '-에/에게'와 '-을/를' 또는 '-와/과'와 결합될 경우 각각 '[행위주역][도달역]', '[행위주역][대상역]', '[행위주역][동반주역]'의 의미 구조를 가짐을 관찰하였다. 마지막으로 '화자-청자-발화내용' 구조는 청자와 발화내용이 서술어에 대해 갖는 의미관계에 따라 다양한 의미 구조로 분류되었다. 발화내용이 명사구로 나타나 '-을/를'과 결합할 경우 청자 성분이 접속조사 '-와/과' 결합하느냐, 도달격 조사 '-에/에게'와 결합하느냐에 따라 '[행위주역][동반주역][대상역]', '[행위주역][도달역][대상역]'의 의미 구조를 가짐을 관찰하였고, 청자 성분이 '-와/과'와 결합하고 발화내용이 명사구인 논항이 '-로/으로'와 결합하면 '[행위주역][동반주역][수단역]'의 의미 구조를 가짐을 살펴보았다. '화자-청자-발화내용' 구조에서 발화내용이 절로 선택될 경우는 청자 성분이 서술어에 대해 갖는 의미관계에 따라 의미 구조가 결정되었는데 청자 성분이 서술어가 언급하는 대상이면 '-을/를'과 결합하여 나타나 서술어로부터 [대상역]을 할당받고 '[행위주역][대상역][내용역]'의 의미 구조를 가짐을 관찰할 수 있었다. 그러나 청자 성분이 단지 서술어가 발화하는 지향점이 되는 성분이면 서술어로부터 '도달역'을 할당받고 '[행위주역][도달역][내용역]'의 의미 구조를 가짐을 관찰하였다. 그러나 개별발화동사들은 청자의 언행이나 동작이 화자의 발화를 유도하게 된 원인이 될 경우는 절로 나타난 성분은 서술어로부터 [원인역]을 할당받는 것으로 설정하여 '[행위주역][도달역][원인역]'의 의미 구조를 가짐을 관찰할 수 있었다.

발화동사의 논항구조 유형에 대한 습득이 발화상황에서 어떤 발화동사를 선택할 지에 대해 기본 틀을 제공한다면 다양한 의미 구조에 대한 습득은 기본 틀에 피와 살을 덧붙여 다양한 발화상황에서 정확한 발화동사 선택에 직접적인 도움이 될 것이다.

제 6 장

마무리

마무리

이 책은 한국어 발화동사 구문 구조의 통사·의미특성을 연구하는 데에 목적을 두었다.

본고에서 발화동사는 [＋유정성]을 갖는 인간이 발화행위 주체가 되어 구두를 수단으로 진행되는 다양한 발화상황을 언어화한 표현을 말한다. 문의 구조에서 발화동사가 추상적인 '말'을 방식으로 하는 표현에 의해 수식가능한지의 여부, 음성언어인 '소리'의 높낮이를 나타내는 언어적 표현에 의해 수식 가능한지의 여부를 판단하는 기제 또는 발화상황에서 발화 객체를 듣는 주체로, 발화 주체를 듣는 객체로 설정하여 문의 구조를 만들어 보는 등 기제를 동원하여 발화동사인지를 판별할 수 있음을 살펴보았다.

발화동사의 정의와 그 판별 기제에 따라 김광해(2003)에서 286개의 발화동사를 선정하였다. 발화 주체가 전달되는 발화내용의 지향점을 기준으로 먼저 [무방향성], [일방향성], [쌍방형성] 자질을 갖는 것들로 크게 분류하였다. [무방향성]은 '중얼거리다'류가 포함됨을 관찰하였다. 다음 발화 주체가 나타내고자 하는 발화기능에 따라 하위분류를 하였다. [일방향성] 자질을 갖는 발화동사들은 화자의 목적의 유사성에 따라 <일반>류, <알림>류, <설명>류, <변명>류, <질문>류, <응답>류, <주장>류, <수행>류, <훈계>류, <위로>류, <평가> 류, <치의(致意)>류, <말참견>류, <비난>류, <맹약>류로 분류하였다. 각 부류는 하나의 낱말밭을 이루는데 각 낱말밭에서 기본 발화동사를 설정하여 기본 의미자질 구조를 추출하였다. 여기서 기본 발화동사는 SJ-RIKS Corpus에서 빈도수가 가장 높은 것으로 선택하였다. [쌍방형성] 자질을 갖는 발화동사는 발화 주체가 둘 또는 그 이상이라는 특성을 갖는 부류들인데 주로 <대화>류, <논의>류, <언쟁>류, <약속>류로 크게 분류되었다. 마찬가지로 빈도수가 높은 기본 발화동사를 설정하여 기본 의미자질 구조를 추출한 다음 공통으로 갖는 것들을 묶었다. 이밖에 '속삭이다'류 등에서 일부 발화동사들은 [쌍방형성] 자질과 [일방향성] 자질을 동시에 갖기도 함을 관찰하였다.

발화동사들을 이렇게 분류함은 발화동사들의 구문 구조가 갖는 통사·의미특성 상의 공통점과 차이점을 밝히는 데 유리하다. 왜냐하면 발화동사의 구문 구조는 발화동사의 의미특성을 근거로 하기 때문에 유사한 의미를 나타내는 발화동사들로 분류하면 그들의 통사행동의 공통점을 살펴볼 수 있을 뿐만 아니라 서로 다른 부류 발화동사 간의 통사행동의 차이점을 살펴볼 수 있기 때문이다.

3장은 주로 발화동사의 형태 내부 구조를 분석하는 작업을 하였다. 발화동사인 한자어 복합어와 고유어 복합어의 내부 구조를 분석함은 논항과 서술어 간의 관계, 논항구조와 서술어 간에 어떤 관련성을 갖고 있으며 실제로 어떻게 반영되었는지를 살펴보기 위해서다. 한자어 복합어의 내부 구조는 주로 '술어-목적어', '목적어-술어', '수식어-술어', '술어-수식어' 등 통사관계로 결합되었는데 이런 관계는 문의 구조에서 논항과 서술어 간의 선택제약 관계로 나타냄을 관찰할 수 있었다. 고유어 복합어의 내부 결합관계는 논항구조가 선·후행동사에 어떤 것의 의미특성에 의해 방출되었는지를 관찰할 수 있었다. 또한 고유어와 같은 경우는 '-거리다', '-대다' 등 반복의 양상을 나타내는 접미사와 결합하여 파생된 발화동사들은 발화 주체의 발화 모양이나 방식을 주로 나타냈으며 이는 한 자리 서술어의 논항구조 유형을 결정하기도 함을 관찰할 수 있었다.

4장은 주로 발화동사의 논항구조를 유형화하는 작업을 하였는데 어떤 발화상황에 초점을 두고 언어화했느냐에 따라 발화동사의 자리수를 결정할 수 있었다. 문의 구조에서 발화동사는 자립할 수 없음으로 하나의 발화사태를 나타나기 위해 반드시 논항들을 선택하여야 하는데 선택된 논항들은 그 발화동사가 갖는 필요한 논항임을 살펴보았다. 다양한 발화상황을 언어화한 발화동사는 하나 또는 그 이상의 발화사태를 나타냄을 살펴볼 수 있었는데 이때 그 논항의 수의적인지 필수적인지의 문제에서 어떤 발화사태를 나타냈느냐에 따라 그 필수성이 결정된다고 보았다. 다음 문의 구조에서 격조사의 구체적인 실현 양상을 밝혀 그 격틀구조를 정리한 다음 해당되는 발화동사들을 의미 유형별로 제시하였다.

논항구조 유형들을 설정한 다음 본고에서는 [+유정성]을 갖는 화자, 청자를 중심으로 발화동사 기본 구문 구조를 추출하였다. 발화가 먼저 발화 주체인 화자를 중심으로 이루어지는 언어행위이기 때문에 발화동사의 기본구조로 '화자'구조를 설정하였다. '화자' 구조를 갖는 발화동사들은 발화 주체의 말하는 방식이나 모양을 나타내는데 주로 '[[NP1 [V-]]'형의 논항구조로 표현되었다. 화자를 중심으로 하는 구조는 또 발화상황에서 화자가 어떤 내용을 발화하였는지에 초점을 두었을 경우 '화자-발화내용'

구조를 갖는다. '화자-발화내용' 구조는 또 하위범주로 선택되는 발화내용이 명사구냐, 절이냐에 따라 '[NP1 [S [V-]]]'형과 '[NP1 [NP3 [V-]]]'형의 논항구조를 갖는다. 개별 발화동사는 그 의미특성상 이 두 유형의 논항구조를 모두 갖기도 함을 관찰할 수 있었는데 이 경우 명사구와 절 간에는 내용적인 변환관계가 있음도 관찰하였다.

발화상황에서 발화 주체가 둘 이상일 경우는 '화자-화자'를 중심으로 '화자-화자' 구조를 설정할 수도 있었는데 '[[NP1 NP2] [V-]]'형의 논항구조로 표현되었다. 문의 구조에서 주어 성분이 되는 발화 주체들을 어떤 형식에 의해 표현하느냐에 따라 두 가지 논항구조를 동시에 갖기도 하는 특징을 가짐을 관찰하였다. 주로 문의 구조에서 접속조사 '-와/과'에 의해 표현되었을 경우는 '[[NP1 NP2] [V-]]'형의 논항구조로 표현되고, 발화 주체들이 복수를 나타내는 말로 표현되었을 경우는 '[[NP1 [V-]]'형의 논항구조로 표현되기도 하였다. '화자-화자'를 중심으로 하는 구조는 또 발화상황에서 발화 주체들이 어떤 내용을 발화하였는지에 초점을 두고 하위로 '화자-화자-발화내용' 구조를 설정할 수 있었다. '화자-화자' 구조와 마찬가지로 문의 구조에서 주어 성분을 표현하는 형식에 따라 '[NP1 NP2] [S [V-]]]'형, '[[NP1 NP2] [NP3 [V-]]]'형의 논항구조를 갖는다.

다음, 발화상황에서 화자의 발화는 발화 객체인 청자를 목표대상으로 하기 때문에 [유정성]의 자질을 갖는 화자와 청자를 중심으로 먼저 '화자-청자' 구조를 설정할 수 있었다. '화자-청자' 구조는 발화동사가 나타내는 타동행위의 영향을 직접적이거나 간접적으로 받는 청자와의 관계에 초점을 두고 언어화한 것들이 갖는다. '화자-청자' 구조는 주로 '[[NP1 [NP2 [V-]]]'형의 논항구조로 표현된다. 청자가 화자가 발화하는 지향점일 경우는 '[[NP1 [NP2-에게 [V-]]]'형 논항구조로 표현되고, 청자가 화자가 발화하는 타동행위의 영향을 받는 대상일 경우는 '[NP1 [NP2-을/를 [V-]]]'형

논항구조로 표현되었다. '화자-청자' 구조를 갖는 일부 개별 발화동사는 또 '화자가 청자에게 무엇이라고' 또는 '화자가 청자를 무엇이라고'라는 두 논항구조로 표현되기도 하여 '화자-청자-발화내용' 구조에 포함시켜 연구하였다.

발화상황에서 화자가 청자에게 어떤 내용을 발화했는지에 따라 '화자-청자' 구조는 하위로 '화자-청자-발화내용' 구조를 갖기도 함을 관찰하였다. 이 구조를 갖는 발화동사는 의미특성상 세 자리 서술어이다. 발화동사가 의미특성상 하위범주로 선택되는 발화내용이 명사구로 표현되느냐, 절로 표현되느냐에 따라 '[NP1 [NP2 [S [V-]]]]'형과 '[NP1 [NP2 [NP3 [V-]]]]'형의 논항구조로 분류된다. 개별 발화동사는 그 의미적 특성에 따라 발화내용으로 명사구나 절을 동시에 하위범주로 선택 가능하다는 특징이 있다. 명사구와 절은 내용적인 측면에서 변환관계에 있는 것으로 볼 수 있었다. 즉 절일 경우는 화자의 구체적인 발화내용이 언어화된 경우이고 명사구일 경우는 구체적인 발화내용에 해당되는 추상적인 개체로 범주화되어 나타나는 경우였다. 개별 발화동사는 의미특성상 세 자리 서술어인 동시에 두 자리 서술어일 경우도 있었는데 '화자-청자' 구조를 갖는 일부 발화동사들이 이에 해당됨을 관찰하였다. '[NP1 [NP2 [S [V-]]]]'형은 화자가 청자에게 어떤 내용을 발화하였는지에 초점을 두어 의사소통 장면에서 가장 기본적인 패턴으로 볼 수 있다.

이상과 같이 언어적 행위의 초점을 어디에 두느냐에 따라 여러 가지 논항구조 유형을 결정한다고 볼 수 있다. 논항구조가 유형 분류되는 것은 반드시 발화가 전개되는 어떤 측면에 초점을 두고 언어적 행위를 함께 한다는 것이다. 본고에서는 논항구조 유형을 공통으로 갖는 발화동사들을 분류하고 기본 의미자질을 공통으로 갖는 발화동사들 간에 나타나는 통사·의미특성을 살펴보았다. 주로 발화동사의 의미특성상 절을 발화내용으로 하위범주 할 경우에 절 서술어가 서법소, 시제소, 보문소와의 결합 양상, 상위문의 성분과 내포문 주어 간의 통제관계 등 양상을 살펴볼 수 있었다.

4장에서 개별 발화동사들은 의미적 특성에 따라 동일한 논항구조를 갖는 것들을 유형화했다면 5장에서는 4장에서 설정한 발화동사의 기본 구문 구조에 기초하여 동일한 의미 구조를 갖는 것들을 유형 분류했다. 개별 발화동사들은 동일한 논항구조를 갖더라도 그 의미 구조는 각기 다른 유형으로 나뉠 수 있었다. 또는 동일한 발화동사가 여러 유형의 의미 구조에 해당될 수도 있음을 살펴보았다.

'화자' 구조에 해당되는 발화동사는 발화상황에서 의지를 갖고 발화하는 주체에 초점을 두고 언어화한 것들이다. 발화 주체는 문의 구조에서 서술어로부터 항상 [행위주역]을 할당받음을 관찰하였다. 발화상황에서 화자가 어떤 내용을 발화했는지에 초점을 두고 언어화한 발화동사는 발화내용이 서술어에 대해 갖는 의미역할에 따라 '[행위주역][내용역]'과 '[행위주역][대상역]' 등 두 가지 유형의 의미 구조를 가짐을 관찰하였다. 그러나 발화상황에서 발화 주체가 둘 이상일 경우를 언어화한 발화동사는 '[행위주역][행위주역]'의 의미 구조를 가짐을 관찰하였다. 발화상황에서 발화 주체들이 어떤 내용을 발화했는지에 초점을 두고 언어화한 발화동사는 발화내용이 서술어에 대해 갖는 의미역할에 따라 '[행위주역][행위주역][내용역]'과 '[행위주역][행위주역][대상역]'의 의미 구조를 가짐을 관찰하였다. 다만 문의 구조에서 주체를 나타내는 방식에 따라 '화자' 구조와 '화자-발화내용' 구조가 갖는 의미 구조로 표현되기도 함을 관찰하였다.

발화상황에서 발화 주체인 화자와 청자를 중심으로 설정한 구조는 청자가 서술어에 대해 갖는 의미 역할, 청자와 화자의 관계에 따라 '[행위주역][도달역]', '[행위주역][대상역]', '[행위주역][동반주역]' 등 유형의 의미 구조를 추출할 수 있었다. 발화상황에서 화자가 청자에게 어떤 내용을 발화했는지에 초점을 두고 언어화한 발화동사들은 그 의미특성이 다양하여 의미 구조도 다양한 유형으로 표현되었다. 청자와 발화내용이 서술어에 대해 갖는 의미역할에 따라 '[행위주역][도달역][내용역]', '[행위주역][대상역][내용역]', '[행위주역][대상역][원인역]', '[행위주역][도달역][대상역]', '[행위주역][동반주역][대상역]', '[행위주역][동반주역][수단역]' 등 유형의 의미 구조를 추출할 수 있었다.

발화동사들의 논항구조의 공통점에 따라 유형분류를 진행하는 작업은 언어적 측면에서 발화동사 구문들이 갖고 있는 통사·의미적인 특성을 관찰할 수 있어 한국어 발화동사들의 구문 구조를 체계적으로 살펴볼 수 있다. 아울러 다른 부류의 동사나 다른 목표언어와의 구문 구조 대조에서 어떤 유형론적인 특징을 관찰하는 연구에도 이로울 것이다. 실제 언어사용 측면에서 발화상황을 전제로 했다는 특징 때문에 한국어 학습자나 국어 학습자들에게 맹목적으로 단어 사용을 학습하기 보다는 패턴 식 학습을 할 수 있다는 데도 실용적인 방편이 될 수 있다. 뿐만 아니라 발화행위를 주된 연구 주제로 하는 화용론의 연구에도 자료가 될 것으로 기대한다. 또한 이 연구는 인류 언어 계통 연구의 중요한 부분이 될 것이며, 전산 언어 처리 즉 사전 구축에도 기반이 될 것이다.

참고문헌

강범모, 「한국어 보문의 구조와 의미특성 연구」, 서울대 석사학위 논문, 1983.

강범모·김흥규, 『한국어 사용빈도』, 한국문화사, 2009.

강은국, 『조선어 문형 연구』, 서광학술자료사, 1993.

강현화, 「동사 연결 구성의 다단계성에 관한 연구」, 연세대 박사학위논문, 1995.

강현화, 「동사 연결 유형에 관한 새로운 시각」, 『한글』234호, 1996.

고성환, 『국어 명령문에 대해 연구』, 역락, 2003.

고영근, 『한국어의 시제 서법 동작상』, 보정판, 태학사, 2009.

고영근·구본관, 『우리말 문법론』, 서울: 집문당, 2008.

권재일, 「현대국어의 '기' - 명사화 내포문 연구」, 『한글』171호, 1981.

권재일, 「현대국어의 '음' - 명사화 내포문 연구」, 『한국어논문집』2호, 1982.

권재일, 『국어복합문 구성연구』, 집문당, 1985.

권재일, 『한국어 문법사』, 박이정, 1998.

권재일, 「한국어 발화동사 구문 기술」, 『한말연구』7호, 2000.

김경학, 「국어의 통제현상」, 『언어』11호, 1986.

김경학, 「통제와 문법이론」, 서울대학교 박사학위논문, 1986.

김관영, 「논항구조 - 그 가정과 통사적 적용의 문제」, 『영어영문학』21호, 1995.

김광해, 『등급별 국어 교육용 어휘』, 박이정, 2003.

김귀화, 「국어의 격연구 - 격중출문과 주어인상구문을 중심으로」, 『한국어 연구』14호, 1988.

김규철, 「한자어 단어형성에 대해여」, 『국어학』29, 1997.

김기혁, 「국어 합성동사 생성의 통사·의미학적 해석」, 『국어국문학』116, 1996.

김기화, 「국어의 격 연구 - 격중출문과 주어인상 구문을 중심으로」, 『한국어연구』14호, 1988.

김두식·안병길 역, 『영어 동사 부류와 교체현상 - 예비조사』, 한국문화사, 2005.

김병일, 『국어 명사구의 내적 구조』, 세종출판사, 2001.

김선호, 「한국어의 행위요구월 연구」, 건국대 박사학위 논문, 1988.

김세중, 「국어의 명시적 수행문에 대하여」, 『한글』, 1987.

김영희, 「대칭 관계와 접속 조사 '와'」, 『한글』154호, 1974.

김영희, 「'와'의 양상」, 『국어국문학』 65·66호, 1974.

김영희, 「단언서술어의 통사 현상」, 『말』2호, 1977.

김영희, 「평가구문의 통사론적 연구」, 『한국학 논총』7호, 1980.

김영희, 「간접명사 보문법과 '하'의 의미기능」, 『한글』173-174면, 1981.

김영희, 「주어 올리기」, 『국어학』14호, 1985.

김영희, 「여동 구문의 '와'」, 『국어학』38호, 2001.

김영희, 『한국어 통사 현상의 의의』, 역락, 2005.

김완진, 「문접속의 '와'와 구접속의 '와'」, 『어학연구』 6-2호, 1970나.

김의수, 『한국어의 격과 의미역』, 태학사, 2006.

김재영, 「언어행위의 화용론적 해석과 문장 서법-서술문과 명시적인 수행문을 중심으로」, 『우리어문연구』9호, 1995.

김지홍, 「동사구 보문화에서 공범주로 실현되는 동지표 논항에 대하여 : 특히 {NP를}과의 관련을 중심으로 하여」, 석정 이승욱 선생 회갑 기념 논총, 1991.

김지홍, 「명사구 확장과 그 논항 구조에 대하여」, 『배달말』 20호, 배달말학회, 1995.

김진해, 『연어 연구』, 한국문화사, 2000.

김창섭, 「'하다'동사 형성의 몇 문제」, 『관악어문연구』22호, 1995.

김창섭, 『한국어 형태론 연구』, 태학사, 2008.

김흥수, 『현대국어 심리동사 구문 연구』, 탑출판사, 1989.

김흥수, 「소설의 대화 인용에서 인용 동사 표현의 양상 – 발화동사 '말하다'의 쓰임을 중심으로 –」, 『어문학논총』21호, 2002.

남경완, 『국어 용언의 의미 분석』, 『국어학총서』63, 태학사, 2008.

남기심, 「인용문의 구조와 성격」, 『동방학지』12, 연세대 동방학연구소, 1971.

남기심, 「국어 완형보문법 연구」, 『한국학연구총서』1호, 계명대 한국학연구소, 1973.

남기심, 『국어 완형보문법 연구』, 탑출판사, 1983.

남기심, 「토씨'와/과'의 쓰임에 대하여」, 『동방학지』66호, 1990.

남영신, 『우리말 분류사전』, 한강문화사, 1989.

노대규, 『국어 의미론 연구』, 서울 – 국학자료원, 1988.

도원영, 「<알림> 타동사의 낱말밭」, 『한국어내용론』2호, 1995.

도원영, 「국어 형용성 동사 연구」, 고려대학교 박사학위논문, 2002.

문용, 『영어품사론』, 한국문화사, 1998.

박만규, 「지칭구문과 발화동사 및 인식동사 구문의 재구조화에 대하여-보문자 '-고'를 가지는 동사에 대해 하나의 분석」, 『관동대 논문집』20호, 1992.

박만규, 「이른바 보문자 '-고'의 통사적 지위 재분석」, 『관대논문집』21호, 1993a.

박만규, 「조사 '-에게-를' 변이에 대해 통사적 분석-명령발화행위동사 구문의 경우」, 『관동대 논문집』22호, 1994.

박상수, 「한국어 복문에서 명제용언이 선택하는 보문과 보문소」, 『현대문법연구 』68호, 2012.

박영순, 『한국어 통사론』, 집문당, 1987.

박진호, 「통사적 결합관계와 논항구조」, 『국어연구』123호, 국어연구회, 1994.

박철우, 「국어의 보충어와 부가어 판별 기준」, 『언어학』34호, 2002.

박철우·김종명, 「한국어 용언 사전 기술을 위한 의미역 설정의 기본 문제들」, 『어학연구』41호, 2005.

방성원, 「국어 발화동사 구문에 대해 연구」, 『고황논집』27호, 2000.

박태자, 『발화 분석의 화행의미론적 연구』, 탑출판사, 1989.

박호형, 「논항구조의 합과 결속」, 『언어학』, 2006.

배회임, 「국어 보문의 몇 가지 문제」, 『어문논집』 22호, 1981.

배성진, 「현대국어의 보문화에 대해 연구」, 목원대학교 석사학위 논문, 1994.

백용학, 「수행문에 관한 연구」, 『언어와 언어교육』10호, 동아대학교 어학연구소, 21-52면, 1995.

서정목, 「접속문의 의문사와 의문보문자」, 『국어학』14, 1985.

서정목, 『국어 의문문 연구』, 탑출판사, 1987.

성광수, 「체언 접속과 공격」, 『한글』162호, 1978.

성광수, 「국어 조사의 연구」, 형설 출판사, 1979.

성광수, 『격표현과 조사의 의미』, 월인, 1999.

성광수, 『국어의 단어형성과 의미해석』, 월인, 2001.

송병학, 「서술보족문의 연구」, 『인문과학편』12호, 1973.

송복승, 「국어의 '-에게'구성에 대하여」, 『서강어문』10호, 1994.

송복승, 『국어의 논항구조 연구』, 보고사, 1995.

송진오, 「Noun Complementation in Korean」, 『Korean Linguistics』1호, 1978.

시정곤 외, 『논항구조란 무엇인가』, 월인, 2000.

시정곤, 「국어 논항 구조 성격에 대하여」, 『한국어문교육』6호, 1992.

시정곤, 「어휘 결합과 의미 해석」, 『언어』20-1호, 1995.

신선경, 「인용문의 구조와 유형 분류」, 『국어연구』73호, 1986.

신인철, 『영어통사론의 이해』, 한국문화사, 2003.

심재기, 「명사화의 의미기능」, 『언어』, 5권 1호, 1980ㄱ.

심재기, 「한자어의 구조와 그 조어력」, 『국어생활』8호, 1987.

안명철, 「'것'명사문과 '고'보문에 대하여」, 『외국어 교육연구』4호, 1989.

안명철, 「현대국어의 보문 연구」, 서울대학교 박사논문, 1992.

안명철, 『동사구 내포문』, 문법연구와 자료, 태학사, 1998.

양정석, 『국어동사의 의미분석과 연결이론』, 박이정, 1995.

양정석, 「'-와/과' 문장의 통사구조」, 『국어문법의 탐구Ⅲ』, 탑출판사, 1996.

엄정호, 『국어의 보문과 보문자』, 태학사, 2005.

연재훈, 「국어 중립동사 구문에 대해 연구」, 『한글』203호, 1989.

오현숙, 「우리말 간접의문문의 의미와 가능-간접의문 보문소를 중심으로-」, 『백록어문』6호, 1989.

우형식, 『국어 동사 구문의 분석』, 태학사, 1998.

우형식, 「인지동사 구문의 유형 분석」, 『국어의 이해와 인식』, 1991.

우형식, 「연결이론에서의 격표지 교체 분석」, 『애산학보』17호, 1995.

우형식, 「동사의 결합과 기술에 대해 방법론적 접근」, 『한글』225호, 한글학회, 1994.

유승섭, 「국어 보문의 통사·의미론적 연구」, 원광대 박사학위논문, 1998.

유현경, 「형용사의 격틀과 논항의 문제 : 사전적 처리를 중심으로」, 『사전편찬학 연구』, 1997.

윤덕확, 「한국어 격틀구축과 의미역 결정」, 울산대학교 석사학위논문, 2004.

윤평현, 『국어의미론』, 역락, 2008.

음두운, 「한국어 발화동사의 정의 문제」, 『프랑스문화예술연구』13호, 2005.

이관규, 「합성동사의 구성에 대해 고찰」, 『한국어학』1호, 1994.

이관규, 「보조 동사의 논항 구조」, 『한국어학』3호, 1996.

이규호, 『말의 힘』, 제일 출판사, 1978.

이근용, 「조사 '에게, 한테, 더러, 보고'의 통사적 특성」, 『어문학논총』25호, 국민대학교 어문학연구소, 2006.

이남순, 「'젰'과 '것'」, 『관악어문연구』6호, 1981.

이남순, 「명사화소 '-ㅁ'과 '-기'의 교체」, 『홍익어문』7호, 1988.

이병규, 「문장 구성 성분의 항가 의존성 검토」, 『국어문법의 탐구Ⅲ』, 탑출판사, 1996.

이병규, 「잠재 논항의 개념 정립」, 『국어 문법의 탐구』4권, 태학사, 1998.

이병규, 『한국어 술어명사문 문법』, 한국문화사, 2009.

이봉원·이동혁·도원영, 「의사소통 영역 온톨로지에 기반한 동사 의미망 구축」, 『어문논집』

52호, 2003.

이상규, 「한자어 단어 형성에 대하여」, 『한양어문 15』, 1997.

이상복, 『한국어 인용문 연구』, 탑출판사, 1983.

이상철, 「논항구조와 의미」, 『언어연구』, 2006.

이선웅, 『국어 명사의 논항구조 연구』, 월인, 2005.

이선희, 「국어의 조사와 의미역-조사 '-를'과 논항 실현을 중심으로-」, 『말뭉치 기반 국어 연구 총서』 11호, 한국문화사, 2004.

이설연, 「'질문'류 발화동사 내용연구」, 『한국언어문화연구』53호, 2014.

이설연, 「한·중 '받다'류 어휘의 의미 분석 대조 연구」, 『중국언어연구』 51, 2014.

이승재, 「한국어의 이중 보문자 구성에 대해 연구」, 서강대학교 석사학위논문, 1993.

이익섭·임홍빈, 『국어문법론』, 학연사, 1983.

이정, 「서법의 정의와 분류」, 『말』3호, 연세대 한국어학당, 1978.

이정민, 「국어 보문화에 대하여」, 『어학연구』11-2호, 1975.

이정민, 『의미구조와 통사구조, 그리고 그 너머』, 한국문화사, 2005.

이정훈, 「보조용언 구문의 논항 실현과 술어-논항 관계」, 『어문논집』45호, 2010.

이창덕, 「의문사문의 담화적 기능과 용법」, 『국어의 이해와 인식』, 한국문화사, 1991.

이창덕, 「질문행위의 언어적 실현에 관한 연구」, 연세대 대학원 박사학위논문, 1992.

이창덕, 「국어 발화의 담화상 기능과 간접인용문」, 『텍스트언어학』11호, 1994.

이통진, 「기능구조와 논항구조의 상호작용」, 『언어연구』, 1999.

이필영, 「'와'의 접속기능과 격표시 기능에 관하여」, 『수련어문논집』16호, 1989.

이필영, 「현대국어 인용구문에 대해 연구」, 서울대 박사학위논문, 1993.

이필영, 『국어의 인용구문 연구』, 태학사, 1993.

이혜영, 「논항구조와 의미역 관계 연구」, 『영어영문학연구』27호, 2001.

임지룡, 『국어 의미론』, 탑출판사, 2010.

임홍빈, 「NP-병렬의 '와/과'에 대하여」, 『서울대 교양과정부 논문집』4호, 1972가.

임홍빈, 「명사화의 의미특성에 대하여」, 『국어학』2호, 1974.

임홍빈, 「'을/를'조사의 의미와 통사」, 『한국학논총』2호, 국민대, 1979.

임홍빈, 「국어의 통사적 공범주에 대하여」, 『어학연구』21호, 1985.

임홍빈·이홍식 외, 『한국어 구문 분석 방법론』, 한국문화사, 2002.

장경희, 「국어 완형보절의 해석」, 『국어학』16, 1987.

장석진, 『화용론 연구』, 탑출판사, 1985.

장석진, 「한국어 화행동사의 분석과 분류」, 『어학연구』23-3호, 1987.

전지은, 「한국어 형용사 연구와 격틀집합」, 고려대학교 석사학위논문, 2007.

정유남, 「한국어 발화 양태 동사의 의미 연구」, 『한국어 의미학』, 2013.

정인수, 「국어 수행동사의 의미 기능」, 『한민족어문학』28호, 1995.

정주리, 「<발화>류 동사의 내용 연구: <평가>의미표현을 중심으로」, 『한국어내용연구』1호, 서울: 국학자료원, 1994.

정주리, 「국어 보문동사의 통사·의미론적 연구」, 고려대학교 박사학위논문, 1994.

정주리, 『동사, 구문, 그리고 의미』, 서울: 국학자료원, 2004.

정주리, 「'-음', '-기'의 의미와 제약」, 『한국어학』30호, 2006.

정태구, 「논항구조이론과 연쇄동사: 영어와 한국어를 중심으로」, 『생성문법연구 』5호, 1995.

정태구, 『논항구조와 영어 통사론』, 한국문화사, 2001.

조경순, 「현대 국어 세 자리 서술어 연구」, 전남대학교 박사학위논문, 2005.

조경순, 「현대 국어 상호동사 구문 연구」, 『한국언어문학』57호, 2006.

조경순, 「국어 발화동사 구문 연구」, 『한국어 의미학』30호, 2009.

조경순, 「현대 국어 '와' 조사구의 의미역 연구-상호동사 구문을 중심으로-」, 『국어국문학』154호, 2010.

조경순, 「발화동사 구문에 대해 연구-보고, 명령, 청구, 비하, 질책 행위를 중심으로-」, 『한국어 의미학』, 2013.

조남호, 「한국어 학습용 어휘 선정 결과 보고서」, 국립국어연구원, 2003.

조일영, 「국어 보문소 연구-통사적 의미를 중심으로」, 고려대 석사학위논문, 1984.

천기석, 『국어의 동작동사와 상태동사의 체계연구』, 형설출판사, 1984.

채숙희, 「인용동사로 쓰이는 '이러다', '그러다' 연구」, 『국어학』58호, 2010.

채영희, 「간접 인용에 의한 수행문 분석」, 『국어국문학』28호, 1991.

채완, 「명사화소 '-기'에 대하여」, 『국어학』8호, 1979.

최규일, 「한국어 {것}의 의미기능과 용법」, 『제주대학교 논문집』20호, 1985.

최미경, 「합성동사의 의미관계 연구」, 이화여자대학교 대학원 석사학위논문, 2002.

최윤곤, 『한국어 구문표현 연구』, 한국문화사, 2007.

최재희, 「국어 명사구 접속의 연구」, 『한글』188호, 1985.

최현배, 『우리말본』, 정음사, 1961.

최형용, 『한국어 형태론의 유형론』, 박이정, 2013.

최호철, 「현대 국어 서술어의 의미연구: 의소 설정을 중심으로」, 고려대 박사학위논문, 1993.

최호철, 「국어 발화의 의미에 대하여」, 『한국어 의미학』36, 2011.

최호철, 『학위 논문의 국어 의미 연구 경향Ⅱ』, 「지식과 교양」, 2013.

최호철, 『한국어 단어의 의미구조와 의미관계 연구』, 한국문화사, 2013.

하길종, 「발화에 대해 청자의 수해오가 언어외적 요인 - 고등학교 학생을 중심으로」, 『한국어학』 13호, 2001.

한송화, 「발화보문동사에 대해 연구」, 『국어문법의 탐구Ⅲ』, 탑출판사, 1996.

한송화, 「국어 자동사 연구」, 연세대 박사학위 논문, 1998.

한정한, 「'하-의 조응적 특성과 통사정보」, 『국어학』 23호, 1993.

한정한, 「한국어 어휘의미망 구축을 위한 기초 연구」, 서울 : 보고사, 2008.

허발, 『낱말밭의 이론』, 고려대학교 출판부, 1981.

홍윤표, 「방향성 표시의 격」, 『국어학』 6호, 1978.

홍재성, 『현대 한국어 동사구문의 연구』, 탑 출판사, 1987.

홍재성, 「기능동사 구문 연구의 한 시각: 어휘적 접근」, 『人文論叢』 41호, 1999.

홍재성 밖에, 「21세기 세종계획 전자사전 개발」, 문화관광부, 1999.

홍종선, 「국어 체언화 구문의 연구 학위논문」, 고려대 박사학위논문, 1986.

홍종선, 『국어 체언화 구문의 연구』, 고려대 민족문화 연구소, 1990.

홍종선·고광주, 「'-을' 논항의 의미역 체계 연구」, 『한글』 243호, 1999.

홍종선, 『현대 국어의 형성과 변천』, 박이정, 2000.

홍종선, 『한국어 문법론의 연구 현황과 과제』, 박이정, 2003.

홍종선, 『국어 문장의 확대와 조사의 실현』, 박문사, 2009.

황국정, 『국어 동사 구문구조의 통시적 연구』, 제이앤씨, 2009.

Beth Levin, "English Verb Classes and Aletrnations A Preliminary Investigation", by The University of Chicago Press Chicago and London, 1993.

Bright, Willian, International Encyclopedia of Linguistics. vol. 4. Oxford: Oxford University Press, 1992.

Comsky, Noam, Lectures on Government and Binding, Dordrecht: Foris Publications, 1981.

Eckman, F.R, Conditions on Transformation. The Mental Representation of Grammatical Relations, Bresna, J.(ed.). Cambridge, Mass.: MIT Press, 1977.

Fillmore, C, "The Case for Case in E. Bach & R. T.", Hrams;Universals in Linguistic Theory. Holt, Rinehart and Winston, 1968.

Fillmore, C, "Some problems for Case Granmmar", Monograpb Series on Language and Lingui, stics 24, 1971.

Frawley, W, Linguistic Semantics. Lawrence Erlbaum Associates Publishers, 1992.

Gildea, D.and Jurafsky,D,"Automatic Labeling of Semantic" RolesComputational Linguistics, 2002.

Huang, J.C.T, "Logical relations in Chineses and the theory of grammar" Ph.D. dissertation, MIT, 1982.

Jackendoff, R, Semantic Structures. Cambridge, MA:MIT Press, 1983.

Kim,N.K, "Subject Raising and the Verb Phrase Constituency in Korean" Mal(the Journal of Korean Language Institute), 7, 1982.

Lyons, J, Semantics vols. 1 and 2., Cambridge:Cambridge Univ. press.Postal, P.M. (1974), On Raising. Cambridge, Mass.:MIT Press. 1977.

Pustejovsky, J, The Generative Lexicon, The MIT Press, 1995.

Stowell, T, Origins of Phrase Structure. Doctoral dissertation MIT, 1981.

사전류

고려대 민족문화연구원,『고려대 한국어대사전』, 고려대 민족문화연구원 출판부. 2009.

국립국어연구원 편,『표준국어대사전』, www.korean.go.kr, 2014.

홍재성 외,『현대 한국어 동사 구문 사전』, 두산 동아, 1997.

기타

고려대 민족문화연구원 현대한국어 용례검색기(SJ-RIKS Corpus), www.riks.korea.ac.kr.

21세기 세종 계획 말뭉치, www.sejong.or.kr.

부록*

* 『표준국어대사전』을 기본 자료로 하여 추출한 발화동사는 총 2,219개이다.

가르치다01	강대-하다02(講對--)
가짓말-하다	강도-하다(講道--)「1」
가책-하다01(呵責--)	강론-하다(講論--)「1」
가책-하다02(苛責--)	강변-하다02(强辯--)
가칭-하다「2」(假稱--)	강서-하다(講書--)
가탁-하다「1」(假託--)	강석-하다(講釋--)
가평-하다(苛評--)	강설-하다02(講說--)
각담-하다(咯痰--)	강소-하다(强訴--)
각설-하다02(却說--)	강술-하다(講述--)
각책-하다(刻責--)	강연-하다(講演--)
간-하다03(諫--)	강의-하다02(講義--)
간간-하다05(懇諫--)	강평-하다(講評--)
간계-하다(諫戒--)	강해-하다(講解--)
간고-하다01(懇告--)	강호령-하다(-號令--)
간권-하다01(諫勸--)	강화-하다04(講話--)
간권-하다02(懇勸--)	개개복초-하다(個個服招-)
간담-하다(懇談--)	개개승복-하다(個個承服-)
간사-하다04(諫死--)	개구-하다02「2」(開口--)
간소-하다01(奸訴--)	개론-하다(槪論--)
간악-하다02(侃諤--)	개설-하다03(槪說--)
간언-하다(諫言--)	개소리-하다
간연-하다(間然--)	개수작-하다(-酬酌--)
간의-하다(諫議--)	개술-하다(槪述--)
간쟁-하다(諫爭--/諫諍--)	개시-하다04(開示--)「2」
간지-하다01(諫止--)	개신-하다02(開申--)「1」「2」
간탄-하다(懇歎--/懇嘆--)	개언-하다(槪言--)
간화-하다02(懇話--)	개-올리다「2」
간회-하다(諫誨--)	개유-하다01(開諭--)
갈개질-하다[1]「1」	개의-하다03(改議--)「1」「2」
감문-하다(敢問--)	개진-하다03(開陳--)
감정풀이-하다	개평-하다02(槪評--)
갑론을박-하다(甲論乙駁-)	개훼-하다(開喙--)
강-하다03「2」(講--)	객담-하다01(客談--)
강간-하다01(降諫--)	객론-하다(客論--)

강간-하다03(强諫--)	객설-하다(客說--)
강권-하다(强勸--)	객소리-하다(客----)
강다짐-하다「4」	갱론-하다(更論--)
강담-하다02(强談--)	갱문-하다01(更問--)
강담-하다03(講談--)	갱초-하다(更招--)
갱품-하다(更稟--)	계고-하다03(啓告--)
거두절미-하다(去頭截尾)「2」	계상-하다02(啓上--)
거들다01「2」	계옥-하다01「1」「2」(啓沃--)
거론-하다(擧論--)	계유-하다01(戒喩--)
거명-하다(擧名--)	계칙-하다01(戒飭--)
거부형-하다(擧父兄--)	고-하다01「1」(告--)
거짓말-하다	고-하다02(誥--)
건네다[1]「2」	고간-하다01(固諫--)
건악-하다(謇諤--)	고간-하다02(苦諫--)
건언-하다(建言--)	고감-하다(故勘--)
건백-하다(建白--)	고계-하다02(告戒--/告誡--)
건의-하다01(建議--)	고담방언-하다(高談放言--)
걸언-하다(乞言--)	고담준론-하다(高談峻論)「1」「2」
검문-하다(檢問--)	고담준언-하다(高談峻言)「1」「2」
겁박-하다01(劫迫--)	고문-하다02(拷問--)
곁말-하다	고문-하다03(顧問--)
게걸-거리다	고발-하다02(告發--)「1」
게걸-대다	고백-하다(告白--)「1」
게걸게걸-하다	고사-하다09(苦詞--)
게걸덕-거리다	고성대질-하다(高聲大叱--)
게두덜-거리다	고성준론-하다(高聲峻論--)
게두덜-대다	고소-하다02「1」(告訴--)
게두덜게두덜-하다	고시랑-거리다「1」「2」
게정게정-하다	고시랑-대다
격론-하다(激論--)	고시랑고시랑-하다
격절칭상-하다(擊節稱賞--)	고양-하다01(苦讓--)
격절탄상-하다(擊節歎賞--)	고유-하다01(告由--)
격찬-하다(激讚--)	고자질-하다(告者---)
격상하다03	고해-바치다(告----)
견가-하다(譴呵--)	곡변-하다(曲辯--)
견고-하다02「1」「2」(譴告--)	곡언-하다(曲言--)
견노-하다(譴怒--)	곧은불림-하다
견책-하다02(譴責--)	곱-씹다「2」
결급-하다(決給--)	공간-하다02(功諫--)
결답-하다(決答--)	공갈-하다02(恐喝--)[1]「1」

경고-하다02(警告--)	공갈-하다02(恐喝--)[2]
경균도름-하다「2」(傾困倒廩--)	공갈-치다(恐喝--)
경론-하다(輕論--)	공격-하다「2」(攻擊--)
경알-하다(脛訐--)	공담-하다02(空談--)
경책-하다01(輕責--)	공론-하다01(公論--)「1」「2」
경책-하다02(警責--)	공론-하다02(空論--)
곁-듣다[2]「2」	공말-하다(空---)「1」
곁부축-하다「2」	공박-하다02(攻駁--)
공소-하다01(公訴--)「1」	구문-하다02(究問-)「1」
공송-하다01(公誦--)「2」	구산-하다01(口算--)
공술-하다(供述--) 법률	구선-하다(口宣--)
공언-하다01(公言--)	구수-하다04(口授--)
공언-하다02(空言--)「1」「2」	구술-하다01(口述--)
공의-하다01(公議--)	구술-하다02(具述--)
공의-하다02(共議--)	구시렁-거리다
공치사-하다02(空致辭--)	구시렁-대다「1」
과대황장-하다(過大皇張--)	구시렁구시렁-하다
과따-치다	구신-하다(具申--)
과언-하다01(過言--)	구약-하다01(口約--)
과언-하다02(誇言--)	구연하다02(口演--)「1」「2」
과칭-하다02(誇稱--)「1」「2」	구점-하다(口占--)「2」
관담-하다(款談--)	구주-하다02(口奏--
괄이-하다(聒耳--)	구증-하다01(口證--)
광간-하다01(匡諫--)	구진-하다02(口陳--)[
광규난양-하다(狂叫亂攘--)	구진-하다03(具陳--)
광담-하다(狂談--)	구책-하다(咎責--)
광문-하다(廣問--)「1」	구초-하다(口招--)
광순-하다(廣詢--)	구품-하다(具稟--)
광언-하다01(狂言--)	구힐-하다(究詰--)
광언-하다02(廣言--)	군말-하다
광조-하다02(狂嘲--)	군사설-하다(-辭說--)
교계-하다01(敎誡--)「1」	군소리-하다「1」
교담-하다(交談--)	군욕질-하다
교어-하다01(巧語--)	궁-따다
교어-하다02(交語--)	궁설-하다(窮說--)
교언-하다(巧言--)	권-하다(勸--)「1」「2」
교유-하다04(敎諭--)	권간-하다(勸諫--)
교탁-하다(矯託--)	권고-하다02(勸告--)
교훈-하다(敎訓--)	권독-하다02(勸讀--)
구계-하다01(口啓--)	권설-하다02(勸說--)

구구-하다02(口具--)	권유-하다02(勸誘--)
구달-하다(口達--)	권유-하다03(勸諭--)
구답-하다(口答--)	궤상공론-하다(机上空論)
구두-하다(顒頭--)	귀둥대둥-하다
구두덜-거리다	귀엣말-하다
구두덜-대다	귓속다짐-하다
구두덜구두덜-하다	귓속말-하다
구령-하다01(口令--)	귓속질-하다
구론-하다(口論--)	규간-하다01(規諫--)
구매-하다01(毆罵--)	규문-하다(糾問--)
구문-하다01(扣問--)	규소-하다(叫騷--)
규탄-하다(糾彈--)	깨죽-거리다「1」
그러다	깨죽-대다
극간-하다02(極諫--)	깨죽깨죽-하다
극난-하다03(劇難--)	꺼-내다「2」
극담-하다(劇談) 「1」「2」「3」	꺽죽-거리다
극론-하다01(極論--)	꺽죽-대다
극문-하다(劇問--)	꺽죽꺽죽-하다
극언-하다(極言--) 「1」「2」	껑-까다
근고-하다02(謹告--)	께끼다「2」
근순-하다(謹詢--)	께죽-거리다「1」
근주-하다02(謹奏--) 「1」	께죽-대다「1」
근화-하다(謹話--)	께죽께죽-하다
긁다「3」	꼬부랑-거리다「2」
긁어-내리다「2」	꼬부랑-대다「2」
금칙-하다(禁飭--)	꼬부랑꼬부랑-하다[Ⅱ]「2」
기간-하다04(幾諫--)	꼴값-하다「1」
기롱-하다01(欺弄--)	꽁알-거리다
기롱-하다02(譏弄--)	꽁알-대다
기리다01	꽁알꽁알-하다
기방-하다(譏謗--)	꽂아-바치다
기산-하다02(譏訕--)	꾸중-하다
기자-하다03(譏刺--)	꾸지람-하다
기참-하다(譏讒--)	꾸짖다
기평-하다(譏評--)	꿍얼-거리다
기풍-하다(譏諷--)	꿍얼-대다
긴담-하다(緊談--)	꿍얼꿍얼-하다
긴대답-하다(-對答--)	나무라다「1」「2」
긴말-하다	나문-하다(拿問--)
까-놓다	나추-하다(拿推--)

까다01「5」	낚아-채다「5」
까다03「1」	난공-하다(亂供--)
까-뒤집다「2」	난만상의-하다(爛漫相議)
까-바치다	난박-하다(難駁--)
까자발리다	난상-하다(爛商--)
깐족-거리다	난상공론-하다(爛商公論)
깐족-대다	난상공의-하다(爛商公議)
깐족-이다	난상숙의-하다(爛商熟議)
깐족깐족-하다[Ⅰ]	난상토의-하다(爛商討議)
깐죽-거리다「1」	난의-하다03(爛議--)
깐죽-대다	난의문답-하다(難疑問答
깐죽-이다	납신-거리다「2」
깐죽깐죽-하다[Ⅰ]「1」	납신-대다「2」
갈다[2]「3」	납신-하다
납신납신-하다	노문-하다01(勞問--)
내-갈기다[2]「3」	노언-하다(怒言--)
내고-하다03(來叩--)	노질-하다02(怒叱--)
내-깔기다「3」	노책-하다(怒責--)
내담-하다01(內談--)	녹문-하다(錄問--)
내담-하다02(來談--)	논-하다(論--)「1」「2」
내-들다「2」	논가-하다(論價--)
내리-까다「2」	논계-하다(論啓--)
내리-갈기다[2]「2」	논고-하다01(論告-)「1」「2」
내리-엮다	논공-하다(論功--)
내문-하다(來問--)	논과-하다(論過--)「1」
내-뱉다「2」	논구-하다(論究--)
내-불다01「2」	논급-하다(論及--)
내-대다「3」	논란-하다(論難▽--)
내-붙이다[3]	논박-하다(論駁--)
내설-하다(內說--)	논변-하다(論辯/論辨)「1」「2」
내-셍기다	논사-하다(論事--)
내-쏘다[2]	논설-하다(論說--)
내-쏟다「2」	논술-하다(論術--)
내-씹다「3」	논열-하다(論列--)
내유-하다02(內諭--)	논오-하다(論誤--)
내진-하다01(內陳--)「1」	논의-하다(論議--)
내-퍼붓다[2]「2」	논인-하다(論人--)
냉매-하다(冷罵--)	논인장단-하다(論人長短--)
냉어-하다(冷語--)	논쟁-하다(論爭--)
냉평-하다(冷評--)	논전-하다(論戰--)

냉화-하다(冷話--)	논죄-하다(論罪--)「1」
너나들이-하다	논주-하다(論奏--)
넋두리-하다「1」	논증-하다01(論症--)
넘늘대[1]「1」	논지-하다(論之--)「1」「2」
닙신-거리다「2」	논진-하다01(論陳--)
닙신-대다「2」	논진-하다02(論盡--)
닙신-하다「2」	논찬-하다01(論贊--)
닙신닙신-하다「2」	논책-하다(論責--)
노견-하다01(怒譴--)	논판-하다(論判--)「2」
노노-하다(呶呶--)	논평-하다(論評--)
노노발명-하다(呶呶發明)	논핵-하다(論劾--)
노닥-거리다	논힐-하다(論詰--)
노닥-대다	놀리다01「2」
노닥-이다	농-하다01(弄--)
노닥노닥-하다	농구-하다(弄口--)「1」「2」
노래-하다2]「2」	농담-하다(弄談--)
노매-하다01(怒罵--)	농말-하다(弄---)
농변-하다(弄辯--)「1」「2」	대꾸-하다
농설-하다(弄舌--)	대꾸질-하다
농언-하다(弄言--)	대담-하다02(對談--)
농지거리-하다(弄-----)	대답-하다(對答--)「1」「2」
농-치다02(弄--)	대답질-하다(對答--)
뇌까리다「1」「2」	대론-하다01(大論--)
뇌다03	대론-하다02(對論--)「1」「2」
누석-하다(縷析--)	대매-하다02(大罵--)
누술-하다(縷述--)	대변-하다03(對辯--)
누언-하다01(累言--/屢言)	대성일갈-하다(大聲一喝--)
누언-하다02(縷言--)	대성질호-하다01(大聲叱呼)
늘어-놓다[3]	대어-하다01(大語--)
능설-하다(能說--)	대어-하다02(對語--)
다투다[1]	대언-하다01(大言--)
다툼-하다「1」	대언-하다02(代言--)
닦달-하다[1]	대언-하다03(對言--)
닦아-대다	대언장담-하다(大言壯談--)
닦아-세우다	대언장어-하다(大言壯語)
단도직입-하다(單刀直入)「1」	대-지르다「1」「3」
단언-하다01(端言--)	대책-하다(大責--)
단언-하다02(斷言--)	대척-하다「1」
달초-하다(撻楚--)「2」	대화-하다02(對話--)
담론-하다(談論--)	덕담-하다(德談--)

담산논수-하다(談山論水)	덧거리-하다
담소-하다02(談笑--)	데데-거리다
담소자약-하다(談笑自若)	도란-거리다「1」
담의-하다01(談義--)「1」	도란-대다「1」
담의-하다02(談議--)	도란도란-하다「1」
담판-하다(談判--)	도문질욕-하다(到門叱辱)
담화-하다(談話--)	도비순설-하다(徒費脣舌)
답-하다(答--)「1」	도손-거리다
답문-하다(答問--)	도손-대다
답변-하다(答辯--)	도손도손-하다
답보-하다01(答報--)	도파-하다01(道破--)
답사-하다03(答辭--)	도훈-하다(導訓--)
답신-하다01(答申--)	독과-하다01(督過--)
답언-하다(答言--)	독설-하다(毒舌--)
답응-하다(答應--)	독어-하다02(獨語--)
당사-하다02(讜辭--)	독언-하다01(毒言--)
대간-하다01(大諫--)	독책-하다01(督責--)「2」
대갈-하다(大喝--)	돈타령-하다
대거리-하다02(對-)「1」「2」	돌라-대다「2」
대경대책-하다(大驚大責--)	돌라-맞추다
돌려대-붙이다「2」	따다-바리다「2」/따다-발리다
동추-하다(同推--)	따따부따-하다
되-뇌다되-뇌이다	따지다01[1]
되-묻다03「1」「2」	딱딱-거리다02
되-받다[2]「1」「2」	딱딱-대다02
되-받아넘기다[1]「1」	딴말-하다「1」「2」
되-받아치다	딴소리-하다「1」「2」
되사정-하다(-事情--)	때리다01「3」
되숭대숭-하다	땍땍-거리다
되-쏘다[2]	땍땍-대다
되-씹다「3」	떠-대다
되잡아-묻다「1」	떠들다01[1]「1」[2]
되-채다01	떠들썩-거리다
되풀이-하다01	떠들썩-대다
두덜-거리다	떠들썩-하다02[Ⅰ]
두덜-대다	떠들썩떠들썩-하다
두덜두덜-하다	떠-벌리다
두런-거리다	떠죽-거리다「1」
두런-대다	떠죽-대다「1」
두런두런-하다	떠죽-이다「1」

두순-거리다	떠죽떠죽-하다「1」
두순-대다	떠지껄-거리다
두순두순-하다	떠지껄-대다
둘러-말하다	떠지껄-이다
뒤-대다01「1」	떠지껄-하다ⅠⅠ
뒤-떠들다	떽떽-거리다
	떽떽-대다
뒤-받치다「1」	뚜덜-거리다
뒤범석-거리다	뚜덜-대다
뒤범석-대다	뚜덜뚜덜-하다
뒵들다	뜨다09
뒷공론-하다(-公論--)「1」「2」	뜨덤뜨덤-하다「2」
뒷말-하다「1」「2」	뜯어-벌이다[2]
뒷방공론-하다(-房公論)「1」「2」	마구발방-하다
뒷소리-하다[1]「1」「2」	막말-하다
뒷욕-하다(-辱--)「1」「2」	막-서다「1」「2」
뒷욕질-하다(-辱---)「1」「2」	만구칭송-하다(萬口稱頌--)
드리다01「2」	만구칭찬-하다(萬口稱讚--)
들-떠들다	만단개유-하다(萬端改諭--)
들썩-이다「4」	만단설화-하다(萬端說話--)
들이-대다01	만단애걸-하다(萬端哀乞--)
들이-대지르다	만단정화-하다(萬端情話)
들이-박다01「2」	만담-하다(漫談--)
만답-하다(漫答--)「1」「2」	맞대꾸질-하다
만매-하다(漫罵--)	맞대답-하다
만문-하다01(漫問--)	맞-대들다
만평-하다(漫評--)「1」	맞-받다[2]「2」
말하다[1]「1」「2」「3」「4」[2]	맞받아-치다
말공대-하다(-恭待--)	맞욕-하다(-辱--)
말다툼-하다	맞흥정-하다
말다툼질-하다	매거-하다(枚擧--)
말대꾸-하다	매도-하다01(罵倒--)
말대답-하다(-對答--)「1」「2」	매리-하다(罵詈--)
말수작-하다(-酬酌--)	매욕-하다(罵辱--)
말시비-하다(-是非--)	매진-하다01(枚陳--)
말싸움-하다말쌈-하다	매질-하다01「2」
말싸움질-하다	매탁-하다(媒託--)
말쌈질-하다	맹꽁징꽁-하다「2」
말씀-하다(말하다[1]「1」)	맹박-하다(猛駁--)
말씨름-하다	맹비난-하다(猛非難)

말-씹다「2」	맹세지거리-하다(盟誓▽)
말장난-하다「1」「2」	면계-하다(面戒--)
말질-하다	면달-하다(面達--)
말참견-하다(-參見--)	면담-하다(面談--)
말참례-하다(-參禮--)	면론-하다(面論--)
말추럼-하다	면매-하다(面罵--)
말치레-하다	면박-하다01(面駁--)
말치장-하다(-治粧--)	면소-하다02(面訴--)
말타박-하다	면술-하다(面述--)
말품앗이-하다	면알-하다(面謁--)
망변-하다(妄辯--)	면어-하다(面語--)
망설-하다(妄說--)	면오-하다(面晤--)
망언-하다(妄言--)	면욕-하다02(面辱--)
맞대꾸-하다	면유-하다02(面諭--)
맞대꾸질-하다	면의-하다(面議--)
맞대답-하다	면절-하다(面折--)
맞-대들다	면자-하다02(面刺--)
맞-받다[2]「2」	면쟁-하다(面爭--)
맞받아-치다	면쟁기단-하다(面爭其短)
말치장-하다(-治粧--)	면진-하다(面陳--)
말타박-하다	면질-하다01(面叱--)
말품앗이-하다	면책-하다02(面責--)
망변-하다(妄辯--)	면척-하다(面斥--)
망설-하다(妄說--)	면품-하다(面稟--)
망언-하다(妄言--)	면화-하다02(面話--)
맞대꾸-하다	면힐-하다(面詰--)
명-하다02(命--)「1」	박인방증-하다(博引旁證--)
명답-하다(明答--)	반격-하다(反擊--)
명령-하다(命令--)「1」	반말-하다(半---)
명변-하다(明辯--)	반말지거리-하다(半
명언-하다(明言--)	반말질-하다(半----)
모매-하다01(侮罵--)	반론-하다(反論--)「1」
모범-하다01(冒犯--)	반문-하다01(反問--)「1」「2」
모의-하다03(謀議--)「1」「2」	반문-하다02(盤問--)
모집다「1」	반박-하다01(反駁--)
몰아-세우다[1]몰아-세다[1]	반사-하다02(反辭--
몰아-치다[2]「2」	반질-하다(反質--)
무능자처-하다(無能自處--)	반핵-하다(盤覈--)
무릎맞춤-하다	받고채기-하다
무복-하다(誣服--)	받고-채다

무언-하다02(誣言--)	받다02「2」
문난-하다(問難--)	받아-치다
문답-하다02(問答--)	발괄-하다「1」
문례-하다(問禮--)	발구-하다(發口--)
문명-하다02(問名--)「1」	발난-하다(發難--)「2」
문복-하다(問卜--)	발설-하다(發說--)
문안-하다(問安--)	발어-하다(發語--)
문안-드리다(問安---)	발언-하다02(發言--)
문의-하다(問議--)	발화-하다03(發話--)
문정-하다(問情--)「1」	방담-하다01(放談--)
문죄-하다(問罪--)	방독-하다02(謗讟--)
문진-하다(問診--)	방론-하다(放論--)
문책-하다(問責--)	방산-하다02(謗訕--)
문초-하다(問招--)	방어-하다02(放語--)
문후-하다(問候--)	방언-하다(放言--)
묻다03「1」「2」	방언고론-하다(放言高論)
묻-잡다	방의-하다01(訪議--)
물어-보다	방의-하다02(謗議--)
미품-하다(微稟--)	배-꼬다「3」
밀담-하다(密談--)	배저-하다(排詆--)
밀소-하다03(密訴--)	배품-하다(拜稟--)
밀어-하다02(密語--)	배후-하다(拜候--)
밀유-하다(密諭--)	배훼-하다01(背毀--)
밀의-하다(密議--)	배훼-하다02(排毀--)
밀화-하다(密話--)	백상-하다(白狀--)
바쁜소리-하다	뱉다「3」
박겁-하다(迫劫--)	버르-집다「3」
박격-하다03(駁擊--)	번달-하다(煩達--)
박론-하다(駁論--)	번설-하다02(煩說--)
번제-하다(煩提--)	봉인첩설-하다(逢人輒說--)
번품-하다(煩稟--)	부론-하다(浮論--)
벌이다[3]	부르-대다
범설-하다(汎說--)	부르-짖다「1」「2」
법석-거리다	부언-하다(附言--)
법석-대다	부이-하다(附耳--)
법석-이다	분쟁-하다02(忿爭--)
법석-하다	분쟁-하다03(紛爭--)
법석법석-하다	불뚱-거리다
베정적-하다	불뚱-대다
변고-하다(辨告--)「2」	불뚱불뚱-하다

변난-하다02(辯難--) 「1」「2」	불림-하다01
변난공격-하다(辯難攻擊--)	불퉁-거리다
변대-하다(辨對--)	불퉁-대다
변론-하다(辯論--) 「1」「2」	불퉁불퉁-하다01
변명-하다01(辨明--) 「1」	불평-하다01(不平--)[Ⅰ]
변박-하다(辯駁--/辨駁--	불호령-하다(-號令--)
변설-하다01(辨說--)	비-꼬다「3」
변해-하다(辯解--)	비난-하다(非難--) 「1」
변힐-하다(辨詰--)	비대발괄-하다
별론-하다(別論--)	비라리-하다「1」
별소리-하다(別----) 「1」「2」	비라리청-하다(---請--)
병어-하다(屛語--)	비박-하다04(誹駁--)
보고-하다02(報告--)	비방-하다03(誹謗--)
복백-하다(復白--)	비산-하다03(誹訕--)
복신-하다01(復申--) 「2」	비아냥-거리다
복창-하다02(復唱--)	비아냥-대다
복초-하다(服招--)	비아냥-하다
볼똥-거리다	비알-하다(非訐--)
볼똥-대다	비양-하다01
볼똥볼똥-하다	비자-하다01(非訾--)
볼쏙-거리다「2」	비의-하다03(非議--)
볼쏙-대다「2」	비판-하다(批判--) 「1」
볼쏙-하다[Ⅰ]「2」	비평-하다(批評--) 「2」
볼쏙볼쏙-하다[Ⅰ]「2」	비흥-하다(比興--) 「2」
볼퉁-거리다	빈말-하다「1」•공말하다「1」.
볼퉁-대다	빈정-거리다
볼퉁볼퉁-하다01	빈정-대다
볼호령-하다(-號令-) 「1」「2」	빈정빈정-하다
봉고-하다01(奉告--)	빌다01[1]「2」
봉달-하다(奉達--)	빗-대다「1」「2」
봉답-하다(奉答--)	뺑-놓다[2]「1」「2」
봉인즉설-하다(逢人卽說--)	사간-하다01(死諫--)
사담-하다01(私談--)	새살새살-하다
사문-하다(査問--)	새새-거리다「1」
사부랑-거리다	새새-대다「1」
사부랑-대다	새새덕-거리다
사부랑사부랑-하다01	새새덕-대다
사분-거리다「2」	새새덕-이다
사분-대다「2」	새새덕새새덕-하다
사분사분-하다「2」	새실-거리다「2」

사사-하다07(謝辭) 「1」「2」「3」	새실-대다「2」
사설-하다02(辭說--)	새실새실-하다「2」
사설사설-하다(辭說辭說--)	생면대책-하다(生面大責)
사어-하다(私語--)	생소리-하다(生----) 「1」
사언-하다(詐言--)	생야단-하다(生惹端--) 「1」
사의-하다02(私議--) 「1」「2」	생청-부리다생청-붙이다
사정-하다02(事情--)	서고-하다02(誓誥--)
사정사정-하다(事情事情--)	서분-거리다「2」
사칭-하다(詐稱--)	서분-대다「2」
사탕발림-하다(沙糖▽----)	서분서분-하다01「2」
사화-하다02(私話--)	서설-하다01(敍說--)
산방-하다(訕謗--)	서설-하다03(絮說--)
삽취-하다(揷觜--)	서술-하다(敍述--)
상계-하다01(上啓--)	서척-하다(敍戚--)
상달-하다01(上達--) 「1」	석변-하다(釋辯--)
상담-하다01(相談--)	선고-하다01(宣告--) 「1」「2」
상담-하다02(商談--)	선문답-하다(禪問答--) 「2」
상론-하다02(相論/商論--「1」	선명-하다01(宣明--)
상론-하다03(詳論--	선언-하다(宣言--) 「1」「3」
상모-하다01(相謀--)	설-하다03(說--)
상문-하다03(詳問--)	설교-하다(說敎--) 「1」「2」
상설-하다02(詳說--)	설도-하다(說道--)
상술-하다02(詳述--)	설득-하다(說得--)
상신-하다01(上申--)	설론-하다(舌論--)
상언-하다02(詳言--)	설명-하다(說明--)
상의-하다03(相議-/商議--)	설문-하다02(說文--)
상의-하다04(詳議--)	설병-하다(說病--)
상쟁-하다(相爭--)	설빈-하다(說貧--)
상전-하다03(相戰--) 「1」	설술-하다(說述--)
상힐-하다(相詰--)	설왕설래-하다(說往說來--)
새롱-거리다 새룽-거리다	설유-하다(說諭--)
새롱-대다	설의-하다02(說義--)
새롱새롱-하다	설전-하다01(舌戰--)
새살-거리다	설척-하다(雪滌--) 「2」
새살-대다	설토-하다(說吐--)
설파-하다(說破--) 「1」	속삭-거리다「1」
설화-하다(說話--)	속삭-대다「1」
섬어-하다02(纖語--)	속삭-이다「1」
섬어-하다01(譫語--) 「1」	속삭속삭-하다「1」
섭주-하다(攝奏--)	속살-거리다

섭외-하다01(涉外--)「1」	속살-대다
성명-하다03(聲明--)	속살속살-하다「1」
성문-하다02(省問--)「1」「2」	속언약-하다(-言約--)
성언-하다(聲言--)	송-하다01(頌--)
성토-하다02(聲討--)	송공-하다(誦功--)
세담-하다(細談--)	송변-하다(訟辯--)
세론-하다(細論--)	송설-하다(誦說--)
세문-하다(歲問--)	송찬-하다(頌讚--)
세문안-하다(歲問安--)	수군-거리다수근-거리다
세설-하다02(細說--)「1」「2」[2]	수군-대다
셍기다「1」	수군덕-거리다
소곤-거리다	수군덕-대다
소곤-대다	수군덕-이다
소곤닥-거리다	수군덕수군덕-하다
소곤닥-대다	수군덕질-하다
소곤닥-이다	수군수군-하다
소곤닥소곤닥-하다	수군숙덕-거리다
소곤소곤-하다	수군숙덕-대다
소담-하다04(笑談--)	수군숙덕-하다
소동-하다(騷動--)	수답-하다(酬答--)
소매-하다02(笑罵--)	수-떨다수-뚜리다
소명-하다02(疏明--)「1」	수런-거리다
소언-하다(笑言--)「1」「2」	수런-대다
소원-하다03(訴冤--)	수런수런-하다
소진-하다02(疏陳--)	수문수답-하다(隨問隨答)
소청-하다03(訴請--)「1」	수선-거리다「1」
소화-하다04(笑話--)	수선-대다
속닥-거리다「1」	수선수선-하다[I]
속닥-대다「1」	수성-거리다
속닥-이다「1」	수성-대다
속닥속닥-하다	수소-하다04(愁訴--)
속닥질-하다	수어-하다02(數語--)
속달-거리다	수작-하다04[1]「2」(酬酌)
속달-대다	수정-하다08(輸情--)「2」
속달속달-하다	수제비태견-하다
속답-하다(速答--)	숙담-하다(熟談--)
속론-하다(續論--)	숙덕-거리다「1」
속말-하다	숙덕-대다「1」
숙덕-이다「1」	시시닥-이다
숙덕공론-하다(--公論--)	시시닥시시닥-하다

숙덕숙덕-하다「1」	시시덕-거리다
숙덕질-하다	시시덕-대다
숙덜-거리다	시시덕-이다
숙덜-대다	시시덕시시덕-하다
숙덜숙덜-하다	시시비비-하다(是是非非)
숙론-하다(熟論--)	시적-거리다
숙설-거리다	시적-대다
숙설-대다	시적시적-하다
숙설숙설-하다	시조-하다02(時調--)「2」
숙의-하다(熟議--)	시추-하다01(時推--)
술회-하다(述懷--)	시훈-하다(示訓--)
쉬쉬-거리다	시훼-하다(猜毁--)
쉬쉬-대다	식사-하다01(式辭--)
쉬쉬-하다01	신구-하다02(信口--)
승강이-하다(昇降---)	신문-하다02(訊問--)「1」「2」
승관-하다(承款--)	신백-하다(申白--)
승복-하다(承服--)「2」	신복-하다02(申複--)
시간-하다02(屍諫--)	신세타령-하다(身世----)
시끌벅적-거리다	신소-하다03(伸訴--)
시끌벅적-대다	신소리-하다
시렁-거리다시부렁거리다.	신술하다(申述)진술하다[1]
시룽-거리다	신신당부-하다(申申當付--)
시룽-대다	신신부탁-하다(申申付託--)
시룽새룽-하다	신엄-하다01(申嚴--)
시룽시룽-하다	실구-하다(失口--)
시명-하다01(示命--)	실담-하다(實談--)
시문-하다(試問--)	실떡-거리다
시방-하다01(猜謗--)	실떡-대다
시부렁-거리다	실떡실떡-하다
시부렁-대다	실랑이-하다「2」
시부렁시부렁-하다	실랑이질-하다
시비-하다02(是非--)	실어-하다(失語--)「1」
시비질-하다(是非---)	실언-하다(失言--)
시사담-하다(時事談--)	실토-하다(實吐--)
시설-거리다	실토정-하다(實吐情--)
시설-대다	실통정-하다(實通情--)
시설시설-하다	심문-하다02(審問--)「1」
시시-거리다	심신-하다02(審訊--)
시시-대다01	심어-하다(深語--)「1」「2」
시시덕-거리다	심책-하다(深責--)

시시닥-대다	싸개질-하다03
싸부랑-거리다	쑥덕질-하다
싸부랑-대다	쑥덜-거리다
싸부랑싸부랑-하다	쑥덜-대다
싸부랑질-하다	쑥덜쑥덜-하다
싸우다[1]「1」	쑥설-거리다
쌍말-하다	쑥설-대다
쏘개질-하다	쑥설쑥설-하다
쏘곤-거리다	씨부렁-거리다
쏘곤-대다	씨부렁-대다
쏘곤닥-거리다	씨부렁씨부렁-하다
쏘곤닥-대다	씨불-거리다
쏘곤닥-이다	씨불-대다
쏘곤닥쏘곤닥-하다	씨불-이다
쏘곤쏘곤-하다	씨불씨불-하다
쏘다01[1]「2」	씨우적-거리다
쏘아-붙이다쏴-붙이다	씨우적-대다
쏙닥-거리다「1」	씨우적씨우적-하다
쏙닥-대다「1」	씩둑-거리다
쏙닥-이다	씩둑-대다
쏙닥쏙닥-하다「1」	씩둑-하다
쏙달-거리다	씩둑꺽둑-하다
쏙달-대다	씩둑씩둑-하다
쏙달쏙달-하다	씹다01「2」
쏙살-거리다	씹어-뱉다
쏙살-대다	아가리질-하다「1」「2」
쏙살쏙살-하다	아기똥-거리다「3」
쏟다[1]「3」	아기똥-대다「3」
쏟-뜨리다[1]「3」	아기똥아기똥-하다「3」
쏟트리다[1]「3」	아드등-거리다
쏟아-붓다[2]「2」	아드등-대다
쏠다「2」	아드등아드등-하다
쑤군-거리다	아뢰다「1」아뤼다
쑤군-대다	아르렁-거리다「2」
쑤군덕-거리다	아르렁-대다「2」
쑤군덕-대다	아르렁-하다「2」
쑤군덕-이다	아르렁아르렁-하다「2」
쑤군덕쑤군덕-하다	아옹-거리다02「1」「2」
쑤군쑤군-하다	아옹-대다02「1」「2」
쑥덕-거리다「1」쑥덕-치다	아옹다옹-하다

쑥덕-대다「1」	아옹아옹-하다02「1」「2」
쑥덕-이다	악다구니-하다
쑥덕공론-하다(--公論)	악다구니질-하다
쑥덕쑥덕-하다「1」	악담-하다(惡談--)
악매-하다(惡罵--)	야불-대다
악변-하다01(惡辯--)	야불야불-하다
악설-하다(惡舌/惡說)「1」「2」	야스락-거리다
악악-거리다	야스락-대다야슬-거리다
악악-대다	야스락야스락-하다
악악-하다02(諤諤--)	야유-하다04(揶揄--)
악어-하다(惡語--)	약론-하다(略論--/約論)
악언-하다(惡言)「1」「2」	약변-하다(略辯--)
악언상가-하다(惡言相加)	약서-하다(略敍--)
악언상대-하다(惡言相待)	약설-하다02(略說/約說)
안문-하다01(按問--)	약술-하다(略述--)
안문-하다03(案問--)	약언-하다01(約言--)
안유-하다03(安諭--)	약언-하다02(略言--)
알-리다	양냥-거리다
알소-하다(訐訴--)	양냥-대다
알쫑-거리다	양냥양냥-하다
알쫑-대다	양비대담-하다(攘臂大談)
알쫑알쫑-하다	양비대언-하다(攘臂大言)
앙고-하다(仰告--)	양언-하다01(佯言--)
앙살-거리다→앙알거리다.	양언-하다02(揚言--)
앙소-하다(仰訴--)	얘기-하다[1]「1」「2」「3」[2]
앙알-거리다	어기뚱-거리다「3」「4」
앙알-대다	어기뚱-대다「3」「4」
앙알앙알-하다	어기뚱어기뚱-하다「3」「4」
앙잘-거리다	어불택발-하다(語不擇發)
앙잘-대다	억매흥정-하다01(抑買)
앙잘앙잘-하다	억매흥정-하다02(抑賣)
앙탈-하다「1」	억설-하다(臆說--)
앙품-하다(仰稟--)	억억-거리다
앞치레-하다「3」	억억-대다
애걸-하다(哀乞--)	언거언래하다(言去言來)「1」「2」
애걸복걸-하다(哀乞伏乞)	언급-하다(言及--)
애고-하다01(哀告--)	언명-하다(言明--)
애소-하다(哀訴--)	언삼어사-하다(言三語四--)
애죽애죽-하다	언상-하다(言上--)
야기죽-거리다야죽-대다	언상약-하다(言相約--)

야기죽-대다야죽-거리다	언설-하다(言說--)
야기죽야기죽-하다	언소-하다(言笑--)
야단-하다01(惹端--)「2」	언송-하다(言送--)「1」「2」
야단야단-하다(惹端惹端)「2」	언술-하다(言述--)
야단-치다(惹端--)	언약-하다(言約--)
야료-하다(惹鬧--)「1」	언왕설래-하다(言往說來--)
야불-거리다	언왕언래-하다(言往言來--)
언의-하다(讞議--)	예의-하다(豫議--)
언쟁-하다(言爭--)	옛말-하다
언탁-하다(言託--)	오답-하다(誤答--)
언힐-하다(言詰--)	오론-하다(誤論--)
얼-더듬다「1」	오물-거리다02[1]「1」
엄담-하다(嚴談--)	오물-대다02[1]「1」
엄명-하다01(嚴命--)	오발-하다(誤發--)「2」
엄문-하다02(嚴問--)	오어-하다(晤語--)
엇-대다「2」	오오-하다(嗷嗷--)
엉두덜-거리다	옥신-거리다「3」
엉두덜-대다	옥신-대다「3」
엉두덜엉두덜-하다	옥신각신-하다
엉얼-거리다「1」「2」	옥신옥신-하다「3」
엉얼-대다「1」	온토-하다(穩討--)
엉얼엉얼-하다	온화-하다03(穩話--)
엉엉-거리다「2」	올근볼근-하다03「1」
엉엉-대다「2」	옴-씹다
엉엉-하다「2」	옹알-거리다「1」
엉절-거리다	옹알-대다「1」
엉절-대다	옹잘옹잘-하다
엉절엉절-하다	옹잘-대다
엉정벙정-하다「2」	옹잘-거리다
에누리-하다「2」	옹알옹알-하다「1」
여쭈다「1」「2」	옹알-대다「1」
여쭙다「1」「2」	옹알-거리다「1」
여탐-하다	완언-하다(婉言--)
역간-하다01(力諫--)	완사-하다02(婉辭--)
역간-하다02(逆諫--)	와자글왁자글-하다
역비판-하다(逆批判--)	왁자글-하다
역설-하다01(力說--)	와자그르르-하다[Ⅰ]
역설-하다02(逆說--)「1」	와자-하다[Ⅰ]
역쟁-하다(力爭--)「2」	왈왈-하다03「2」
연설-하다02(演說-)「1」「2」	왈왈-거리다「2」

연의-하다02(演義--)	왈왈-대다「2」
열매-하다(熱罵--)	왈가왈부-하다(日可日否)
염문-하다(廉問--)	왈시왈비-하다(日是日非)
염불-하다(念佛--)「3」	왈가불가-하다(日可不可)
염칭-하다(艶稱--)	완협-하다(緩頰--)
엿줍다→ 여쭙다.	왝왝-하다02
영변-하다(佞辯--)	왜자기다
예-하다(禮--)	왜장-치다
예모-하다(豫謀--)	왕왕-거리다「2」
예언-하다(豫言--)「1」	왕고-하다01(枉告--)
외-대다01	위유-하다02(慰諭--)
외다02「1」	위언-하다(違言--)「1」「2」
왱댕-하다	위비언고-하다(位卑言高--)
요담-하다(要談--)	유고-하다02(諭告--)「1」
외우다01[1]「2」	위칭-하다(僞稱--)
외욕질-하다	유시-하다03(諭示--)
요설-하다(饒舌--)	육갑-하다(六甲--)
요리쿵조리쿵-하다	으르렁-거리다「2」
요리조리-하다	으르렁-대다「2」
요론-하다(要論--)	으르렁-하다「2」
요러요러다「2」	으르렁으르렁-하다「2」
욕질-하다(辱---)	으르딱딱-거리다
욕지거리-하다(辱-----)	으르딱딱-대다
욕언-하다(辱言--)	으르딱딱-이다
욕설질-하다(辱說---)	으드등-거리다
욕설-하다(辱說--)	으드등-대다
욕-하다(辱--)	으드등으드등-하다
용훼-하다(容喙--)	읍소-하다(泣訴--)
우-나무라다	읍간-하다(泣諫--)
우물우물-하다02[1]「1」	음아질타-하다(喑啞叱咤--)
우물-대다02[1]「1」	음문-하다(音問--)
우물-거리다02[1]「1」	응얼-거리다「2」「3」
우어-하다(偶語--)	응얼-대다「2」「3」
우화-하다02(偶話--)	응얼응얼-하다「2」「3」
운위-하다(云謂--)	응수-하다02(應酬--)
운운-하다01(云云--)	응답-하다(應答--)
운-하다01(云--)	응구첩대-하다(應口輒對--)
욱박-지르다「1」	응구-하다(應口--)
울근불근-하다03「1」	응-하다(應--)
웅절웅절-하다	의사-하다04(議事--)

웅절-대다	의방-하다03(疑謗--)
웅절-거리다	의논-하다(議論▽--)
웅얼웅얼-하다	응화-하다02(應和--)
웅얼-거리다	이리쿵저리쿵-하다
웅얼-대다	이리저리-하다
웅변-하다(雄辯--)「1」	이르다02[1]「1」「2」「3」「4」[2]
원정-하다02(原情--)	이러쿵저러쿵-하다
원소-하다02(冤訴--)「1」	이러이러다「2」
원소-하다01(怨訴--)	이기죽-거리다
원비-하다(怨誹--)	이기죽-대다
원우-하다(怨尤--)	이기죽이기죽-하다
원구-하다01(怨咎--)	이야기-하다[1]「1」「2」
웩웩-하다02	이실직고-하다(以實直告--)
이실고지-하다(以實告之--)	잔소리-하다「1」「2」
이언-하다(二言--)「1」「2」	잠꼬대-하다「2」
이어-하다01(耳語--)·귀엣말	잡담-하다(雜談--)
인과자책-하다(引過自責--)	장담-하다02(長談--)
인신공격-하다(人身攻擊--)	장담-하다01(壯談--)
일언이폐지-하다(一言以蔽之)	장간-하다(戇諫--)
일언-하다02(逸言--)	장언-하다02(長言--)
일언-하다01(一言--)	장언-하다01(壯言--)
일컫다2]「1」「2」	장어-하다01(壯語--)
입담-하다(立談--)	장알-거리다
입다짐-하다	장알-대다
입인사-하다(-人事--)	장알장알-하다
입언-하다(立言--)「1」	재깔-거리다/재갈-거리다
입씨름-하다「2」	재깔-대다/재갈-대다
입찬말-하다	재깔-이다/재갈-이다
입찬소리-하다	재깔-하다Ⅰ/재갈-하다
입-차다	재깔재깔-하다
자공-하다(自供--)	재론-하다(再論--)
자랑-하다01	재담-하다(才談--)
자답-하다(自答--)	재잘-거리다[1]「1」
자그락자그락-하다01	재잘-대다[1]「1」
자그락-대다01	재잘재잘-하다[1]「1」
자그락-거리다01	재의-하다(再議--)
자구-하다04(藉口--)	재언-하다(再言--)
자백-하다(自白--)	재재-거리다
자방-하다02(訾謗--)	재재-대다
자문자답-하다(自問自答--)	재재재재-하다

자문-하다04(諮問--)	재적-거리다
자문-하다02(自問--)	재협의-하다(再協議--)
자술-하다(自述--)	쟁힐-하다(爭詰--)
자순-하다(諮詢--)	쟁집-하다(爭執--)
자송-하다(自訟--)「1」	쟁의-하다(爭議--)
자서-하다03(自敍--)	쟁어-하다(爭語--)
자인-하다02(自引--)「3」	쟁알-거리다
자핵-하다(自劾--)	쟁알대다
자해-하다03(自解--)「3」	쟁알쟁알하다
자평-하다(自評--)	쟁변-하다(爭辯--)
자칭-하다01(自稱--)「1」「2」	쟁론-하다(爭論--)
자책내송-하다(自責內訟--)	쟁간-하다(爭諫--)
자훼-하다(訾毀--)	저러저러다「2」
잔사설-하다(-辭說--)	저러다「2」
잔말하다	적과-하다02(適過--)
잔주-하다	전문-하다03(傳問--)
전언-하다02(轉言--)	조희-하다01(嘲戲--)
전언-하다01(傳言--)	조후-하다(嘲詬--)
전어-하다(傳語--)「1」	조학-하다01(嘲謔--)
전설-하다02(傳說--)	종담-하다(縱談--)
전의-하다07(詮議--)「1」	종달-거리다
전창-하다(傳唱--)「2」	종달-대다
전화-하다02(電話--	종달종달-하다
절간-하다(切諫--)	종종-거리다02
절문안-하다(-問安--)	종종-대다02
절문-하다(切問--)	종잘-거리다
절책-하다(切責--)	종잘-대다
접문-하다02(接問--)	종잘종잘-하다
접담-하다(接談--)	종언-하다02(縱言--)
정간-하다02(正諫--)	종알-거리다
접이-하다(接耳--)	종알-대다
접어-하다(接語--)	종알종알-하다
정담-하다(政談--)	좌담-하다(座談--)
정언-하다02(定言--)	주담-하다02(酒談--)
정언-하다01(正言--)	죄죄-거리다
정화-하다05(靜話--)	죄죄-대다
정화-하다03(情話--)「1」「2」	좍좍-하다「3」
제언지-하다(第言之--)	주매-하다01(呪罵--)
제론-하다(提論--)	주론-하다(主論--)
제언-하다(提言--)	주워-섬기다

제소리-하다	주워-대다
제성토죄-하다(齊聲討罪)	주절-거리다
제의-하다(提議--)	주절-대다
조롱-하다01(嘲弄--)	주절주절-하다01
조러다「2」	주적-거리다「1」
조러조러다「2」	주적-대다「1」
조대-하다01(條對--)	주적주적-하다「1」
조복-하다01(照覆--)	주장-하다04(拄張--)
조방-하다04(造謗--)	주장-하다01(主張--) 「1」「3」
조매-하다01(嘲罵--)	주의-하다04(籌議--)
조잘-거리다「1」	죽는소리-하다
조잘-대다	주책-하다(誅責--)
조잘조잘-하다01	준책-하다(峻責--)
조작-거리다「1」	준의-하다03(噂議--)
조작-대다「1」	중덜-거리다
조언-하다02(繰言--) 「1」「2」	중덜-대다
조언-하다01(助言--)	중덜중덜-하다
조진-하다02(條陳--)	중구-하다(重究--
조조-하다03(嘈嘈--)	중견책-하다(重譴責--)
줄사설-하다(-辭說--)	직답-하다(直答--)
중절-거리다	직담판-하다(直談判--)
중절-대다	직고-하다(直告--)
중절중절-하다	직간-하다(直諫--)
중얼-거리다	진담-하다(眞談--)
중얼-대다	진공-하다01(陳供--)
중얼중얼-하다	진고-하다01(陳告--)
중언부언-하다(重言復言--)	직토-하다(直吐--)
중언-하다(重言--)	진술-하다(陳述--) 「1」
중설-하다(重說--)	진소-하다02(陳訴--)
쥐어-치다	진상-하다02(陳狀--)
중책-하다(重責--)	진사-하다01(陳謝--)
즉초-하다(卽招--)	진변-하다01(陳辯--)
즉석연설-하다(卽席演說--)	진문진답-하다(珍問珍答--
즉답-하다(卽答--)	진청-하다(陳請--)
증론-하다(證論--)	진주-하다01(陳奏--)
증질-하다03(證質--)	진정-하다02(陳情--)
증언-하다(證言--) 「1」「2」	진언-하다02(進言--)
지껄-거리다	진언-하다01(陳言--)
지껄-대다	질문-하다(質問--) 「1」
지껄-이다「1」「2」	질매-하다(叱罵--)

지껄-하다[Ⅰ]	질품-하다(質稟--)
지껄-떠벌리다	질타-하다(叱咤--)
지껄지껄-하다	질책-하다01(叱責--)
지그럭-거리다01「1」「2」	질의-하다02(質議--)
지그럭-대다01「1」「2」	질의-하다01(質疑--)「1」
지그럭지그럭-하다01「1」「2」	질욕-하다(叱辱--)
지절-거리다01「1」	질언-하다(質言--)
지절-대다01「1」	질변-하다(質辨--)
지절-하다02(指切--)	질호-하다01(叱號--)
지절지절-하다01「1」	집의-하다03(集議--)
지적-하다(指摘--)「2」	짓-떠들다
지저귀다「2」	짜그락-거리다01
지시-하다(指示--)「2」	짜그락-대다01
지탄-하다(指彈--)「2」	짜그락짜그락-하다01
지척-하다(指斥--)	짖다[2]
지지-거리다01	징얼-거리다
지지-대다	징얼-대다
지지재재-하다	징얼징얼-하다
지지지지-하다	짝짜꿍이-하다「2」
직언-하다(直言--)	짱알-거리다
직설-하다(直說--)	짱알-대다
직서-하다02(直敍--)	쫑쫑-거리다02
쫑쫑-대다02	창알창알-하다
쫑쫑-하다01	창도-하다01(唱道--/倡道--)
쫑잘-거리다	참훼-하다(讒毀--)
쫑잘-대다	채문-하다(採問--)
쫑잘쫑잘-하다	책-잡다(責--)
쫑알-거리다	책문-하다(責問--)
쫑알-대다	책궁-하다(責躬--)
쫑알쫑알-하다	철언-하다(哲言--)
쫑달-거리다	첨구-하다(添口--)
쫑달-대다	첩섭-하다(呫囁--)
쫑달쫑달-하다	첨언-하다(添言--)
쪼잘-거리다「1」	체국-하다(逮鞫--/逮鞠--)
쪼잘-대다「1」	초-들다
쪼잘쪼잘-하다「1」	초책-하다(誚責--)
쭈절-거리다	초유-하다03(招諭--)
쭈절-대다	촌언-하다(寸言--)
쭈절쭈절-하다	촉언-하다(囑言--)「1」「2」
쫙쫙-하다「3」	추문-하다(推問--)「1」「2」

찌그럭-거리다01「1」「2」	추론-하다02(推論--)「1」
찌그럭-대다01「1」「2」	추론-하다01(追論--)
찌그럭찌그럭-하다01「1」「2」	추다01「4」
쫑쫑-거리다	추구-하다03(追咎--)
쫑쫑-대다	추백-하다(追白--)
쫑절-거리다	추열-하다(推閱--)
쫑절-대다	축사-하다01(祝辭--)
쫑절쫑절-하다	축조발명-하다(逐條發明--)
쫑얼-거리다	출반주-하다(出班奏--)「2」
쫑얼-대다	췌언-하다(贅言--)
쫑얼쫑얼-하다	췌설-하다(贅說--)
쫑덜-거리다	췌사-하다(贅辭--)
쫑덜-대다	췌담-하다(贅談--)
쫑덜쫑덜-하다	충언-하다(忠言--)「1」「2」
찌르다2]	충고-하다(忠告--)
찔러-주다「2」	충간-하다02(衷懇--)
차문차답-하다(且問且答)	충간-하다01(忠諫--)
차문-하다02(借問--)「1」「2」	취언-하다01(醉言--)
착살-부리다	취문-하다(取問--)
참언-하다(讒言--)	취매-하다(醉罵--)
참소-하다(讒訴--/譖訴--)	취담-하다(醉談--)
참무-하다(讒誣--)	취의-하다03(聚議--)
창언-하다(唱言--)「1」「2」	치고-받다
창알-거리다	치-받다02「3」
창알-대다	치매-하다01(嗤罵--)
칭위-하다(稱謂--)	토-하다(吐--)「3」
칭원-하다(稱冤--)	통간-하다02(痛諫--)
칭얼-거리다	토파-하다01(吐破--)
칭얼-대다	토죄-하다(討罪--)
칭얼칭얼-하다	토정-하다01(吐情--)
칭술-하다(稱述--)	토의-하다(討議--)
칭송-하다02(稱誦--)	토실-하다02(吐實--)
칭송-하다01(稱頌--)	토설-하다(吐說--)
칭설-하다(稱說--)	통설-하다02(通說--)
칭사-하다(稱辭--)	통사정-하다(通事情--)「1」
칭도-하다(稱道--)	통박-하다02(痛駁--)
코대답-하다(-對答--)	통매-하다(痛罵--)
캐어-묻다	통론-하다02(通論--)
쾌담-하다(快談--)	통론-하다01(通論--)
콩팔칠팔-하다「1」「2」	통고-하다(通告--)

쾌론-하다(快論--)	통격-하다(痛擊--)「2」
큰소리-치다[1]「1」「2」[2]	통책-하다(痛責--)
큰소리-하다[1]「1」「2」[2]	통의-하다02(通議--)
타령-하다01	통역-하다(通譯--)
타의-하다(妥議--)	통언-하다(痛言--)
타언-하다(他言--)「1」「2」	통어-하다02(通語--)「1」
타시락타시락-하다	통화-하다02(通話--)
타시락-대다	투덜-거리다
타시락-거리다	투덜-대다
타박-하다01	투덜투덜-하다
타매-하다(唾罵--)	툴툴-거리다
탄질-하다	툴툴-대다
탄소-하다(歎訴--/嘆訴)	툴툴-하다01
탄사-하다(彈射--)「2」	툭툭-거리다[2]
탄백-하다(坦白--)	툭툭-대다
탄박-하다(彈駁--)	티격태격-하다
탄-하다「1」「2」	파-묻다02
탁유-하다(託諭--)	팔매질-하다
탁상공론-하다(卓上空論)	팩팩-거리다[1]
탄핵-하다(彈劾--)「1」	팩팩-대다[1]
탐문-하다01(探問--)	팩팩-하다[1]
탓-하다	퍼-지르다[2]
탐후-하다(探候--)	퍼-내다「2」
털어-놓다「2」	팍팍-거리다「2」
터회-하다(攄懷--)	팍팍-대다「2」
터포-하다(攄抱--)	팍팍-하다「2」
토론-하다(討論--)	편론-하다(偏論--)
토로-하다(吐露--)	편담-하다(遍談--)
펴-놓다	하롱-대다
폄언-하다(貶言--)	하롱하롱-하다
폄론-하다(貶論--)	하답-하다(下答--)
폄-하다(貶--)	하합-하다(呀呷--)
평의-하다(評議--)	하폄-하다(瑕貶--)
평설-하다(評說--)	하자-하다(瑕疵--)
평박-하다(評駁--)	하소연-하다
평론-하다(評論--)	하소-하다01
폄훼-하다(貶毀--)	하소-거리다
폄칭-하다(貶稱--)	하소-대다
폄언-하다(貶言--)	한담-하다(閑談--)
폄론-하다(貶論--)	한화-하다(閑話--)

폄-하다(貶--)	함훤수작-하다(喊喧酬酢)
평의-하다(評議--)	함고-하다(咸告--)
평설-하다(評說--)	합의-하다02(合議--)「1」
평박-하다(評駁--)	항의-하다(抗議--)「1」
평론-하다(評論--)	항언-하다02(恒言--)
폐일언-하다(蔽一言)	항언-하다01(抗言--)
퐁퐁-하다01[1]「2」	항소극론-하다(抗疏極論)
폭언-하다(暴言--)	항변-하다02(抗辯--)「1」「2」
폭백-하다(暴白)「1」	항변-하다01(抗卞)항의하다「1」
표백-하다01(表白)	항론-하다(抗論--)
푸념-하다「1」	합평-하다(合評--)
품-하다(稟--)	해명-하다(解明--)
풀어-헤치다	해답-하다(解答--)
풀이-하다「1」	해설-하다02(解說--)
풍유-하다01(諷諭/諷喩)	해석-하다02(解釋--)「1」
풍계-하다(諷戒--/諷誡)	해유-하다02(解諭--)
풍간-하다(諷諫--)	해설-하다02(解說--)
품주-하다(稟奏--)	해조-하다(解嘲--)
품의-하다(稟議--)	핵론-하다02(覈論--)
품신-하다(稟申--)	핵론-하다01(劾論--)
품달-하다(稟達--)	허갈-하다(虛喝--)
품고-하다(稟告--)	향인설화-하다(向人說話--)
피력-하다(披瀝--)	허사-하다(虛辭--)
핀잔-주다	허비다「2」
핀잔-하다	허물-하다
피진-하다(披陳--)	허룽-거리다
평계-하다「2」	허룽-대다
하비다「2」	허룽허룽-하다
하문-하다(下問--)	허론-하다(虛論--)
하리-놀다	허드렛소리-하다
하롱-거리다	허튼수작-하다(--酬酢--)
허언-하다(虛言--)「1」「2」	화조-하다(譁譟--)
허어-하다(虛語--)	화의-하다(和議--)
헐-뜯다	화언-하다(話言--)「1」「2」
헌의-하다(獻議--)	환문-하다(喚問--)
헌소리-하다	환담-하다(歡談--)
헛장담-하다(-壯談--)	환언-하다(換言--)
헛소리-하다「1」「2」	환어-하다02(歡語--)
헛방-놓다「3」	회답-하다(回答--)
헛공론-하다(-公論--)	회담-하다(會談--)

험언-하다(險言--)	회과자책-하다(悔過自責-)
험담-하다(險談--)	회의-하다02(會議--)
험구-하다(險口--)	회신-하다03(回申--)
혁쟁-하다(鬩爭--)	회상-하다03(會商--)
협상-하다(協商--)「1」	회화-하다02(會話-)「1」「2」
혐방-하다(嫌謗--)	효유-하다(曉諭--/曉喩--)
형언-하다(形言--)	효시-하다02(曉示--)
협의-하다01(協議--)	횡수설화-하다(橫竪說話)
호령호령-하다(號令號令--)	횡수설거-하다(橫竪說去)
호령질-하다(號令---)	횡설수설-하다(橫說竪說)
호령-하다(號令--)「1」「2」	후매-하다(詬罵--)
호담-하다01(豪談--)	후론-하다(後論--)
호응-하다(呼應--)「1」	훈화-하다02(訓話--)
호원-하다01(呼冤--)	훈시-하다(訓示--)「2」
호언장담-하다(豪言壯談--)	훈수-하다01(訓手--)「2」
호언-하다(豪言--)	훈교-하다(訓教--)
호소-하다01(呼訴--)	훈고-하다(訓告--)
혹평-하다(酷評--)	후욕-하다(詬辱--)
호평-하다(好評--)	훼패-하다(毀敗--)「2」
호통질-하다	훼참-하다(毀讒--)
호통-하다	훼자-하다(毀訾--)
혼정-하다(昏定--)	훼욕-하다(毀辱--)
혼잣소리-하다	훼언-하다(毀言--)
혼잣말-하다	훼사-하다(毀事--)
혼야애걸-하다(昏夜哀乞)	훼비-하다(毀誹--)
홍알홍알-하다	훼방-하다(毀謗--)「1」「2」
홍알-거리다	훼단-하다(毀短--)
홍알-대다	훤화-하다(喧譁--)
홍알홍알-하다	훤조-하다(喧噪--)
화충협의-하다(和沖協議)	훤쟁-하다(喧爭--)
화담-하다(和談--)「1」「2」	훤요-하다(喧擾--)
확언-하다(確言--)	훤언-하다(喧言--)
확답-하다(確答--)	훤뇨-하다(喧鬧--)
화협-하다(和協--)	흥하적-하다
흉질-하다	휼간-하다(譎諫--)
흉-보다	힐문답-하다(詰問答--)
휼문-하다(恤問--)	힐문-하다(詰問--)
흠구덕-하다(欠----)	힐박-하다(詰駁--)
흠-하다(欠--)「1」「2」	힐책-하다(詰責--)
흥감-하다01	힐항-하다03(頡頏--)

흥얼-대다「2」	
흥얼흥얼-하다「2」	
흰수작-하다(-酬酢--)	
흰소리-하다	
희학질-하다(戲謔---)	
희학-하다(戲謔--)	
희롱-하다(戲弄--)[1]「1」	
희답-하다(戲答--)	
흠-뜯다(欠--)	
흠담-하다(欠談--)	
흥정질-하다	
흥정-하다[2]「1」「2」	
흥얼-거리다「2」	
히히닥-거리다	
히히닥-대다	
히히닥히히닥하다	
히히덕-거리다	
히히덕대다	
히히덕히히덕하다	
힐궁-하다(詰窮--)	
힐난-하다(詰難--)	
힐논의-하다(詰論議--)	
힐론-하다(詰論--)	